BAEDEKER

PRAG

»

Prag läßt nicht los … Dieses Mütterchen hat Krallen.

«

Franz Kafka

baedeker.com

TOP 15

Die Top-Sehenswürdigkeiten von Prag

★★
ALTSTÄDTER RING: RATHAUS
Am Altstädter Ring schlägt das Herz der Stadt. Mittendrin: das Alte Rathaus. Der herrliche Ausblick lohnt den Aufstieg zur Turmspitze – oder nehmen Sie den Lift. **S. 54**

★★
ALTSTÄDTER RING: ASTRONOMISCHE UHR
Die Astronomische Uhr von 1410 am Rathausturm verrät mehr über Sonne, Mond und Sterne als über die Tageszeit. Zu jeder vollen Stunde läutet der Knochenmann den Apostelumzug ein, und am Schluss kräht ein Hahn. **S. 55**

★★
ALTSTÄDTER RING: TEYNKIRCHE
Gäbe es den Dom St. Veit oben auf der Burg nicht, wäre die gotische Teynkirche die wichtigste Kirche in Prag. So ist sie aber nichts weniger als das überragende Wahrzeichen der Altstadt. **S. 57**

★★
HRADSCHIN
Fast alle Herrscher haben sich hier über die Jahrhunderte hinweg in verschiedenen Bauten verewigt. **S. 80**

★★
HRADSCHIN: ST. VEITS-DOM
Der geniale Dombaumeister Peter Parler schuf hier sein Meisterwerk. **S. 86**

★★ HRADSCHIN: KÖNIGSPALAST
Ein weiteres Highlight auf dem Hradschin – der Fenstersturz aus einer der Amstsstuben schrieb einst Geschichte. Nicht nur Kunsthistoriker geraten beim Anblick des Vladislavsaals ins Schwärmen. **S. 92**

★★
JOSEFSTADT
Heute ist der ehemalige Stadtteil der Juden fast ein Freilichtmuseum. Die vielen Synagogen und der Alte Jüdische Friedhof erzählen die lange Geschichte der jüdischen Gemeinde Prags. **S. 109**

★★
JOSEFSTADT: SPANISCHE SYNAGOGE
Ein Hauch von Granada weht durch dieses Gotteshaus, das teilweise tatsächlich der maurischen Alhambra nachempfunden wurde
S. 109

★★
KARLSBRÜCKE
Die von 30 Heiligenstatuen gesäumte Brücke ist eines der markantesten Wahrzeichen Prags und gehört zu den ältesten Brückenbauten Europas. Tagsüber treffen hier Kitsch und Kunst auf Flaneure.
S. 122

★★
BURG KARLSTEIN
40 km südwestlich von Prag entstand die berühmteste mittelalterliche Burganlage Böhmens als Aufbewahrungsort für die böhmischen Kroninsignien.
S. 135

★★
BURG KARLSTEIN: HEILIG-KREUZ-KAPELLE
Die Besichtigung der Heilig-Kreuz-Kapelle sollten Sie sich nicht entgehen lassen. Das tief herabgezogene und vergoldete Gewölbe, das mit Glassternen besetzt wurde, schafft eine Illusion eines Himmelgewölbes. Und dann sind da noch die Tafeln vom Meister Theoderich.
S. 138

★★
KLEINSEITNNER RING: ST. NIKLAS
In der Niklaskirche kann man den Barock in höchster Vollendung auf sich wirken lassen und einen herrlichen Ausblick über die Dächer der Kleinseite genießen.
S. 139

★★
NATIONAL-THEATER
Das Haus, das in einer Epoche der nationalen Wiedergeburt entstand, verkörperte das aufkommende nationale Selbstbewusstsein der Tschechen. **S. 161**

★★
KLOSTER STRAHOV
Von außen eher unscheinbar, überrascht das Kloster innen mit einer der schönsten Bibliotheken Europas in prächtigster Barockausstattung. Allein die juwelenbesetzte Strahov-Bibel im Theologischen Saal und die Deckenfresken im Philosophischen Saal sind die Reise wert.
S. 187

DAS IST … PRAG

TOUREN

LEGENDE

Baedeker Wissen

● Textspecial, Infografik & 3D

Baedeker-Sterneziele

★★ Top-Sehenswürdigkeiten

★ Herausragende Sehenswürdigkeiten

Sehenswertes von A bis Z

HINTERGRUND

ERLEBEN UND GENIESSEN

PREISKATEGORIEN

Restaurants
Preiskategorien
für ein Hauptgericht
€€€€ über 600 Kč
€€€ 400 – 600 Kč
€€ 250 – 400 Kč
€ bis 250 Kč

Hotels
Preiskategorien
für ein Doppelzimmer
€€€€ über 5000 Kč
€€€ 3000 – 5000 Kč
€€ 2000 – 3000 Kč
€ bis 2000 Kč

PRAKTISCHE INFORMATIONEN

ANHANG

MAGISCHE MOMENTE

ÜBERRASCHENDES

D
DAS IST …

… Prag

Die fünf großen Themen
rund um die Goldene Stadt.
Lassen Sie sich inspirieren!

KINO LUCERNA
DNEŠNÍ PROGRAM
KINO LUCERNA
CAFE
LUCERNA
KAVÁRNA
KAVÁRNA

MYTHOS KAFKA

Franz Kafka und Prag, das gehört zusammen wie Goethe und Weimar. Schauplätze von Kafkas Leben in Prag findet man durchaus einige. Schwieriger ist es allerdings, auf der Suche nach konkreten Prager Orten in seinen Romanen und Erzählungen fündig zu werden, denn in seinem Werk machte er aus Prag einen allegorischen Ort.

AUF KAFKAS SPUREN

Die Hausnummer 22 im Goldenen Gässchen auf der Prager Burg: einer dieser Must-see-Plätze, egal wie kommerzialisiert. Zwei Jahre lang lebte und arbeitete Franz Kafka in diesem heute hellblauen Hexenhäuschen. »Wer hat ›Ein Landarzt‹ gelesen?«, fragt die Führerin. Ein Paar meldet sich. »Gehen Sie rein! Die Erzählung wurde in diesem Häuschen geschrieben.« Am liebsten möchte man aber alle Plätze, die mit ihm zu tun haben, abgehen und Bezüge herstellen, denn kaum ein großer Schriftsteller ist so verwoben mit einer einzigen Stadt wie dieser merkwürdige Franz Kafka.

(▶ S. 42, S. 100)

»ALS Gregor Samsa eines Morgens aus unruhigem Träumen erwachte, fand er sich in seinem Bett zu einem ungeheueren Ungeziefer verwandelt.« So beginnt Franz Kafkas vielleicht kafkaeskeste Erzählung, »Die Verwandlung« von 1915. Dabei soll Kafka zwar introvertiert, aber, wie sein bester Freund und Nachlassverwalter **Max Brod** schrieb, alles andere als traurig und verzweifelt gewesen sein.

Reale Orte

Vom Geburtshaus in der Altstadt, wo er am 3. Juli 1883 auf die Welt kam, existiert nur noch das Portal im Original. Die meiste Zeit seiner Kindheit verbrachte Kafka im **Haus »Zur Minute«** am Altstädter Ring, besuchte ganz in der Nähe das deutschsprachige Gymnasium im Palais Golz-Kinský. Er studierte Jura an der Karlsuniversität und nahm später eine Stelle bei der »Arbeiter-Unfall-Versicherungs-Anstalt« an, wo sein Arbeitstag glücklicherweise um 14 Uhr endete. So blieb ihm genügend Zeit zum Schreiben. 1916 fand Kafka eine Bleibe in einem der Miniaturhäuschen im Goldenen Gässchen auf der Prager Burg. Hierher hatte ihn schlicht die Suche nach einem ruhigen Platz zum Verfassen seiner Werke gebracht. Wegen seines Lungenleidens folgten mehrere Sanatoriumsaufenthalte in der Nähe von Wien, wo er am 3. Juni 1924 starb. Begraben ist er in Prag auf dem Neuen Jüdischen Friedhof.

Irreale Orte?

Gelingt es noch, solch reale Orte aus dem Leben des Schriftstellers zu benennen, gestaltet sich die Spurensuche nach den Orten in seinen Romanen schwierig, denn Kafka hat Prags Schauplätze weitgehend in eine **imaginäre Topografie** verwandelt. Der Dom im »Prozess« wird gerne als St.-Veits-Dom gedeutet und der Weg, den Josef K. beschreitet, soll der von der Altstadt über die Karlsbrücke zur Kleinseite sein. Im »Urteil« gilt der Moldaublick Georg Bendemanns aus dem Fenster als der Fensterblick aus der Wohnung der Familie Kafka in der Niklasstraße.

Prag mit Kafkas Augen

Solch hineininterpretierter Realismus kann bei Kafka trügerisch sein, doch **Gustav Janouch,** Kafkas tschechischer Schriftstellerkollege, der einige Gespräche mit Franz Kafka während gemeinsamer Spaziergänge aufgezeichnet hat, entdeckte seine Heimatstadt durch Kafkas Augen neu: »Er führte mich durch winkelige Gassen in kleine trichterförmige Alt-Prager Innenhöfe, die er Lichtspucknäpfe nannte; er ging mit mir in die Nähe der alten Karlsbrücke durch einen barocken Hausflur, über einen handtuchbreiten Hof mit runden Renaissance-Arkaden und durch einen dunklen schlauchartigen Tunnel hindurch zu einer winzigen, in einem kleinen Hof eingeklemmten Gaststätte, die den Namen ›Zu den Sternenguckern‹ trug, weil hier eine zeitlang Johannes Kepler wohnte.«
Wer sich auf ähnliche Weise wie einst Kafka und sein Kollege Janouch auf der Kleinseite durch die Gassen treiben lässt, bekommt ein ebenso authentisches Gefühl für Kafkas Prag wie durch das Besuchen der »Kafka«-Schauplätze. Und wer dort schlafen will, wo Kafka einst arbeitete, bucht das Hotel »MGallery« (▶ S. 305).

MAJITELÉ FIRMY TÖPFER A BRATR
JSOU TÖPFER A BRATR
DISCIPLINA
ISABELLA

BÖHMISCHES LEBENSELIXIER

Die älteste Brauerei mit Brief und Siegel steht in Weihenstephan, nördlich von München. Dafür haben die Tschechen mit das beste Bier weltweit! Und sie trinken es sehr gerne ...

SUMERER wird das Volk genannt, das – möglicherweise durch Zufall – das erste Bier machte, im 4. Jahrtausend vor Christus, irgendwo zwischen Euphrat und Tigris, im heutigen Irak. Gut 6000 Jahre später ist die **Biervielfalt** allein in Tschechien schier unbeschreiblich, und wer den Weg durch das Dickicht der tschechischen Zapfhähne finden will, braucht einen wie Pavel Borowiec.

Uralte »Fastenspeise«

Der gebürtige Prager ist Chefredakteur des monatlich erscheinenden Biermagazins »Beer, Bier & Ale«. Er fährt hinauf zum ältesten Kloster Tschechiens, dem Stift Břevnov (Klášter Břevnov), das bereits 993 gegründet wurde und mit der Tram 22 keine 15 Minuten von der Prager Burg entfernt liegt. Die Benediktiner dieses Klosters waren vermutlich die Ersten, die in Böhmen Bier während der Fastenzeit als **Ersatz für Brot und Fleisch** brauten.
Auch auf Europa bezogen waren die Břevnover Klosterbrüder vielleicht die ersten echten Bierbrauer, allerdings gibt es keine aussage- und beweiskräftigen Dokumente (mehr) darüber, während eine Urkunde beweist, dass das Benediktinerkloster in Weihenstephan vom Freisinger Bischof 1040 offiziell das Braurecht erhielt. Ebenso verbrieft scheint zu sein, dass das klassische **Pils** 1842 in Pilsen erfunden wurde. Verantwortlich dafür war aber kein Tscheche, sondern der Braumeister Josef Groll (1813–1887) aus dem niederbayerischen Vilshofen. Das bittere Aroma des Hopfens kam durch Grolls Brauverfahren stärker zur Geltung. Den Pilsenern schmeckte es jedenfalls hervorragend, und das Pils trat rasch seinen Siegeszug um die Welt an.

Die Vielfalt macht's

In der Klosterbrauerei von Břevnov werden im Kellergewölbe unter der Marke »Břevnovsky Benedict« jährlich 4000 Hektoliter Bier gebraut: helles und dunkles ungefiltertes Lagerbier, Weizenbier, Pilsner und Imperial Stout. Alle weit weg vom Geschmack eines »Pilsener Urquell«, Tschechiens meistgetrunkenem Bier, das von echten Patrioten jedoch gemieden wird, weil die Brauerei inzwischen einem japanischen Konzern gehört. **»Kloster- und Mikrobrauereien«,** sagt Pavel Borowiec, »sind unsere Garanten für hohe Qualität.« So wurde das Bier der Prämonstratenser des Klosters Strahov (Strahovný Klášter) erstmals um 1400 erwähnt. Heute kommen täglich drei verschiedene Biersorten zum Ausschank, darunter auch jahreszeitliche Biere, die es nur zu Ostern, Weihnachten oder immer nach der Hopfenernte Ende September gibt.

Ganz große Kleine

Mikrobrauereien arbeiten zu 95 Prozent für den Bedarf ihres Lokals. Das Bier bekommt man immer frisch gezapft. Oft stehen nur wenige, meist naturtrübe Sorten zur Wahl, aber die sind vorzüglich. Das berühmteste und älteste Beispiel einer solchen Kleinbrauerei ist das Neustädter **»U Fleků«** aus dem 15. Jahrhundert. In Prag ist das Lokal quasi das Pendant zum Münchner »Hofbräuhaus« und von Touristen bevölkert. Einheimische gehen lieber ins »U Medvídků«, wo es **weltweit das nach Stammwürze (33) stärkste Lagerbier,** das X-Beer 33, gibt. Mit und ohne X-Beer 33: Die Tschechen sind mit 139 Litern pro Jahr und Kopf seit Langem unangefochtene Weltmeister im Biertrinken.

QUASI GRUNDNAHRUNGSMITTEL

Wie schön es schon aussieht! Golden, perlend und mit herrlich weißer Schaumkrone. Und wie es schmeckt, das hausgemachte Bier im Pivovarský dům in der Lípová 15, Ecke Ječná, in der Nähe vom Karlsplatz Benedict und hat nicht den typischen Pils-, sondern einen ganz leicht süßlichen Geschmack. 69 Kronen kostet der halbe Liter, das sind gerade mal rund 2,90 Euro. Kein Wunder, dass sich die Tschechen rühmen, den höchsten Pro-Kopf-Bier-Verbrauch der Welt zu haben.

Hilft ein kühles Bier, einen kühlen Kopf zu bewahren?

WO STEHT TSCHECHIEN?

Populismus und Nationalismus auf der einen Seite, eine streng demokratische und EU-freundliche Haltung auf der anderen. Diese Spaltung betrifft derzeit beinahe jedes europäische Land. In Tschechien kommen noch ein paar mächtige Oligarchen als Machtfaktor hinzu. Ein Bericht zur Lage der Nation.

ES gab Zeiten, da sagten die Prager zu ihrem Marienplatz Mafiaplatz, weil dort der Oberbürgermeister residiert. Seit Adriana Krnáčová 2014 Oberbürgermeisterin wurde, ist es besser geworden. Wie sich nun der 1944 (!) geborene Bohuslav Svoboda schlägt, bleibt abzuwarten. Seit 2023 führt er als Primator eine als kompliziert zu bewertende Dreier-Koalition an, der auch die »Piraten« angehören ...

Oligarch und Populist

In Prag residieren aber auch Regierung und Parlament und da sah es lange deutlich übler aus als im Rathaus: Das beste Beispiel war **Andrej Babiš**, der es zwischen 2017 und 2021 sogar zum Premierminister der Tschechischen Republik gebracht hat. Der Oligarch, Unternehmer in der Chemieindustrie und mit geschätzten fünf Milliarden Euro einer der reichsten Tschechen, hatte sich auch ein Medienimperium zusammengekauft, um die Wahl zu gewinnen. Der derzeitige liberale Premier, Petr Fiala, 1964 in Brünn geboren, Politwissenschaftler und Historiker, macht da eine deutlich bessere Figur. Russlands Krieg gegen die Ukraine ließ das ganze Land zudem ganz nah an den Westen rücken. Man muss wissen, dass die Tschechen aufgrund langen Unterdrückung die Russen hassen und gleichzeitig auch Angst haben, möglicherweise als nächstes Land von den russischen Imperialisten angegriffen zu werden. Nur beim **Flüchtlingsthema** sind die Positionen wie zu Babiš-Zeiten: Mit den Vietnamesen, die während des kommunistischen Austauschs ins Land kamen, hat man sich arrangiert, aber jetzt noch einmal eine ganz andere Kultur aufnehmen, noch dazu Moslems? Das ist den Tschechen zu viel, zumal sie mit Religionen aller Art nichts am Hut haben.

2014 bis 2018 war Adriana Krnáčová die erste Oberbürgermeisterin in Prag.

DISKUSSIONSFREUDIG

Abends im Mühlen-Café im Kampa-Park. Es ist laut. Es wird getrunken, gelacht, gequatscht. Sitzt dort nicht David Černý, der Künstler? Und der Herr dahinten, ist das nicht van Bartoš von den »Piraten«? Im Mühlen-Café könnte man meinen, Prag besteht nur aus Denkern, Künstlern, Intellektuellen – und vielleicht noch ein paar Säufern. Man kommt schnell ins Gespräch. Fast alle sprechen Englisch und eine Frage wie »Wo steht Tschechien« wird heiß diskutiert.
(▶ S. 210, S. 278)

Czexit? Kein Thema!

Von der EU hatten und viele die Nase voll, aber trotz aller EU-Skepsis und der Furcht vor »Fremdbestimmung« durch Brüssel war und ist ein Czexit kein Thema. »Tschechien geht's gut wie nie«, sagt Tomáš Lindner vom Polit-Magazin »Respekt«, »weil die Exportwirtschaft brummt.« Ein Drittel aller **Waren fürs Ausland** mit einem Volumen von mehr als 40 Milliarden Euro geht nach Deutschland, die restlichen zwei Drittel fast nur in andere EU-Länder. Nach Angaben der Deutsch-Tschechischen Industrie- und Handelskammer ist die Bundesrepublik mit Abstand der größte ausländische Investor in Tschechien und für ca. ein Viertel der Gesamtinvestitionen seit der Wende verantwortlich. Aber nicht nur die Deutschen sind da: Das Pilsener Urquell gehört zum Portfolio eines japanischen Braukonzerns und die »Česká Spořitelna«, die tschechischen Stadtsparkassen, wurden von europäischen Großbanken übernommen – wie fast alle anderen tschechischen Geldinstitute auch. Schade, könnte man sagen, dass sogar die Traditionsmarke **»Škoda«** unter dem deutschen VW-Dach seine Umsätze macht. Škoda, mit rund einer Million gebauten Fahrzeugen pro Jahr, nach Umsatz der größte und nach Beschäftigten der zweitgrößte Konzern des Landes, heißt übersetzt übrigens tatsächlich »schade«.

SCHAUFENSTER DER ARCHITEKTUR

Prag wirkt wie ein lebendiges, riesiges Architekturmuseum, in dem kaum ein relevanter Stil fehlt. Im Schatten von Jugendstil, Gotik, Renaissance und Barock finden sich tolle Beispiele des Kubismus, des kommunistischen Protzes, der Moderne, aber auch des »Brutalismus«.

DER Gang durch die engen Prager Kopfsteinpflastergassen gleicht einem fröhlichen Blättern in literarischen Werken und Kompositionen und ist ein faszinierender Streifzug durch das **Lehrbuch der europäischen Baukunst,** mit Häusern und Palästen, Kirchen und Türmen als steinernen Beispielen. Die Gebäude geben der Innenstadt einen einzigartigen musealen Charakter, wie man ihn in dieser Dichte allenfalls noch in Venedig spürt. Die Prager Altstadt wird besonders durch ihre alten Häuser, die oft bis in die Romanik und Gotik zurückreichen, geprägt.

Augen auf und durch!

Der durchschnittliche Pragtourist verweilt drei bis vier Tage und sein Bewegungsradius beträgt gerade mal einen Kilometer, hat das Prager Goethe-Institut wissenschaftlich festgestellt. Man könnte Raum und Zeit im Prinzip sogar noch weiter verkürzen, etwa am **Wenzelsplatz,** mit seinen 750 Metern Länge und 60 Metern Breite einer der größten Plätze Europas, doch von Gestalt eher ein Boulevard als ein Platz. Von Gebäuden aus der Zeit des Mittelalter bis zum 20. Jahrhundert umgeben, ist architektonisch so ziemlich alles aus diesen Epochen vorhanden. Dieses Zentrum Prags besteht aus einem **Stilmix** vom kommunistischen Protzbau am unteren Ende, in dem jetzt der »New Yorker« hippe Klamotten unters Jungvolk bringt, bis zum über dem Platz thronenden Nationalmuseum (1891 fertiggestellt) im Stil der Neorenaissance, das nach Jahren der Renovierung nun wieder geöffnet ist. Dazwischen finden sich Beispiele für Renaissance (Nr. 20), Barock und Neubarock (jetzt mit »H&M«), für Klassizismus und Neoklassizismus (das Haus der Mode bzw. Dům Módy aus den 1950er-Jahren), für Funktionalismus (»Bata«-Schuhhaus), für Eklektizismus (Nr. 18) und für den Jugendstil mit dem Musterbau »Hotel Evropa« (jetzt ein »W«) in zentraler Mittellage oder dem drei Fenster schmalen »Hotel Meran« gleich daneben.

Beispiele zuhauf

Mozart war von der Vielfalt Prags beeindruckt: »Ich fahre jeden Tag den gleichen Weg nach Hause und sehe doch immer wieder etwas Neues.« Das könnte ihm heutzutage immer noch passieren. Angefangen bei der Romanik ab 800 (zum Beispiel die Heilig-Kreuz-Rotunde), führt der architektonische Streifzug über Gotik (St. Veit auf dem Hradschin), Renaissance (Belvedere), Barock (u. a. St. Ignatius am Karlsplatz und St. Niklas am Kleinseitner Ring), Rokoko (Erzbischöfliches Palais) und Klassizismus (Villa Richter) bis zur Neorenaissance im 19. Jh. (Nationaltheater und Rudolfinum). Dem Jugendstil und dem Kubismus (u. a. das Mietshaus von Josef Chochol in Vyšehrad) sowie weiteren Spielarten der Moderne wie dem Funktionalismus (Mánes-Ausstellungssaal) folgte der im Stadtbild auffällige Sozialistische Realismus (Výstaviště in Holešovice) bis zur heutigen Architektur nach der Wende mit dem Tanzenden Haus (»Ginger und Fred«) von Frank O. Gehry als bekanntestem Werk. Bleibt noch der Begriff **Brutalismus** zu klären: Es ist die Wortschöpfung eines findigen Prager Stadtführers, der seinen Zuhörern Bausünden nicht verschweigen wollte.

Wer ist Ginger und wer Fred?
Frank O. Gehry lässt Beton und Glas tanzen.

JUGENDSTIL IN REINKULTUR

Wer sich für Prag und Jugendstil interessiert, landet unweigerlich bei der obligatorischen Führung durch das wunderschöne Obecní dům. 320 Kronen, etwa 13 Euro, kostet der Einblick ins vielleicht schönste Jugendstilgebäude Prags, das Repräsentationshaus, von dem bis heute drei Viertel original erhalten sind. Draußen im grellen Tageslicht gesellen sich zum perfekten Jugendstil ein Bauwerk der Spätgotik, der Pulverturm, und die Eisen-Beton-Glas-Moderne des »K«-Kaufhauses. Hier wird Architektur lebendig. (► S. 176)

EUROPAS ATHEISTEN

Es gibt wohl kein Land in Europa, in dem so viele Atheisten leben wie in Tschechien. Gut 60 Prozent der Bevölkerung gehören keiner religiösen Gemeinschaft an. Das liegt sowohl an den Habsburgern als auch an den Kommunisten. Die Kirchen werden meist nur geöffnet, wenn sie von größerem touristischen Interesse sind.

Homosexuelle und Christen vereint bei Prague Pride. Dieser Aktionstag für die Rechte der LGBTQIA+-Community hat eine lange Tradition in der Stadt.

RELIGION spielt in Tschechien so gut wie keine Rolle. Nicht einmal fünf Prozent der tschechischen Bürger gehen regelmäßig in die Kirche, gerade mal zehn Prozent der Kinder sind zum Religionsunterricht angemeldet, knapp zwei Drittel der Bevölkerung sind Atheisten, weitere zehn Prozent wollen sich nicht festlegen und nur ein Viertel bekennt sich zum christlichen Glauben. Die Kirchen sind leer, teils zugesperrt, die Klöster von ausländischen Ordensbrüdern beseelt und zusammen mit den letzten tschechischen Mönchen kämpfen sie ums Überleben.

Woran Tschechen glauben ...

Ex-Staatspräsident Václav Klaus stellte die Kirche einst auf eine Stufe mit einem Touristenverein und die »Lidové Noviny« schrieb unlängst: »Die Tschechen glauben **eher an ihr Horoskop** als an Gott.« Sogar der majestätische St.-Veits-Dom auf dem Gelände der Prager Burg gehört nach wie vor dem Staat. Aus Sicht der christlichen Kirchen müsste dieses Land eigentlich missioniert werden.

300 Jahre **Zwangskatholisierung** unter der Habsburger Herrschaft haben ihre Wirkung hinterlassen. Ein erzwungener

EINE DER LETZTEN BASTIONEN DER GLÄUBIGEN!

Gebückt schleicht ein greiser Pater am Altar der St.-Thomas-Kirche, unweit der Prager Karlsbrücke, vorbei. »Er ist unser letzter Tscheche hier im Kloster«, sagt Pater Juan über seinen Mönchsbruder. Juan ist Spanier, ganz in eine bodenlange, schwarze Ordenskutte gehüllt. Er wurde vom Vatikan aus seinem heißen, gläubigen Land ins winterkalte, ungläubige Tschechien entsandt, um die Fraktion der Augustinermönche in Prag auf fünf aufzustocken. Man kann ihn besuchen. (Kostel sv. Tomáše, Mo. – Sa. 11.30 – 13 und So. 16 – 18 Uhr; ▶ S. 142)

Glaube ist nie ein tief verwurzelter Glaube. Die Voraussetzungen dafür, dass der aufgedrängte Glaube sich im Lauf der Zeit zu einer tief empfundenen Religiosität hätte entwickeln können, waren in Tschechien einfach nicht gegeben.

Widerstand geht auch ohne

Deshalb wurde die Religion auch während der kommunistischen Diktatur nicht zu einer treibenden Kraft der **Opposition,** wie etwa im tief gläubigen Polen. Gut, Kardinal Tomášek war eine Leitfigur des stillen Widerstands gegen die totalitäre Staatsmacht in den 1980er-Jahren. Doch insgesamt gesehen festigte die Zeit zwischen dem Ende des Zweiten Weltkriegs und der Wende eher die Ungläubigkeit. Rockmusikerin Marta Jandová freut sich darüber: »Die Vinohradská, meine Straße, ist der Schwulentreffpunkt, da laufen auch Männer Hand in Hand über die Straße. Ich glaube, wir sind das schwulste Land der Erde, weil die Religion bei uns keine Rolle spielt.«
Wieder wären die Tschechen aber nicht Tschechen im Sinne ihres berühmten Landsmanns Schwejk, wenn sie etwa **Weihnachten** nicht feiern würden wie kaum anderswo, allerdings mit Fokus auf »feiern«. Den Shopping-Wahnsinn zum wichtigsten Fest der Christen gibt es überall. Aber wer würde auf die Frage, warum Weihnachten so schön ist, antworten: Weil es frische Karpfen mit Kartoffelsalat gibt, weil man Geschenke bekommt, ein paar Tage auf die Datscha fahren und faulenzen kann, oder weil im Fernsehen die besten Filme laufen?

Das Mittelalter ist vorbei

Und Pater Juan von St. Thomas? Offenbar hat die Haltung der Tschechen schon auf ihn abgefärbt. Rundgang und Gespräch sind beendet. Er entledigt sich sofort seiner Kutte, trägt darunter **Jeans und Hemd** und meint auf die verdutzten Blicke des Gesprächspartners trocken: »Die Ordenstracht ziehe ich nur an Feiertagen und zu Führungen an. Wir leben schließlich nicht mehr im Mittelalter ...«
Innerhalb der Mauern des Augustinerklosters findet sich heute das Augustine Hotel, eine Unterkunft der Luxusklasse. Ins Restaurant und in den historischen Gewölbekeller der Bar lockt u. a. das St.-Thomas-Bier, ein untergäriges dunkles Lager, (www.marriott.com).

T

TOUREN

Durchdacht, inspirierend, entspannt

Mit unseren Tourenvorschlägen lernen Sie Prags beste Seiten kennen.

1 Zur schwarzen Mutter Gottes
2 Haus zur Minute
3 Husdenkmal
4 Palais Clam-Gallas
5 Karolinum
6 Repräsentationshaus

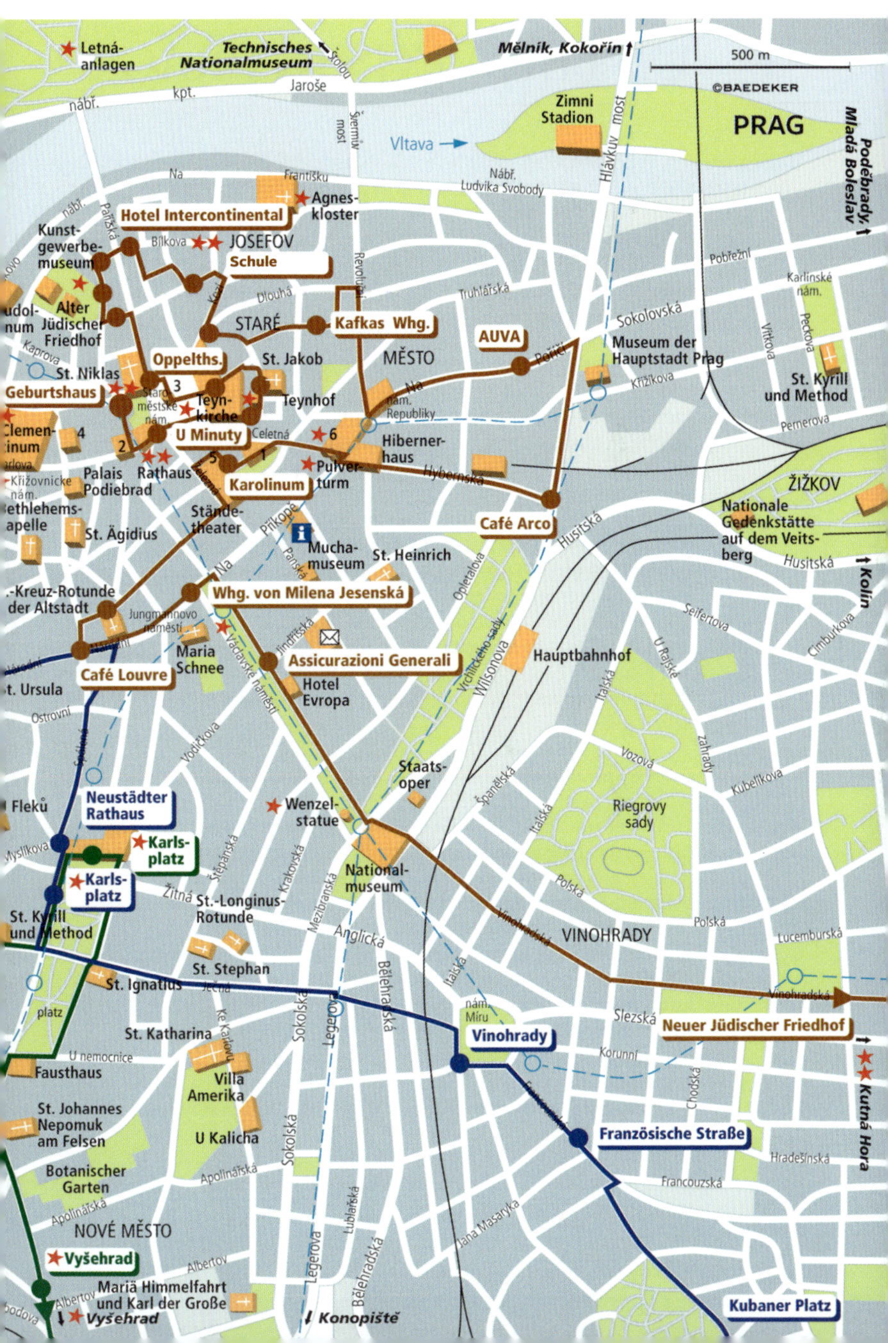
PRAG
500 m
©BAEDEKER
Letná-anlagen
Technisches Nationalmuseum
Mělník, Kokořín
Zimni Stadion
Vltava
Podĕbrady, Mladá Boleslav
Hotel Intercontinental
Agneskloster
Kunstgewerbemuseum
JOSEFOV
Schule
Alter Jüdischer Friedhof
STARÉ MĚSTO
Kafkas Whg.
AUVA
Museum der Hauptstadt Prag
St. Kyrill und Method
Oppelths.
St. Jakob
St. Niklas
Geburtshaus
Teynkirche
Teynhof
U Minuty
Hibernerhaus
Pulverturm
Rathaus
Palais Podiebrad
Karolinum
Café Arco
ŽIŽKOV
Nationale Gedenkstätte auf dem Veitsberg
Ständetheater
St. Ägidius
Muchamuseum
St. Heinrich
Kolín
Whg. von Milena Jesenská
Maria Schnee
Café Louvre
Assicurazioni Generali
Hotel Evropa
Hauptbahnhof
St. Ursula
Staatsoper
Neustädter Rathaus
Wenzelstatue
Riegrovy sady
Karlsplatz
Nationalmuseum
St. Kyrill und Method
St.-Longinus-Rotunde
VINOHRADY
St. Stephan
St. Ignatius
Vinohrady
Neuer Jüdischer Friedhof
St. Katharina
Fausthaus
Villa Amerika
Kutná Hora
St. Johannes Nepomuk am Felsen
U Kalicha
Französische Straße
Botanischer Garten
NOVÉ MĚSTO
Vyšehrad
Mariä Himmelfahrt und Karl der Große
Konopiště
Kubaner Platz

UNTERWEGS IN PRAG

Alles ganz zentral

Ein Trip nach Prag lohnt sich schon über ein verlängertes Wochenende. Die meisten Pragbesucher bleiben im Schnitt nur drei bis vier Tage, dann hat man das Wichtigste gesehen. Die Attraktivität der modernen Metropole beruht nicht zuletzt darauf, dass (fast) alle Sehenswürdigkeiten sehr zentral gelegen und **gut zu Fuß erreichbar** sind. Die Orientierung ist vergleichsweise einfach: Hradschin, Karlsbrücke, Altstädter Ring und Josefstadt sind das Pflichtprogramm. Die bequemste und zugleich fußschonendste Art, einen wirklich guten und umfassenden Eindruck von den wichtigsten Attraktionen der Stadt zu bekommen, ist eine Fahrt mit der Straßenbahnlinie 22 (▶ Tour 3). Mit der **Metro** kommt man zwar deutlich schneller ans Ziel, man sieht im Untergrund aber leider nicht ganz so viel. Trotzdem kann die Prager Metro oftmals eine lohnende Alternative sein.

Um in einen der Prager Außenbezirke zu gelangen, nimmt man am besten den **Bus,** denn es lohnt sich nicht, sich in Prag mit dem Auto fortzubewegen. Die Parkplatzsuche ist sehr mühsam, mit den öffentlichen Verkehrsmitteln hingegen kommt man einfach und bequem überallhin. Statt das Auto zu benutzen, steigt man besser noch ins Taxi – idealerweise lässt man sich an der Hotelrezeption ein Funktaxi bestellen und für den Rückweg Auskunft über die Standorte seriöser Taxiunternehmen wie AAA, City Taxi oder Taxi Praha geben.

Die grünen Lungen der Stadt

Gutes Schuhwerk ist in der tschechischen Hauptstadt vor allem wegen des vielen Kopfsteinpflasters wirklich unerlässlich. Wenn die Füße wehtun, lockt aber ein Päuschen nicht nur in der gut vertretenen Gastronomie, sondern auch im Grünen. Möglichkeiten dazu gibt es genug, denn Prag ist eine **»grüne Stadt«:** Die Hälfte der urbanen Flächen ist naturbelassen. So laden Auen, Parks, Gärten und dicht bewachsene Hügel zur erholsamen Entspannung ein. Dabei trifft man garantiert nicht immer nur Touristen, wie man selbst einer ist, sondern auch »echte Prager«. Denn die lieben die grünen Lungen ihrer Stadt sehr und nutzen sie zur Erholung, aber auch für sportliche Aktivitäten.

Zu den beliebtesten zählen der Franziskaner-Garten, ein ehemaliger Klostergarten nahe dem ▶ Wenzelsplatz, in dem auch die älteste, rund 500 Jahre alte Linde der Stadt steht, der Botanische Garten (Stará botanická zahrada, ▶ Karlsplatz), der Kampa-Park als Prags »Klein-Venedig« auf der gleichnamigen Moldauinsel (▶ Kampa) und der Waldsteingarten (Valdštejnská zahrada) unterhalb des Hradschin (▶ Palais Waldstein).

AUF DER KLEINSEITE: BURGROMANTIK

Start: Kleinseitner Ring | **Ziel:** Laurenziberg (Petřín) | **Dauer:** 1 Tag

Tour 1

Beginnen Sie Ihren Pragbesuch mit einem Spaziergang auf der Kleinseite. Nicht nur Einheimische, auch Filmemacher lieben das romantische Viertel unterhalb des Hradschin, des größten zusammenhängenden Burgareals der Welt. Weitere Highlights sind die berühmten Bücherbestände und Deckenfresken im Kloster Strahov und der Panoramablick vom Petřín.

Paläste, Burg und Blick

Vater und Sohn Dientzenhofer entwarfen die monumentale Barockkirche St. Niklas (Kostel sv. Mikuláše) am ❶ ★ **Kleinseitner Ring** (Malostranské náměstí). Den Aufstieg zur Kirchturmspitze über 215 Treppenstufen belohnt ein fantastischer Rundblick. Jan Neruda, dem Autor der »Kleinseitner Geschichten«, verdankt die nach Westen verlaufende und von prachtvollen spätbarocken Bürgerhäusern gesäumte ❷ ★ **Nerudagasse** (Nerudova) ihren Namen.
Schlendern Sie durch die Gasse hinauf bis zur Ke Hradu, der Burgrampe zur Prager Burg. Der ❸ ★★ **Hradschin** (Hradčany), einst Residenz böhmischer Fürsten und Könige, Ort des Zweiten Prager Fenstersturzes und kafkaesker Eingebungen, ist heute Sitz des Staatspräsidenten. Auf dem Hügel 70 m über der Stadt ist Punkt 12 Uhr Wachablösung am Tor des Ersten Burghofs. Planen Sie ge-

AUF KÖNIGLICHEM WEG

Lehnen Sie sich auf der Karlsbrücke auf die Brüstung, schauen Sie hinab zur Moldau und lassen Sie dann den Blick hinauf zum Hradschin schweifen: Fühlen Sie das Mittelalter? Denn hier stehen sie mitten auf dem Weg zur Krönung. Der traditionelle Königsweg – 1438 bis 1836 – begann am alten Königspalast beim Pulverturm (wo heute das Repräsentationshaus steht), verlief durch die Zeltnergasse, quer über den Altstädter Ring und über die Karlsbrücke hinauf zum Veitsdom.

nügend Zeit ein, um den Königspalast und den St.-Veits-Dom, die St.-Georg-Basilika und die winzigen Häuschen im Goldenen Gässchen zu bestaunen. Den 4 ★ **Hradschiner Platz** (Hradčanské náměstí) flankieren das Erzbischöfliche Palais (Arcibiskupský palác) und das mit Stufengiebeln und Sgraffiti verzierte Palais Schwarzenberg (Schwarzenberský palác) mit einer Dependance der Nationalgalerie.

Durch die Loretogasse (Loretánská ulička) geht es zum Bezirk des Wallfahrtsorts 5 ★ **Loretoheiligtum** (Pražská Loreta) am Loretoplatz (Loretánské náměstí). Das nächste Highlight findet sich im 6 ★★ **Kloster Strahov** (Strahovský klášter): die beiden wunderschönen Bibliothekssäle mit barocken Bücherschränken voller Prachtbände und herrlichen Deckenfresken. Ein frisch gezapftes St. Norbert im Klosterbräu vis-à-vis weckt neue Lebensgeister, denn nun geht es zum gut 60 m hohen Nachbau des Pariser Eiffelturms auf dem benachbarten 7 ★ **Laurenziberg** (Petřín), der zum Abschluss einen fantastischen Blick auf die Moldaumetropole gewährt.

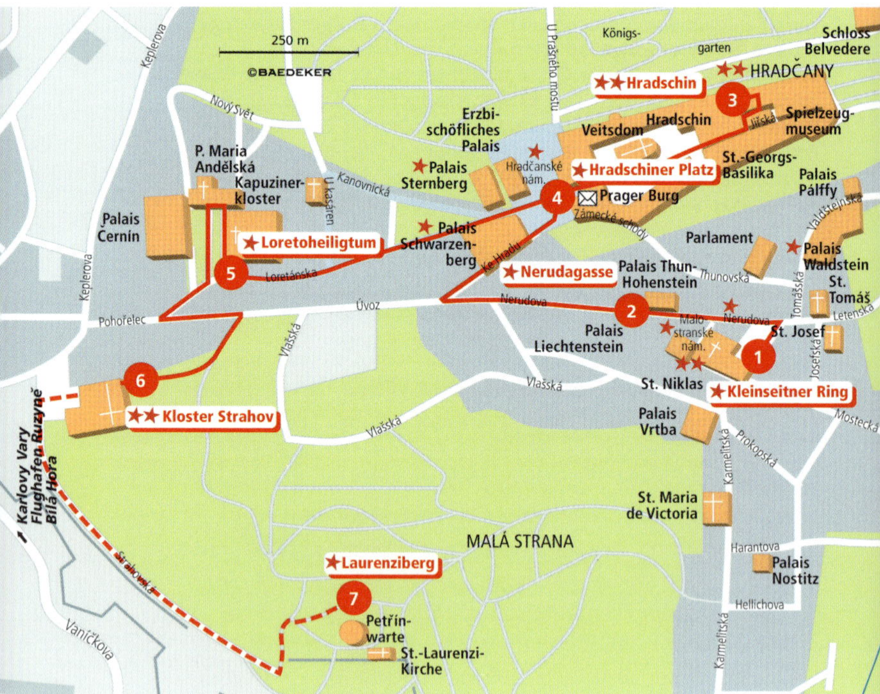

BUNTE MISCHUNG – DIE PRAGER NEUSTADT

Start: Nationaltheater | **Ziel:** Vyšehrad | **Dauer:** ein halber Tag

Tour 2

Die Neustadt, der geschäftigste Stadtteil Prags, ist nicht so jung, wie man vielleicht meint. Fast sieben Jahrhunderte sind vergangen, seit Kaiser Karl IV. sie anlegen ließ. Heute ist die Neustadt eine Mischung aus Wohnviertel und Warenhäusern, Banken und Boutiquen, Theatern, Kinos und Museen.

Von Gehry bis Libuše

Der Rundgang beginnt am Neorenaissancegebäude des ❶ ★★ **Nationaltheaters** (Národní divadlo), im 19. Jh. von den Bürgern Prags finanziert und Ausgangspunkt so mancher Musikkarriere. An seiner Ausstattung beteiligten sich die besten Künstler des Landes. Seit seiner Eröffnung 1863 war das benachbarte ❷ **Café Slavia** (▶ Nationaltheater) eine Institution und einer der beliebtesten Treffpunkte für Künstler und Schriftsteller, unter ihnen Smetana und Dvořak, Egon Erwin Kisch und Václav Havel. Nächste Station am Moldau-Ufer ist das eigenwillige ❸ ★ **Tanzende Haus** (Tančící dům) von Frank O. Gehry, das in starkem Kontrast zu den umliegenden Jugendstilgebäuden mit Feen, Faunen und reich verzierten Balkonen steht.
Hinter der Kirche St. Kyrill und Method (Kostel sv. Cyrila a Metoděje), einem barocken Meisterwerk von Kilian Ignaz Dientzenhofer und Symbol-Ort des Widerstands gegen den Nationalsozialismus in Prag, erreicht man den ❹ ★ **Karlsplatz** (Karlovo náměstí). Am größten Prager Platz, der mit seinen Grünanlagen eher einem Park ähnelt, stehen das sagenumwobene Fausthaus (Faustův dům), in dem im 18. Jh. physikalische Versuche unternommen wurden, weshalb die Leute dachten, dort hause der Teufel, sowie die barocke Kirche St. Ignatius (Kostel sv. Ignáce) von Carlo Lurago und das gotische Neustädter Rathaus (Novoměstská radnice) – Schauplatz des Ersten Prager Fenstersturzes. Die Vyšehradská führt von hier weiter nach Süden, vorbei am ❺ **Emmauskloster** (Klášter Emauzy), das Karl IV. 1347 für slawische Benediktinermöche gründete, und dem weitläufigen Botanischen Garten (Botanická zahrada).

Auf zum schönen Rundblick

Man sollte noch einen Blick auf das kubistische Haus von Josef Chochol (▶ Vyšehrad) werfen, bevor es zum ❻ ★ **Vyšehrad** hinaufgeht. Dort weissagte in nicht näher definierten grauen Vorzeiten die Fürstin Libuše, sagenumwobene Stammmutter der ersten böhmischen Königsdynastie, der Stadt einen »Ruhm, der bis zu den Sternen reicht«. Von der »Burg auf der Höhe«, deren St.-Martins-Rotunde (Rotunda sv. Martina) das älteste romanische Bauwerk von Prag ist,

bietet sich ein herrlicher Blick über die Moldaustadt und hinüber zum Hradschin. Einen ausgiebigen Blick wert ist der ★ **Ehrenfriedhof**, wo tschechische Geistesgrößen Seit' an Seit' liegen.

MIT DER 22 DURCH PRAG

Start und Ziel: Kleinseitener Ring | **Dauer:** 2 Stunden

Tour 3

Die Fahrt mit der Linie 22 führt durch alle Epochen der Stadtgeschichte. Um die Fahrt richtig genießen zu können, sollte man sie vormittags absolvieren. Je später, umso voller wird es.

Zwischen Touristen und Einheimischen

Es klingt geradezu englisch: »Tramvaj« heißt die Straßenbahn auf Tschechisch. Die Linie 22 kommt alle fünf bis zehn Minuten. Steht man möglichst früh an der Haltestelle ❶ ★ **Kleinseitner Ring** (Malostranské náměstí) mit Frontalblick auf die mächtige Kuppel der St.-Niklas-Kirche (Kostel sv. Mikuláše), steigt man in Fahrtrichtung rechts ein. Über eine enge Straße geht die gemütliche Fahrt an einer blinden Feuermauer vorbei. Dahinter verbirgt sich die Pracht des ❷ **Waldsteingartens** (Valdštejnská zahrada). Ab der Station ❸ **Klárov** wirkt die Strecke fast alpin. Die Tram kriecht über eine Haarnadelkurve hinauf. Dichter Baumbestand erinnert an jene Zeiten, als an diesem bewaldeten Hügel mit dem Hirschgraben die Könige auf die Jagd gingen. An der Station ❹ **Chotkovy sady** kann man aussteigen und den ❺ **Königsgarten** (Královská zahrada) mit dem singenden Brunnen besichtigen. Ausgesprochen hübsch ist das Sommerschloss ❻ **Belvedere**

(Letohrádek královny Anny) und fast verwunschen sieht es im Park dahinter aus. Farn und Unkraut wuchern, riesige Steinblöcke liegen herum. In einer Grotte, an einem kleinen Teich mit Schwänen, stehen Statuen – Gestalten aus den Romanen von Julius Zeyer, dem dieser Märchenpark 1913 gewidmet wurde.
Noch vor der Endstation der Linie 22 heißt es aussteigen: nämlich an der Sommerresidenz bzw. dem 7 **Lustschloss Stern** (Letohrádek hvězda, ► Kloster Břevnov). Nahe diesem sternförmigen Schlösschen wurde 1620 beim 8 **Weißen Berg** (Bílá hora) die Schicksalsschlacht der Tschechen geschlagen. Durch ihre Niederlage verloren sie die Selbstständigkeit und damit auch weitgehend die nationale Identität. Der weitläufige Park ist bei den Pragern trotzdem beliebt.

In die Gegenrichtung

Für die Rückreise sichert man sich einen Sitzplatz in Fahrtrichtung rechts. In den nächsten 40 Minuten ziehen Prags bedeutende Baumonumente wie in einem Kinofilm vorbei: der 9 ★★ **Hradschin** mit dem St.-Veits-Dom, die Kirchen der Kleinseite und – gleich nach der Moldaubrücke – das 10 ★★ **Nationaltheater** (Národní divadlo). Die Straßen der Neustadt sind mit überwiegend restaurierten Jugendstilhäusern bestückt. Im Stadtteil Vinohrady heißt es am 11 **Platz des Friedens** (Náměstí Míru) aussteigen. Dank des wirtschaftlichen Aufschwungs von Prag zum Ende des 19. Jh.s gibt es rund um den Friedensplatz etwa die Kirche St. Ludmilla (Kostel sv. Ludmily), das sehr schöne Theater Divadlo na Vinohradech oder das Karel-Čapek-Denkmal zu bewundern. Die Hauptstraße, über die nun die 22 braust, heißt 12 **Francouzská** und erinnert wirklich an Paris. Im Kontrast dazu tauchen nach dem 13 **Kubanischen Platz** (Kubánské náměstí) realsozialistische Wohnblöcke auf: Wie man hört, lieben die Prager ihre modernisierte »Platte«.

Zurück zur Kleinseite

Mit diesem Eindruck geht es wieder zurück mit der Linie 22, um alles aus einem anderen Blickwinkel zu sehen. Am 14 ★ **Karlsplatz** (Karlovo náměstí) werden Liebhaber der Freiluftkunst aussteigen. Mit 80 000 m^2 Fläche – etwa 15 Fußballfelder – ist er der größte Stadtplatz der Republik und zugleich der Ort mit den meisten Statuen, Skulpturen, Büsten und Denkmälern in Prag. Die Stirnseite dominiert das 15 **Neustädter Rathaus** (Novoměstská radnice) – berühmt wegen des Ersten Prager Fenstersturzes. 1419 stürmten Hussiten das Gebäude und beförderten den Bürgermeister, zwei Stadträte und den Richter aus ihren Amtsstuben auf die Straße. Danach entbrannte ein Religionskrieg, der halb Europa erschüttern sollte. Davon unbeeindruckt zeigt sich die Gegenwart: Rund um den Karlsplatz pulsiert das Leben.
Am Kleinseitner Ring endet die Fahrt mit der 22. Aber vielleicht wollen Sie sich noch Karten für ein Bachkonzert in der 16 ★★ **Kirche St. Niklas** (Chrám sv. Mikuláše) sichern. Auch was Sie da hören und sehen, wird Ihnen in Erinnerung bleiben.

1 Zur schwarzen Mutter Gottes
2 Haus zur Minute
3 Husdenkmal
4 Palais Clam-Gallas
5 Karolinum
6 Repräsentationshaus

Letná-anlagen
Technisches Nationalmuseum
Mělník, Kokořín
500 m
©BAEDEKER
Zimni Stadion
Vltava
Poděbrady, Mladá Boleslav
Agnes-kloster
JOSEFOV
Kunst-gewerbe-museum
Alter Jüdischer Friedhof
STARÉ
MĚSTO
St. Jakob
St. Niklas
Staro-městské nám.
Teyn-kirche
Teynhof
Clemen-tinum
Rathaus
Palais Podiebrad
Hiberner-haus
Pulver-turm
Museum der Hauptstadt Prag
St. Kyrill und Method
ŽIŽKOV
Nationale Gedenkstätte auf dem Veits-berg
Kolín
Stände-theater
St. Ägidius
Mucha-museum
St. Heinrich
Jungmannovo náměstí
Maria Schnee
Hotel Evropa
Haupt-bahnhof
St. Ursula
Staats-oper
Riegrovy sady
Neustädter Rathaus
Fleků
Wenzel-statue
National-museum
15
14
Karls-platz
St. Kyrill und Method
St.-Longinus-Rotunde
St. Stephan
St. Ignatius
VINOHRADY
Vinohrady
11
12
Französische Straße
St. Katharina
Fausthaus
Villa Amerika
U Kalicha
St. Johannes Nepomuk am Felsen
Botanischer Garten
NOVÉ MĚSTO
Mariä Himmelfahrt und Karl der Große
Vyšehrad
Konopiště
13
Kubaner Platz
Kutná Hora

AUF KAFKAS SPUREN

Start: Náměstí Franze Kafky (Kafka-Platz) | **Ziel:** Neuer Jüdischer Friedhof oder Hungermauer | **Dauer:** ein halber Tag

Tour 4

Der Dichter der Melancholie streifte gern durch die Prager Altstadt und das jüdische Viertel. Was er dort sah und hörte, ging in seine Texte ein. So prägte die Stadt das Schreiben Kafkas, seine Texte sind auch im heutigen Prag noch zu verorten, sein Leben sowieso. Eine Spurensuche.

Kafkas Wohnungen

Ja, es gibt ihn wirklich, den ❶ **Kafka-Platz** (Náměstí Franze Kafky), allerdings erst seit dem Jahr 2000. An das einstige Geburtshaus Kafkas erinnert eine Gedenkbüste. Seine ersten Jahre verbrachte er in dem nach seinem Besitzer benannten Renaissancebau ❷ **Haus Zur Minute** (U Minuty, ▶ Altstädter Ring); die schwarz-weißen Graffiti an der Fassade erinnern an alte Buchillustrationen. Alle weiteren Umzüge der Familie Kafka blieben im Umkreis des Altstädter Rings. Gleich zweimal wechselte man die Adresse in der ▶ Zeltnergasse (Celetná ulice). Das reich verzierte Patrizierhaus ❸ **Zum Sixt** (Sixtův dům) baute sich einst der Prager Stadtrat Sixt, ein Vorfahre des gleichnamigen Autoverleihers mit Sitz in München. In der nächsten Wohnung im gegenüberliegenden spätgotischen Haus ❹ **Zu den drei Königen** (U tří králů) zeigten die Fenster in den düsteren Pfarrhof der Teynkirche. Unheimlich kam Kafka der Blick vor, er glaubte in der Dunkelheit Schatten zu sehen, fürchtete, es könnte der Teufel sein. Man kann es nachempfinden, wenn man in der Dunkelheit den Weg hinter der Teynkirche einschlägt.

In dem ❺ **Palais Goltz-Kinsky** (Palác Goltz-Kinských) am Altstädter Ring hatte Kafkas Vater Hermann unter dem Eingangsgewölbe eine Zeit lang seinen Galanteriewarenladen. In dessen Hinterhaus war damals das deutsche Gymnasium untergebracht, das Kafka besuchte. Mit seinen Eltern zusammen wohnte Kafka zuletzt im ❻ **Oppelthaus** (Oppeltův dům). Über den Ausblick schwärmte er in mehreren Briefen an seine Schwester Ottilie (»Otla«), deren Zimmer er übernahm, als sie auf eine Landschule ging. Der Dachstuhl brannte in den letzten Kriegstagen im Mai 1945 aus, von den einstmals prachtvollen Giebeln und Türmen ist deshalb heute nichts mehr zu sehen. Doch hier, an diesem Eckhaus, beginnt Prags Luxusmeile – die Pařížská. Dort reihen sich die Edelboutiquen der Prestigemarken nebeneinander wie in Paris. Nach einem Schaufensterbummel geht es links in die Široká. Ein Zwischenstopp im ❼ **Café Franze Kafky** hilft mit Zitaten an der Wand literarisch weiter, Kafka war allerdings nie hier.

In der ❽ **Maiselova-Straße** geht die Spurensuche weiter: Kafka wunderte sich in seinem Tagebuch über das dortige Nebeneinander

6X DURCHATMEN

Entspannen, wohlfühlen, runterkommen

1. MOLDAU

In einem Holzkahn auf der Moldau rudern, in die Sonne blinzeln und das Postkartenpanorama in 3D-Qualität genießen! Es geht auch in Disney-Manier in einem Boot in Form eines Schwans. Eine **Stadtbesichtigung per Schiff** lohnt sich! (▶ **S. 300**)

2. FRANZISKANERGARTEN

Wenn nicht mal mehr ein Kaffeehaus zum Entspannen hilft, dann vielleicht eine grüne Lunge. Der Franziskanergarten beim Wenzelsplatz liegt mitten in der Stadt. (▶ **S. 206**)

3. KAMPA-INSEL

Wo Ruhe und Kunst zusammentreffen, wo der Teufelsbach rauscht und die Moldau fließt, wo Wiesen und Bäume grüne Erholung bieten wie z. B. auf der **Kampa-Flussinsel,** dort ist ein guter Platz zum Durchatmen. (▶ **S. 120**)

4. BAUMGARTEN

Rein in die Laufschuhe und nichts wie hin in den prächtigen Baumgarten-Park, den **Stromovka:** rund um vier kleine Seen und vorbei am Jagdschloss und am imposanten Industriepalast. (▶ **S. 78**)

5. TRAM

Hat man einen Fensterplatz in der **Tram 22** ergattert und blickt aus dem Fenster, kann man sich ganz auf die vorbeiziehenden Bilder konzentrieren. Ohne Worte. Und irgendwann vermutet man auch, was »příští zastávka« heißt. Richtig: »nächste Haltestelle«. (▶ **S. 38**)

6. BURG KARLSTEIN

Hl.-Kreuz-Kapelle: Das Durchatmen wegen der steilen Stufen hinauf ist schnell vorbei. Das Durchatmen angesichts von 1330 Kerzen, über 2200 Edelsteinen und 128 hölzernen Bildtafeln dauert etwas länger. (▶ **S. 138**)

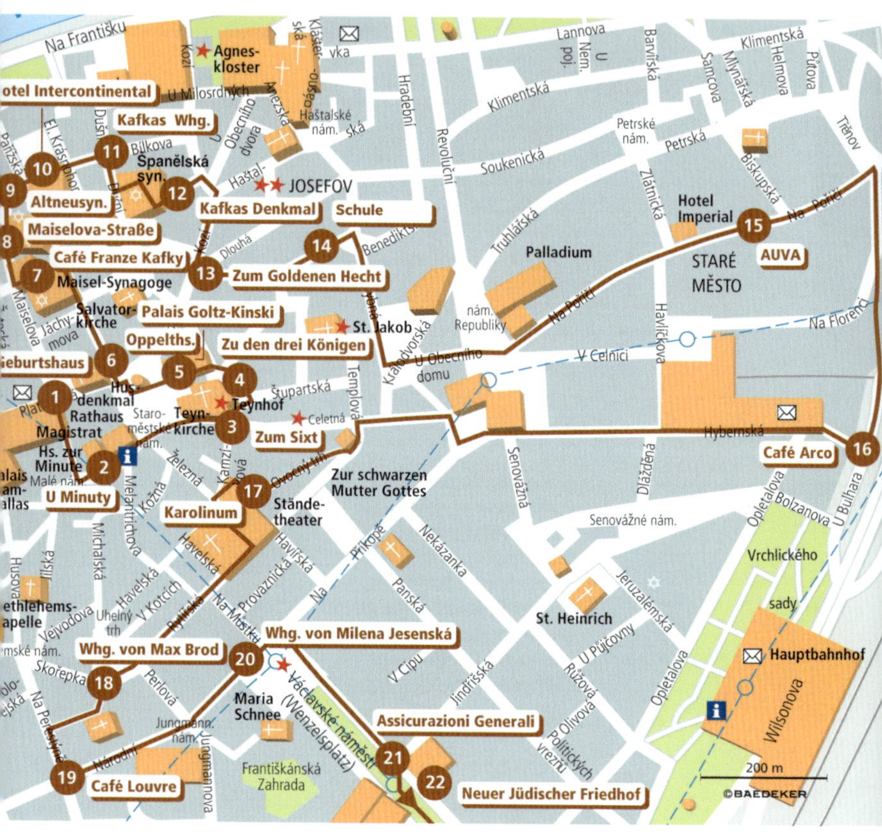

von Bordellen und Synagogen. Das Stimmengewirr und Gedränge in der ❾ ★ **Altneusynagoge** (Staronová synagoga) erinnerte an die Börse. Trotzdem erschien er jeden Sabbat mit seinem Vater zum Gottesdienst – er wohnte gleich in der Nähe, in der Pařížská 30, wo heute das ❿ **Fairmont Hotel** steht. Unweit davon, in der ⓫ **Bílková 10,** stößt man auf eine Gedenktafel und auf den nächsten Wohnort Kafkas.

Kafkas Arbeitsweg

Von dort lässt sich Schritt für Schritt sein Weg zur Arbeit nachvollziehen, am surrealistischen ⓬ **Kafka-Denkmal** an der Spanischen Synagoge (Španělská synagoga) vorbei zum Jugendstilbau ⓭ **Zum goldenen Hecht** (U zlaté štiky), wo er ebenfalls eine Zeit lang wohnte. In der ⓮ **Masná-Gasse** besuchte Kafka die Grund- und Handelsschule. Die ⓯ **Arbeiter-Unfall-Versicherungs-Anstalt (AUVA),** in

der er bis zu seiner vorzeitigen Pensionierung beschäftigt war, beeindruckt mit pompösem Art déco. Im heutigen Hotel MGallery kann man in der Kafka-Suite nächtigen: Sie war einst das Arbeitszimmer von Kafka. Das ⓰ **Café Arco,** einst Treffpunkt der deutsch-tschechischen Literaturszene, ist heute eine Beamtenkantine.
Im ⓱ **Karolinum** (▶ Carolinum) promovierte Kafka in Jura. Später am Tag holte er gerne seinen Freund Max Brod in dessen Wohnung in der ⓲ **Skořepka-Gasse** ab und ging mit ihm ins ⓳ **Café Louvre.** Auf dem Rückweg konnte er bei seiner Freundin Milena Jesenská vorbeischauen, die in der ⓴ **Gasse des 28. Oktobers 13** (ulice 28. října) wohnte. Ohne das zu wissen, bleiben die meisten vor dem burgähnlichen Palast stehen, so überwältigend wirkt dessen Fassade. Jetzt sind es nur noch 20 Schritte bis zum Wenzelsplatz. Dort trat Kafka seine erste Stelle bei den ㉑ **Assicurazioni Generali** an, einem italienischen Versicherungskonzern.

Letzte Ruhestätte

Vor der Tür liegt die Metrostation Můstek. Kafka-Fans pilgern von dort weiter mit der Linie A zum Grab des Dichters auf dem ㉒ **Neuen Jüdischen Friedhof** (Nový židovský hřbitov; bis Station Želivského und weiter mit der Tram 5, 13 oder 26 bis zur Station Vinohradské hřbitovy).
Wer noch mehr wissen will, nimmt die gleiche U-Bahn-Linie, aber in die entgegengesetzte Richtung, bis Malostranská auf der Kleinseite und steigt zum ▶ Hradschin hinauf ins ★ **Goldene Gässchen** (Zlatá ulička). Im winzigen Häuschen Nr. 22 wohnte und schrieb Kafka zwei Jahre lang. Ebenfalls auf der Kleinseite liegt der Palais Schönborn (Schönbornský palác, ▶ Palais Lobkowitz), heute die US-Botschaft. In dieser damals feuchtkalten Bleibe verschlechterte sich Kafkas Gesundheit zunehmend. Dennoch sammelte er tapfer seine Kräfte, um entlang der Hungermauer (Hladová zeď, ▶ Laurenziberg) spazieren zu gehen. Hier entstand seine Erzählung »Beim Bau der Chinesischen Mauer«. Auf dem Papier ist sie nicht fertig geworden, die Botschaft ist gleichwohl unmissverständlich: Ob Peking oder Prag, Machtmissbrauch ist immer unmenschlich. Wie die Stadt den Autor beeinflusste und sein Leben bestimmte, dokumentiert auf der Kleinseite zum Abschluss das ▶ Kafka-Museum (▶ S. 72).

AUSFLÜGE

Mělník

Die Silhouette von Mělník, das 40 km nördlich von Prag gelegene **Zentrum des böhmischen Weinbaus**, wird beherrscht von der gotischen Propsteikirche Peter und Paul und einem Renaissanceschloss, das über den terrassierten Weinbergen am Elbufer thront. Größte Weinproduzentin in Mělník ist Bettina Lobkowicz. Probieren Sie bei einer Verkostung die spritzigen leichten Weißweine und in Barrique-Fässern gereifte Rotweine wie Pinot Noir und Saint Laurent.

Infos unter: www.melnik.cz

Bettina Lobkowicz vinařství: Plavební 754, Mělník | Mo., Di., Do. 7 – 14.30, Mi., Fr. 6 – 13.30 Uhr | Weinverkostung: drei Weine und Häppchen 390 Kč | www.lobkowicz.cz/de/weingut

Theresienstadt

Rund 60 km nordöstlich von Prag ließ Kaiser Joseph II. Ende des 18 Jh.s das heutige **Terezín** anlegen und benannte die Garnisonsstadt nach seiner Mutter Maria Theresia. Die Festung sollte Nordböhmen vor preußischen Angriffen schützen. Im Dezember 1941 mussten auf Anordnung von Reinhard Heydrich, Reichsprotektor der von den Deutschen besetzten tschechischen Gebiete, alle Einwohner Theresienstadt verlassen, das in ein jüdisches Ghetto umgewandelt wurde.

Wie der 1944 gedrehte NS-Propagandafilm im **Ghetto-Museum** anschaulich macht, sollte dieses »jüdische Siedlungsgebiet« internationale Kommissionen davon überzeugen, dass die Gerüchte über die Vernichtung der Juden falsch wären. In der ehemaligen Magdeburg-Kaserne dokumentieren Bühnenbilder, Partituren und Aquarelle, wie die SS die Lagerkonzerte, Theateraufführungen und eine Kinderoper dafür nutzten, den Inspektoren des Roten Kreuzes ein normales Leben im **Konzentrationslager** Theresienstadt vorzugaukeln (▶ Josefstadt, Pinkassynagoge). Mit Erfolg. So berichtete der Schweizer Delegierte Maurice Rossel 1944 von einer »ganz normalen Provinzstadt«. Die Wirklichkeit sah völlig anders aus. Für die meisten Häftlinge war das Propagandalager nur eine Durchgangsstation, wo sie unter entsetzlichen Bedingungen leben mussten, bevor sie nach Auschwitz, Treblinka oder Majdanek in den Tod geschickt wurden. Von den rund 140 000 Juden, die in Theresienstadt inhaftiert waren, überlebten weniger als 17 000 das Kriegsende. Die **Gedenkstätte** (Památnik) ist unbedingt einen Besuch wert.

Památnik Terezín: Principova alej 304, Terezín | April – Okt. 9 – 17, Nov. – März bis 16 Uhr | www.pamatnik-terezin.cz

Kutná Hora

Silberminen machten Kutná Hora zur zweitwichtigsten Stadt im mittelalterlichen Böhmen. Die Bergstadt knapp 70 km östlich von Prag gehört seit 1995 zum **Weltkulturerbe** der UNESCO. Der Silberbergbau war Grundlage für den ab 1300 in der Kuttenberger Münze geprägten Prager Silbergroschen – die stabilste und bekannteste böhmische Münze des Mittelalters. Der um 1300 erbaute Welsche Hof, die ehemalige Münze, fungierte später als königliche Residenz. Einst war das Kastell eine Silberhütte, heute beherbergt es ein **Silber- und Bergbaumuseum** (Českého muzea stříbra), das geführte Touren

anbietet. Es steht direkt über den engen mittelalterlichen Stollen und Schächten, die vom harten Leben unter Tage im 14. Jh. zeugen, als hier Silber- und Kupfererz abgebaut wurde.
Die Zeit wirtschaftlicher Blüte hat ihre Spuren auch in einzigartigen Meisterwerken gotischer Baukunst hinterlassen wie dem Steinernen Haus, heute das Städtische Museum, und v. a. dem Prachtbau von Kotná Hora schlechthin: in der der Schutzpatronin der Bergleute geweihten Kirche **St. Barbara.** Sie wurde von Peter Parlers Bauhütte 1380 begonnen und 1585 vollendet. Das einzigartige Gotteshaus bezahlten die Bergbaumagnaten aus eigener Tasche. Eine etwas groteske Besonderheit findet sich im ehemaligen Kloster des nahe gelegenen Sedlec: Es ist mit Knochen von 40 000 Skeletten aus dem **Beinhaus** ausgeschmückt.
Infos unter: www.kutnahora.cz

Českého muzea stříbra: Barborská 28 | Di. - So. April - Okt. 9 - 17, Mai/Juni und Sept. 9 - 18, Juli/Aug. 10 - 18, Nov. 10 - 16 Uhr | versch. Führungen alle halbe Stunde: 90 - 190 Kč

S

SEHENS-WERTES

Magisch, aufregend, einfach schön

Alle Reiseziele sind alphabetisch geordnet. Sie haben die Freiheit der Reiseplanung.

★ AGNESKLOSTER (ANEŽSKÝ KLÁŠTER)

Lage: Praha 1, Staré Město, U Milosrdných 17 | **Metro:** B, Naměstí Republiky | **Straßenbahn:** 6, 8, 15, 25 | Di. – So. 10 – 18 Uhr
Eintritt: 250 Kč (10 Tage gültiges Ticket für alle 6 Dauerausstellungen der Nationalgalerie 680 Kč) | **www.ngprague.cz**

Die Angaben schwanken ein wenig: Die einen behaupten, König Wenzel I. habe das Kloster 1234 gegründet, andere nennen die heilige Agnes, die Schwester des Königs, als Gründerin. Letztlich egal, denn das älteste Klarissinnenkloster nördlich der Alpen kann in jedem Fall als königliche Gründung gelten. Agnes wurde 1989 von Papst Johannes Paul II. heiliggesprochen, kurz vor der Samtenen Revolution. Ob es einen Zusammenhang gab?

Nationales Kulturdenkmal

Heute gehört das Kloster zu den historisch bedeutsamsten Bauwerken Prags und wurde zum nationalen Kulturdenkmal erklärt. Natürlich nicht nur, aber sicher auch wegen der hl. Agnes. Die Königstochter hatte sich für den Dienst an den Armen und Kranken entschieden und war die erste Äbtissin des Klosters, daneben aber auch politisch tätig, nämlich als Beraterin des Königs. Zu dem Klarissinnenkloster kam 1240 ein Minoritenkloster, beide wurden jedoch während der Hussitenkriege verlassen. 1556 kamen die Dominikaner, doch 1782 endete die kirchliche Nutzung endgültig: Der aufgeklärte Habsburger Kaiser Joseph II. löste das Kloster auf. Als Militärgefängnis, Armenhaus und Lagerraum genutzt und dem allmählichen Verfall preisgegeben, wurden die Gebäude in den 1960er-Jahren der Nationalgalerie Prag (Národní galerie v Praze) übergeben, die für die Restaurierung sorgte.
Untersuchungen deuten darauf hin, dass die Salvatorkirche als Grablege der Přemyslidendynastie diente. Bei diversen archäologischen Forschungsarbeiten fand man das Grab König Wenzels I., dasjenige von Agnes († 1282) und weitere Přemyslidengrabmäler.

Für Fans mittelalterlicher Kunst

Dépendance der Nationalgalerie

Der Besuch des Agnesklosters lohnt sich aber nicht nur, weil es ein großartiges Beispiel frühgotischer Baukunst ist, sondern auch wegen der Sammlung mittelalterlicher Kunst der Nationalgalerie, die hier einen ihren Ausstellungsorte hat. Gezeigt wird **Kunst vom 13. bis zum 16. Jh.** aus Böhmen und Mitteleuropa, Plastiken und Tafelbilder, die größtenteils aus böhmischen Kirchen stammen. Die in der Regel namentlich nicht bekannten Künstler werden nach ihrem Werk und nach dem Ort benannt, an dem ihre Arbeit gefunden wurde. Häufigstes Motiv ist – nicht eben überraschend – die Muttergottes.

Beispiele für die Entwicklung der Kunst

Meist unbekannte Meister

Der erste Teil der chronologisch gegliederten Ausstellung zeigt die Entwicklung von Tafelbild und Skulptur bis zur Mitte des 14. Jahrhunderts. Der Zyklus des Meisters von Hohenfurth füllt einen eigenen Saal. 1330–1350 entstanden, zeigt der aus neun Tafeln bestehende Altar Szenen aus dem Leben Christi. Er steht für eine **neue Auffassung von Räumlichkeit** durch die Komposition und Plastizität der Figuren und der Landschaft sowie eine differenzierte Erzählweise, beeinflusst von der italienischen Frührenaissance.

Anschließend kommt man in den Saal mit Werken des Meisters Theoderich. Der einzige namentlich bekannte Künstler gilt als Repräsentant des **»Schönen« oder »Weichen« Stils** der gotischen Malerei Böhmens. Dieser Stil ist gekennzeichnet durch fließende Kleidung, einen verträumten Gesichtsausdruck und zierliche Körperformen. Theoderich schuf für Karl IV. auf der Burg Karlstein Wandgemälde und 128 Tafelbilder, von denen hier sechs (hll. Elisabeth, Veit, Hieronymus, Matthäus, Papst Gregor, hl. Lukas; Mitte 14. Jh.) zu sehen sind.

Der nächste Saal ist dem nur fragmentarisch erhaltenen Zyklus des Meisters von Wittingau gewidmet. Drei beidseitig bemalte Tafeln des

Mittelalterliche Kunst ist religiöse Kunst und das Agneskloster der richtige Platz für ihre Präsentation.

Flügelaltars, der nur an Feiertagen geöffnet wird, stellen Christus am Ölberg, die Grablegung und die Auferstehung dar, die Rückseite zieren Heiligenbilder aus der Werkstatt des Meisters von Wittingau – er selbst malte nur die Köpfe. Die folgenden Bilder und Skulpturen belegen die **Entwicklung der spätgotischen Kunst** in Böhmen unter besonderer Berücksichtigung des »Weichen« Stils.
Der Meister des Altars von Raigern (Anfang 15. Jh.) leitete mit einer fast karikaturistischen Verzerrung der Figuren in seiner Kreuzigungsdarstellung eine Wende in der böhmischen Malerei ein. Neue Ausdrucksformen findet auch der Meister des Altars von Leitmeritz, der für die Darstellung der Legende des hl. Wenzel in der Wenzelskapelle des St.-Veits-Doms verantwortlich ist. Die »Madonna mit Kind« stammt von einem Künstler, von dem nur das Monogramm I. W. bekannt ist, man weiß aber, dass er ein wichtiger **Schüler von Lucas Cranach d. Ä.** war.
Die Ausstellung endet mit den Arbeiten des Meisters der »Beweinung Christi« von Žebrák, dem holzgeschnitzten Altarschrein des Meisters I. P. (um 1520), der den Einfluss Albrecht Dürers erkennen lässt, und dem »Martyrium des hl. Florian« von Albrecht Altdorfer.

★★ ALTSTÄDTER RING (STAROMĚSTSKÉ NÁMĚSTÍ)

Lage: Praha 1, Staré Město | **Metro:** A, Staroměstská, **Straßenbahn:** 2, 17, 18

Wenn die Tschechen Tore schießen, sei es mit dem Puck oder mit dem Fußball, dann ist der Altstädter Ring ganz in der Hand der Fans mit blau-weiß-roten Schals. Übertragungen der großen Eishockey- und Fußballspiele gehören auf dem 9000 m² großen Platz ebenso dazu wie im Winter der Weihnachtsmarkt mit Buden, Bühne, Bratwurst und Bier. Ansonsten ist der Platz mit seinen zahlreichen Cafés und Restaurants schlicht der Treffpunkt von Menschen aus aller Welt und das Herz der Prager Altstadt.

Schauplatz der Geschichte

Er gehört zu den ältesten Ecken von Prag: Im 11./12. Jahrhundert wurde er als Marktplatz angelegt. Gewürze, Schmuck, Obst und Gemüse, ja selbst Vieh wurden verhökert. Hier stand der Pranger, wurden Turniere veranstaltet. Vieles, was auf dem Platz geschah, ist in den Geschichtsbüchern vermerkt. Er war als Krönungsplatz eine der wichtigsten Stationen der böhmischen Könige auf ihrem traditionellen Krönungsweg vom Pulverturm zum Hradschin. Er diente aber auch als Hinrichtungsstätte: 1621 mussten die Anführer des ständischen Aufstands ihr Leben lassen, worauf eine Bronzetafel mit den Namen der 27 Hingerichteten am Altstädter Rathaus hinweist. Er sah politische Umbrüche: 1918 demonstrierten die Prager für eine eigenständige Tschechoslowakei, 1945 empfing eine jubelnde Menge am Ende des Kriegs die siegreiche Rote Armee. Der Prager Frühling wurde durch den Einmarsch von Truppen des Warschauer Pakts 1968 unter anderem auf dem Altstädter Ring gewaltsam beendet.

»
Es gibt wenige Plätze auf der Erde, die sich an Schönheit mit dem Altstädter Ring in Prag messen können.
«
Hugo Salus

Ein »Must see« in Prag

Prachtvolles Platzensemble

Die Liebeserklärung des böhmischen Dichters Hugo Salus Anfang des 20. Jh.s kam nicht von ungefähr: Prachtvolle Gebäude wie das Altstädter Rathaus, Teynkirche und Teynschule, das Palais Goltz-Kinsky, St. Niklas und zahlreiche Gebäude mit pastellfarbenen barocken Fassaden säumen den lebhaften Platz.

Seit 1992 hat ein großer Bereich Prags den Status einer **UNESCO-Welterbestätte:** Er umfasst ungefähr das Gebiet von 1784, als Prag zu einer Stadt zusammengeschlossenen wurde: Altstadt und Altstädter Ring, ▶ Josefstadt, Kleinseite (▶ Kleinseitner Ring), das Burgviertel (▶ Hradschin, ▶ Hradschiner Platz), Neustadt und ▶ Vyšehrad.

Der Reformator in Stein gehauen

Jan-Hus-Denkmal

Das ziemlich monumentale Denkmal des tschechischen Kirchenreformers Jan Hus beherrscht die Mitte des Platzes. Es wurde 1915 anlässlich seines 500. Todestags enthüllt. Der tschechische Bildhauer Ladislav Šaloun (1870–1946) entwarf eine Skulptur aus Stein und Bronze, die den Reformator zwischen Verfolgten und Vertriebenen zeigt. Im Sockel ist Hus' berühmt gewordener Satz **»Pravda vitězi«** (»Die Wahrheit siegt«) eingraviert. Mag dieses Denkmal auch nicht jedem gefallen, so zählt es doch zu den bedeutendsten symbolischen Jugendstilarbeiten der tschechischen Bildhauerei. Unweit des Denkmals findet sich im Boden eingelassen eine Besonderheit: Eine Messingplatte mit lateinischer und tschechischer Aufschrift und wegführendem Streifen aus Stein kennzeichnet den Verlauf des früher in der Stadt für die Zeitrechnung verwendeten **Prager Meridians.**

Noch geht es ruhig zu vor dem Jan-Hus-Denkmal und der Teynkirche. Aber bald füllt sich der Altstädter Ring mit Pragern und Touristen.

 Altstädter Rathaus (Staroměstská radnice)

Mit dem Rathaus fing es an

Stein auf Stein, Haus an Haus

1338 bekamen die Altstädter von König Johann von Luxemburg die Erlaubnis zum Bau eines Rathauses als eigenes Verwaltungszentrum. Die Geschichte des Rathauses – seine ältesten Teile gehen auf das 11. Jh. zurück – ist eine Geschichte einzelner Bürgerhäuser und fortwährender Bautätigkeit. Sozusagen das Stammhaus war das **»Stein'sche Eckgebäude«,** an das 1364 ein viereckiger Turm angebaut wurde. Die Erkerkapelle an der Nordostseite des Turms wurde 1381 eingeweiht, 1945 erheblich beschädigt, aber wieder instand gesetzt. In das Mauerwerk ist eine Kassette eingelassen mit Erde vom Duklapass, wo Tschechen und Russen im 1944 die deutschen Truppen zurückdrängten. An der Ostseite hängt eine bronzene Gedenktafel für die 1621 hingerichteten Anführer des tschechisch-protestantischen Aufstands. Im Pflaster sind zwei gekreuzte weiße Schwerter mit Dornenkranz, das Datum und 27 kleine Kreuze eingelassen, eines für jeden Hingerichteten. Eine Büste erinnert an den hussitischen Prediger Jan Želivský, der 1422 hier für seine Überzeugung sterben musste.

Bis 1480 war das gotische Portal auf der Südfront als Haupteingang fertiggestellt. Um 1360 herum wurde das »Křížhaus« hinzugekauft. Die Aufschrift »Praga Caput Regni« (»Prag, Hauptstadt des Königreichs«) über dem Renaissancefenster stammt von 1520. Als drittes Gebäude kam 1458 das »Mikešhaus« dazu, das 1878 im Neorenaissancestil umgebaut wurde. Heute finden in dem Gebäudekomplex zwar nur noch kulturelle und gesellschaftliche Veranstaltungen wie Hochzeiten statt, doch der Name »Altstädter Rathaus« ist geblieben.
April – Dez. Mo. 11 – 20, Di. – So. 9 – 20, Jan. – März Mo. 11 – 19, Di. – So. 10 – 19 Uhr | Eintritt: 300 Kč (großer Rundgang mit Besichtigung der 12 Apostel im astronomischen Uhrwerk und Turm.)

Astronomische Uhr (Orloj)

Auch für Laien faszinierend
Ausführlich beschrieb 1650 der Maler, Kupferstecher und Kunstverleger **Matthias Merian** die Uhrenscheibe des Horologiums auf der Südseite des Altstädter Rathausturms:

» An dieser Uhr waren zu sehen des Himmels Lauf durch das ganze Jahr mit der Zahl der Monate, Tage und Stunden. Auf- und Niedergang der Sterne, der längste und der kürzeste Tag, die Aequinoctia, die Feste durchs ganze Jahr, die Länge der Nacht und des Tags, der Neu- und Vollmond neben den Vierteln, die drei unterschiedlichen Schlagstunden nach der ganzen und halben Uhr. «

Die ursprüngliche Fassung der Astronomischen Uhr wird auf 1410 datiert. 1490 baute der Magister Hanuš von der Karlsuniversität die Uhr um. Eine Sage berichtet, die Ratsherren hätten Hanuš blenden lassen, damit er für keine andere Stadt ein derartiges Kunstwerk bauen konnte. Doch der Blinde wusste sich zu rächen. Kurz vor seinem Tod stieg er auf den Turm und hielt das Uhrwerk an, bevor sich der Apostelumzug in Bewegung gesetzt hatte. Die Uhr stand still, bis Jan Táborský, und hier endet die Sage, 1552 bis 1572 in mühevoller Kleinarbeit den Mechanismus wieder herstellte.
Die Astronomische Uhr besteht aus **drei Teilen.** Vor der Hauptattraktion, dem **Apostelumzug** mit Figuren aus dem 19. Jh. werden Fotoapparate und Smartphones gezückt. Der Umzug findet von 9 – 21 Uhr jeweils zur vollen Stunde statt. Der Knochenmann reißt mit der einen Hand am Seil der Sterbeglocke, mit der anderen hebt er das Stundenglas, das Symbol der Vergänglichkeit. Die Fenster öffnen sich, Christus und die zwölf Apostel ziehen vorbei. Sind die Fenster wieder geschlossen, flattert und kräht in der Nische ein Hahn und die volle Stunde wird geschlagen. Dieses Spiel ergänzen drei kopfschüttelnde symbolische Figuren: die Eitelkeit, die sich im Spiegel

Zur vollen Stunde läutet der Knochenmann das Sterbeglöcklein, und der Apostelumzug beginnt.

betrachtet, die Habgier, die auf ihr Säckel starrt – eine andere Deutung lautet, sie sei der der Geiz –, und ganz rechts das bequeme Leben, verkörpert durch einen »Türken«, der aber möglicherweise auch als Hinweis auf die damals drohende Gefahr gedacht war.

Die **Uhrenscheibe** ist in zwei Kreise unterteilt. Die obere zeigt den Umlauf der Sonne und des Monds und die Uhrzeit an. Die untere ist in 24 Felder unterteilt und gibt in arabischen Ziffern auch die böhmische Zeit an, nach der einst der Tag mit dem Sonnenuntergang endete.

Die Szenen für das **Kalendarium** stammen vom Historienmaler Josef Mánes (1820 – 1871): Neben den zwölf Rundbildern mit den Tierkreiszeichen, die um das Prager Wappen gruppiert sind, zeigen sie Szenen aus dem Landleben entsprechend den jeweiligen Monaten. Die Figuren links und rechts davon stellen einen Engel, einen Philosophen, einen Astronomen und einen Stadtschreiber dar.

Heiraten oder besichtigen

Staroměstská mostecká věž

Im Haus Zum Hahn ist für einige wenige der Trauungssaal im zweiten Stock, für die meisten aber das dritte Stockwerk am wichtigsten: Von dort ist per Fahrstuhl oder Treppe der 69 m hohen **Rathausturm** bzw. Altstädter Turm (Staroměstská mostecká věž) zu erreichen. Der Rundblick von der Aussichtsgalerie über die Altstadt gehört zu den schönsten in Prag.

1830 wurde das **Haus Zum Hahn** in den Rathauskomplex einbezogen. Schön sind die Renaissancedecken und Wandgemälde im ersten Stock. Der Ratssaal im zweiten Stock ist noch in seiner ursprünglichen gotischen Gestalt (1470) erhalten. Im großen Sitzungssaal hängen zwei Gemälde des tschechischen Historienmalers Václav Brožík von für das Land bedeutenden Ereignissen: »Jan Hus vor dem Konstanzer Konzil« und »Die Wahl Georgs von Podiebrad zum böhmischen König.« Den Trauungssaal zieren Malereien von Cyril Bouda (1901 - 1984), und im Kreuzgang ist die Galerie der Hauptstadt Prag untergebracht.
Stark beschädigt wurde das Rathaus noch am vorletzten Tag des Zweiten Weltkriegs, als Resteinheiten der deutschen Wehrmacht den Turm unter Beschuss nehmen zu müssen meinten. Dabei wurden die neugotischen Erweiterungen (Ost- und Nordflügel) und das Stadtarchiv vernichtet. Heute erstreckt sich hier eine kleine Parkanlage.

Teynkirche (Kostel Panny Marie před Týnem)

Di. - Sa. 10 - 13 und 15 - 17, So. 10.30 - 12 Uhr
Empfohlene Spende: 40 Kč

Wahrzeichen der Altstadt

Wahrzeichen der Altstadt

Gäbe es den Dom oben auf der Burg nicht, wäre die gotische Teynkirche die wichtigste Kirche in Prag. So ist sie immerhin das Wahrzeichen der Altstadt, die sie mit ihren beiden markanten, 80 m hohen Türmen prägt. Bevor das dreischiffige Gotteshaus 1365, der Chor 1380 vollendet wurde, hatte hier eine romanische Kirche für die ausländischen Kaufleute, die im Teynhof nebenan wohnten, gestanden. Die Fassade mit dem hohen Giebeldach ließ König Georg von Podiebrad 1460 ausführen. Zum Andenken an seine Krönung ließ er einen goldenen Kelch im Giebel neben seinem Standbild aufstellen. Nach der Niederlage der Protestanten am **Weißen Berg** (1620, ▶ Kloster Břevnov) wurde der Kelch durch ein Marienbild ersetzt, für dessen Strahlenkranz man sein Gold verwendete – Recycling ist keine Erfindung der Neuzeit. Von 1463 bis 1466 wurde der

TEYNKIRCHE

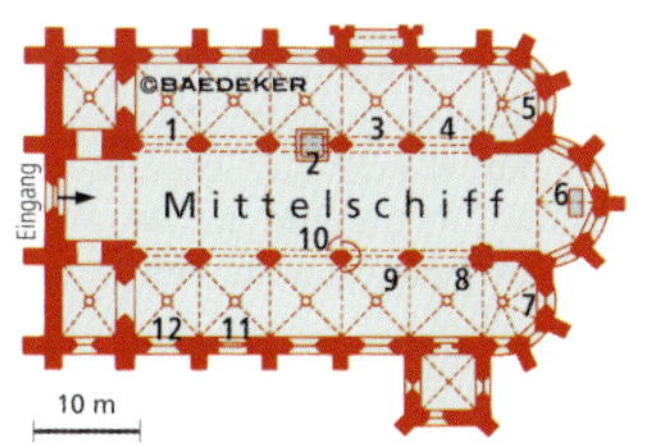

1 St.-Adalbert-Altar
2 Spätgotischer Baldachin
3 St.-Josef-Altar
4 Verkündigungsaltar
5 Kalvarienberg-gruppe
6 Hochaltar
7 Gotische Konsolen, Zinntaufbecken
8 St.-Barbara-Altar
9 Marmorgrab Tycho Brahe
10 Gotische Madonna
11 Renaissancealtar
12 St.-Wenzel-Altar

Nordturm errichtet und von 1506 bis 1511 der Südturm. Beachtenswert ist auch das Nordportal mit gotischem Baldachin und Tympanon aus Peter Parlers Bauhütte (»Das Leiden Christi«). Es handelt sich um eine Kopie, das Original ist im **Lapidarium** (▶ Holešovice) zu bewundern.

Der **Kirchenraum** wirkt trotz des hohen gotischen Chors und des üppigen barocken Dekors etwas düster. An herausragenden Kunstwerken mangelt es jedoch nicht. Am Ende des Mittelschiffs fällt der Rokokohochaltar mit den prachtvollen Gemälden »Himmelfahrt Mariä« und »Hl. Dreifaltigkeit« von Karel Škréta (1649) ins Auge. In der Kapelle nördlich des Chors steht eine gotische Kalvarienberggruppe aus dem 15. Jh.; den Abschluss des südlichen Seitenschiffs zieren gotische Konsolen, wiederum aus der Parlerhütte, Büsten eines unbekannten Herrscherpaars und die Marmorgruppe »Kyrill und Method« von Emanuel Max (1847). Das gotische Taufbecken aus Zinn wird auf 1414 datiert. Das Altarbild des hl. Adalbert am ersten Mittelpfeiler des nördlichen Seitenschiffs stammt ebenfalls von Škréta, der nach 1660 auch die Gemälde für den Verkündigungs- und den St.-Barbara-Altar sowie 1664 das Bild für den St.-Josef-Altar schuf. Ein spätgotisches Tabernakel (1493) überwölbt den neugotischen St.-Lukas-Altar (19. Jh.); sein Altarbild stammt von Josef Hellich.

Am südlichen Chorpfeiler findet sich das rotmarmorne Grabmal des dänischen Astronomen **Tycho Brahe** (▶ Interessante Menschen). Er war einer der wichtigsten Wissenschaftler am Hof Rudolfs II. Die beiden lateinischen Sprichworte über dem Bildnis lauten sinngemäß: »Mehr sein als scheinen« und »Nicht Macht, nicht Reichtum, nur die Kunst ist ewig.« Der einstige Hofastronom ist erstaunlicherweise in voller Rüstung dargestellt, der für das Grabmal verantwortliche Künstler ist allerdings nicht bekannt. Vielleicht ist die Rüstung eine Anspielung auf den Tod des Astronomen, der, so heißt es, an einer geplatzten Blase starb: Da man sich von der Tafel nicht entfernen durfte, solange der Kaiser noch nicht aufgestanden war, konnten Trinkgelage für die Tafelrunde eine echte Herausforderung sein.

Die **gotische Madonna** in der zweiten Kapelle des südlichen Seitenschiffs entstand um 1400. Anfang des 17. Jh.s wurde das Relief der Taufe Christi für den Renaissancealtar hergestellt, Ende des 17. Jh.s das Bild des St.-Wenzel-Altars.

Hier wurde fleißig gelernt

Týnská Škola

Der Kirche vorgesetzt ist die **Teynschule** (Týnská Škola), die vom 15. bis ins 19. Jh. existierte. Sie ist ein typisches Beispiel für die baugeschichtliche Entwicklung der Häuser in der Prager Innenstadt: Ursprünglich gotisch, wurde sie im 16. Jh. im Stil der venezianischen Renaissance umgebaut. Einige Studenten des im 18. Jh. eingezogenen Jesuitenkollegs sangen bei der Uraufführung von Mozarts »Don Giovanni« 1787 mit.

BAEDEKER ÜBERRASCHENDES

6X UNTERSCHÄTZT

Genau hinsehen, nicht daran vorbeigehen, einfach probieren!

1. PFLASTER-TRETEN

Prag hat kurze Wege. Allerdings: Dem zwar nostalgischen, aber anstrengenden Kopfsteinpflaster setzt man am besten seine bequemsten **Laufschuhe** entgegen. Außerdem gibt es Alternativen der Fortbewegung. (▶ **S. 298**)

2. STADTVERKEHR

Das Einbahnstraßensystem und die Parkplatzsuche bringen auswärtige Fahrer zum Verzweifeln. **Metro** und **Straßenbahn** sind gut vertreten. Deshalb: In Prag sollte das Auto Urlaub haben. (▶ **S. 34, S. 298**)

3. KAFFEEHAUS-KULTUR

Bei einer oder zwei Tassen Kaffee saß der Gast oft **stundenlang** und kein Oberkellner kam, um die Karte oder gleich die Rechnung zu präsentieren. So ähnlich ist's in manchen Prager Cafés immer noch. (▶ **S. 278**)

4. WOODSTOCK IN PRAG

Wer einmal bei **United Islands** dabei war, wird feststellen: Woodstock geht auch in Prag. Heutzutage stehen Hard to Frame und Fuzzy 2102 aus Tschechien oder Fran San Disco aus Österreich und Adrian T. Bell aus England im Rampenlicht. (▶ **S. 284**)

5. GARTENKULTUR

Quasi mitten in Prag lässt sich die Gartenkultur vergangener Jahrhunderte studieren. Die **Palastgärten** zeigen von der Renaissanceanlage bis zur Obstbaumkultur verschiedene Gestaltungsmöglichkeiten. (▶ **S. 175**)

6. WINTERTRAUM

Prager Schinken brutzelt über loderndem Holz, und ein riesiger Weihnachtsbaum schmückt den Platz: Der **Prager Weihnachtsmarkt** am Altstädter Ring ist ein guter Grund für eine Winterreise nach Prag. (▶ **S. 285**)

Teynhof (Týnský dvůr)

Nur gegen Gebühr

Mittelalterliches Messegelände

Der Teynhof (Ungelt) war der Bereich, in dem während des Mittelalters Produktmessen veranstaltet wurden: Unter dem Schutz des jeweils amtierenden Herrschers, dem sie dafür eine Gebühr entrichteten, lagerten, verkauften und verzollten dort auswärtige Kaufleute ab dem 11. Jh. bis 1773 ihre Waren. Der Name **Ungelt** stammt vom zu entrichtenden Zoll (»Ungeld«, mittelhochdeutsch: »Ungelt«) ab.

Der Teynhof wurde mehrfach umfangreich renoviert und erst 1996 der Öffentlichkeit zugänglich gemacht. Heute finden sich hier hübsche Läden, Kunstgalerien, Cafés und Restaurants – allerdings beschleicht einen bei manchen das Gefühl, auf die Preise käme nach wie vor ein gewisser Zoll.

Der wertvollste Bau im Teynhof ist das **Palais Granovský** (Granovský palác), ein Renaissancepalast mit offener Loggia im ersten Stock (1560), der den durchreisenden Kaufleuten als Quartier diente. Die Wandmalereien der Loggia stellen biblische und mythologische Szenen dar. Das Portal trägt die Jahreszahl 1560 und das Wappen der Familie Granovský.

Gute Akustik

Kostel svatého Jakuba

Die **Kirche St. Jakob** (Kostel svatého Jakuba) befindet sich östlich des Teynhofs in der Malá Štupartská, Ecke Jakubská. Sie wurde 1232 als Kirche des ehemaligen Minoritenklosters gegründet. 1366 brannte sie aus und wurde erst einmal gotisch umgebaut. Seine jetzige Barockarchitektur erhielt der Kirchenbau zwischen 1689 und 1739 von Baumeister Jan Šimon Pánek, dem damit ein Musterbeispiel für die barocke Umgestaltung einer gotischen Architektur gelang.

Die Stuckfront mit den hll. Jakob, Franziskus und Antonius von Padua stammt von Ottavio Mosto. Sehenswert ist vor allem der durch fein modellierte Pilaster geteilte Kirchenraum mit 21 Altären. St. Jakob ist nach dem Veitsdom die längste Kirche Prags und wegen des reichen Schmucks auch eine der schönsten. Wenzel Lorenz Reiner malte das »Martyrium des hl. Jakob« für den Hochaltar, Franz Guido Voget schuf die Deckenfresken (»Leben Mariä«, »Verherrlichung der Dreifaltigkeit«). Das Barockgrabmal für Graf Vratislav von Mitrovic entwarf Johann Bernhard Fischer von Erlach; ausgeführt wurde es 1714 bis 1716 von Ferdinand Maximilian Brokoff. Da die Kirche über eine sehr gute Akustik verfügt, finden hier häufig **Konzerte** statt.

An der Nordseite der Kirche schließt der **Kreuzgang** des Minoritenklosters an, das ebenfalls gotisch und später barock umgebaut wurde. Heute erteilt eine Kunstschule hier Unterricht.

Di. – So. 9.30 – 12, 14 – 16 Uhr

Prachtvolle Gebäude am Altstädter Ring

Pastellfarben dominieren

Häuser mit hübschen Namen

Rund um den Altstädter Ring zeigen die Fassaden der Häuser, vornehmlich in Pastelltöne gehüllt, den ganzen Glanz der Altstadt. Südwestlich des alten Rathauses steht beispielsweise das **Haus Zur Minute** (U Minuty; Nr. 2). Es entstand mitsamt den Figurensgraffiti biblischer sowie mythologischer Szenen um 1600. Die Löwenfigur an der Ecke geht auf das 18. Jh. zurück. Im frühbarocken **Haus Zum blauen Stern** (U Modré hvězdy; Nr. 25) kann man sich Generationen von Zechern anschließen: Hier wird mindestens seit dem 16. Jh. Wein ausgeschenkt. Das ursprünglich romanische **Haus Zum goldenen Einhorn** (U Zlatého jednorožce; Nr. 20) wurde 1496 von romanisch in spätgotisch umgestaltet, das spätbarocke Fassadenkleid kam im 18. Jahrhundert. Eine Gedenktafel erinnert an den Komponisten Bedřich Smetana, der hier seine erste Musikschule gründete. Am Ende der prachtvollen Barockhäuser an der Südseite des Platzes steht das **Storchhaus** (Štorchův dům; Nr. 16) im Stil der Neorenaissance. Das ursprünglich gotische Gebäude (14./15. Jh.) wurde 1897 durch den heutigen Bau nach Entwürfen von Friedrich Ohmann ersetzt. Sein Fassadengemälde des hl. Wenzel zu Pferde stammt von Mikoláš Aleš.

Ein Bilderbuch aus biblischen und mythologischen Szenen: das Haus Zur Minute

Verwandlungskünstler

U Kamenného zvonu

Das Haus **Zur Steinernen Glocke** (U Kamenného zvonu; Nr. 13), errichtet in der zweiten Hälfte des 13. Jh.s, war lange unter einer neobarocken Fassade von 1899 versteckt. Als die entfernt wurde, kam die ursprüngliche gotische Gestalt zum Vorschein. Wenn es heute um Prager Gotik geht, wird dieses Gebäude stets ganz vorne aufgeführt. Der Name ist 1417 erstmals belegt. Bauherrin war vermutlich Königin Elisabeth, die Frau Johanns von Luxemburg. Diverse Umbauten sorgten dafür, dass vom Aussehen des einstigen königlichen Wohnsitzes kaum etwas übrig blieb. Im Zuge einer umfangreichen Rekonstruktion erhielt das Gebäude seine gotische Gestalt zurück. Heute veranstaltet hier die **Galerie der Hauptstadt Prag** (Galerie Hlavního města Prahy) Ausstellungen, Konzerte und Vorträge. Wer einmal Pause machen möchte, setzt sich ins Kaffeehaus.

Di. – So. 10 – 20 Uhr | Eintritt: 150 Kč | www.ghmp.cz

Berühmte Bewohner

Palác Goltz-Kinských

Eine Friedensnobelpreisträgerin wurde im **Palais Goltz-Kinsky** (Palác Goltz-Kinských) geboren, Kafka ging dort zur Schule, eine Botschaft zog ein (Polen bis 1929) und 1948 begann vom Balkon aus das kommunistische Ungemach für das ganze Land. Heutzutage werden in diesem Palais (Nr. 12), unmittelbar neben dem Haus Zur steinernen Glocke, Dauer- und Wechselausstellungen der Nationalgalerie (Národní galerie v Praze) gezeigt. Man kann auch die Kinsky-Bibliothek besuchen oder im Kaffeehaus Platz nehmen.

Der Spätbarockbau mit den eindrucksvollen Rokokoelementen entstand auf den Grundmauern eines romanischen und eines frühgotischen Hauses. Johann Arnold Graf von Goltz gab den Palast 1755 in Auftrag, die Pläne stammen von Kilian Ignaz Dientzenhofer. Dessen Nachfolger Anselmo Lurago vollendete den Bau 1765. Bereits drei Jahre später gehörte das Palais dem Fürsten Rudolf Kinsky. Knapp 80 Jahre später, nämlich 1843, kam in diesem Haus die spätere Friedensnobelpreisträgerin **Bertha von Suttner,** geborene Gräfin von Kinsky, zur Welt. Das deutsche Gymnasium in der zweite Etage besuchte 1893 bis 1901 der junge **Franz Kafka.** Im Erdgeschoss hatte sein Vater ab 1912 ein Galanteriewarengeschäft, sprich, er verkaufte modische Accessoires wie Modeschmuck, Tücher, Fächer, Bänder etc. Weniger liebenswürdige Folgen hatte das letzte große Ereignis in diesem Haus: Am 25. Februar 1948 hielt vom Balkon **Klement Gottwald,** der erste kommunistische Staatspräsident der Tschechoslowakei (1948 – 1953), eine wegweisende Ansprache und leitete so die stalinistische Diktatur im Land ein.

Die fast klassizistische Platzfront mit reicher Stuckatur, ein Werk von Campione de Bossi, besitzt zwei dreieckige Giebel. An der breiten Fassade verläuft ein von zwei Säulenportalen getragener Balkon. Vier stehende und vier liegende mythologische Plastiken von Ignaz Franz Platzer d. Ä. schmücken die Attika. Die drei Seitenflügel im Empirestil wurden später angefügt.

Tgl. 10 – 18, Mi. bis 20 Uhr | Eintritt: variierend, je nach Ausstellung | www.ngprague.cz | Eine sehr gute Beschreibung aller relevanten Häuser am Altstädter Ring findet sich unter www.prague.eu/de/objekt/orte/183/altstadter-ring-staromestske-namesti

Der rasende Reporter

Geburtshaus von Egon Erwin Kisch

Ein kleiner Abstecher in die schmalen Kožná lohnt sich ebenfalls: Haus Nr. 1 ist ein sehr schöner Renaissancebau aus dem 16. Jh. und das Geburtshaus des Schriftstellers Egon Erwin Kisch (1885 – 1948), des berühmten rasenden Reporters und »Weltbürgers«. Er gilt als einer der frühesten **investigativen Journalisten** des 20. Jh.s und brachte beispielsweise 1913 die Affäre des als russischer Spion angeworbenen Oberst Redl an die Öffentlichkeit, dessen Verrat und Selbstmord die militärische Führung vertuschen wollte.

Vater und Sohn Dientzenhofer

Kostel svatého Mikuláše

100 m sind es vom Hus-Denkmal zum heutigen Gotteshaus der tschechischen Hussitischen Kirche, **St. Niklas** (Kostel svatého Mikuláše) in der Altstadt. Der Zusatz »in der Altstadt« ist wichtig, um Verwechslungen mit der kunstgeschichtlich bedeutenderen Kirche St. Niklas auf der Kleinseite zu vermeiden. Der helle Sakralbau an der Nordwestecke des Altstädter Rings wurde 1732 bis 1735 nach Plänen von Kilian Ignaz Dientzenhofer errichtet, während sein Vater Christoph Dientzenhofer maßgeblich St. Niklas auf der Kleinseite entwarf. Die monumentale Südfront, das lange Hauptschiff mit Seitenkapellen und die Kuppel sind im Barockstil errichtet. Der Skulpturenschmuck stammt von Anton Braun, das Stuckwerk von Bernardo Spinetti und die Deckengemälde (Leben des hl. Nikolaus und des hl. Benedikt) von dem ansonsten hauptsächlich in Süddeutschland arbeitenden **Cosmas Damian Asam,** der auch die Fresken im Presbyterium und in den Seitenkapellen schuf. Der Kristallleuchter im Hauptschiff wurde Ende des 19. Jh.s von der Glashütte in Harrachov geliefert. 1906 kam die St.-Nikolaus-Statue hinzu. Da Kloster und Kirche 1787 säkularisiert wurden, sind Hochaltar, Kirchengestühl und Gemälde heute in anderen Kirchen untergebracht.

Tgl. 10 – 17, So. 12 – 16 Uhr | Die Kirche wird auch für Konzerte genutzt: Termine unter www.svmikulas.cz

Hier nahm alles seinen Anfang

Franz Kafkas Geburtshaus

Gleich um die Ecke von St. Niklas findet sich am Franz-Kafka-Platz (Náměstí Franze Kafky) das Haus Nr. 5 mit einer Bronzetafel, die an den berühmten Schriftsteller erinnert. Er wurde 1883 hier geboren. Auch Kafkas Geburtshaus baute Kilian Ignaz Dientzenhofer (1730).

AM GRABEN
(NA PŘÍKOPĚ)

Lage: Praha 1, Staré Město (Fußgängerzone) | **Metro:** A/B, Můstek, Náměstí republiky

Die Fußgängerzone sieht aus wie in vielen Großstädten: die gleichen Namen und Marken. Aber hier hat sie eine bedeutende Historie: Der Graben zwischen der einst deutsch geprägten Altstadt und der böhmischen Neustadt ist zwar schon seit 1760 zugeschüttet, doch der Straßenname Na Příkopě, also Am Graben, ist ebenso geblieben wie die Trennlinie zwischen der Alt- und der Neustadt. Auf der heute belebtesten Einkaufsmeile der Stadt bummeln sowohl die Prager als auch Touristen gerne.

»Goldenes Kreuz«

Die Flaniermeile verbindet das untere (nordwestliche) Ende des ►Wenzelsplatz mit dem Platz der Republik (Náměstí republiky). Der Graben, der Wenzelsplatz und die Národní třída mit den Nebenstraßen und -gassen bilden zusammen das Prager Geschäftszentrum, »Goldenes Kreuz« genannt, mit Verwaltungs-, Bank- und Bürogebäuden, hübschen Passagen, Läden, Hotels, Restaurants und Cafés.

Krönender Abschluss

Palác Koruna

An der Ecke Na Příkopě/Na Můstku trifft man auf das markante, Ende der 1970er-Jahre errichtete frühere Verwaltungsgebäude der Maschinenfabrik ČKD Praha. Den Giebel des Stahlbaus krönt eine Uhr des Vorgängerbaus. In dem renovierten Gebäude sind nun Geschäfte und Büroräume untergebracht. Die füllen heute auch das Innenleben des 1911 im Jugendstil erbaute **Korunapalast** (Palác Koruna) gegenüber an der Ecke zum Wenzelsplatz. Der Clou ist ein goldener Perlenring als Abdeckung, die getragen wird von sechs muskulösen Steinfiguren.

Kapitalismus und Kommunismus vereint

Palais Sylva-Taroucca

Faites vos jeux! Oder schauen Sie der Geschichte ins Auge: Wenige Schritte entfernt liegt das **Palais Sylva-Taroucca** (Nr. 10). Aparterweise sind in diesem Kleinod böhmischen Spätbarocks nicht nur das eleganteste Casino der Stadt und ein weniger nobles Fast-Food-Restaurant untergebracht, lange Zeit hatte auch das **Museum des Kommunismus** (Muzeum Komunizmu) dort sein Zuhause. Es ist umgezogen, nur ein paar Schritte weiter, in die V Celnici 4, gleich am Náměstí Republiky und lädt zu einem Rundgang durch die jüngere Geschichte des Landes ein: der Kommunismus als Traum, Realität

Waren lange Zeit Nachbarn: das Museum des Kommunismus und ein Fast-Food-Lokal.

MUSEUM
OF COMMUNISM IS HERE!
i'm lovin' it®

und schließlich Alptraum. Welche Hoffnungen einst damit verbunden waren, aber auch welche Unterdrückungsmechanismen entwickelt wurden, wird hier anhand zahlreicher Exponate aus dem kommunistischen Alltag verdeutlicht. Anselmo Lurago baute diesen Barockpalast 1743 bis 1751 nach Plänen von Kilian Ignaz Dientzenhofer für den Fürsten Ottavio Piccolomini. An der Fassade lassen sich die Besonderheiten von Dientzenhofers Spätstil ablesen: Neben dem Dreiecksgiebel, der die drei Hauptachsen der neunachsigen Fassade bekrönt, überspannen zwei Segmentgiebel die Mittelachsen der beiden äußeren Gebäudeteile. Das Dekor der architektonisch reich gegliederten Fassade mit mythologischen Plastiken sowie der Schmuck des Rokokotreppenaufgangs stammen von Ignaz Franz Platzer d. Ä. Hübsch sind die Fresken im Treppengewölbe (»Wagen des Helios«, »Allegorien der vier Jahreszeiten«).

Museum des Kommunismus: neu V Celnici 4, tgl. 9 – 18 Uhr | Eintritt: 380 Kč | www.muzeumkomunismu.cz

Reformer mit poetischem Namen

U Černé růže

Das neuromanische **Haus Zur Schwarzen Rose** (U Černé růže) gehörte früher der Prager Universität. Dort trafen sich ab 1411 deutsche Anhänger des Reformators Jan Hus. Schüler dieser »Schwarze Rose« genannten Gruppe trugen wesentlich zur Verbreitung des Hussitentums in Deutschland bei. Mitte des 20. Jh.s entstand eine Nobelpassage; heute befinden sich in dem rekonstruierten Palais luxuriöse Geschäfte, Büros und Wohnungen. Die einzige Empirekirche Prags, die **Hl.-Kreuz-Kirche** (Kostel svatého Kříže), wurde 1819 bis 1821 für den Piaristenlehrorden erbaut. Im dahinter liegenden Kollegium drückten einst Werfel, Rilke und andere große Geister die Schulbank.

Vom Deutschen zum Slawischen Haus

Slovanský dům

»Deutsches Haus« heißt es lange nicht mehr, das 1695 bis 1700 barock erbaute und später klassizistisch umgestaltete Palais Příchovských. Es war von 1875 bis 1945 ein Treffpunkt der Prager Deutschen, wurde aber nach dem Zweiten Weltkrieg in Slovanský dům bzw. **Slawisches Haus** umbenannt. Heute beherbergt es ein Einkaufszentrum mit Restaurants und Cafés und ein Multiplexkino (www.slovansky-dum.cz).

Hier wurde einst Friedensgeschichte geschrieben

Česká národní banka

Das Haus Am Graben 28 ist der 1935 bis 1942 errichtete Palast der **Tschechischen Staatsbank** (Česká národní banka), ein monumentaler Bau, dessen Fassade von einer Bronzestatue des Genius mit Fackel und dem böhmischen Löwen beherrscht wird. Davor standen an dieser Stelle die berühmten Hotels »Zum blauen Stern« und »Zum schwarzen Ross«, wo im 19. Jh. Europas Prominenz logierte. Liszt und Chopin stiegen hier ab. Im Hotel »Zum blauen Stern« wurde 1866 der Prager Frieden zwischen Österreich und Preußen unterzeichnet.

Eine Synagoge im Jugendstil

Jeruzalémská synagoga

Der jüngste und mit 850 Sitzplätzen zugleich größte Synagogenbau der Jüdischen Gemeinde in Prag liegt nicht in der ▶ Josefstadt, sondern nur wenige Schritte hinter dem Slovanský dům in der Jeruzalémská 7. Die **Jerusalem-Synagoge** (Jeruzalémská synagoga) von 1906 ist eine interessante Mischung aus Jugendstil und maurischem Stil. Die Inneneinrichtung beeindruckt mit einer reichen malerischen Ausschmückung im Wiener Jugendstil.

April – Dez. So. – Fr. 10 – 17 Uhr | Eintritt: 150 Kč | www.synagogue.cz

BETHLEHEMSKAPELLE (BETLÉMSKÁ KAPLE)

Lage: Praha 1, Staré Město, Betlémské náměstí | **Straßenbahn:** 2, 9, 18, 22, 23 | **Metro:** B, Národní třída | tgl. 9 – 17.30 Uhr | **Eintritt:** 60 Kč | www.bethlehemchapel.eu

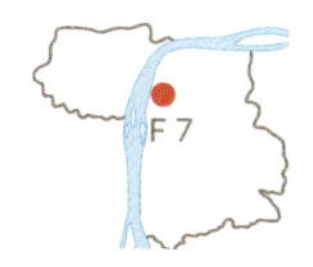

Wenn man nicht nach oben schaut und die Doppelgiebel sieht, könnte man glatt dran vorbeilaufen, denn das Äußere der zum nationalen Kulturdenkmal erklärten Bethlehemskapelle ist eher unscheinbar. Im 14. Jh. erbaut, im 18. Jh. fast völlig zerstört, erlebte sie zwischen 1950 und 1953 ihre Wiedergeburt, wurde originalgetreu anhand alter Drucke und Beschreibungen wieder aufgebaut. Lediglich Mauerfragmente waren noch vorhanden, sodass die jetzige Bethlehemskapelle eigentlich ein Neubau ist.

Im Jahr 1391 wollten Prager Bürger eine Kirche gründen, in der die Messe auf Tschechisch gelesen werden sollte. Die katholische Obrigkeit gestattete jedoch nur den Bau einer gotischen Kapelle ohne Tabernakel, also ein Ort für Predigten. »Bethlehem« heißt »Haus des Brotes«, in diesem Sinne sollte durch das Wort der Hunger der Gläubigen nach geistiger Nahrung gestillt werden. Der schlichte, quadratische Raum fasste 3000 Menschen, und eben nicht der Altar war das Zentrum, sondern die Kanzel. Von 1402 bis 1413 predigte von dort der tschechische Reformator Jan Hus.

Ein Ort des Aufbegehrens

Geschichte

Auch nach seiner Hinrichtung 1415 blieb die Kapelle **geistiger Mittelpunkt der Hussitenbewegung.** 1521 setzte sich der deutsche Bauernführer Thomas Müntzer von der Kanzel aus für einen auf Gleichheit und Gütergemeinschaft beruhenden Gottesstaat ein und gab sein Prager Manifest heraus. Zwischen 1609 und 1620 gehörte die Kapelle der Gemeinde der Böhmischen Brüder. Nachdem Ferdinand II. 1620 in der **Schlacht am Weißen Berg** (▶ Kloster Břevnov) den »Winterkönig« Friedrich V. von der Pfalz besiegt hatte und ab 1627 nur noch der katholische Glaube erlaubt war, kauften die Jesuiten die Kapelle. 1773 wurde der Orden aufgelöst, 1786 riss man den Bau ab. Der Wiederaufbau in kommunistischen Zeiten mag auf den ersten Blick verwundern, doch die damaligen Machthaber sahen in der einstigen Kapelle vorwiegend einen **Ort des Aufbegehrens des Volkes** gegen die mittelalterliche feudale Herrschaft und betrachteten die Hussiten als eine Art Vorläufer der Kommunisten.

Anleihen aus der Vergangenheit

Traktate von Jan Hus

An den Kirchenwänden im Inneren sind Fragmente von Traktaten der Magister Jan Hus und Jakoubek ze Stříbra zu sehen. Nach Miniaturen bedeutender Handschriften wie dem Jenaer Codex, der Richenthalschen Chronik und der Velislavbibel wurden die Wände von Schülern der Akademie der bildenden Künste mit Wandgemälden ausgestattet. Neueren Datums sind die rekonstruierte hölzerne Kanzel, der Chor und das Oratorium. Im **Obergeschoss** über der Kapelle sind Dokumente über Leben und Werk des Reformators sowie über die Baugeschichte der Kapelle ausgestellt.

Zwei sehenswerte Gotteshäuser

Eine typische Prager Baugeschichte

Kostel svatého Jiljí

Vom Bethlehemsplatz aus zweigt nördlich die Husova třída ab, wo man auf der rechten Seite auf die Kirche **St. Ägidius** (Kostel svatého Jiljí) stößt. Der romanische Bau wurde 1339 bis 1371 gotisiert. Ursprünglich gehörte er den Hussiten, Ferdinand II. schenkte ihn 1625 nach der **Schlacht am Weißen Berg** (▶ Kloster Břevnov) den Dominikanern. 1733 erfolgte die Barockisierung, wahrscheinlich nach Plänen des allgegenwärtigen Kilian Ignaz Dientzenhofer. Wenzel Lorenz Reiner schuf das Deckengemälde »Verherrlichung des Dominikanerpredigerordens«, eine fantastische Scheinarchitektur mit Kuppel und Dreiecksportikus, die im Einsturz begriffen ist, jedoch vom hl. Dominicus gestützt wird. Reiner wurde in der Kirche, die er so prächtig ausgestattet hatte, beigesetzt.

Zugänglich tgl. April – Okt. 8 – 18.30, Nov.–März 10 – 16 Uhr

Relikt aus sehr alten Zeiten

Rotunda svatého Kříže

In südwestlicher Richtung geht vom Bethlehemsplatz die Konviktská ab. Wo sie die Karoliny Světlé kreuzt, steht an der Ecke die **Hl.-Kreuz-Rotunde** (Rotunda svatého Kříže), eine der drei noch beste-

henden Rotunden (Rundkapellen) Prags aus romanischer Zeit. Sie wurde um 1100 errichtet. 1863 bis 1865 erfolgte eine umfassende Renovierung durch den Architekten Vojtech Ignaz Ullmann und den Maler Bedřich Wachsmann, der auch den Entwurf für den neuen Altar lieferte. Reste gotischer Wandfresken, die die Krönung Marias darstellen, wurden durch Soběslav Pinkas und František Sequens ergänzt. Das Eisengitter stammt von Josef Mánes.
Zugänglich So. 18 – 19, Mo. 0 – 24 Uhr

★ KLOSTER BŘEVNOV (KLÁŠTER BŘEVNOV)

Lage: Praha 6, Břevnov, Markétská 28 | **Straßenbahn:** 22, 25
Zugänglich nur mit Führung: April-Okt. Sa. 10, 14, 16 und So. 11, 14, 16, Nov. - März Sa. 10, 14 und So. 11, 14 Uhr | **Eintritt:** 120 Kč, www.brevnov.cz | **Klosterbrauerei:** nur mit Führung auf Vorbestellung unter **www.brevnovskypivovar.cz**, 350 Kč, inkl. 1 Bier

AUSSERHALB
A 6

Wer im Dickicht der Prager Zapfhähne eine Perle finden will, fährt an der Burg vorbei zum Kloster Břevnov. Dort findet sich im ältesten Mönchskloster Böhmens auch die (wahrscheinlich) älteste Brauerei Tschechiens. Es gibt sogar ein kleines Hotel (▶ S. 305).

Angesichts der Brauerei und des guten Biers könnte man das Benediktinerkloster an sich vergessen, gegründet 993 von Fürst Boleslav II. und dem späteren Bischof von Prag, dem hl. Adalbert. Man betritt den Klosterhof durch ein Portal (1740), das mit einer Statue des hl. Benedikt geschmückt ist. Im Inneren ist vor allem der Prälatensaal beachtenswert, dessen Deckenfresko (»Pfauenwunder des hl. Günther«, 1727) von Cosmas Damian Asam stammt. Schöne Malereien besitzen auch der Empfangssaal und der Chinesische Salon. Mittelpunkt der Klosteranlage ist die Margaretenkirche (Kostel svaté Markéty), erbaut von Christoph Dientzenhofer, also dem Vater, bis ca. 1720. Ihre Deckenfresken und Altarbilder sowie, vor der Kirche, das Standbild des hl. Nepomuk sind herausragend. Die Benediktiner nehmen kleine Gruppen oder Einzelne auf, die zu **Einkehr- und Besinnungstagen** ins Kloster kommen oder auf Zeit mit den Mönchen leben wollen. Zudem gibt es **Konzerte** und Vorträge. Und wenn man schon mal hier ist: Vom Kloster Břevnov aus erreicht man auf direktem Weg mit der Tram sogar den Weißen (Schicksals-)Berg.

Das älteste Mönchskloster Böhmens

Der Ausflug nach Břevnov lohnt sich: das älteste Kloster und die wohl älteste Brauerei Böhmens.

Weißer Berg (Bílá hora)

Einstündige Schlacht mit jahrhundertelangen Folgen

Historische Schlacht

Für Böhmen hatte die Schlacht am Weißen Berg eine immense historische Dimension: 1620 standen etwa 21 000 mährische, ungarische, deutsche und österreichische Söldner unter dem Kommando der protestantischen Tschechen, geführt von Graf Matthias von Thun, rund 28 000 Soldaten der Katholischen Liga unter Maximilian von Bayern gegenüber. Die Protestanten waren zahlenmäßig unterlegen, dafür mussten die Katholiken bergan kämpfen. Schon beim ersten Angriff, der eher ein Geplänkel war, erlahmte die Kampfesfreude der protestantischen Söldner komplett. Die Tragweite der verlorenen Schlacht war enorm: Der sogenannte »Winterkönig« Friedrich von der Pfalz – ein früh verbreiteter, geradezu prophetischer Spottname der kaiserlich-katholischen Gegner, denn Friedrich regierte tatsächlich nur ein Jahr vom November 1619 bis November 1620 – musste fliehen, **Böhmen verlor seine Selbstständigkeit,** und zwar für sehr lange Zeit. Von da an herrschten bis 1918 die Habsburger. Nur ein bescheidenes pyramidenförmiges Denkmal aus Bruchsteinen mit Inschrift erinnert an diese Schlacht.

Sommerresidenz Stern

Für Sattelfeste in Mythologie und Geschichte

Letohrádek Hvežda

Etwa 500 m Luftlinie nordöstlich des Denkmals liegt in einem großen Park diese hübsche Residenz (Letohrádek Hvězda). Der Name geht nicht auf eine Adelsfamilie zurück, sondern auf den eigenwilligen sechstrahligen Grundriss, der immerhin einen hochadligen Urheber hat. König Ferdinand I. ließ 1530 einen Wildpark anlegen, in dem später königliche Festlichkeiten und Schießwettkämpfe stattfanden. Knapp 30 Jahre später folgte das Schlösschen, ein äußerlich ungewöhnlich schlichter Renaissancebau, entworfen vom Sohn des Königs und späteren Kaisers, Erzherzog Ferdinand von Tirol. Es diente zunächst dessen zukünftiger Frau, der **Augsburger Patriziertochter Philippine Welser,** als Wohnsitz. Später wurde es als Pulvermagazin benutzt.

Im Inneren des nationalen Kulturdenkmals sind reizvolle italienische Stuckdekorationen (1563) erhalten, die etwa 330 Szenen aus der griechischen Mythologie und der römischen Geschichte zeigen. Neben einer Ausstellung zur Schlacht am Weißen Berg gibt es **Wechselausstellungen** zu aktueller Kunst und Literatur.

April – Okt. Di. – So. 10 – 18 Uhr | Eintritt: 120 Kč

CAROLINUM (KAROLINUM)

Lage: Praha 1, Staré Město, Železná 9/Ecke Ovocny trh 3 (Fußgängerzone) | **Metro:** A/B, Můstek | www.cuni.cz/UK-1436.html

Das Studentenleben zu Zeiten von Karl IV., der 1348 die erste Universität Mitteleuropas gründete und auch gleich nach sich benannte, kann man sich heute gar nicht vorstellen: Man unterrichtete in Kirchen, Klöstern oder privat. Hörsäle oder Studentenwohnheime gab es zunächst nicht. Das heutige Carolinum war eines der ersten derartigen Gebäude, und die Universität wuchs langsam, Bau um Bau. Ihr Herz bildet die zwei Stockwerke hohe Große Aula aus dem 17. Jahrhundert.

Der Ansatz der Karlsuniversität war universal, Lehrende und Studierende kamen aus ganz Europa. Bis 1409, als Wenzel IV. auf Betreiben von Magister Jan Hus die Rechte der Deutschen beschnitt. Rund 2000 Studenten und viele Professoren wanderten aus. Von nun an wirkte der Reformator Hus als Rektor – eine Bronzestatue von ihm steht im Ehrenhof –, bis sich 1412 die katholische Fakultät gegen ihn aussprach und er nach Südböhmen fliehen musste. Die Jesuiten übernahmen nun die Leitung der Universität. In den Kellerräumlichkeiten des Carolinums sind in einer Dauerausstellung die Dokumente von der Gründung der Universität sowie das Universitätssiegel und -zepter ausgestellt. An den diversen Universitätsgebäuden kann man nahezu alle Architekturstile von der Gotik bis zum 20. Jh. ablesen. In der Großen Aula bekommen heute die Absolventen ihre Diplome überreicht – und die der Karlsuniversität sind in Tschechien nach wie vor hoch angesehen.

Der »rechte Glaube« muss es schon sein …

Kostel svatého Havla

Die **St.-Gallus-Kirche** (Kostel svatého Havla) in der Havelská, wenige Schritte südwestlich vom Carolinum, wurde 1232 gegründet. Sie war eine der vier Altstädter Pfarrkirchen und das geistliche Zentrum des neuen Stadtteils. Benannt war das Ganze nach dem irischen Mönch St. Gallus, der eine bedeutende Rolle bei der Missionierung Mitteleuropas spielte, eine Reliquie des Heiligen hatte Karl IV. aus dem Schweizer Kloster St. Gallen bekommen.

1353 wurde die Kirche im Stil der Hochgotik umgebaut, einem erneuten Facelifting im 18. Jh. verdankt sie die barocke wellenförmige Fassade inklusive Balustrade und die beiden Türme. Barock ist auch die Innenausstattung mit den wertvollen Altargemälden, in der rechten Seitenkapelle ist der Barockmaler **Karel Škréta** (1610 – 1674) beigesetzt. Ein Glaubenswechsel hatte dem einst evangelischen Künstler etliche Aufträge eingebracht, und schließlich diese Ruhestätte.

Kreuzgang: zugänglich bei Ausstellungen Mo. – So. 10 – 18 Uhr
Eintritt: 120 Kč

 FRANZ KAFKA MUSEUM

Lage: Praha 1, Malá Strana, Cihelná 2b | **Metro:** A, Malostranská
Straßenbahn: 2, 12, 15, 18, 20, 22, 23 | tgl. 10 – 18 Uhr
Eintritt: 300 Kč | www.kafkamuseum.cz

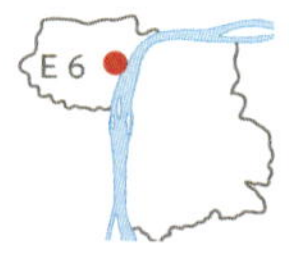

Es ist düster, fast schwarz in den Ausstellungsräumen, und merkwürdige Klänge hallen durch die Ziegelmauern. Nur die Spotlights auf diverse Exponate geben der Ausstellung auf dem Gelände einer ehemaligen Ziegelfabrik Zielführung und Struktur. Der Argentinier Juan Insua wollte mit diesem Projekt aus Wort, Bild, Licht und Musik eine »sinfonische Gesamtheit« schaffen.

Seit 2005 gibt es das Museum zu Kafka, dem Prager (▶ Interessante Menschen), dem Genius, dem Verkannten, dem Verbotenen, dem

Unentschlüsselbaren. »Das Schloss«, »Der Prozess«, »Die Verwandlung« oder »Ein Bericht für eine Akademie« gehören dem Kanon der Weltliteratur an. Sehenswert sind die zusammengetragenen historischen Fotografien und Filmaufnahmen, Manuskripte, Zeitungsausschnitte, Originalbriefe, Publikationen und v. a. alle Erstausgaben von Franz Kafkas Werken.

Prag und Kafka, Kafka und Prag

Der Einfluss der Stadt auf das Werk

Die Ausstellung ist in zwei Teile gegliedert: den Existenziellen Raum und Kafkas Imaginäre Topografie. Es geht um den Einfluss der Stadt auf den Autor, auf sein Schreiben. »Die Stadt steuert den Mythos bei, den düsteren Zauber, das großartige Bühnenbild«, heißt es in der Ausstellung. Der zweite Teil zeigt, wie Kafka seine Stadt porträtiert. Was schon deshalb ein spannendes Unterfangen ist, weil Kafka bis auf wenige Ausnahmen keinen der von ihm beschriebenen Prager Orte und Szenerien benennt. Er verwandelt sein Prag in einen allegorischen Ort (▶ S. 10).

Manche sind davon eher »angepisst«

Černýs »Proudy«

Direkt vor dem Museum steht seit 2004 David Černýs Skulptur »Proudy«. Sie zeigt zwei bewegliche, nackte, urinierende Bronzemänner in einem Bassin, dessen Umriss die Form der Tschechischen Republik hat. Um es freundlich auszudrücken: Nicht alle Prager sind glücklich damit, doch der angesehene »Condé Nast Traveler« schrieb: »You haven't seen Prague until you've seen these sculptures« (»Sie haben Prag nicht gesehen, wenn sie nicht diese Skulpturen gesehen haben«).

GROSSPRIORSPLATZ (VELKOPŘEVORSKÉ NÁMĚSTÍ)

Lage: Praha 1, Malá Strana | **Straßenbahn:** 12, 15, 20, 22, 23

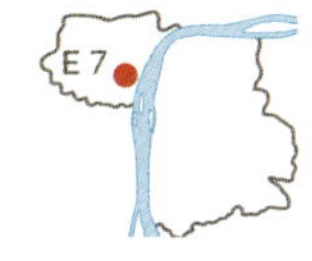

Wenn man sich unter den jungen Menschen auf dem Großpriorsplatz umhört und nach dem Namen dieses Platzes fragt, würde wohl die Mehrheit mit den Schultern zucken. Sie sind nicht wegen dem barocken Palais gekommen, sie sind zu Besuch an der John-Lennon-Mauer: für ein Selfie, einen neuen Spruch oder um sich in diesen unsicherer gewordenen Zeiten zu versichern, dass Frieden und Freiheit die höchsten Güter sind, die es zu verteidigen gilt.

John Lennon seligen Gedenkens

Kurz nach der Ermordung von John Lennon 1980 malte ein unbekannter Fan auf die Mauer des Malteser Gartens ein Porträt des Ex-Beatle. Mit den Kerzen nahm auch die Anzahl der Zitate aus den Liedern von John Lennon zu, die von Friede und Freiheit handelten. Bald waren allerdings auch Politparolen zu lesen, die der Obrigkeit überhaupt nicht schmeckten. Das KP-Regime ließ die Mauer mehrfach übertünchen – direkt vor den Augen der Klassenfeinde aus der französischen Botschaft gegenüber. So wurde die John-Lennon-Mauer, wie auch die zum Platz führende Brücke der Verliebten an der Großpriorsmühle, eine Ikone für junge Leute – bis heute. Farbenfrohe Motive sind in jedem Fall gewährleistet. Die Schlösser, die Pärchen als Zeichen ihrer Liebe an der Brücke befestigen, werden einmal im Jahr entfernt. Nicht, weil man diese Aktionen nicht haben möchte, sondern schlicht, weil sonst kein Platz für weitere Schlösser übrig bliebe.

Palác maltézského velkopřevora

Beethoven was here

Für andere Besucher dürfte auch das **Großpriorspalais des Souveränen Malteser Ritterordens** (Palác maltézkého velkopřevpra) von

Auch die KP-Führung konnte die Verehrung für John Lennon auf Dauer nicht übertünchen.

Bedeutung sein. Als Sitz des Ordens und Residenz des Malteser Großpriors verfügt das Gebäude über eindrucksvolle Barocksäle, die mit Holztäfelungen, kunstvollen Barocköfen und Intarsienfußböden ausgestattet sind. Das zweiflügelige Eckpalais entstand 1724 bis 1728, indem das ursprüngliche Renaissancegebäude mit neuem Ordensportal, Ziersimsen und Erkerfenster bereichert wurde. Im Garten befindet sich die älteste und größte Platane in Prag: die Beethoven-Platane. Gerüchten zufolge pflegte der Komponist gerne unter ihr zu sitzen.

Erst bezahlen, dann passieren

Kostel Panny Marie pod Řetězem

Eine der ältesten Kirchen auf der Kleinseite wurde 1169 gegründet: **St. Maria unter der Kette** (Kostel Panny Marie pod Řetězem). Sie war das deutlich größer geplante Gotteshaus eines Klosters der Johanniter (heute Malteser). Die beiden massiven frühgotischen Türme wurden erst 1389 fertiggestellt. Im 17. Jh. bekam die heutige Kirche, ehemals der frühgotische Chor, ihre jetzige barocke Ausstattung.

Das Kloster stand strategisch günstig am Brückenkopf der einstigen **Judithbrücke** und konnte die Brücke und die Furten nicht nur militärisch sichern. So lautet eine Erklärung für den eigenartigen Namen der Kirche, er käme von der Kette, die hier über die Moldau gespannt wurde, um bei den passierenden Schiffen Zoll kassieren zu können.

Standesgemäße Unterkunft

Nostický palác

Das vierflügelige barocke **Palais Nostitz** (Nostický palác) wurde 1658 bis 1660 erbaut und bildet die Südseite der Platzanlage. 1720 wurde es um die Dacherker und Imperatorenstatuen (heute Kopien) aus der Werkstatt des Bildhauers Ferdinand Maximilian Brokoff (1688 – 1731) und 1765 um das Säulenportal im Rokokostil bereichert. Heute ist hier das Tschechische Kultusministerium untergebracht.

HOLEŠOVICE

Lage: Praha 7, Holešovice | **Metro:** C, Vltavská und Nádraží Holešovice | **Straßenbahn:** 1, 6, 12, 14, 25

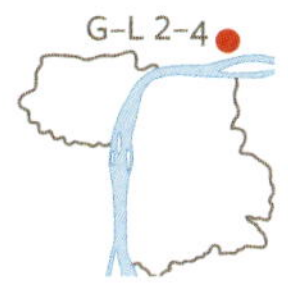

Wo früher Kühe und Schweine auf den Weg zum Schlachter getrieben wurden, stöckeln heute Models über die Rampe: Die Vergangenheit als Arbeiter-, Fabrik- und Schlachthofviertel spürt man im Trendviertel Holešovice aber immer noch, ein spannendes Neben- und Miteinander.

Wegen der relativ günstigen Mieten und der Nähe zum Zentrum hat sich der Stadtteil in der großen Ostschleife der Moldau seit geraumer Zeit zu einem Zentrum der Künstlerszene und als Eventlocation für Konzerte, Firmenpräsentationen oder Fashion-Shows entwickelt. Die ehemaligen Schlachthöfe und Markthallen stammen aus der Zeit der vorigen Jahrhundertwende. Vergleichsweise modern ist der **Fernbahnhof** (Nádraží Holešovice). Trotzdem: Hier regiert noch der Backstein, nicht der Glaskubus. Alles wirkt rauer, staubiger und ungeordneter – von gestylten Clubs wie dem »SaSaZu« vielleicht abgesehen, wo nachts durchgetanzt wird.

★ Veletržní palác

Französische und moderne Kunst der Nationalgalerie
Doch der Weg über die Moldau nach Holešovice lohnt sich durchaus auch für Nicht-Partygänger. Der riesige **Messepalast** (Veletržní palác) mit acht Geschossen und einer Nutzfläche von rund 40 000 m² wurde 1924 bis 1928 von den Architekten Oldřich Tyl und Josef Fuchs erbaut. Er entstand im Rahmen eines geplanten Messekomplexes. Zwar blieb es bei dem einen Gebäude, dafür bildete dieses einen Superlativ seiner Zeit: Es war der größte Bau seiner Art weltweit und das erste funktionalistische Gebäude in Prag. Le Corbusier fand 1928 bewundernde Worte für den Messepalast, dessen Ausstellungsetagen sich um eine riesige Industriehalle mit Glasdach ziehen.
Nach einem Großbrand in den 1970er-Jahren wurde das Bauwerk rekonstruiert, um große Teile der **Kunstsammlungen der Nationalgalerie** (Národní galerie v Praze) **aus dem 20. und 21. Jh.** unterzubringen. Neben der Malerei liefern verschiedene architektonische und filmische Zeugnisse sowie Designobjekte ein Bild des geistigen und kulturellen Schaffens dieser Zeit. Ein Großteil der Ausstellung entfällt auf tschechische Malerei und Bildhauerkunst, die mit Werken von Alfons Mucha, Josef Šíma, František Kupka, Emil Filla, Jindřich Štýrský, Stanislav Kolíbal, Otto Gutfreund, Vincenc Makovský, Hana Wichterlová u. a. vertreten sind. Auch die französische Kunst wird in einzigartiger Weise gewürdigt: Die Sammlung ist eine der umfangreichsten der Welt. Teile davon erwarb der tschechoslowakische Staat bereits 1923 nach einer Ausstellung des Künstlerverbands Mánes. Neunzehn Bilder von Picasso und viele impressionistische Werke bilden den Schwerpunkt, darunter Bilder von van Gogh, Renoir, Gauguin, Pissarro, Monet, Cézanne, Rousseau, Matisse und Sisley. Hinzu kommen herausragende Skulpturen und Gemälde von Klimt, Kokoschka, Schiele, Klee, de Chirico, Miró und Munch.
Im zweiten Stock sind auch Arbeiten von 52 deutschen Künstlern ausgestellt, darunter Werke von **Joseph Beuys.** Nach den Wirren des Einmarschs der Truppen des Warschauer Pakts galt die sogenannte Sammlung Lidice 30 Jahre lang als verschollen. Erst im

BAEDEKER ÜBERRASCHENDES

6X ERSTAUNLICHES

Überraschen Sie ihre Reisebegleitung: Hätten Sie das gewusst?

1. MESSE OHNE MESSE

Der **Messepalast** (Veletržní palác) hat mit Messe nichts mehr zu tun, sondern wird von der Nationalgalerie für großartige Ausstellungen genutzt. Messen in Prag finden im Industriepalast (Průmyslový palác) auf dem Messegelände statt. (▶ **S. 78**)

2. NICHT NUR EINE BURG

Knapp 1,5 Mio. Menschen besuchen jedes Jahr die Prager Burg. Flächenmäßig ist der **Hradschin** das größte Burgareal weltweit – und ein hochrangiges Kunstmuseum. (▶ **S. 80**)

3. HOCH HINAUS

Die Kirche **Maria Schnee** wurde nur zu einem Drittel fertiggestellt. Der Chorraum ist mit 30 m aber höher als St. Veit und der Hochaltar der größte aller Prager Kirchen. (▶ **S. 205**)

4. WELTKULTURERBE?

Beim Bau der geplanten Hochhäuser im Stadtteil Pankrác könnte der UNESCO-Weltkulturerbestatus verloren gehen. **Schwejk'sche Lösung:** Prag bestätigte die Genehmigung für den Bau; gebaut wurde aber bis heute nicht.

5. KNÖDELIMAGE I

»La Degustation Bohême Bourgeoise« klingt untschechisch. Hier gibt's nichts von der Karte, sondern ein gerade noch bezahlbares Drei- oder Fünf-Gang-Menü, böhmisch und doch jenseits aller Knödel. (▶ **S. 273**)

6. KNÖDELIMAGE II

Fast alle sprechen Englisch, sodass der Kontakt leicht fällt in der **Cafeteria der Prager Kunsthochschule.** Es gibt wochentags je drei Auswahlgerichte zu 70 Kč; Eingang Malostranské Náměstí 13, vis-à-vis von der Niklaskirche. (▶ **S. 139**)

Frühjahr 1997 wurde sie wiederentdeckt und durch Arbeiten von Künstlern der jüngeren Generation ergänzt.
Dukelských Hrdinů 47 | Di. – So. 10 – 18 Uhr | Eintritt: 250 Kč
www.ngprague.cz

Mehr als ein Park

Stromovka

Auch zum Spazierengehen und zum Joggen empfiehlt sich Holešovice, denn nördlich der Letnáhöhe erstreckt sich bis zur Moldau der **Baumgarten** (Stromovka), früher königliches Jagdrevier, heute ein schöner Park mit vier kleinen Seen, dem Jagdschloss im neogotischen Stil von König Vladislav Jagiello aus dem 15. Jh., der Moldaufähre zum Zoo und vor allem – am östlichen Rand – dem Ausstellungsgelände.

Ein Messegelände der besonderen Art

Výstaviště

Nur nicht verwirren lassen! Das **Ausstellungsgelände** (Výstaviště) ist nicht langweilig, da gibt es echt was zu sehen! Für die Landesjubiläumsausstellung von 1891 wurde es nach Plänen von Antonín Wiehl angelegt, seitdem finden hier die Prager Messen statt.
1791 war in Prag die erste **Industrieausstellung** auf dem europäischen Kontinent veranstaltet worden, und man hatte auch gleich noch den habsburgischen Kaiser Leopold II. zum König von Böhmen gekrönt. Die Jubiläumsausstellung 100 Jahre später sollte die Leistungsfähigkeit der tschechischen Wirtschaft und Industrie innerhalb der Donaumonarchie zeigen, die Fähigkeiten und Fertigkeiten in Wissenschaft und Technik, Kunst und Kultur – die meisten deutschen Bosse in der tschechischen Metropole und Böhmen waren ob der nationaltschechischen Ausrichtung not amused.
Sehr imposant wirkt die Gusseisenkonstruktion des um 1900 von Bedřich Münzberger und Josef Fanta entworfenen **Industriepalasts** (Průmyslový palác). Der prachtvolle Jugendstilbau wurde 2008 leider durch einen Brand zum Teil zerstört.
Im **Lapidarium** stellt das Nationalmuseum (Národní muzeum) Exponate aus Architektur und Bildhauerei vom 11. bis 19. Jh. aus. Viele dieser Exponate sind Originale, die man am Standort in der Stadt durch Kopien ersetzt hat, um sie vor dem Dahinbröseln zu bewahren, darunter auch sieben Statuen, die einst auf der Karlsbrücke standen. Schon durch seine schieren Ausmaße beeindruckend ist das Monumentalwerk »Schlacht bei Lipany« mit 11 m Höhe und 95 m Länge, untergebracht in einem kreisförmigen Pavillon (Maroldovo panorama).
Das **Planetarium,** mit einer Projektionsfläche von 843 m^2 eines der größten der Welt, und die Sporthalle kamen erst 1962 dazu. In der heutigen **Tipsport-Arena** mit Platz für 13 200 Zuschauer spielt der Spitzen-Eishockeyclub Sparta Prag, Bands aus aller Welt geben hier Konzerte. 1990 wurden schließlich noch ein Amphitheater, mehre-

re Pavillons und der **Křižík-Brunnen** errichtet. Letzterer ist Schauplatz einer allabendlichen Wasser- und Lichtshow zu klassischen Melodien und Pop-Hits (nach Einbruch der Dunkelheit).

Lapidarium: auf nicht absehbare Zeit geschlossen
Eintritt: 50 Kč | www.nm.cz

Pavillon: Mo. – Do. 11.30 – 17, Fr.–Sa. 11 – 18, So. 11 – 17 Uhr
Eintritt: 25 Kč | https://hanavsky-pavilon.cz

Planetarium: Mo. 8.30 – 18, Di. – Do. 8.30 – 20, Sa. 10.30 – 20, So. 10.30 – 18 Uhr | Eintritt: 300 Kč | www.planetum.cz

Abgefahrene Kunst

Dox – Centrum současného umění

Der Komplex aus Wirtschaftsgebäuden des 19. Jh.s, jenseits des Bahnhofs Holešovice und der Argentinská, ist heute eine Plattform für moderne, provokante und dynamische Kunst und Kultur, wo sich unterschiedlichste Zugänge und Tendenzen begegnen können: Das **Dox – Museum für zeitgenössische Kunst** (Dox – Centrum současného uměni) liegt ein wenig versteckt, doch wenn man sich über experimentelle und abgefahrene Exponate wundern oder einfach mal staunend Beifall zollen möchte, muss man einfach hin.

Poupětova 1, 500 m östl. der Metro Nádraží Holešovice
Mi. – So. 12 – 18 Uhr | Eintritt: 280 Kč | www.dox.cz

Vietnam in Prag

Pražská tržnice

Abgesehen vom Großhändlermarkt Sapa im Stadtrandviertel Libuš gibt es am Moldauufer, gegenüber dem östlichen Ende der Moldauinsel Štvanice, in der **Prager Markthalle** (Pražská tržnice) und darum herum den einzigen Prager Vietnamesen-Markt mit Waren aller Art, von Accessoires über Mode, Sportsachen, Schuhe, Parfüms bis zu Alltäglichem wie Haushaltswaren.

i Bubenské nábřeží 13 | tgl. 8 – 20 Uhr
www.prazska-trznice.cz

Von Hobby- bis Weltklasseniveau

Tenisový Klub Sparta Praha

Wer beim Tenisový Klub Sparta Praha aufschlägt, spielt auf dem **National Training Center für Tennis** in Tschechien. Dort werden schon die Jungen auf Spitzenniveau getrimmt. Hier kann man auch mal Weltklassespieler sehen, aber trotzdem wird man als Hobby-Spieler nicht schräg angeschaut. Plätze gibt's ab 250 Kč und Trainerstunden ab 750 Kč. Rechtzeitig reservieren! Aufgrund der etwas versteckten Lage an der Moldau empfiehlt es sich, mit dem Taxi zu kommen. Auch auf der Moldauinsel Štvanice kann man Tennis spielen. Im Sommer gibt es dort einen Sandstrand und seit 2023 ermöglicht eine stehende Welle das Flusssurfen auf der Moldau.

Za Císařským Mlýnem 2 | tgl. 7 – 21.30 Uhr
Reservierung: Tel. 2 33 32 03 69 oder recepce@tkspartapraha.cz
www.tkspartapraha.cz

★★ HRADSCHIN (HRADČANY)

Lage: Praha 1, Hradčany | **Metro:** A, Malostranská | **Straßenbahn:** 22
Areal der Prager Burg: tgl. 6 – 22, eintrittspflichtige Bereiche: 9 – 16, St.-Veits-Dom, St. Georg und Hl.-Kreuz-Kapelle bis 17, Nov. – März bis 16 Uhr. Wachablösung an den Burgtoren stündl. 7 – 20, Nov. – März bis 18, immer, um 12 Uhr im Ersten Burghof mit Fanfaren und Standartentausch | **Eintritt:** 450 Kč (Rundgang: Alter Königspalast, St.-Veits-Dom, Goldenes Gässchen, St. Georg); 300 Kč (Ausstellung Prager Burggeschichte, Rosenbergpalast); 200 Kč (nur Turm des St.-Veits-Doms) | **www.hrad.cz**

Von Moldau-Ufer der Altstadt aus betrachtet wirkt der Hradschin überwältigend: der weltweit größte Burgkomplex, prachtvoll, ausladend, dominiert von der großartigen gotischen Kathedrale. Bei näherem Hinsehen erkennt man aber erst, wieviele Kirchen, Paläste, Türme, Aussichtsplattformen und Mauern auf 70 000 Quadratmeter zu finden sind …

Der Hradschin leuchtet über der Stadt.

Wie alle Wachposten dieser Welt, die am Eingang einer touristischen Attraktion Dienst tun, haben es auch jene auf dem Hradschin nicht einfach. Manche Mädchen necken fröhlich die uniformierten Männer, die weder eine Miene verziehen noch sprechen dürfen. Aber wenn eine den feschen Jungs zu nahe kommt oder gar einen berührt, stampft der Soldat vehement den Holm seines Gewehrs auf den Boden. Das heißt: Schluss jetzt! Kichernd ziehen die jungen Besucherinnen aus aller Welt dann weiter.

Stark bewacht

Wenn Steine erzählen könnten ...

Mehr als 1000 Jahre Geschichte

Mit rund 1,2 Mio. Besuchern jährlich ist die Prager Burg das **meistbesuchte Bauwerk Tschechiens** und zusammen mit der ▶ Karlsbrücke die Hauptattraktion der Stadt. Was hat diese Burg nicht alles gesehen! Kaiser und Könige, Havel und Obama, die Ereignisse der letzten mehr als 1000 Jahre vom Mittelalter bis zur Gegenwart. Den Beginn des Hradschin als **Schaltzentrale der Macht** bildete Ende des 9. Jh.s eine von den Přemysliden gegründete hölzerne Burgstatt mit einem Lehmwall drumherum und strategisch günstig gelegen: oberhalb des linken Moldauufers mit weitem Blick über den Fluss sowie an einer bedeutenden Fernhandelsstraße. Ab 973 residierte auf dem Hradschin außer dem Fürsten auch der Bischof der neu gegründeten Diözese Prag. Unter Břetislav I. erhielt die Burg 1042

eine 2 m dicke Ringmauer, im Osten und Westen kamen Türme hinzu, im Süden später ein Tor. Nach 1135 baute Sobieslav I. die Burg zu einer fürstlichen Pfalz im romanischen Stil aus. Der 30 m hohe Schwarze Turm diente als Gefängnis. Ferdinand I. (Kaiser ab 1556), der Künstler aus Italien, den Niederlanden und Deutschland nach Prag berief, und Rudolf II. bereicherten Burg und Umgebung durch prachtvolle Renaissancebauten.
Ein Großbrand im Jahr 1541 schuf Platz für weitere Erneuerungen. 1614 ließ Kaiser Matthias den ersten profanen Barockbau Prags errichten, das frei stehende Tor im Westen. Auf Wunsch von Maria Theresia wurde es im 18. Jahrhundert in die Stirnseite des neu angelegten Ersten Burghofs einbezogen. So wuchs der Hradschin Schritt für Schritt zu einer für eine so alte Anlage erstaunlichen baulichen Einheit.

Das Staatsoberhaupt residiert standesgemäß

Amtssitz des Präsidenten

Seit 1918 ist die Burg Amtssitz des Präsidenten der Republik. Doch mit Václav Havel hat sich seit 1993 einiges geändert. Es ist lockerer geworden, wenngleich immer galt und gilt: Ist der Präsident auf der Burg, flattert die **Landesfahne** im Wind. Unter Nachfolger Václav Klaus (2003 – 2013) war die EU-Flagge neben der tschechischen verpönt, obgleich das Land 2004 EU-Mitglied wurde. Erst Klaus' Nachfolger Miloš Zeman hisste das EU-Banner. Allerdings flatterte nicht durchgängig der richtige Stoff im Wind: Einmal entfernten Aktionskünstler die Standarte des tschechischen Präsidenten auf der Burg und zogen stattdessen eine große, rote Unterhose auf: »Endlich weht über der Prager Burg die Flagge jenes Mannes, der sich für überhaupt nichts schämt«, hieß es in ihrer Stellungnahme.

Erster Burghof (První nádvoří)

Annäherung an das Volk

Ehrenhof

Den auch als Ehrenhof bezeichneten ersten und jüngsten der drei Burghöfe erreicht man vom westlich gelegenen ▶ Hradschiner Platz aus. Vorbei an einer Statue von **Tomáš G. Masaryk,** dem ersten tschechischen Staatspräsidenten kommt man durch ein Gittertor, auf dem die »Kämpfenden Giganten« (1786, Kopien) von Ignaz Franz Platzer d. Ä. thronen. Der Ehrenhof entstand 1756 bis 1774 unter Maria Theresia nach Plänen des Wiener Oberhofarchitekten Nikolaus Pacassi. Die letzten Umgestaltungen führte in den 1920er-Jahren der slowenische Architekt Josip Plečnik durch. Masaryk hatte Plečnik beauftragt, alle Renovierungsarbeiten auf der Burg auszuführen: schlicht, nobel – insbesondere aber sollten sie die Unabhängigkeit des Staates symbolisieren und dem Herrschersitz das Bedrohliche nehmen.

Eine oscarreife Vorstellung jeden Tag um 12 Uhr: Wachablösung im Ersten Burghof

Eher zivil kleidsam als militärisch streng

Wachablösung

Im Ersten Burghof zieht die stündliche Wachablösung Scharen von Neugierigen an, besonders **um 12 Uhr,** wenn Fanfaren erklingen und die Flagge getauscht wird. Ein Freund von Václav Havel, der tschechische Künstler und Kostümbildner Theodor Pištěk – er hatte für die Kostüme des Films »Amadeus« einen Oscar bekommen! –, entwarf dafür die blauen Uniformen mit den bunten Schnüren. Sehr zum Unmut mancher humorfreier Militärhistoriker, die diese Uniformen als operettenhaft kritisierten, da sämtliche Traditionen der tschechoslowakischen und tschechischen Armee außer Acht gelassen worden waren. Grundsätzlich findet an jedem Burgtor stündlich eine Wachablösung statt, jedoch – außer im Ersten Burghof – ohne großen Pomp.

Das Staatsoberhaupt wohnt standesgemäß

Matyášova brána

Kaiser Matthias ließ das nach ihm benannte **Matthiastor** (Matyášova brána) 1614 als frei stehenden Westeingang zum Hradschin von Giovanni Maria Philippi bauen. Heute ist es in die Gebäude einbezogen. Im westlichen Trakt befindet sich die **Wohnung des Präsidenten** der Republik Tschechien. Von dem Tor führt ein 1765/1766 ebenfalls von Pacassi geschaffener Treppenaufgang zu den Repräsentationssälen der Burg: Thronsaal, Saal mit Gemälden von Václav Brožík, Spiegel-–, Musik- und Gesellschaftssaal. Die Flaggenmasten vor dem Matthiastor sind Föhrenstämme.

Zweiter Burghof (Druhé nádvoří)

Für Kommende und Gehende

Kassenhäuschen, Info, Treffpunkt

Durch das Matthiastor kommt man in den Zweiten Burghof. Hier wartet der Treffpunkt mit Kassenhäuschen auf diejenigen, die ihren Rundgang erst beginnen. Über die Nordseite gelangen Touristen, die sich die Füße bereits plattgelaufen haben, auf dem schnellsten Weg über die Staubbrücke, vorbei an der Reithalle (links) und dem einstigen **Löwenhof** (rechts) zur Straßenbahn. Der Löwenhof hieß übrigens nicht von ungefähr so: Kaiser Rudolph II. hielt dort einst tatsächlich einen echten Löwen und andere exotische Tiere!
In der Mitte des Zweiten Burghofs steht ein von Francesco della Torre 1686 erbauter, mit Plastiken von Hieronymus Kohl geschmückter Barockbrunnen. Das schmiedeeiserne Ziergitter des einst sehr nützlichen Zwecken dienenden Ziehbrunnens stammt von 1702.

Für Kunstkenner und –liebhaber

Burggalerie

Werke von Tizian, Tintoretto, Rubens, das von Hans von Aachen gemalte »Porträt des Kaisers Matthias« und andere Kunstschätze hängen in der Burggalerie Ferdinands II. im **Nordtrakt.** An der Nordfront des Zweiten Burghofs entstand 1927 bis 1931 durch den Umbau älte-

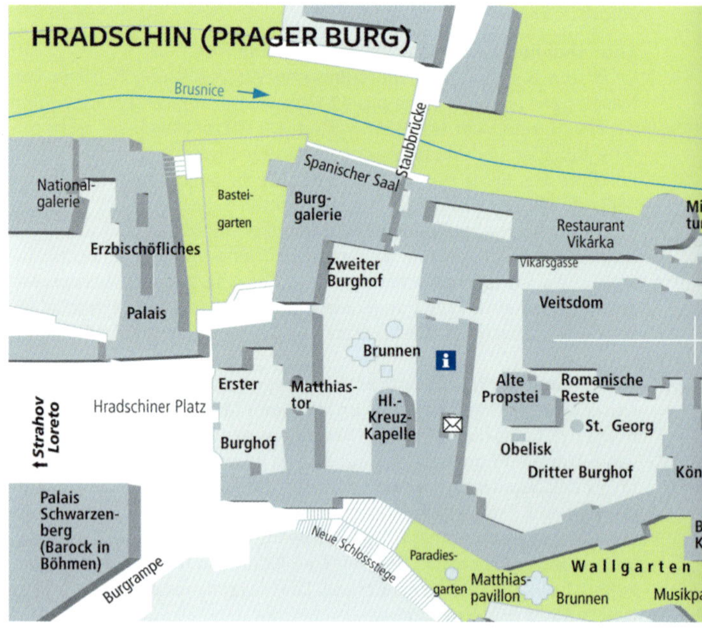

rer Gebäudeteile auch der Plečniksaal. Er wurde zusammen mit dem Treppensaal in eine Eingangshalle zum für Staatsanlässe genutzten Spanischen Saal und zur Rudolfsgalerie umgewandelt. Im Raum der Gemäldegalerie hat man Überreste einer Marienkirche aus dem 9. Jh. gefunden, des ersten Sakralbaus auf der Prager Burg.

Schätze, wohin man blickt

Kaple svatého Kříže

Die **Hl.-Kreuz-Kapelle** (Kaple svatého Kříže) in der Südecke des Zweiten Burghofs dient als **Schatzkammer** des St.-Veits-Doms. Den Begriff Schatz darf man hier wörtlich nehmen: Man sieht kostbare goldene und silberne, mit Edelsteinen teils verzierte liturgische Geräte, prunkvolle Messgewänder, Monstranzen und zahlreiche Reliquien, darunter ein Armreliquiar des hl. Vitus, sowie das Kettenhemd des hl. Wenzel und das Schwert des hl. Stephan von Ungarn. Entstanden ist die Kapelle 1756 bis 1763 unter der Leitung von Anselmo Lurago. Ihre klassizistische Strenge versuchte man zur Zeit des Biedermeiers aufzulockern (1852 – 1858). Emanuel Max entwarf 1854 die Statue des hl. Nepomuk im Inneren sowie die Statuen der hll. Petrus und Paulus in den Nischen außen. Aus der Werkstatt von Ignaz Franz Platzer d. Ä. stammen die Skulpturen am Hoch- und an den Seitenaltären, das mittlere Gemälde am Hochaltar ist ein Werk von Franz Xaver Balko.

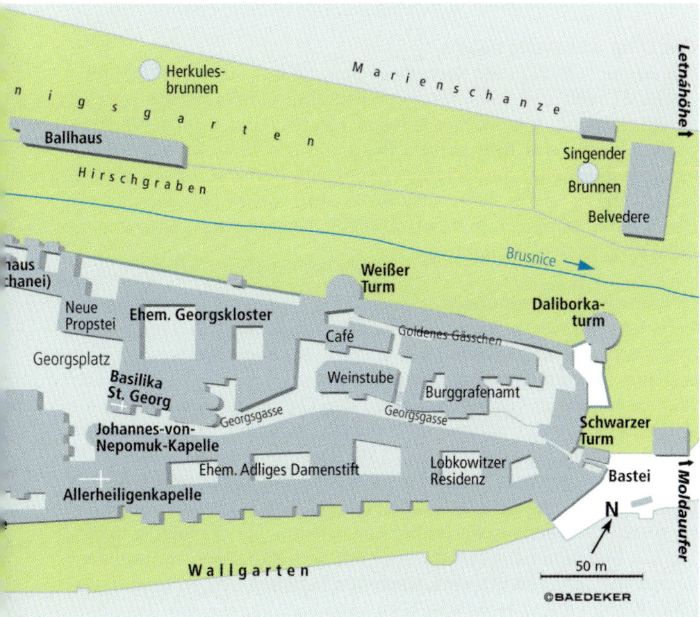

Dritter Burghof (Třetí nádvoří)

Zur ersten Orientierung

Früheres Zentrum des Burglebens

Im Dritten Burghof – einst das Zentrum des Burglebens – liegt heute der Eingang zur Kanzlei des Präsidenten der Republik; und zwar genau unter dem Balkon mit den Lichtträgerstatuen von Ignaz Franz Platzer d. Ä. Der größte der drei Burghöfe wird an der Nordseite vom St.-Veits-Dom dominiert, an dessen Südseite die 1920 bis 1928 freigelegten Grundmauern einer romanischen Bischofskapelle zu besichtigen sind. An die Westseite des Doms schließt die Alte Propstei an. Die Statue des hl. Wenzel lieferte Johann Georg Bendl 1662. Zwischen 1750 und 1770 wurden die älteren Bauten der Königssiedlung von Nikolaus Pacassi mit einer einheitlichen Fassade versehen. Der von Josip Plečnik 1928 entworfene **Obelisk** aus Granit erinnert an die Opfer des Ersten Weltkriegs. Die Reiterstatue des hl. Georg (Kopie; das Original steht im St.-Georgs-Kloster) ist ein Werk der Bildhauer Georg und Martin von Klausenburg von 1373. Vom südlichen Gebäudetrakt des Königspalasts verbindet die Stiertreppe den Dritten Burghof mit dem Paradiesgarten.

St.-Veits-Dom (Chrám svatého Víta)

Prachtbau auf dem Hradschin

Gut Ding will Weile haben

Der Bau der 99 m hohen Kathedrale dauerte fast 600 Jahre. Definitiv wurde St. Veit erst 1929 fertiggestellt, aber Gottesdienste wurden natürlich schon lange vorher gefeiert. Heute ist der Dom die **Metropolitankirche des Erzbistums Prag** und erhebt sich an der Stelle einer Rundkapelle, die Herzog Wenzel 925 dem hl. Veit gewidmet hatte. Herzog Spytihněv II. stiftete 135 Jahre später eine romanische Basilika mit Doppelchor. 1344 schließlich begann Karl IV. mit dem Bau der gotischen Kathedrale.

Renommierte Baumeister

Architektur

Verspielte Wasserspeier im Detail und strenge Gotik in der Gesamtansicht, so könnte man den Dom in einem Satz beschreiben. Ein Gotteshaus, an dem viele bedeutende Baumeister beteiligt waren: Der Franzose Matthias von Arras entwarf den Ostteil in Anlehnung an die Kathedralen von Narbonne und Toulouse und den 47 m langen, 39 m hohen Chor, der bei seinem Tod (1352) aber erst in den unteren Teilen fertiggestellt war. **Peter Parler** als Nachfolger bereicherte den Dom mit Elementen der deutschen Gotik. Danach leiteten seine Söhne Wenzel und Johann Parler die Bauarbeiten (1399 – 1420): In dieser Zeit entstand der gesamte Chor mit dem Kapellenkranz und dem Grundstock des Hauptturms. Nach den Hussitenkriegen setzten Bonifaz Wohlmut und Hans von Tirol 1560 bis 1562 diesem Turm eine

Renaissancehaube mit Brüstung auf, 1770 erhielt er das barocke Zwiebeldach von Nikolaus Pacassi. Mit dem Hauptportal wurde die Kirche schließlich 1929 unter Kamil Hilbert fertiggestellt.

Einige Superlative

Alleinstellungsmerkmale

Der St.-Veits-Dom ist nicht nur die imposanteste Kirche Prags und der prachtvollste Bau auf dem Hradschin, sondern mit seiner Außenlänge von 124 m, seiner Breite von 60 m im Querschiff und seiner Höhe von 33 m im Mittelschiff auch die **größte Kirche in Prag.** Der in den Sommermonaten zugängliche Südturm – mit gotischen, barocken und Renaissanceelementen eine architektonische Seltenheit – birgt die größte Kirchenglocke Böhmens: die 1549 aus Bronze gegossene Sigismundglocke.

Würdiger Eingang für einen Herrscher

Zlatá brána

Durch das Südportal, auch **Goldene Pforte** (Zlatá brána) genannt, betraten die Könige auf ihrem Krönungsweg die Kirche. Hier packte Peter Parler sein ganzes Können aus: Ein statisch höchst anspruchsvolles und gleichzeitig anmutiges Fächerrippengewölbe trägt die drei Bögen. Der obere Teil des Portals zeigt ein (restauriertes), rund 85 m^2 großes Glasmosaik aus dem 14. Jh. mit dem Jüngsten Gericht und Christus in der Mandorla. Es gilt als das älteste und größte **Mosaik** nördlich der Alpen, geschaffen wohl von venzianischen Künstlern. Darüber befindet sich ein aus 40 000 Einzelgläsern zusammengesetztes Maßwerkfenster von Max Švabinský (1934), ebenfalls mit einer Darstellung des Jüngsten Gerichts.

Beeindruckende Details

Prächtige Ausstattung

Man betritt den Dom durch das Westportal, über dem hoch oben eine mächtige Fensterrosette mit einem Durchmesser von mehr als 10 m eingearbeitet ist.

Gegenüber dem Südportal liegt die zweigeschossige Orgelempore von Bonifaz Wohlmut aus den Jahren 1557 bis 1561. Die gewaltige **Orgel** (1757) besitzt 6500 Pfeifen.

Zwischen Pfeilerarkaden und Chorfenstern verläuft die Triforiumsgalerie. Im äußeren Triforium stehen Büsten der Dombaumeister, der Familie Karls IV. und anderer Zeitgenossen. Wenngleich der Kaiser nach wie vor die zentrale Position einnimmt, so zeugen die Darstellungen der Dombaumeister neben geistlichen und weltlichen Herrschern doch vom neuen Selbstbewusstsein des Künstlers der Spätgotik. Die Individualisierung der Gesichtszüge der Porträtierten nimmt die Entwicklung in der Renaissance vorweg. Das Triforium selbst ist allerdings nicht zugänglich, ein näherer Blick auf die Büsten daher leider nicht möglich.

Das zweiteilige Holzrelief an der nördlichen Innenwand des Chorumgangs zeigt »Die Flucht des Winterkönigs Friedrich V. von der Pfalz«

ST.-VEITS-DOM

Obwohl der Grundstein bereits im Jahr 1344 gelegt wurde, ist der Dom erst Anfang des 20. Jh.s vollendet worden. Besonders dem mit 23 Jahren zum Dombaumeister berufenen Peter Parler aus Schwäbisch Gmünd sind die architektonischen Highlights zu verdanken.

Nov. – Feb. tgl. 9 – 16,
März – Okt. tgl. 9 – 17 Uhr
Zutritt zum Kirchenraum frei
www.katedralasvatehovita.cz

❶ Fensterrosette
Die westliche Stirnwand wird von einer mächtigen Fensterrosette beherrscht, deren Durchmesser über 10 m beträgt.

❷ Holzreliefs
Ein zweiteiliges Holzrelief von Kaspar Bechteler im Chorumgang zeigt »Die Flucht des Winterkönigs Friedrich V. von der Pfalz« aus Prag nach der verlorenen Schlacht am Weißen Berg. Sehenswert ist das Panorama der Moldaustadt von vor 1635, das viele interessante Details offenbart.

❸ Grabmal von Graf Leopold Schlick
Das marmorne Grabmal des Feldmarschalls Graf Leopold Schlick schuf Franz Maximilian Kaňka (1674 – 1766) nach einem Entwurf des Architekten Josef Emanuel Fischer von Erlach.

❹ St.-Wenzels-Kapelle
Die Wenzelskapelle ist der wertvollste Ort im Dom. Ein Sterngewölbe Peter Parlers krönt den quadratischen Grundriss. Hier werden die sterblichen Überreste des Heiligen aufbewahrt. Bedeutend ist die Ausschmückung der Kapelle. Die Wände wurden mit über 1300 Edelsteinen belegt. Darüber befindet sich ein Passionszyklus. Ein weiterer Zyklus stellt 31 Szenen aus dem Leben des hl. Wenzel dar und wird dem Meister des Leitmeritzer Altars zugeschrieben.

5 Goldene Pforte
Die Stirnwand des Domeingangs ist mit einem Mosaikbild des Jüngsten Gerichts verziert, in dessen Mitte Jesus Christus in einer Mandorla thront.

6 Südlicher Domvorraum
Drei spitze Torbögen der Goldenen Pforte öffnen sich in den südlichen Domvorraum, der zu den schönsten im ganzen Bau gehört. Peter Parler entlastete die gotischen Gewölberippen und ließ sie sogar frei im Raum schweben.

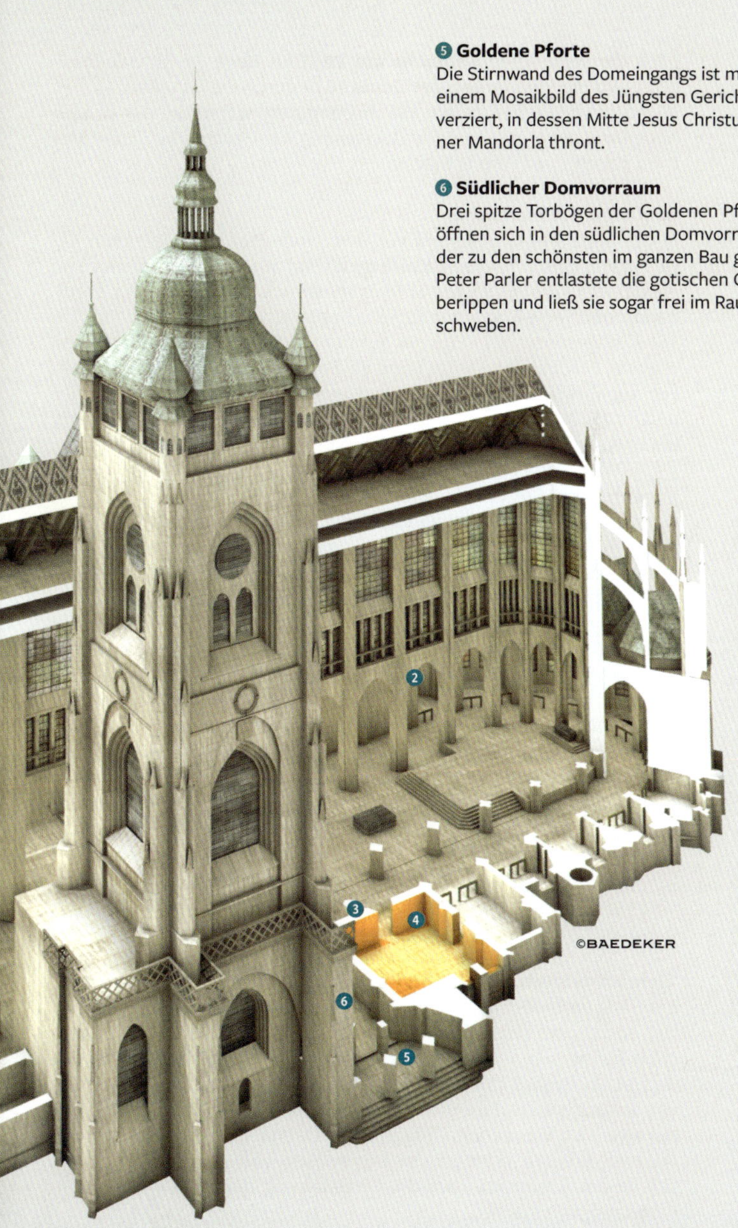

nach der verlorenen **Schlacht am Weißen Berg** (▶ Kloster Břevnov) und die Plünderung des Doms 1619 durch die Hussiten. Wunderbare Farben zeigen die **Jugendstilglasfenster** der dritten Kapelle an der Nordseite: Die Darstellung der Heiligen Kyrill und Method stammt von Alfons Mucha.

Grablege der Herrscher

Habsburger Mausoleum

In der Mitte des Chors steht vor dem Hochaltar das von einem Renaissancegitter umgebene **Kaisergrabmal** aus weißem Marmor von Alexander Collin. Es wurde 1566 in Innsbruck als Denkmal für Ferdinand I. und seine Frau Anna Jagiello begonnen und unter Rudolf II. bis 1589 umgestaltet. Die Figuren auf der Deckplatte stellen dar: Anna Jagiello, Ferdinand I. (Mitte) und ihr Sohn Maximilian II. Auf den seitlich angebrachten Medaillons sieht man die böhmischen Herrscher und ihre Frauen, die in der Gruft unter dem Grabmal beigesetzt sind, am unteren Ende die Figur des auferstandenen Christus.

Verehrung in Silber ausgedrückt

Grab des hl. Nepomuk

Der heilige Nepomuk (Johannes von Nepomuk) stammte aus Böhmen und wurde 1393 wegen seiner standhaften Haltung im Machtstreit zwischen Thron und Altar auf Befehl des Königs von der Karlsbrücke in die Moldau geworfen und ertränkt. Deshalb gilt der in Böhmen und den habsburgischen Landen ausgesprochen populäre Nepomuk auch als **»Brückenheiliger«.** Sein silbernes Hochgrab im südlichen Chorumgang wurde 1733 bis 1736 in Wien nach einem Entwurf von Joseph Emanuel Fischer von Erlach durch Antonio Corradini und Johann Joseph Würth ausgeführt. Auf einem Marmorsockel, dessen Seiten mit Reliefs aus der Vita des Heiligen geschmückt sind, knien lebensgroße Engel und stützen die girlandengeschmückte, reich verzierte Tumba. Nepomuk selbst kniet auf seinem Sarkophag und blickt auf das Kruzifix in seinen Händen. Spätere Ergänzungen sind die vier aufgesetzten Silberfiguren (1746), Allegorien der Verschwiegenheit, Weisheit, Kraft und Gerechtigkeit, und der ebenfalls von Engeln getragene rote Damastbaldachin (1771).

Viele arbeiteten, damit einer beten konnte

Vladislav-Oratorium

Ein Gang verbindet das Vladislav-Oratorium mit dem königlichen Palast, sodass der Herrscher den Gottesdienst auf direktem Weg besuchen konnte. Es wird dem Frankfurter Hans Spieß zugeschrieben und ist ein reicher spätgotischer Einbau. Seine Frontseite ist geprägt von naturalistisch durchflochtenem Astwerk, der Grundriss beruht auf zwei sich kreuzenden Bögen mit herabhängendem Schlussstein. An zwei Pfeilern erinnert die Darstellung von **Bergleuten** an die Quelle des Reichtums, der die Finanzierung des Oratoriums überhaupt möglich machte.

OBEN: Außer Regenwasser ableiten sollten die Wasserspeier auch Dämonen abschrecken.

UNTEN: Alfons Mucha schuf das Jugendstilfenster mit Kyrill und Method in der dritten Kapelle im nördlichen Seitenschiff.

Würdige Ruhestätte

Königsgruft

Der Eingang zur Königsgruft befindet sich in der Kapelle rechts des Oratoriums. In den Gängen sind archäologische Funde aus der vorromanischen Rotunde und der romanischen Basilika ausgestellt, an der Wand hängt ein Grundriss der alten romanischen Kirche. In der Gruft ruhen in der oberen Reihe Georg von Podiebrad (1420 – 1471, links), Karl IV. (1316 – 1378, Mitte) und Ladislav Postumus (1440 – 1457, rechts), in der zweiten Reihe Wenzel IV. (1361 – 1419), sein Bruder Johann von Görlitz (gest. 1396) und der gemeinsame Sarkophag der vier Frauen Karls IV., im Hintergrund Maria Amalia, eine Tochter Maria Theresias. In dem Renaissancezinnsarg ist Rudolf II. beigesetzt (1552 – 1612), im Granitsarkophag ruhen die Kinder Karls IV.

Der ideale Heilige

Wenzelskapelle, Kronkammer

Die schönste der Chorkapellen ist die bis in den Südteil des Querschiffs reichende prachtvolle gotische Wenzelskapelle, eine Art Gegenstück zur Hl.-Kreuz-Kapelle auf ►Burg Karlstein. Peter Parler errichtete sie 1358 bis 1367 anstelle des romanischen Rundbaus, in dem der hl. Wenzel ursprünglich beigesetzt war. Die Kapelle enthält den **Reliquienschrein** des 935 von seinem Bruder ermordeten Herzogs Wenzel, des Schutzpatrons von Böhmen. Mehr als 1300 Edelsteine und noch viel mehr Goldplättchen schmücken sie. Wichtigstes Werk ist jedoch die Statue des Heiligen selbst, wahrscheinlich ausgeführt von Heinrich Parler, dem Neffen von Peter Parler; das Familienwappen findet sich am Sockel der 2 m hohen Statue. Der Herzog tritt in einer Rüstung auf: In der Linken hält er das Schild mit dem Adler, in der Rechten trägt er die Lanze. Im Gegensatz zu diesem irdisch-militärischen Gepräge steht der abwesende, fast entrückte Blick des Dargestellten. Er verkörpert so das Idealbild des Heiligen.

Von der Wenzelskapelle gelangt man zur Kronkammer über dem Südportal, in der die **böhmischen Kroninsignien** – Krone, Zepter, Reichsapfel, Königsmantel und Stola – aufbewahrt werden. Sie sind durch sieben Schlösser gesichert und werden nur selten zur Schau gestellt, beispielsweise an Jahres- oder Krönungstagen. Die sieben Schlüssel für die Tür sind vorsichtshalber an sieben verschiedene Leute verteilt, darunter der Erzbischof und der Staatspräsident. NS-Reichsprotektor Reinhard Heydrich ließ sich nach der Besetzung Prags 1941 alle Schlüssel aushändigen und soll sich sogleich die Krone aufgesetzt haben, heißt es …

Königspalast (Královský palác)

Ein Präsident in Hochwasserhosen

Früheres Machtzentrum

Auf dem Balkon des Fürsten- und Königspalast im Dritten Burghof hatte **Václav Havel** seinen ersten Auftritt als Präsident – in Hochwasserhosen, wie sich die Prager bis heute erinnern. Dem Schriftsteller und Politiker war zeitlebens der Inhalt wichtiger als die Form. Bis ins 16. Jh. hinein war der Königspalast der Herrschersitz und das Zentrum der Macht im Land. Anstelle eines ersten Fürstenhofs aus dem 9. Jh. wurde im 11. Jh. ein romanischer Palast erbaut. Ottokar II. sorgte ab Mitte des 13. Jh.s für eine umfassende Vergrößerung, unter Kaiser Karl IV. erfolgten weitere Umbauten. Erst unter den Habsburgern verlor die Residenz an Bedeutung. Die Räume wurden zu Kanzleistuben oder Magazinen umfunktioniert. Unter dem jetzigen Vladislavsaal sind im Erd- und im Untergeschoss Teile des romanischen Palasts erhalten, auch Reste der ursprünglichen Burgbefestigung sind zu sehen.

Heimeliger Name für einen Gerichtssitz

Zelená světnice

Was so heimelig klingt – **Grüne Stube** (Zelená světnice) –, war seit dem 16. Jh. Sitz des Kammer- und Hofgerichts von Karl IV. An der Ostseite zieren Wappen der Ober- und Niederlausitz die Wände, zudem erinnern mehrere Wappen an die ehemaligen Beisitzer aus dem 18. Jahrhundert. Mit der Grünen Stube ist das Vladislav'sche Schlafgemach (auch: Kleiner Audienzsaal) verbunden. In dem spätgotischen Gewölberaum sind die Wappen Böhmens, Mährens, Schlesiens und Luxemburgs sowie das königliche Monogramm von Vladislav Jagiello dargestellt.

KÖNIGSPALAST

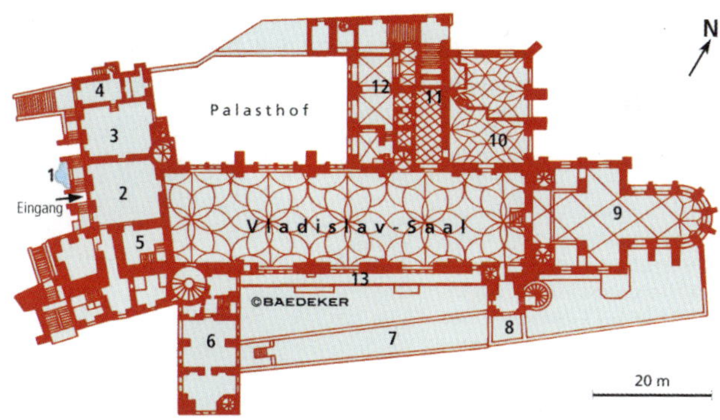

1 Adlerbrunnen
2 Vorsaal (Kleiner Saal)
3 Grüne Stube
4 Vladislav-Schlafstube
5 Romanischer Turm
6 Böhmische Kanzlei
7 Theresianischer Flügel
8 Aussichtsterrasse
9 Allerheiligenkapelle
10 Landtagssaal
11 Reitertreppe
12 Neues Appellationsgericht
13 Aussichtsgang

KÖNIGSPALAST

Bis zum 16. Jh. diente der Königspalast als Herrschersitz. Sein Highlight ist der riesige Vladislavsaal, in dem Benedikt Ried kühn spätgotische Elemente mit dem neu aufkommenden Renaissancestil verband.

Nov. – März tgl. 10 – 17,
April – Okt. tgl. 10 – 18 Uhr
Eintritt im Preis für den Rundgang inbegriffen

❶ Westliche Fassade
Nach dem Burgumbau unter Maria Theresia wurde die westliche Fassade des alten Königspalasts mit den auf dem Dritten Burghof stehenden Gebäuden in Einklang gebracht.

❷ Eingang
Man betritt den Westflügel mit den spätgotischen und Renaissancebauten, danach geht es vorbei am barocken Adlerbrunnen, der durch eine Fontäne von Jože Plečnik (1872 – 1957) ergänzt wurde.

❸ Reitertreppe
Die Reitertreppe war für die zu Pferde sitzenden Ritter bestimmt, die an Turnieren im Saal teilnahmen.

❹ Landtagssaal
Mit dem Umbau des Palasts beauftragte Vladislav II. den böhmischen Architekten Benedikt Ried (um 1454 bis 1534), der auch die Pläne für den Landtagssaal zeichnete. Nach einem Brand wurde das spätgotische Rippengewölbe in den Jahren 1559 bis 1563 von Bonifaz Wohlgemut erneuert. Offenbar zogen manche Landtagsabgeordnete angenehmere Tätigkeiten ihren Pflichten vor. So lautet eine Mahnung des Herrn von Roupow während der Regierungszeit Friedrichs von der Pfalz: »Wartet doch ein bisschen, meine Herren, und sehet zu, dass ihr beim Essen eure Heimat nicht verschwendet.«

❺ Neue Landtafelstube
Landtafeln waren Bücher, in die Verhandlungsergebnisse vom Landtag eingetragen wurden, d. h. Rechtsgeschäfte mit dem Charakter eines Gesetzes.

❻ **Vladislavsaal**

Der im 16. Jh. größte gewölbte Profanbau Mitteleuropas kommt nur mit einem Stützgewölbe aus – seinerzeit eine technische Meisterleistung, Der Saal diente als Sitzungsraum und bot auch für Ritterturniere den passenden Rahmen. Über die sog. Reitertreppe erreichte der König den Saal sogar mit dem Pferd.

❼ **Aussichtsterrasse**

Von hier hat man einen schönen Blick auf die Hausdächer auf der Kleinseite und das Moldautal.

Ein absolutes Meisterwerk der Spätgotik

Vladislavský sál

Der König kam gewöhnlich zu Pferde in den auch Huldigungssaal genannten **Vladislavsaal** (Vladislavský sál), was platzmäßig kein Problem war, ist der Saal doch stattliche 62 m lang, 16 m breit und 13 m hoch. Benedikt Ried schuf 1493 bis 1503 den Saal mit dem fantastischen spätgotischen Netzgewölbe. So ein Prunkstück darf nicht ungenutzt bleiben: Heute wird der Präsident der Republik vereidigt.
Die kühn ausgearbeitete Decke, deren Rippen tief in den Raum hinabgezogen sind, ist von einer Zierlichkeit und Leichtigkeit, die auch durch die massiven Wandpilaster nicht aufgehoben wird. Der hölzerne Fußboden stammt wahrscheinlich vom Ende des 18. Jh.s, drei Kronleuchter stammen aus dem 16. Jh., die anderen sind Kopien.
Der Saal diente, wen wundert's, hauptsächlich für Repräsentationszwecke: Hier wurden die böhmischen Könige gewählt, fanden Landtagssitzungen und Reitturniere statt. Dazu nutzten die Ritter hoch zu Ross den breiten und hohen Gewölbezugang zum Vladislavsaal, die **Reitertreppe** (Jezdecké schody).
Nach so viel steinerner Pracht kann sich der Blick weiten: Von der Südseite des Vladislavsaals kommt man auf eine Aussichtsterrasse mit Sicht über die südlichen Burggärten.

Französisches Vorbild

Kostel Všech svatých

An der östlichen Stirnseite des Vladislavsaals führt eine kurze Treppe zur von Peter Parler 1370 bis 1387 errichteten **Allerheiligenkapelle** (Kostel Všech svatých). Als Vorbild diente vermutlich die Sainte Chapelle in Paris. Das bei einem Feuer im Jahr 1541 zerstörte Parler'sche Netzgewölbe wurde durch eine schlichtere Lösung ersetzt, die Kapelle vergrößert und schließlich mit dem Vladislavsaal verbunden. Durch ein Renaissanceportal betritt man eine Empore mit Blick auf den Hochaltar von Peter Prachner (um 1750), den ein Allerheiligenbild von Wenzel Lorenz Reiner aus dem Jahr 1732 schmückt.

Standesgemäß für die Stände

Sněmovna

Benedikt Ried erbaute den **Landtagssaal** (Sněmovna) um 1500. Die Investition lohnte sich: Bis 1847 tagten hier das Oberste Landgericht und die Stände. Büsten erinnern an den Baumeister und seinen Bauherrn, Kaiser Ferdinand I. In der Nordwestecke befindet sich die in der Renaissancezeit eingebaute Tribüne des Landesschreibers. Die Wände sind geschmückt mit Porträts habsburgischer Herrscher. Der Kachelofen am Eingang wurde 1836 im Stil der Neogotik angefertigt. Zwischen den Fenstern steht der ebenfalls neugotische Königsthron. Das Löwenwappen darüber stammt aus dem 17. Jahrhundert. Rechts vom Thron saßen die geistlichen Würdenträger und obersten Landesbeamten, auf der anderen Seite Adel und Ritterstand. Die seitliche Balustrade war Vertretern der königlichen Städte vorbehalten.

Was man schwarz auf weiß besitzt ...

Nové zemské desky

Landtafeln waren Bücher, in die Verhandlungsergebnisse eingetragen wurden, die dem Charakter von Gesetzen entsprachen. Im zweiten Raum kann man im geschnitzten Schrank aus der Zeit Rudolfs II. Nachbildungen von Landtafeln sehen, deren farbig gestaltete Buchrücken zur Ordnung des Ganzen beitragen sollten.
Die Einrichtung der **Neuen Landtafelstube** (Nové zemské desky) stammt aus dem 17. Jahrhundert, die Wände und Decken sind üppig mit den Wappen der Landtafelbeamten bemalt. Wer sich allerdings unbeliebt machte, verschwand auch wieder von der Wand: Übertüncht wurde das Wappen von Bohuslav von Michalowitz, der wegen seiner Teilnahme am böhmischen Ständeaufstand hingerichtet worden war.

Hier nahm das Unheil seinen Anfang

Ludvíkovo křídlo

Wenn man den beeindruckenden Vladislavsaal betritt, kommt man gleich rechts in den angrenzenden **Ludwigsflügel** (Luvíkovo křídlo), 1502 bis1509 von Benedikt Ried errichtet, und betritt zunächst die **Böhmische Kanzlei** (České kanceláře). Der größere Raum mit dem gotischen Gewölbe war früher der Amtssitz der böhmischen Statthalter.
Der kleinere Sitzungsraum ist durch ein Renaissanceportal von 1509, auf dem das Monogramm des Jagiellonen Ludwig II. zu sehen ist, mit dem großen Raum verbunden. Aus einem Fenster dieses zweiten Raums der Böhmischen Kanzlei wurden 1618 die kaiserlichen Statthalter Jaroslav Bořita von Martinitz und Wilhelm Slavata von Chlum 15 m tief in den Schlossgraben geworfen. Mit diesem rustikalen Vorgehen hatten die Prager ja schon Erfahrung (► S. 230). Die Statthalter kamen aber mit dem Schrecken und ein paar Schrammen davon, da sie der Überlieferung nach auf einem Misthaufen landeten. Viel hübscher klingt natürlich die katholische Version: Der Mantel Marias habe die Herren sanft aufgefangen. Es war der **Zweite Prager Fenstersturz,** das Signal zum böhmischen Aufstand gegen die Habsburger und letztlich Auslöser des Dreißigjährigen Kriegs.
Über eine Wendeltreppe erreicht man die ehemalige Kanzlei des Reichshofrats. Schon beim Betreten fällt der Blick auf die kunstvollen Intarsienarbeiten an der Eingangstür, die aus dem 17. Jahrhundert stammen. Der gesamte Innenraum besticht durch seine Spätrenaissance-Architektur, und die Einrichtung sowie der prächtige Kachelofen datieren aus dem 17. und 18. Jahrhundert. Es ist ein Raum, der Geschichte atmet: In diesem Raum wurde am 19. Juni 1621 den 27 Vertretern des Ständeaufstands gegen die Habsburger das Todesurteil verlesen, das auf dem ► Altstädter Ring vollstreckt wurde – es war das blutige Ende der **Ständerevolte,** die mit dem Fenstersturz der Statthalter ein Stockwerk tiefer begonnen hatte.

Die Reste der romanischen Wandmalereien in der St.-Georgs-Basilika illustrieren das Himmlische Jerusalem.

St.-Georgs-Basilika (Bazilika svatého Jiří)

Ältester Sakralbau des Hradschin

Nicht ohne Umbaumaßnahmen

An der Ostseite des Georgsplatzes, gegenüber dem Chorabschluss des Veitsdoms, steht die zweitürmige romanische St.-Georgs-Basilika, der älteste erhaltene Kirchenbau auf der Prager Burg. Die Anfänge des Klosters reichen bis ins 10. Jh. zurück. Die Basilika wurde 912 von Herzog Vratislav I. begonnen und um 925 geweiht. Nach Bränden 1142 und 1541 erfolgten Umbauten. Die jetzige Barockfassade erhielt sie um 1670. Bei den Renovierungen 1897 bis 1907 und 1959 bis 1962 besann man sich auf das romanische Gepräge der Kirche.

Wohltuend schlicht

Architektur und Ausstattung

Auf den Pilastern der westlichen, rot-gelben Fassade thronen die Gründer der Kirche und des Klosters, Vratislav I. und die Äbtissin Mlada. Die strenge Symmetrie der Vorderfront wird durch die barocke Kapelle des hl. Johannes von Nepomuk aufgebrochen (Kostel sv. Jana Nepomuckého; 1718 – 1722 erbaut). Dessen Portal krönt eine Statue des beliebten Heiligen, erkennbar an dem **Kranz mit fünf Sternen,** von Ferdinand Maximilian Brokoff. Hingegen ist das Südportal (um 1500) im Frührenaissancestil (Werkstatt von Benedikt

Ried) geschmückt mit der Kopie eines spätgotischen Reliefs mit dem hl. Georg. Der wackere Streiter befindet sich eben im Kampf mit dem Drachen. Das Hauptschiff besitzt Tribünenfenster aus dem 12. Jh., die ursprünglichen Arkaden stammen aus dem 10./11. Jahrhundert. Etwas aus dem schlichten Rahmen fällt das schmiedeeiserne Barockgitter (um 1730) um das Grabmal von Herzog Boleslav II. (gest. 999). Rechts vor dem Eingang zur Krypta steht die bemalte Holztumba (Hochgrab) des 921 gestorbenen Vratislav I. Die Krypta wurde Mitte des 12. Jh.s angelegt, ihr Kreuzgratgewölbe tragen Säulen mit Würfelkapitellen. Über eine zweiarmige Barocktreppe kommt man in den Chor: An der Decke sind Reste romanischer Deckenmalereien des »Himmlischen Jerusalems« vom Anfang des 13. Jh.s. zu sehen, Spätrenaissancefresken (16. Jh.) an der Decke der dahinter folgenden Apsis stellen die Krönung der Jungfrau Maria dar.
Dem Chor schließt sich an der Südseite die **Kapelle der hl. Ludmilla** (Kostel sv. Ludmily) an. Im Renaissancegewölbe steht das von Peter Parler um 1380 geschaffene Grabmal für die erste christlich getaufte Herrscherin Böhmens (921 ermordet), deren Leben an der allerdings schlecht einsehbaren Westwand der Kapelle auf einem Fresko (1858) dargestellt ist. Die Statue auf der ▶ Karlsbrücke stellt sie dar, wie sie ihren Enkel Wenzel unterrichtet.

 St.-Georgs-Kloster (Klášter svatého Jiří)

Unnütz im Sinne der Aufklärung

Ältestes böhmisches Kloster

An die St.-Georgs-Basilika stößt das Benediktinerinnenkloster zum hl. Georg an. Es wurde 973 von Herzog Boleslav II. und seiner Schwester Mlada, der ersten Äbtissin des Klosters, gegründet. Der vorromanische, ottonische Bau ist der älteste Klosterbau in Böhmen. Er bestand aus einem kleinen Gebäude ohne Kreuzgang. Nach Bränden 1142, während der Belagerung der Prager Burg und 1541 wurde das Kloster mehrmals umgebaut, vergrößert, barockisiert (1657 – 1680) und 1782 durch einen Erlass des habsburgischen Kaisers Joseph II. aufgehoben, der zwar ein guter Katholik war, aber als **aufgeklärter Monarch** die Nützlichkeit von Mönchen und Nonnen infrage stellte, die lediglich ein kontemplatives Leben führten, ohne etwas für die Allgemeinheit beizutragen.

Die Erste ihrer Art

Reiterstatue St. Georg

Im Nordgang findet sich das Original der Reiterstatue des hl. Georg, die ursprünglich im Dritten Burghof des Hradschin gestanden hatte und dort durch eine Kopie ersetzt wurde. Die 1373 von Martin und Georg von Klausenburg in Bronze gegossene Figur wird als die **erste bekannte freie Plastik nördlich der Alpen,** die sich aus dem architektonischen Kontext gelöst hat, angesehen.

Highlights des 19. Jahrhunderts

Kunstausstellung

Die ständige Ausstellung im St.-Georgs-Kloster beherbergt Exponate der tschechischen Malerei, Bildhauerei und der **angewandten Kunst** des 19. Jahrhunderts. Alle wichtigen Strömungen jener Zeit werden mit ihren Vertretern präsentiert, darunter Gemälde von Josef Mánes oder Jakub Schikaneder, Plastiken aus dem Schloss Zbraslav, und Josef Václav Myslbeks überlebensgroße Statuen tschechischer Heiliger vom St.-Wenzel-Denkmal am Wenzelsplatz.

Goldenes Gässchen (Zlatá ulička)

Nr. 22: Franz Kafka

Souvenir- und Museumsgasse

Die letzten Bewohner verließen das Goldene Gässchen erst in den 1950er-Jahren. Heute ist es eine Museumsgasse mit Souvenirläden, Cafés und nachgestellten Ateliers eines Schneiders, Goldmachers oder der Wahrsagerin Mathilda Průšová, die im Gässchen von der SS wegen antinationalsozialistischer Haltung verhaftet wurde. Berühmtester Bewohner der pittoresken Häuschen war freilich Franz Kafka

»... ich trage mir das Abendessen hinauf und bin dort meistens bis Mitternacht.«
Franz Kafka über sein Domizil im Goldenen Gässchen.

(▶ Interessante Menschen). Im Haus Nr. 22 arbeitete er in den Jahren 1916/1917 an Prosatexten wie »Ein Bericht für eine Akademie«, »Ein Landarzt«, »Auf der Galerie« und »Eine Kaiserliche Botschaft«. In den 1930er-Jahren lebte hier in einem inzwischen abgerissenen Haus der bisher einzige tschechische Literaturnobelpreisträger (1984), **Jaroslav Seifert.**

Mit Gold war es leider Essig

Herkunft des Namens

Die elf kleinen Häuschen stammen aus dem 16. Jh. und wurden in die Bogen des Wehrgangs eingelassen, der den Weißen Turm mit dem Daliborkaturm verband. Der Name **Goldmachergässchen** oder Alchemistengässchen bezieht sich auf die Alchemisten Rudolfs II., die der Überlieferung zufolge dort gewohnt und versucht haben sollen, Gold herzustellen. Tatsächlich befanden sich deren Laboratorien aber im Mihulkaturm nördlich des Veitsdoms. Später bewohnten Handwerker und arme Leute die 2010/2011 renovierte Häuserzeile.

Was sonst noch sehenswert ist

Romantik pur

Daliborka

Am Ende des Goldenen Gässchens erhebt sich einer der früheren Gefängnistürme, der Daliborkaturm, um den sich eine **düstere Sage** rankt: Der Adlige Dalibor war an Aufständen Ende des 15. Jh.s beteiligt und wurde deshalb ins Gefängnis geworfen. Das Leben dort gestaltete sich mäßig abwechslungsreich, deshalb lernte er, die Geige zu spielen. Nun klangen allabendlich traurige Weisen auf das Goldene Gässchen hinaus – auch nach seiner Hinrichtung. Bedřich Smetana setzte ihm ein Denkmal in der gleichnamigen romantischen Oper.

Nur zur Hälfte symbolisiert

Nejvyšší purkrabství

Vor allem das hübsche **Spielzeugmuseum** Hraček im alten **Burggrafenamt** (Nejvyšší purkrabství), weiter unten an der Georgsgasse, lohnt ein Blick (▶ S. 291). In zahlreichen Vitrinen ist ausgestellt, was das Kinderherz begehrt.
Die Statue im Vorhof des Burggrafenamts nennt sich zwar **»Symbol der Jugend«**, besteht aber aus einem nackten Jüngling, verkörpert also lediglich etwa die Hälfte der Jugend.

Einziger Privatbesitz am Hradschin

Lobkovický palác

Die – nicht mit dem Palais Lobkowitz der Deutschen Botschaft zu verwechselnde – **Lobkowitzer Residenz** (Lobkovický palác) in der Prager Burg ist das einzige Privateigentum auf dem sonst staatlichen Burgareal. Sogar der Dom gehört rein rechtlich nicht der Kirche.

1991 bekam die Familie Lobkowicz den um 1550 erbauten Palast zurück. Beschlagnahmt hatten ihn zuerst die Nationalsozialisten und dann die Kommunisten.
Im Palais wird ein Teil der Lobkowiczer Kunstsammlungen gezeigt. Neben wertvollen Gemälden gehören dazu eine Sammlung historischer Musikinstrumente und Originalpartituren berühmter Komponisten wie Mozart und Beethoven. Zu besichtigen sind zudem eine Waffenkammer und die im Originalzustand des 17. Jh.s erhaltene Hauskapelle.
Jeden Tag am frühen Nachmittag gibt's ein etwa einstündiges Kammerkonzert, außerdem kann man sich im Café mit leichten Gerichten oder Kuchen stärken.

Tgl. 10 – 18 Uhr, Konzerte tgl. 13 Uhr | Eintritt: Palais 290 Kč, Eintritt: Konzert ab 490 Kč | www.prague-castle-concert.cz, www.lobkowicz.cz

EIN BLICK WIE AUS DEM BILDERBUCH

Wenn Sie auf der Bastei stehen, im Rücken den Hradschin, die Moldaumetropole zu Füßen, und den Blick schweifen lassen hinab zur Kleinseite, hinüber zur Altstadt und zum Vyšehrad: Spüren Sie auch die tausend Jahre Geschichte ausgebreitet vor sich liegen? Das Panorama von Prag gehört zu den schönsten Stadtansichten, die man sich denken kann.

Abstecher zum Weinberg

Bastei

Durch das Tor am Schwarzen Turm verlässt man das Burgareal. Doch ehe man zurück in die Stadt geht, sollte man an der Bastei einen der schönsten Blicke auf Prag genießen. Auf dem Rückweg bietet sich ein Abstecher in den **St.-Wenzels-Weinberg** und in die **Villa Richter** (Letohrádek Richterova; ▶ Palastgärten) von 1832 an: Vielleicht haben Sie Glück, und es findet gerade eines der vielen Weinfeste statt. Infos zu den Weinfesten: www.villarichter.cz. Ansonsten bieten sich zwei Restaurants für die notwendige Pause nach dem Burgbesuch an.

Belvedere (Letohrádek královny Anny)

Das 15. Kind war schuld

Sommerresidenz der Königin

Wegen Komplikationen nach der Geburt ihres 15. Kindes starb Königin Anna (1503 – 1547) und so konnte sie die Fertigstellung ihrer Sommerresidenz 1563 nicht mehr erleben. Auch Kaiser Ferdinand I. sah sie nie fertig, weil er nach einem Brand 1541 Prag verlassen hatte. Dabei hatte er es sich so hübsch vorgestellt: ein Schlösschen für die geliebte Gattin, im **Königsgarten** (Královská zahrada), nördlich an die Burg angrenzend. Von Paolo della Stella entworfen, ist es eines der schönsten Beispiele **italienischer Renaissance** nördlich der Alpen und heute Schauplatz von Wechselausstellungen

Eine Loggia läuft rings um das Gebäude, die Rundbögen ruhen auf schlanken Säulen mit Volutenkapitellen und sind mit Rankenfriesen und Reliefs mit Szenen aus der griechischen Mythologie geschmückt, auch Jagd- und Genreszenen werden dargestellt. An der westlichen Stirnwand findet sich zwischen dem zweiten und dritten Bogen eine symbolträchtige Darstellung: Ferdinand I. überreicht seiner Frau einen Feigenzweig – die Feige gilt als Symbol der Fruchtbarkeit.

Westlich des Belvedere steht der **Singende Brunnen** (Zpívající fontána), 1564 bis 1568 von Tomáš Jaroš entworfen und in Bronze gegossen. Die Schale mit Hohlräumen wird durch fallende Wassertropfen zum Klingen gebracht. Diese akustische Besonderheit lässt sich mit am Brunnenrand angelegtem Ohr deutlich vernehmen.

Das **Ballhaus** (Míčovna) entstand 1567 bis 1569 unter der Leitung von Bonifaz Wohlmut. Die Sgraffiti an den Außenseiten zeigen Allegorien der Elemente, der Tugenden und der freien Künste. Vor dem Ballhaus steht die Statuengruppe »Die Nacht« von Matthias Bernhard Braun (um 1730), deren Pendant (»Der Tag«) kurz nach Entstehung während der preußischen Bombardierung Prags zerstört wurde. Östlich des Belvedere breiten sich die **Chotek-Anlagen** aus, ein zwischen 1833 und 1841 errichteter öffentlicher Park.

Belvedere: Besichtigung nur bei Ausstellungen mit variierendem Eintritt

★ HRADSCHINER PLATZ (HRADČANSKÉ NÁMĚSTÍ)

Lage: Praha 1, Hradčany | **Metro:** A, Malostranská | **Straßenbahn:** 22

Motivscouts für Historienfilme haben es in Prag einfach. Überall finden sich bestens geeignete Paläste und Straßen. Am Hradschiner Platz bedarf es nicht einmal der Kosmetik: Würden die Besucher alle historische Kostüme tragen, könnte man sofort loslegen. Wie etwa bei »Amadeus« und »Yentl«, »Les Misérables« und Bollywood-Filmen. Der Platz wird auch häufig zur Begrüßung von Staatsbesuchern genutzt, wie 2009, als der damalige US-amerikanische Präsident Barack Obama dort eine Rede hielt.

Nicht fürs gemeine Volk

Der Hradschiner Platz mit der barocken Pestsäule im Zentrum, mit einem sehenswerten gusseisernen Kandelaber aus der Zeit der Gas beleuchtung im 19. Jh. und mehreren Palästen bildet den Hauptzugang zur Prager Burg. Über ihn führte auch der ehemalige Krönungsweg der böhmischen Könige, der seinen Anfang beim Pulverturm in der Altstadt nahm. Einst das Zentrum der ehemaligen Stadt Hradschin, besitzt er noch heute den Umfang und Grundriss eines mittelalterlichen Marktplatzes, obgleich er nie diese Funktion hatte. Nach dem Großbrand 1541 wurde der Platz umgestaltet: Alle bürgerlichen Häuser wurden abgetragen, um Palästen für Adel und Domherren Platz zu machen. Die führenden Schichten bemühten sich um die strategisch und finanziell wichtige Nähe zum Regenten auf der Burg, und so siedelten sich die einflussreichen böhmischen Familien Czernin, Lobkowitz, Dietrichstein, Rosenberg und Schwarzenberg in der Nachbarschaft an. 1547 wurden dort die Anführer der Stände-Erhebung gegen den Habsburger Ferdinand I. hingerichtet.

Maria sei Dank

Mariánský sloup

Zum Dank für das Ende der Pestepidemie entstand 1726 nach einem Entwurf von Ferdinand Maximilian Brokoff (1688 – 1731) die **Mariensäule** (Mariánský sloup). Die Figuren am Fuß der Säule stellen passenderweise Heilige dar: Johannes von Nepomuk, Elisabeth, Petrus, Paulus, Norbert, Florian, Karl Borromäus auf der unteren Ebene, darüber Wenzel, Veit und Adalbert. Gekrönt wird die Säule von der Figur der Maria Immaculata (Unbefleckte Empfängnis), ein im Barock gerne genommenes Motiv.

Kleine Geschenke erhalten die Freundschaft

Arcibiskupský palác

Das nicht öffentlich zugängliche **Erzbischöfliche Palais** (Arcibiskupský palác) an der Nordseite des Platzes war ursprünglich ein Renaissancehaus (1562 – 1564), das Ferdinand I. dem ersten katholischen nachhussitischen Erzbischof übergab. 1675 bis 1684 wurde es von dem französischen Architekten Jean Baptiste Mathey barockisiert und mit einem prunkvollen Hauptportal versehen. Die heutige Rokokogestalt mit der Marmorverblendung der Fassade geht auf Johann Joseph Wirch zurück (1763 – 1764). Das Familienwappen des Fürsterzbischofs Anton Peter Graf von Přichowitz krönen Plastiken des Bildhauers Ignaz Michael Platzner.

 Palais Sternberg (Šternberský palác)

Erste Garde der Maler

Große europäische Kunst

Der Palast mit der Hausnummer 15 wurde im Hochbarock nach einem Entwurf von Domenico Martinelli durch Giovanni Battista Alliprandi vollendet (1698 – 1707): ein vierflügeliger Gartenbau mit zylindrischem Risalit, einem von stuckverzierten Mauern umschlossenen Innenhof und Deckengemälden von Pompeus Aldovrandini im Inneren. Darin zu sehen ist eine Sammlung der Nationalgalerie (Národní galerie v Praze) mit europäischer Kunst von der Antike bis zur Barockzeit, vorwiegend mit Werken italienischer, niederländischer und deutscher Maler. Im Erdgeschoss findet man vor allem deutsche und österreichische Maler des 16. bis 18. Jahrhunderts. Das wohl schönste Bild ist das von **Albrecht Dürer** für deutsche Kaufleute in Venedig geschaffene »Rosenkranzfest«: Es zeigt die hl. Jungfrau mit Kind, von Engeln gekrönt, wie sie Kaiser Maximilian, rechts im Bild kniend, ihren Segen gibt. Auch Dürer selbst hat sich in dem Gemälde verewigt: Er steht rechts am Bildrand mit einem Blatt Papier in der Hand. Außerdem sind einige Werke von **Lucas Cranach d. Ä.** (1472 – 1553) ausgestellt, darunter das kleine Bild des »Verliebten Alten«, der Gattung des Erotisch-Satirischen zuzuordnen, in der die ungleiche Liebe ins Lächerliche gezogen wird.

Im ersten Stock sind vornehmlich Maler der Florentiner Schule des 14. Jh.s und Werke niederländischer Meister des 15. und 16. Jh.s ausgestellt. Im zweiten Stock hängen Werke italienischer, spanischer, französischer und flämischer Künstler des 16. bis 18. Jahrhunderts. Zu sehen sind u. a. die Darstellung des »Hl. Hieronymus« (um 1500) von Tintoretto, Porträts von Rembrandt sowie etliche Werke von **Peter Paul Rubens,** etwa das »Porträt des Oberbefehlshabers Ambrosius Spinola« (um 1627), der sich in voller Rüstung verewigen ließ.

Di. – So. 10 – 18 Uhr | Eintritt: 180 Kč (das 10 Tage gültige Ticket zu allen 6 Dauerausstellungen der Nationalgalerie kostet 680 Kč)
www.ngprague.cz

OBEN: Das Prunkstück in der Gemäldesammlung im Palais Sternberg ist Albrecht Dürers >>Rosenkranzfest<< von 1506.

UNTEN: Der Eindruck täuscht: Die Diamantquader am Palais Schwarzenberg sind nur aufgemalt.

 Palais Schwarzenberg (Schwarzenberský palác)

Optische Täuschung

Barock in Böhmen

Auch im Palais Schwarzenberg steht die große Kunst im Zentrum der Betrachter, denn dort ist die zur Nationalgalerie (Národní galerie v Praze) gehörende Ausstellung »Barock in Böhmen« untergebracht. Von außen gesehen bildet das Palais zusammen mit der Burg und dem Erzbischöflichen Palais die Dominante des Hradschinpanoramas. Das Musterbeispiel der Renaissance nördlicher Prägung entzückt mit reich verzierten Giebeln und kunstvollem **Sgraffitodekor,** das einen Aufbau der Mauern aus Diamantquader vortäuscht.

Ein Großer ist gegangen

Karel Schwarzenberg

»Der Alte« – so wurde das langjährige Oberhaupt der Adelsfamilie Schwarzenberg ehrfürchtig genannt: Karel Schwarzenberg, Jahrgang 1937, verlor 2013 nur denkbar knapp die erste Direktwahl des tschechischen Präsidenten. Gegen Miloš Zeman fehlten ihm nur wenige Stimmen. Bürgerrechtler der Charta 77, Kanzler unter Václav Havel, Senator, zweimal Außenminister, Parteigründer (von TOP 09) war der Schlossherr schon, überdies war er auch einer der größten Forstbesitzer Europas. Nur Fürst durfte er sich nicht mehr nennen: Adelstitel blieben in Tschechien auch nach der Wende verboten. Am 12. November 2023 starb der bürgernahe Karel Schwarzenberg im Alter von 85 Jahren an Herz- und Nierenproblemen in Wien.

Kunst in schönster Umgebung

Spätrenaissance und Barock

In einer der schönsten Örtlichkeiten der Nationalgalerie werden über 160 böhmische Plastiken und 280 Gemälde der Spätrenaissance und des Barocks präsentiert. Zu sehen sind u. a. Plastiken von Matthias Bernhard Braun (1684 – 1738) und Ferdinand Maximilian Brokoff (1688 – 1731), Gemälde von **Karel Škréta** (1610 – 1674, ▶ S. Carolinum) und Peter Johann Brandl (1669 – 1735), außerdem bedeutende Werke aus der **Sammlung Lobkowitz,** kunstgewerbliche Exponate des Manierismus bis zum Klassizismus, liturgische Gegenstände, Gedecke, Glas, Porzellan und Schmuck.

Di. – So. 10 – 18 Uhr | Eintritt: 250 Kč (das 10 Tage gültige Ticket zu allen 6 Dauerausstellungen der Nationalgalerie kostet 680 Kč)
www.ngprague.cz

Weitere prachtvolle Paläste

Das nennt man »seinen Besitz arrondieren«

Salmovský palác

Auf das in direkter Nachbarschaft gelegene **Palais Salm** (Salmovský palác) – es wurde von Wilhelm Florentin von Salm-Salm, 1793 bis 1810 Erzbischof von Prag, errichtet – hatte die Familie Schwarzenberg sofort ein Auge geworfen und erwarb es kurz nach Fertigstellung 1811. Es wird heute auch wie das Palais Schwarzenberg von der Nationalgalerie (Národní galerie v Praze) als Ausstellungsort genutzt. Wer gerne Gemälde von Landschaften und Porträts anschaut, ist hier richtig, es geht vorwiegend um mitteleuropäische Kunst des 19. Jahrhunderts. Bis zu seiner Emigration 1978 lebte übrigens der Schriftsteller Pavel Kohout in dem klassizistischen Adelspalast.

Di. – So. 10 – 18 Uhr | Eintritt: 250 Kč (das 10 Tage gültige Ticket zu allen 6 Dauerausstellungen der Nationalgalerie kostet 680 Kč) www.ngprague.cz

Nicht ganz gleich, aber annähernd

Martinický palác

An der nordwestlichen Seite des Platzes steht das **Palais Martinitz** (Martinický palác; Privatbesitz). Der Renaissancebau wurde gegen Ende des 16. Jh.s als schlichtes Gebäude mit vier Flügeln errichtet. 1624 übernahm es Jaroslav Bořita von Martinitz, einer jener Statthalter, der beim Zweiten Prager Fenstersturz den Zorn der Protestanten zu spüren bekam. Renaissancesgraffiti mit Szenen aus dem Leben Samsons und Herakles' (um 1634) schmücken die östliche Hausfront, Graffiti aus dem 16. und 17. Jh. mit biblischen Szenen zeigt die dem Platz zugewandte Palastfront. Besonders interessant ist die Raumaufteilung, die jener im Königsplast der Burg gleicht, jedoch im Maßstab 1:2 – eine kuriose Art der Annäherung an den Herrscher.

Besichtigung nur bei Events. Es gibt auch ein Restaurant (www.martinickypalac.cz)

Schon immer international orientiert

Toskánský palác

Das zweistöckige, vierflügelige **Toskana-Palais** (Toskánský palác, Nr. 5) wurde von 1689 bis 1691 erbaut und gehörte seit 1718 etwa 200 Jahre lang den Herzögen von Toskana. Die frühbarocke Stirnwand mit ihren zwei Säulenportalen und den Wappen der toskanischen Herzöge auf der breiten Front über den Balkonen weisen darauf hin. Die Gebäudeattika trägt sechs Barockstatuen der freien Künste von Johann Brokoff, dem Vater Ferdinand Maximilians. Heute gehört das Palais zum **Außenministerium** der Tschechischen Republik.

Nicht weit entfernt vom Homeoffice

Dům Parléře

Praktischerweise hatte auch der Dombaumeister sein Domizil am Platz, da war der Weg zur Arbeitsstätte nicht weit. Ab 1372 wohnte **Peter Parler** (► Interessante Menschen) im Dům Parléře, der Hausnummer 10.

★★ JOSEFSTADT (JOSEFOV)

Lage: Praha 1, Staré Město | **Metro:** A, Staroměstská | **Straßenbahn:** 2, 17, 18

Bei dem Begriff Josefstadt schwingt so viel Bedeutendes mit wie bei keinem anderen Viertel in Prag. Wer Josefstadt sagt, meint Juden und Ghetto, Synagoge und Friedhof. Den Besucher erwartet hier kulturell und historisch schwere Kost. Trotzdem pilgert er zu Recht hin, denn auch wenn nur noch wenige Relikte des jahrhundertealten jüdischen Ghettos erhalten geblieben sind, meint man, den Geist der alten Zeiten in den heute mit prächtigen Bürgerhäusern bebauten Straßen zu spüren.

Vor allem in den warmen Monaten schieben sich Massen von Touristen durch die Josefstadt. Und doch gibt es Momente, in denen man dem Genius loci nahekommt, der Trubel um einen herum wie ausgeblendet ist, die Gegenwart keine Rolle mehr spielt: beim Blick über den ziemlich kleinen Alten Jüdischen Friedhof, in dem gleichwohl rund 100 000 Verstorbene ruhen, wenn man die prächtige Spanische Synagoge mit ihren Anklängen an die Alhambra betritt oder die Kinderzeichnungen aus Theresienstadt in der Pinkassynagoge betrachtet.

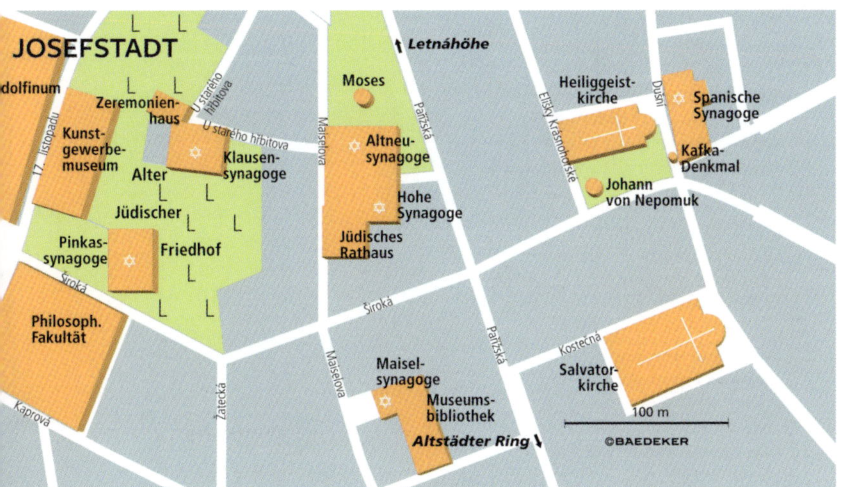

DAS JÜDISCHE PRAG

Wohl im 10. Jh. kamen die ersten Juden nach Prag. Über alle Jahrhunderte hinweg wurden sie immer wieder verfolgt und diskriminiert. Heute zählt die Prager Jüdische Gemeinde ca. 1600 Mitglieder.

▶ **Der jüdische Friedhof**
Jüdische Friedhöfe sind für die Ewigkeit angelegt. Die Ruhe der Toten ist unantastbar, denn sie warten auf die Auferweckung »am Ende der Tage«. Daraus resultieren einige Besonderheiten:

Es gibt nur **Erdbestattungen**; die Gräber sind i.d.R. nach Jerusalem ausgerichtet.

Besucher legen **kleine Steine** auf den Grabstein. Dieser Brauch erinnert an die Zeit des Volks Israel in der Wüste, als Gräber mit Steinhaufen markiert wurden.

Auf allen Grabsteinen findet man folgende Inschriften:
P.N.: Poh nikbár (»Hier ruht«) bzw. Poh nitmán (»Hier ist bestattet«)
T.N.Z.W.H.: Te'hi Nischmató zrurá Bi'zrór Ha'Chajim (»Möge seine Seele gebündelt sein im Bunde des ewigen Lebens.«)

Die Gräber sind mit **Gras und Efeu** überwuchert. Darin kommt das Prinzip der **Vergänglichkeit** zum Ausdruck.

Die **Gräber werden niemals eingeebnet.** Bei Platzmangel wird eine weitere Schicht Erde aufgetragen. So findet man oftmals mehrere Gräber übereinander.

▶ **Wichtige jüdische Friedhöfe in Europa**

	seit	Bestattungen
Alter Jüdischer Friedhof Wien	1877	80 000
Cimeterio ebraico am Lido, Venedig	1389	k.A.
Heiliger Sand Worms	1076	k.A.
Jüdischer Friedhof Altona	1611	9000
Berlin-Weißensee	1880	115 000
Neuer Jüdischer Friedhof Lodz	1892	180 000
Alter Jüdischer Friedhof Prag	15. Jh.	100 000

Es kafkat und brodelt und werfelt und kischt ... befand Karl Kraus: Für ihn war das deutsch-tschechisch-jüdische Prag »idealer Nährboden für Poesie«. Jüdische Prager Autoren:

GUSTAV MEYRINK
RAINER MARIA RILKE
MAX BROD
EGON ERWIN KISCH
FRANZ WERFEL
FRANZ KAFKA
VOSKOVEC & WERICH
FRIEDRICH TORBERG
JOHANNES URZIDIL
FELIX WELTSCH
LENKA REINEROVA

Zum Schutz der Prager Juden soll Rabbi Löw den Golem aus Lehm erschaffen haben.

Rabbis und Kaufleute

Rabbi Löw (1512/1525?–1609)
Gelehrter, Philosoph, Vaterfigur des Prager Judentums. Auf ihn gehen die jüdischen Legenden in Prag zurück.

Rabbi Pinkas (1535–1618)
Rabbi von Prag und Krakau. Nach ihm ist die Pinkassynagoge benannt.

Mordechai Maisel (1528–1601)
Hofbankier von Kaiser Rudolf II., Mäzen, Philanthrop. Er stiftete die Maiselsynagoge.

10. Jh.
Erste Erwähnung des jüdischen Viertels in Prag

1096
Plünderungen durch Kreuzfahrer

um 1250
Pogrom durch Kreuzfahrer

um 1270
Bau der **Altneusynagoge**

1389
Pogrom, ca. 3000 Tote

1535
Bau der **Pinkassynagoge**

1695
Bau der **Klausensynagoge**

1744
Maria Theresia befiehlt Ausweisung

1851
Aus dem Ghetto wird die »Josefstadt«

1939–1945
Besetzung durch Nazi-Deutschland

Jüdische Gemeinde Prag
www.kehilaprag.cz

1939 lebten **39 400** Juden in Prag

31 860 wurden von den Nazis ermordet

7540 überlebten

Judenviertel, Armenviertel, Bürgerviertel …

Geschichte

Hier siedelte sich wohl schon im 10. Jh. eine jüdische Gemeinde an. Sie sollte bis ins 20. Jh. hinein die wirtschaftliche und kulturelle Entwicklung der Stadt entscheidend mitprägen. Namhafte jüdische Gelehrte waren hier zu Hause, u. a. der wegen des Golems berühmt gewordene **Rabbi Löw.**

Seit dem 13. Jh. lebten die Prager Juden in einem eigenen Stadtviertel rund um die Altneusynagoge, das zum Ghetto wurde, als ein päpstlicher Erlass bestimmte, dass Juden nur noch in einer ummauerten Siedlung leben durften – separiert von den Christen. Wie überall in Europa war auch das Leben der Prager jüdischen Bevölkerung ein Auf und Ab. Mal kam es zu Vertreibungen und Pogromen, wenn man einen Sündenbock für Katastrophen wie die Pest brauchte oder die hussitischen Aufstände zum Anlass nahm, auch gleich die Juden zu verfolgen. Bessere Zeiten brachen an, wenn die Herrschenden sie unter ihren Schutz nahmen – oftmals dann, wenn die Oberen Geld brauchten – und Kultur und Wirtschaft eine Blüte erlebten. Maria Theresia etwa nahm ihren Erlass von 1744 zur Vertreibung der Juden wieder zurück, weil sich die Wirtschaftsdaten Böhmens umgehend deutlich verschlechterten. Ihr Sohn **Joseph II.,** ein Vertreter der Aufklärung, gewährte 1781, kaum dass er auf dem Thron saß, den Juden diverse Freiheiten. Vor allem durften sie nun auch außerhalb des Ghettos wohnen. Dort war über die Jahrhunderte eine drangvolle Enge entstanden, denn das Areal hatte mit der Bevölkerungsentwicklung bedauerlicherweise nicht Schritt gehalten. Nun wurden die Mauern und die Kleidervorschriften geschleift, Glaubensfreiheit war angesagt. Zum Dank wurde das Viertel Josefstadt genannt.

Als sich jedoch die Prager Juden in anderen Stadtteilen ansiedelten, begann der Niedergang des Josefsviertels. Es hatte einen miserablen Ruf, die Bausubstanz war schlecht, die Mieten günstig, kurz – es wurde zum **Armenviertel** mit dichtester Besiedlung unter unsagbaren hygienischen Verhältnissen. Diese desolate Situation beendete die Stadtverwaltung um die vorletzte Jahrhundertwende mit einer Gewaltkur: Die Armen und Siechen mussten sich eine neue Bleibe suchen, die alten Häuser wurden abgerissen, entlang neuer, breiterer Straßenzüge entstanden bürgerliche Gebäude mit prachtvollen Fassaden, viele davon im angesagten Jugendstil, auch der Kubismus ist gelegentlich vertreten. Durch diese Straßen schlendert man heute, vorbei an schicken Cafés, Restaurants und Boutiquen, und nur hie und da erinnert ein steinernes Relikt an die Jahrhunderte, in denen eine der bedeutendsten jüdischen Gemeinden Europas hier lebte …

Ein Museum der besonderen Art

Jüdisches Museum

Wach hält die Erinnerung an die Geschichte des Prager Ghettos die heutige jüdische Gemeinde mit rund 1600 Mitgliedern. Sie betreibt auch das 1906 gegründete Jüdische Museum, eines der ältesten jüdi-

schen Museen der Welt. Seine Ausstellungen verteilen sich auf **sechs historische Stätten** der ehemaligen Judenstadt: Maisel- und Klausen-, Pinkas- und Spanische Synagoge, Alter Jüdischer Friedhof und Zeremoniensaal.
Übrigens: In der Regel müssen Männer ihren Kopf wenigstens ansatzweise bedecken, wenn sie eine Synagoge betreten. Wer nichts dabei hat, kein Problem: Am Eingang jeder Sehenswürdigkeit gibt es **Kippas zum Ausleihen** oder Papier-Kippas. Angemessene Kleidung auch bei hohen Temperaturen sollte selbstverständlich sein.
Info: Maiselova 15 | April – Okt. So. – Fr. 9 – 18, Nov. – März bis 16.30 Uhr; geschlossen an jüdischen Feiertagen | Eintritt für alle Sehenswürdigkeiten: 500 Kč | www.jewishmuseum.cz

 Spanische Synagoge (Španělská synagoga)

Granada in Prag

Aufs Prächtigste ausgestattet

Die in der Josefstadt am östlichsten gelegene Spanische Synagoge passt von außen so gar nicht ins Bild dieses Stadtviertels, sie erinnert eher an die Alhambra als an ein jüdisches Gotteshaus. Tatsächlich ist sie teilweise der maurischen Alhambra in Granada nachempfunden. An ihrer Stelle stand einst die älteste Synagoge Prags (12. Jh.), Gotteshaus der im 12. Jh. eingewanderten byzantischen Juden. Sie wur-

Ein Hauch Granada durchweht die Spanische Synagoge.

BOLERO IN DER SYNAGOGE

Es fängt ganz leise an. Man traut sich kaum zu atmen. Dann wird der Raum – ringsherum schimmert alles in Gold – peu à peu geflutet mit der Musik von Maurice Ravel, so weich, so zart, bis sie irgendwann in ein Stakkato übergeht, das sogar die bezaubernde Räumlichkeit der Spanischen Synagoge zur Kulisse degradiert. Unbedingt nachfragen, wann dort der »Bolero« gespielt wird.

de auch **»Alte Schule«** (Stará škola) genannt, weil man im Gegensatz zur Gemeinde der Altneusynagoge an den althergebrachten Riten festhielt. Doch die Zeiten änderten sich und damit auch die geistliche Ausrichtung der Gemeinde: Hier wurde der erste reformierte Gottesdienst abgehalten, die Synagoge bekam als erste in Prag eine Orgel. Organist war bis 1845 František Škroup, der Komponist der tschechischen Nationalhymne.

Die Zahl der Gemeindemitglieder wuchs, also musste ein größeres, repräsentatives Gebäude her. Ihre heutige prachtvolle Gestalt erhielt die Spanische Synagoge in der 2. Hälfte des 19. Jh.s: als Zentralbau im maurischen Stil mit imposanter Kuppel und an drei Seiten offenen Galerien. Der Name geht auf eine Gruppe von Juden zurück, die einst vor der spanischen Inquisition nach Prag geflohen waren. Zu sehen ist hier der zweite Teil der Ausstellung zur Geschichte der Juden in Böhmen und Mähren: von der Aufklärung bis in die Gegenwart. Den ersten Teil der Ausstellung findet man in der Maiselsynagoge.

Auf dem kleinen Platz zwischen Prager Heiligen-Geist-Kirche und Synagoge steht ein 2003 aufgestelltes, anfangs umstrittenes, **Kafka-Denkmal.** Ein Mann sitzt auf den Schultern eines größeren, kopf- und armlosen Mannes – ein Satz aus Kafkas »Beschreibung eines Kampfes« war es, der den Bildhauer Jaroslav Róna dazu inspirierte. Inzwischen ist das Denkmal ein sehr beliebtes Fotomotiv.

Maiselsynagoge (Maiselova synagoga)

Geschichte der Juden in Böhmen und Mähren

Eine Ironie der Geschichte

Mordechaj Markus Maisel, Primas der Prager Judenstadt unter Rudolf II. und einer der Geldgeber des Kaisers, gründete die nach ihm benannte Maiselsynagoge 1592 als Familienbethaus. Nach einem

Brand 1689 wurde der Bau im Barockstil erneuert und 1893 bis 1905 neugotisch umgebaut. Dabei blieben lediglich der dreischiffige Grundriss und die Frauenempore erhalten.
Das Jüdische Museum präsentiert hier die Geschichte der Juden in Böhmen und Mähren vom 10. bis 18. Jahrhundert. Wertvolle Kultgegenstände wie Kelche, Leuchter, Thorarollen-Schmuck u. Ä. geben Einblicke in die Religionsausübung und das Brauchtum. Ironie der Geschichte: Viele dieser kostbaren Schätze waren von den Nazis zusammengetragen worden, die in Prag das »Museum einer ausgestorbenen Rasse« einrichten wollten ...

Pinkassynagoge (Pinkasova synagoga)

Namen, Namen, Namen

Mahnmal für die Holocaust-Opfer

Auch die spätgotische Pinkassynagoge (1535) auf der Südseite des Alten Jüdischen Friedhofs war als Privatbethaus eines reichen Mitglieds der Prager Judengemeinde entstanden. Sein Enkel, der Rabbiner Pinkas Horowitz, gab ihr den Namen Pinkasschule. 1954 bis 1959 wurde die Synagoge zum Mahnmal für die Shoah-Opfer Böhmens und Mährens umgestaltet. Die fast 80 000 Namen an den Wänden sollen wie eine lange Grabsteinaufschrift an die Menschen erinnern, die im Moment ihres Todes lediglich durch Nummern gekennzeichnet waren. Ihre Namen sind nach dem letzten ermittelten Wohnsitz alphabetisch geordnet. Im Hauptschiff sind etwa 40 000 Prager genannt. Ein bewegendes Zeugnis für das grausame Schicksal der Kinder in den Konzentrationslagern sind die **Kinderzeichnungen aus Theresienstadt** (Terezín) 1942 bis 1944 im ersten Stock. Die mehr als 4000 Zeichnungen, Schulhefte, Tagebücher und Briefe sind meist das einzige Andenken an jene, die nicht überlebten.

 Alter Jüdischer Friedhof (Starý židovský hřbitov)

Ein Ort für die Ewigkeit

Eine Ruhestätte für 100 000

Wie geht das? 12 000 Grabsteine, aber wahrscheinlich um die 100 000 Begrabene? Eine Umbettung oder Neubelegung der Totenstätte wie auf einem christlichen Friedhof ist auf einem jüdischen Friedhof undenkbar: Nach der Halacha, dem jüdischen Religionsgesetz, dürfen jüdische Grabstätten nicht angetastet werden. Die Gräber wie der Friedhof als Ganzes sind für die Ewigkeit angelegt. Auch die Totenruhe ist unantastbar, denn die Bestatteten warten hier auf die »Himmelfahrt der Seelen der Gerechten«, also auf ein ewiges Leben bei Gott. Deshalb wurde immer wieder neues Erdreich für neue Grabstellen aufgehäuft, sodass heute an manchen Stellen bis zu neun Grabschichten übereinander liegen und die Grabsteine sich in alle Richtungen neigen.

Der Älteste und der Jüngste

Geschichte und Bedeutung

Der Alte Jüdische Friedhof aus dem 15. Jh. gehört zu den bedeutendsten erhaltenen Denkmälern der Josefstadt. Der älteste, **1439** errichtete Grabstein bezeichnet das Grab des Gelehrten und Dichters Avigdor Kara, der das Pogrom von 1389 überlebt hatte und darüber eine Elegie verfasste. Das jüngste Grab ist das von Moses Beck aus dem Jahr **1787.** Doch schon zuvor hatte man, wegen der Pest im Jahr 1680, im Stadtteil Žižkov einen neuen jüdischen Friedhof angelegt, denn Pestopfer durften damals nicht auf dem eigentlichen Friedhof bestattet werden.

Die hebräischen Inschriften auf den Grabsteinen (▶ S. 110) nennen den Namen des/der Verstorbenen und seines/ihres Vaters (bei verheirateten Frauen auch den Namen des Ehemanns), das Datum des Todes und des Begräbnisses. Reliefs versinnbildlichen oft entweder den Namen des Verstorbenen (Hirsch, Bär, Karpfen etc.) oder den Beruf (ärztliche Instrumente, Schneiderscheren u. Ä.), manchmal auch Symbole wie segnende Hände oder Kannen, etwa bei Mitgliedern von Priesterfamilien. Die auf den Grabmälern angehäuften Steinchen werden von Verwandten oder Freunden niedergelegt. Dieser Brauch stammt noch aus der Zeit der Wüstenwanderung des Volkes Israel unter Moses, als die Toten mit Steinen bedeckt wurden, um sie vor wilden Tieren zu schützen.

Von Rabbi Löw bis zu Heudele Basševi

Besondere Gräber

Ein Sarkophag im Stil der Spätrenaissance mit eingemeißelten Löwen und von Arkaden umrahmten Schrifttafeln markiert das Grab des gelehrten Hohen Rabbi Jehuda Löw ben Bezalel, genannt Rabbi Löw (gest. 1609), mit dem die Sage von der Schaffung des Golems eng verbunden ist. Auf Löws Tumba legen gläubige Besucher Wunschzettel in der Hoffnung auf Erfüllung durch den »wundertätigen« Rabbi. Weitere bekannte Ruhestätten sind die des Primas der Prager jüdischen Stadt, Mordechaj Markus Maisel (gest. 1601), des Historikers und Astronomen David Gans (gest. 1613) sowie des Büchersammlers und Gelehrten David Oppenheim (gest. 1736). Zu den reichsten und schönsten gehört der Grabstein von Heudele Basševi (gest. 1628), der Frau des Waldstein-Finanzmannes Jakob Basševi, der als erster Prager Jude in den Adelsstand erhoben wurde.

Wie ein jüdisches Begräbnis vonstatten geht

Zeremonienhaus

Neben dem Ausgang des Alten Jüdischen Friedhofs steht das neoromanische, 1911/1912 errichtete Gebäude der Prager Begräbnisbruderschaft mit einem kleinen Turm. Früher wurden hier die Verstorbenen für die Trauerfeierlichkeiten vorbereitet, heute kann man darin einen Teil der Ausstellung jüdischer Sitten und Gebräuche besichtigen.

OBEN: Der Bau der Altneusynagoge war an eine Bedingung geknüpft … (siehe nächste Seite)

UNTEN: Jüdische Gräber dürfen nicht verändert werden. Kleine Steine auf den Grabsteinen erinnern an die Zeit des Volks Israel in der Wüste.

Klausensynagoge (Klausova synagóga)

Hier lehrte Rabbi Löw

Wissenswertes zu jüdischen Bräuchen

In der Klausensynagoge lehrte Rabbi Löw, einer der wichtigsten jüdischen Philosophen des 16. Jahrhunderts. Die Synagoge, 1694 im Barockstil errichtet, genoss ein hohes Ansehen, weil sie der Prager Begräbnisbruderschaft vorbehalten war. Der Name leitet sich vom Lateinischen »clausum« (geschlossen) ab. Die Synagoge liegt unmittelbar neben dem Ausgang des Alten Jüdischen Friedhofs und des Zeremonienhauses und bietet eine Dauerausstellung zu jüdischem Brauchtum.

Altneusynagoge (Staronová synagoga)

Unter der Bedingung, dass …

Begriffsklärung

Ein merkwürdiger Name ist das: Altneusynagoge. Und gleichzeitig ist er typisch jüdisch: Das hebräische »altnai« bedeutet zunächst einmal ungefähr »unter der Bedingung, dass …«. Der Legende nach brachten die Engel für den Bau der Prager Synagoge Steine von der Ruine des zerstörten Jerusalemer Tempels, allerdings »unter der Bedingung, dass« diese Steine nach Jerusalem zurückgebracht würden, wenn der Messias kommen und seinen Tempel wieder aufbauen würde. Die deutlich profanere Erklärung lautet, dass die Synagoge eine ältere ersetzte, also die »neue Synagoge« war, und zur »alten neuen Synagoge« wurde, als weitere Synagogen gebaut wurden.

Einmalig: eine jüdische Fahne im Stadtwappen

Geschichte

Sie ist die älteste Synagoge (1275 gebaut) auf europäischem Boden, die noch als solche dient. Ihr ältester Teil ist die frühgotische Südhalle aus dem 13. Jh., ursprünglich der Hauptraum des Bethauses, an den ein zweischiffiger Saal im Stil der Zisterziensergotik angebaut wurde – da Juden nicht als Architekten und Baumeister arbeiten durften, beauftragten sie sattdessen vermutlich die christliche Konkurrenz, die schon das nahe gelegene Agneskloster verantwortete. Die Synagoge enthält ein für die böhmische Architektur einmaliges fünfkappiges Gewölbe. Im 17. und 18. Jh. wurden die Frauengalerien vollendet, da im Hauptraum nur Männer beten dürfen.

Die große **Fahne** war ein Geschenk Karls IV., der das hohe Banner 1358 der jüdischen Gemeinde als Zeichen ihrer Privilegien verlieh. Die heutige Fahne stammt aus der Regierungszeit Karls VI. (1716). Diese rote Fahne mit sechseckigem Stern (Davidschild) und Hut galt als offizielles Banner der Prager Juden, das sich auch auf dem historischen Wappen der Hauptstadt als dritte Fahne von rechts neben

dem böhmischen Löwen wiederfindet. Prag ist damit die einzige Stadt der Welt, die eine **jüdische Fahne im Wappen** trägt.
An der Ostseite der Synagoge befindet sich in einem Thoraschrein die Pentateuch-Pergamentrolle mit den fünf Büchern Mose, in der Mitte erhebt sich die durch ein Gitter (15. Jh.) abgetrennte Kanzel (Bima). Auf dem Dachboden der Altneusynagoge sollen sich der Legende nach die Überreste des Golems befinden, den Rabbi Löw aus Lehm erschaffen haben soll. Literarisch verarbeitet wurde dessen Geschichte von Autoren wie Gustav Meyrink (»Der Golem«) und Egon Erwin Kisch (»Dem Golem auf der Spur«).
So. - Fr. 9 - 17 Uhr | Eintritt: 500 Kč | www.synagogue.cz

Jüdisches Rathaus und Hohe Synagoge

Immer noch Amtssitz

Rathaus seit alters her

Gegenüber der Altneusynagoge, an der Maiselova 18, Ecke Pařížská, liegt das Jüdische Rathaus (Židovská radnice) von 1580, gestiftet von Mordechaj Markus Maisel, dem Hofbankier und Bürgermeister der Judenstadt unter Kaiser Rudolf II. Bis heute haben die Prager Jüdische Gemeinde und der Rat der Jüdischen Gemeinden der Tschechischen Republik dort ihren Sitz. Das Rathaus ist für Besichtigungen **nicht zugänglich.**

Für Nichtjuden nicht zugänglich

Vysoká synagóga

Die ursprünglich zum Jüdischen Rathaus gehörende Hohe Synagoge (Vysoká synagóga) in der Červená 4 wurde 1568 erbaut, im 19. Jh. vom Rathaus aber abgetrennt und mit einem eigenen Treppenhaus sowie einem Zugang zur Straße versehen. Da der Innenraum jedoch im ersten Stockwerk des Rathauses lag, wurde weiter der Name Hohe Synagoge verwendet. Im Gegensatz zum einfachen Äußeren der Synagoge bietet das prächtige Sterngewölbe des Saals ein Musterbeispiel eines israelitischen Sakralbaus, der aber ebenfalls nicht zugänglich ist.

Rudolfinum

Ein Haus für Musik und bildende Kunst

Dům umělců

Ebenfalls in der Josefstadt residiert das nicht zum jüdischen Erbe gehörende, direkt an der Moldau gelegene Rudolfinum, das **»Haus der Künstler«** (Dům umělců). Es ist nicht nur die Heimat der **Tschechischen Philharmonie,** die 1896 erstmals unter der Leitung von keinem Geringeren als Antonín Dvořák spielte, in der **Galerie** sind auch zeitgenössische Kunst und Werke der klassischen Moderne zu Hause. Das Rudolfinum wurde von 1876 bis 1884 von den Architekten des ▶ Nationaltheaters, Josef Zítek und Josef Schulz, entworfen und ist nach dem österreichischen Kronprinzen Rudolf benannt, der einige Jahre in Prag gelebt hatte. Zusammen mit dem Nationaltheater und dem ▶ Nationalmuseum gehört es zu den wichtigsten Prager Neorenaissancebauten. Auf der Attika sieht man Plastiken von berühmten Künstlern und Komponisten. Die Ausstattung des Dvořáksaals hatte Schloss Versailles zum Vorbild.

Berühmte Verwechslung

Bewegte Geschichte

Zwischen 1919 und 1939 befand sich dort der Sitz des Parlaments. Im Zweiten Weltkrieg diente das Rudolfinum den deutschen Besatzern als Hauptquartier. In diese Zeit fällt eine bewusste »Verwechslung«, bei der tschechische Arbeiter nicht, wie von den Besatzern gefordert, die Statue des jüdischen Komponisten Felix Mendelssohn Bartholdy abmontierten, sondern die von Hitlers Lieblingskomponisten Richard Wagner. Schräg gegenüber ist das Hauptgebäude der Prager Karls-Universität, wo am 21. Dezember 2023 ein 24-jähriger Student 14 Menschen tötete. So einen Amoklauf hatte es in der Geschichte Tschechiens zuvor nicht gegeben.

Dvořáksaal: nur zu Vorstellungen geöffnet
Galerie: Di., Mi., Fr. – So. 10 – 18, Do. bis 17 Uhr | Eintritt: frei, bei Sonderausstellungen unterschiedlich hoch
Café im Säulensaal: Di. – So. 11 – 23 Uhr
www.rudolfinum.cz/en/concert-schedule, www.galerierudolfinum.cz

KAMPA

Lage: Praha 1, Malá Strana | **Straßenbahn:** 12, 15, 20, 22, 23

Es ist ein Inselchen wie gemalt: mit Fluss und viel Grün, mit Wassermühle und historischen Häuschen, mit Panoramablicken auf Burg und Karlsbrücke, mit dem bei Intellektuellen beliebten »Mühlen-Café« und dem Kampamuseum. Für die Prager ist Na Kampě der zentrumsnahste Rückzugsort zum Ausschnaufen, Spazierengehen, um den Hund Gassi zu führen oder auf dem Teufelsbach (Čertovka) ein bisschen Kajak zu fahren.

Irgendein Internetportal hat die Kampa-Flussinsel zur zweitschönsten Stadtinsel der Welt ausgezeichnet (hinter der Île St. Louis in Paris), was perfekt für die Tschechen ist, die sich ja gerne auf dem zweiten Platz problemlos wie auf dem ersten fühlen, was wiederum mit dem allgegenwärtigen Schweijk'schen Durchlavieren zu tun hat.

Ganz ehrlich: Die Touristen, die auf Kampa nur ins Museum gehen, verpassen was!

Nur leicht übertrieben: Prager Venedig

Idylle pur

Von der Kleinseite ist die Insel durch den idyllischen Moldauarm Teufelsbach (Čertovka) getrennt, der zum Antrieb von Mühlen diente, deren Räder bei der Karlsbrücke und bei der Brücke zum Großpriorsplatz zu besichtigen sind. Drei Brücklein und die berühmte Karlsbrücke verbinden das Eiland mit dem Festland. Nördlich der Karlsbrücke fließt die Čertovka durch zwei Häuserreihen, die gerne als »Prager Venedig« bezeichnet werden, was etwas übertrieben ist. Die Parkanlage entstand durch die Zusammenlegung früherer Palastgärten. Dicht bei der Karlsbrücke steht die 1884 rekonstruierte spätgotische **Rolandstatue.** Sie markierte einst die Grenze zwischen der nach Magdeburger Recht verwalteten Kleinseite und der dem Nürnberger Recht verpflichteten Altstadt.

Kampamuseum

Černý natürlich

Frei zugänglich

Drei überdimensionale schwarze Monsterbabys (»Miminkas«) krabbeln nackt auf dem Boden. Sie haben keinen Ausdruck im Gesicht, die

Unverkennbar zwei Fernsehturm-Babies von David Černý

Münder sind zugetackert. Es sieht nach Strichcode aus. »Mimi Kampa« heißt die Installation von David Černý, der vor dem Kampamuseum drei seiner Fernsehturm-Babys aufgestellt hat. Zusammen mit dem Innenhof des Museums und einigen weiteren Exponaten ist das der kostenfreie Teil.

Man braucht halt auch Mäzene

Moderne Kunst

Im Innenbereich in der mehr als 600 Jahre alten Sovamühle sind neben Bildern und Zeichnungen von František Kupka (1871 – 1957), einem Vorreiter der abstrakten Kunst, und kubistischen Statuen von Otto Gutfreund (1889 – 1927) auch Werke von Jiří Kolář (1914 – 2002) und weiterer tschechischer Künstler zu sehen, die im Kommunismus verpönt waren. Ein Balkon aus Glas scheint über der Moldau zu schweben, der überdimensionale Stuhl wirkt wie ein Thron der Fantasie. Die Gründung dieses Museums für Moderne Kunst geht auf eine Initiative der tschechischen Emigrantin und Kunstmäzenin **Meda Mladkova** zurück. Nach der Wende vermachte sie ihre mit Ehemann Jan zusammengetragene private Sammlung der Stadt Prag.

tgl. 10 – 18 Uhr | Eintritt: 360 Kč | www.museumkampa.cz

★★ KARLSBRÜCKE (KARLŮV MOST)

Lage: Praha 1, Staré Město, Malá Strana | **Metro:** A, Staroměstská, Malostranská | **Straßenbahn:** 2, 12, 15, 18, 20, 22

Als Tom Cruise 1996 im ersten Teil von »Mission: Impossible« als Geheimagent Ethan Hunt über die Karlsbrücke rannte, war sie abgesperrt für die Dreharbeiten. Wer heute über die Karlsbrücke geht, drängelt sich eher durch. Jährlich kommen gut zehn Millionen Menschen, das sind im Durchschnitt rund 30 000 pro Tag. Wer sie ruhig erleben will, muss ein Nachtschwärmer sein oder sehr, sehr früh aufstehen.

Die Karlsbrücke wurde 1357 unter Karl IV. begonnen und Anfang des 15. Jh.s unter Wenzel IV. von Peter Parler vollendet. Vorbild war übrigens die Steinerne Brücke aus dem nahen Regensburg. Die mächtigen Brückentürme an beiden Ufern und die Brücke selbst dienten der Verteidigung. Als sie gebaut wurde, mussten der Sage nach die böhmischen Gemeinden Baumaterial beisteuern. Angeblich waren auch Eier als Bindemittel für den Mörtel erwünscht.

SKULPTUREN DER KARLSBRÜCKE

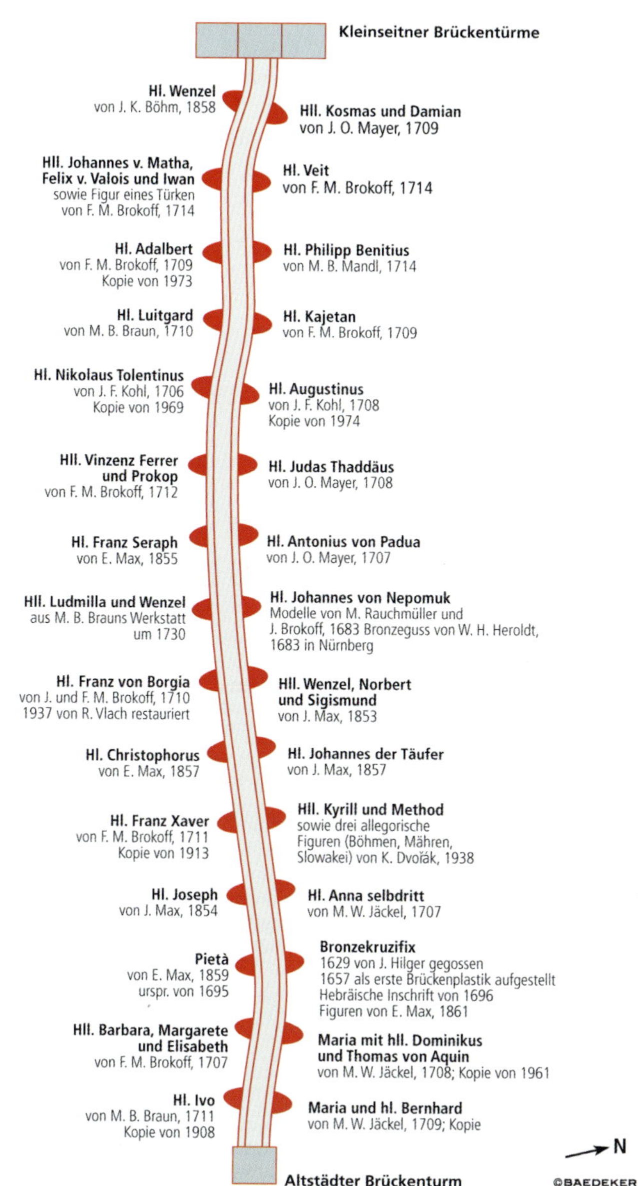

DIE MOLDAUBRÜCKEN

Auf ihrem 30 Kilometer langen Weg durch das Stadtgebiet von Prag überqueren heute 15 Brücken die Moldau. Vier Jahrhunderte lang gab es nur eine einzige, die Karlsbrücke, bis das neue Verkehrsmittel Eisenbahn den Bau einer neuen, den Erfordernissen angepassten Brücke verlangte: das Negrelli-Viadukt entstand.

Troja-Straßenbahnbrücke
Bj. 1977, 200 m

Holešovice-Eisenbahnbrücke
Bj. 1975, 187 m

Hlávka-Brücke
Bj. 1912, 400 m

Štefánik-Brücke
Bj. 1951, 263 m

 Abfahrtsstelle für Bootsfahrten

Die Insel Kampa
... entstand im 12. Jh., als man einen Mühlbach anlegte. Hier verläuft die mit 27 m kürzeste Straße Prags, die ul. Jiřího Červeného.

1 Bootstour »Klein Venedig«
Die nostalgischen Boote aus Mahagoni mit Messingbeschlägen pendeln von der Altstadt zur Insel Kampa, zum Teufelsbach Čertovka und retour. Dabei sieht man die Karlsbrücke auch von unten (Fahrpreis 440 Kč).

Vyšehrad-Eisenbahnbrücke
Bj. 1901, 298 m

2 Ginger und Fred
Dieses Bürogebäude bekam seinen Spitznamen, weil sein Aussehen an ein tanzendes Pärchen (Ginger Rogers und Fred Astaire) erinnert.

3 Vyšehrad
Der Sitz der Fürstin Libussa überragt das rechte Ufer der Moldau. Die Kirche St. Peter und Paul wurde erst 1902 geweiht.

Barrandovský-Brücke
Bj. 1988, 350 m

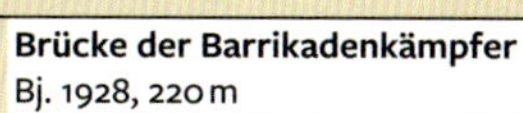

Liběň-Brücke
Bj. 1928, 400 m

Negrelli-Viadukt
Bj. 1850, 1110 m

Čech-Brücke
Bj. 1908, 170 m

Mánes-Brücke
Bj. 1914, 186 m

Karlsbrücke
Baubeginn 1357, 516 m

Brücke der Legionen
Bj. 1901, 360 m

Jirásek-Brücke
Bj. 1933, 310 m

Palacký-Brücke
Bj. 1878, 228 m

Die Brücke der Barrikadenkämpfer

... hieß ursprünglich Troja-Brücke nach dem Stadtteil, in den sie führt. Zum Gedenken an den Prager Mai-Aufstand von 1945 und die Kämpfer, die auf der Brücke eine Barrikade errichteten, erhielt sie ihren jetzigen Namen.

Čech-Brücke

Die einzige in Tschechien erhaltene Jugendstilbrücke ist eine Nachbildung des Pont Alexandre in Paris.

Die Karlsbrücke

Die »Karlův most« ist die älteste erhaltene Moldaubrücke und verbindet die Altstadt mit der Kleinseite.

Brücke der Legionen

Die »Herzader« über die Moldau verbindet die Kleinseite mit der Altstadt und bietet auch einen fabelhaften Blick auf die Karlsbrücke mit dem Hradschin im Hintergrund.

▶ Die Moldau (tschech.: Vltava)

Quellflüsse	Warme Moldau (Böhmerwald), Kalte Moldau (Bayr. Wald)
Lauflänge	430 km
Talsperren	72
Schiffbarkeit	von Třebenice bis zur Mündung in die Elbe

Sie hat vieles gesehen

Teil des Krönungswegs, Hinrichtungsort, ...

Über die Brücke führte der Krönungsweg der böhmischen Könige. Aber auch Hitlers Wehrmacht marschierte darüber auf dem Weg zum Hradschin. Der hl. Nepomuk, der einst der Königin die Beichte abnahm, wurde von Wenzel IV. von der Brücke in die Moldau geworfen, weil er trotz Folter nicht preisgab, was Wenzels Frau gebeichtet hatte. So kam die Statue des heiligen **Johannes von Nepomuk** 1683 als erste Figur auf die Karlsbrücke. Die fünf Sterne in seinem Märtyrerkranz stehen, so eine von mehreren Deutungen, für die fünf Buchstaben des lateinischen »tacui«: »Ich habe geschwiegen.«

Ein halber Kilometer nur für Fußgänger

Herrlicher Blick über Stadt und Fluss

Die älteste erhaltene Brücke über die Moldau ist seit 1961 den Fußgängern vorbehalten und verbindet die beiden Moldauseiten Altstadt und Kleinseite. Von ihr bietet sich ein prächtiger Blick auf das Moldautal mit den zahlreichen Brücken, der Schützeninsel und der Slawischen Insel, auf die Altstadt und die Kleinseite mit der Prager Burg. Unter den westlichen Pfeilern liegt die Insel Kampa, die durch den schmalen Teufelsbach (Čertovka) von der Kleinseite getrennt ist.
Hochwasserkatastrophen haben das Bauwerk zwar oftmals beschädigt, doch niemals zum Einsturz gebracht. Die im Sommer auch von Malern, Musikern und Kunsthandwerkern bevölkerte, auf 16 Pfeilern ruhende Brücke ist 516 m lang und 10 m breit.

Anfassen soll Glück bringen

Statuenallee

Fast 300 Jahre lang war die Karlsbrücke ohne ihre heute so markanten 30 Figuren. Die hauptsächlich in der Barockzeit entstandene Statuenallee ist eine der schönsten Kompositionen der Barockarchitektur Prags und verleiht ihr in Verbindung mit der streng gotischen Brückenarchitektur einen hohen künstlerischen Reiz. 1657 erneuerte man ein Bronzekruzifix, das bereits im 14. Jh. stand. Zwischen 1707 und 1730 wurden 20 Skulpturen von so bedeutenden Künstlern wie Matthias Bernhard Braun, Johann Brokoff, dessen Söhne Michael Josef und Ferdinand Maximilian und anderen Bildhauern errichtet. Mitte des 19. Jh.s folgten neun weitere Skulpturen von Josef Max und Emanuel Max. 1938 wurde die Steingruppe der hll. Kyrill und Method von Karel Dvořák hinzugefügt. Die durch Zeit und Umwelteinflüsse stark angegriffenen Sandsteinfiguren sind mittlerweile fast alle durch Kopien ersetzt worden, auch um sie – man nimmt es etwas fassungslos zur Kenntnis – vor randalierenden Touristen zu schützen.
Die einzige Skulptur aus Marmor stellt den hl. Benitius dar. Die künstlerisch wertvollste Figur ist die aus Sandstein gemeißelte hl. Luitgard, ein Abbild der Gnade und der Barmherzigkeit: Christus neigt sich vom Kreuz zur hl. Luitgard hinab und gestattet ihr, seine

Blankpoliert vor Glücksverlangen: der hl. Nepomuk auf der Karlsbrücke.

Wunden zu küssen. Die einzige in Bronze gegossene Statue steht in der Mitte der Brücke: der hl. Johannes von Nepomuk. Sie wurde nach Modellen von Matthias Rauchmüller und Johann Brokoff 1683 in Nürnberg gegossen. Nepomuk ist auch der unumstrittene **Glücksbringer** auf der Brücke. Zur Figur selber kommt man nicht hoch, aber die Reliefs im Sockel sind in Griffweite und von den Händen Millionen Gläubiger blank poliert. Nepomuk wurde 1729 heiliggesprochen und gilt seither als der Brückenheilige des katholischen Europa.

Altstädter Brückenturm (Staroměstská mostecká)

Der Blick lohnt die Mühe

138 Stufen weiter oben

138 Stufen muss man steigen und die Karlsbrücke liegt einem vom Wandelgang des Altstädter Brückenturms zu Füßen. Er gilt als einer der schönsten gotischen Türme Europas, konzipiert als Triumphbogen: Durch dieses Tor schritten die böhmischen Könige einst auf ihrem Königsweg.

Der Altstädter Brückenturm bildet den östlichen Zugang zur Karlsbrücke und steht bereits auf dem ersten Brückenpfeiler. Der Bau wurde wie die Brücke selbst 1357 begonnen und Anfang des 15. Jh.s beendet. Sein **Figurenschmuck** zählt zu den Meisterleistungen gotischer Bildhauerkunst in Böhmen (14. Jh.). Im 19. Jh. wurde der Turm restauriert und erhielt sein heutiges Dach. Auf der Ostseite über dem Torbogen sind die **Wappenzeichen** aller von den Luxemburgern regierten Länder zu sehen, ferner die Königswappen Böhmens, das Wappen des römischen Kaisers und der königliche Eisvogel, Symbol von Wenzel IV. In der ersten Etage flankieren Statuen der thronenden Könige Karl IV. und Wenzel IV. die etwas erhöht stehende Figur des hl. Veit. Darüber zeigt ein Schild unter einem nicht heraldischen Löwen den St.-Wenzels-Adler. Ganz oben folgen noch die böhmischen Schutzheiligen Adalbert und Sigismund.

tgl. Juni – Sept. 9 – 20.30, Okt. – Nov. und Jan. – März 10 – 18, Dez. 10 – 19.30, April – Mai 10 – 19 Uhr | Eintritt: 190 Kč

NACHTS AUF DER KARLSBRÜCKE

Es soll spuken auf der Karlsbrücke. Arme Seelen von Ketzern, die dort in düsterer Vergangenheit hingerichtet wurden. Die Atmosphäre ist nachts in der Tat ein bisschen unheimlich. Die Steinfiguren mutieren zu dämonischen schwarzen Silhouetten, und kaum ein Mensch ist da um 3, 4 oder 5 Uhr. Jetzt ruht sich die Brücke aus. Spätestens ab 7 Uhr wird sie ja schon wieder belagert.

Kleinseitner Brückenturm (Malostranská mostecká věž)

Würdiger Abschluss

Auf der Westseite mündet die Karlsbrücke gleich in zwei Brückentürme. Der südliche, niedrigere Turm aus dem letzten Viertel des 12. Jh.s gehörte einst zur Befestigung der ehemaligen Judithbrücke. Er diente u. a. als Gefängnis und als Zollstation. 1591 bekam er seine Renaissancegiebel und einen Außenwandschmuck. Der höhere Turm wurde 1464 auf Geheiß König Georgs von Podiebrad an der Stelle eines älteren Turms erbaut. Seine spätgotische Architektur ähnelt jener des gegenüber stehenden Altstädter Brückenturms. Das schöne Renaissancehaus **Zu den drei Straußen** (U tří pštrosů) wurde 1597 erbaut, heute sind hier ein Hotel und ein Restaurant untergebracht. Das obere Stockwerk im frühbarocken Stil schuf der Baumeister Cril Geer (1657), die sehenswerten Balkendecken in den Gasthofsälen stammen aus dem 17. Jahrhundert.

Mittelalterliche Brückenbastion

tgl. Juni - Sept. 9 - 20.30, Okt. - Nov. und Jan. - März 10 - 18, Dez. 10 - 19.30, April - Mai 10 - 19 Uhr | Eintritt: 190 Kč

KARLSGASSE (KARLOVA)

Lage: Praha 1, Staré Město | **Metro:** A, Staroměstská | **Straßenbahn:** 2, 17, 18

Es war die Sensation: Im Haus Zur goldenen Schlange (U Zlatého hada; Nr. 18) *wurde 1714 der erste Kaffee in Prag ausgeschenkt, von einem armenischen Kaffeeröster namens Deodatus Damajan. Auch der erste Film im ersten Prager Kino lief 1907 in der Karlova, im Haus Zum blauen Hecht* (U Modré štiky; Nr. 20). *Und Anfang des 17. Jh.s wohnte in Nr. 4 Johannes Kepler.*

Die schmale Karlsgasse zwischen Karlsbrücke und Altstädter Platz war über Jahrhunderte zentraler Bestandteil des Krönungswegs, der am Königspalast begann, dem Sitz der Könige, an dessen Stelle heute das Repräsentations- oder Gemeindehaus (Obecní dům) steht, und der auf der Burg endete. Albrecht II. von Habsburg war der Erste, der 1438 den Krönungsweg absolvierte. Der Letzte war 1836 der österreichische Kaiser Ferdinand I. Schade, dass das Gässchen heutzutage voll ist mit Souvenirläden und billigen Lokalen.

Architektonisch ergiebig

Vorwiegend Renaissance und Barock

Zu den architektonischen Prunkstücken der Gasse gehört das Haus **Zum goldenen Brunnen** (U Zlaté studně; Nr. 3), ursprünglich romanisch, heute mit einer Renaissancefassade und prächtigem barockem Stuckrelief, u. a. mit den hl. Wenzel, Rochus und Sebastian. In der Nr. 4 lebte und arbeitete eine Zeitlang der bekannte Astronom Johannes Kepler.
Im Palais Pötting (Nr. 8) mit Barockfassade ist eine einfache Pension untergebracht, im Haus Nr. 26 das Theater **Disk,** die Experimentierbühne des Staatlichen Konservatoriums. Ansonsten gibt es neben viel Kitsch auch ansprechende Glaswaren, Klöppelarbeiten und **die Galerie der Stadt Prag** im Palais Colloredo-Mansfeld (Nr. 2) , die aber derzeit und auf unbestimmte Zeit geschlossen ist.

Romanisches Kleinod

Palác Jiřího z Poděbrad

Entlang der parallel laufenden **Kettengasse** (Řetězová) erhebt sich eines der besterhaltenen romanischen Gebäude Prags: Erbaut wurde das sogenannte **Haus der Herren von Kunstadt und Podiebrad** (Palác Jiřího z Poděbrad) bereits Anfang des 13. Jahrhunderts. Von dem palastartigen romanischen Vorgängerbau blieben die Kreuzgewölbe im Kellergeschoss erhalten. Es folgten einige bauliche Veränderungen und viele Besitzer, darunter der Hussitenkönig Georg von Podiebrad. Seit den 1950er-Jahren ist der Palast ein gewöhnliches Wohnhaus, immerhin aber mit einer **Kleinbrauerei,** die täglich bis 23 Uhr geöffnet hat – die perfekte Gelegenheit mitten historischer Gemäuer handwerklich gebrautes Bier zu genießen

★ KARLSPLATZ (KARLOVO NÁMĚSTÍ)

Lage: Praha 1, Nové Město | **Metro:** B, Karlovo náměstí
Straßenbahn: 2, 3, 6, 14, 18, 22, 23, 24

Die Prager fassen sich grundsätzlich gerne kurz: »U koně«, »beim Pferd«, sagen sie beispielsweise, wenn sie sich an der Reiterstatue am Wenzelsplatz treffen. Aber auch die großen Plätze bekommen stets eine Kurzform verpasst: Der imposante Wenzelsplatz (Václavské náměstí) heißt dann »Václavák«, der beeindruckende Altstädter Ring (Staroměstské náměstí) »Staromák« und der größte von allen, der riesige Karlsplatz, schlicht und schnoddrig »Karlák«.

Beliebter Treffpunkt der Jugend

Kurzform Karlák

Mit einer Länge von 530 m und einer Breite von 150 m ähnelt der Karlsplatz dank seiner Grünanlagen und der Denkmäler tschechischer Wissenschaftler und Schriftsteller heutzutage eher einem Park. Angelegt wurde er 1348 als Viehmarkt, der 500 Jahre dort abgehalten wurde. Mitten auf dem Platz wurden einst dem Volk jährlich zu Fronleichnam Reliquien und die ansonsten in ▶ Karlstein gut verwahrten Reichskleinodien gezeigt, die bekanntesten Symbole der Macht von Thron und Altar.

In der Neustadt lebten früher überwiegend arme Bevölkerungsschichten. Heute finden sich entlang des Platzes hauptsächlich Gebäude mit Fassaden aus dem 19. und dem Beginn des 20. Jh.s in Neostilen, Jugendstil und Funktionalismus. A an wärmeren Tagen sind die Grünflächen ein beliebter Treffpunkt für junge Leute: Schließlich hat die **Technische Hochschule** in Nr. 14 ihren Sitz, der Neorenaissancebau entstand 1867.

Erster Prager Fenstersturz

Novoměstska radnice

Dass diese Art von Handgreiflichkeit so berühmt werden würde, hätte sich die Volksmenge wohl nicht träumen lassen, die am 30. Juli 1419 unter Führung des Predigers Jan Želivský das **Neustädter Rathaus** (Novoměstska radnice) stürmte, gefangen gesetzte Hussiten befreite und zwei katholische Ratsherren kurz entschlossen aus dem Fenster warf. Dies war der geschichtsträchtige Erste Prager Fenstersturz – er ging als Beginn der Hussitenkriege in die Geschichtsschreibung ein.

An der Nordostecke des Karlsplatzes ragt der Turm des ehemaligen Neustädter Rathauses 70 m in die Höhe. 1348 wurde es als Verwaltungszentrum für die Neustadt errichtet. Nach der Zusammenfassung von Hradschin, Kleinseite, Alt- und Neustadt zu einer Verwaltungseinheit und der Verlegung der Amtssitze in die Altstadt (1784) diente dieses Gebäude als Gefängnis, Gericht und Standesamt. Heute wird es für **repräsentative und kulturelle Zwecke** genutzt. Im ab 1452 errichteten, mehrmals umgebauten Eckturm mit schöner Aussicht befindet sich eine Kapelle.

April – Nov. Di. – So. 10 – 12 und 13 – 18 Uhr | Eintritt: 60 Kč

Ignatius, Stütze der Gegenreformation

Kostel svatého Ignáce

An der Ostseite des Platzes steht die barocke **Kirche St. Ignatius** (Kostel svatého Ignáce), benannt nach dem Gründer des Jesuitenordens, dem hl. Ignatius von Loyola, als Kirche des Jesuitenkollegs. Verantwortlich für den Bau 1665 bis 1668 war der kaiserliche Baumeister Carlo Lurago. Mit welchen barocken Mitteln die Gegenreformation ihren Schäfchen die Pracht und Herrlichkeit der »wahren« Kirche vor Augen führte, zeigen das prunkvolle Portal mit einer Statue des namengebenden Heiligen, das Innere der Saalkirche mit reicher Stu-

Frühlingsgefühle am Karlsplatz mit Blick auf das Neustädter Rathaus

ckatur und Heiligenfiguren und der Hochaltar, der die »Glorifizierung des hl. Ignatius von Loyola« zeigt.

Lohnenswerter Abstecher

Auch etwas abseits gibt es Sehenswertes

Romanische und romantische Kunst

Wer sich für die ältesten steinernen Zeugnisse des Christentums in Prag interessiert, geht links von St. Ignatius die Ječná entlang, biegt dann links in die Štěpánská und wieder rechts in die Na Rybničku ein. Dort steht linker Hand die aus dem 12. Jh. stammende romanische **Rotunde des hl. Longinus,** dem Hauptmann gewidmet, der laut den Evangelien bei der Kreuzigung Jesu bekehrt wurde.

Wer es mehr mit der Musik hält, biegt nicht links in die Štěpánská ab, sondern kurz danach rechts in die Ke Karlovu. Nach ca. 150 m fällt der Blick links auf ein etwas zurückgesetztes Barockschlösschen aus dem 18. Jh., ein Geniestreich von Kilian Ignaz Dientzenhofer, errichtet 1717 bis 1720 für den Grafen Michna und **Villa Amerika** (Letohrádek Amerika, auch Michnův letohrádek), benannt nach einer im 19. Jh. nahe gelegenen Gaststätte. Innen wird einem anderen Genie gehuldigt, nämlich **Antonín Dvořák** (▶Interessante Menschen). Gezeigt werden Partituren, Dokumente, Fotos und anderes zur Erinnerung an den Komponisten, u. a. seine Korrespondenz mit Johannes Brahms und dem Pianisten und Dirigenten Hans von Bülow.

Dvořák-Museum: Ke Karlovu 20 | Di. - So. 10 - 17 Uhr | Eintritt: 50 Kč | www.nm.cz/navstivte-nas/objekty/muzeum-antonina-dvoraka

Sozusagen von Karl zu Karl

Kostel Nanebevzetí Panny Marie a Karla Velikého

Gut 300 m weiter südlich folgt rechts ein von Karl IV. gestiftetes Kloster, der Karlshof, mit der **Kirche Mariä Himmelfahrt und Karl der Große** (Kostel Nanebevzetí Panny Marie a Karla Velikého). Ab 1358 ließ **Karl IV.** diese Kirche nach dem Vorbild der Aachener Pfalzkapelle mit achteckigem Grundriss erbauen, als nachdrücklichen Hinweis auf seinen Namensvetter und Schutzpatron **Karl den Großen.** Vom Glanz und Ruhm dieses Namens sollte etwas auf ihn abstrahlen. Bonifaz Wohlmut vollendete 1575 das Sternrippengewölbe des Kirchenschiffs, es zählt zu den glänzendsten Prager Bauleistungen. Hieran knüpft eine Sage von dem Baumeister, der seine Seele angeblich dem Teufel verschrieb, um sein Werk beenden zu können. Ab 1720 war Kilian Ignaz Dientzenhofer mit der Erneuerung der Kirche beschäftigt. Außerdem fügte man im frühen 18. Jh. nach dem Vorbild der Laterankirche in Rom eine **»Heilige Stiege«** ein, mit dem erfreulichen Effekt, dass die Kirche ein gern besuchter und damit lukrativer Wallfahrtsort wurde.

Südlich und westlich des Karlsplatzes

Goldmacher 007

Faustův dům

Zurück am Karlsplatz: Die Apotheke an der Südseite des Platzes wird allgemein als **Fausthaus** (Faustův dům) bezeichnet. Unter Rudolf II. (1576 - 1611), einem Förderer von okkulten Lehren, führte dort nämlich der englische Alchemist Edward Kelley Experimente zur Goldherstellung durch. Die Briefe an seine Königin Elisabeth I. unterzeichnete er mit »007«. Was sich James-Bond-Autor Ian Fleming etliche Jahrhunderte später höchst erfolgreich zu eigen machte ... Als im 18. Jh. mit Mladota von Solopisky (daher auch oft gehört: Palais Mladota) ein weiterer Chemiker sein Laboratorium im Haus einrichtete, ging es zwar nicht um 008, aber es entstand die Sage, Doktor Faust habe seine Seele dem Teufel genau dort verschrieben: in diesem schönen Spätrenaissancepalais, das im 18. Jh. barock umgebaut wurde. Für Liebhaber des Barocks empfiehlt es sich, hinter dem Fausthaus ein wenig weiterzugehen: Dort steht in exponierter Lage an der Výšehradská die **Kirche St. Johann am Felsen** (Kostel svatého Jana Nepomuckého na skalce), ein Werk von Kilian Ignaz Dientzenhofer, mit einer inzwischen ziemlich baufälligen Freitreppe. Wer hinein möchte: Die deutschsprachige katholische Gemeinde Prags feiert in diesem Gotteshaus die sonntägliche Messe um 11 Uhr, ansonsten ist die Kirche in der Regel nicht zugänglich.

An den Türmen sofort erkennbar

Klášter na Emauzy

Nur wenige Schritte südwestlich des Fausthauses erhebt sich das **Emmauskloster** (Klášter Emauzy), mit Genehmigung des Papstes gegründet von Karl IV. für die Benediktiner des slawischen Ritus, für Kroaten, Serben, Tschechen und Russen. Durch die altslawisch gelesene Messe versuchte die Kirche den Zugriff auf den wenig erschlossenen Osten. Das Kloster war im 14. Jh. ein bedeutendes Kultur- und Bildungszentrum, und bis 1546 wurde hier der glagolitische Teil des sogenannten Reimser Evangeliars aufbewahrt, auf das die Könige Frankreichs bei der Krönung ihren Eid leisteten.
1945 brannte das Gebäude nach einem US-amerikanischen Luftangriff aus. Anstelle der ursprünglichen Türme wurden 1967 zwei moderne, ineinander verschränkte weiße Stahlbetonspitzen mit goldenen Enden gebaut: Sie sind ein Werk des Architekten František M. Černý; sie sollen einen modernen Kompromiss zwischen Barocktürmen und gotischem Hochgiebel darstellen.
Das Innere mit groben Betonwänden und unverputztem Gemäuer bietet nur noch wenige, nicht mehr gut erhaltene Fresken der alten Prager Malerschule (um 1360) im gotischen Kreuzgang. Zu sehen sind Ereignisse aus dem Alten Testament auf 26 Wandtafeln.

Mai – Sept. Mo. – Sa. 11 – 17, Okt., April Mo. – Fr. 11 – 17, Nov. – April Mo. – Fr. 11 – 16 Uhr | Eintritt: 90 Kč

Grüne Erholung fürs Auge

Botanická zahrada

Wer sich nach einer Pause im Grünen sehnt: Schräg gegenüber vom Emmauskloster ist der Eingang zum **Botanischen Garten** (Botanická zahrada), der eine über 100-jährige Tradition und eine dementsprechende Vielfalt insbesondere einheimischer, aber auch exotischer Pflanzen vorzuweisen hat: u. a. einen Japanischen Garten.

Mai – Aug. tgl. 9 – 20, Sept. bis 19, Okt., März bis 17, Nov. – Feb. bis 16 Uhr | Eintritt: 180 Kč | www.botanicka.cz

»Heydrichiade«

Kostel svatého Cyrila a Metoděje

In der vom Karlsplatz westlich abzweigenden Resslova steht rechterhand die **Kirche St. Kyrill und Method** (Kostel svatého Cyrila a Metoděje). Der von Kilian Ignaz Dientzenhofer um 1740 vollendete Barockbau wurde 1935 zum Gotteshaus der griechisch-orthodoxen Kirche. Im Juni 1942 hielten sich dort jene tschechischen Widerstands-

kämpfer verborgen, die das Attentat auf den stellvertretenden Reichsprotektor von Böhmen und Mähren, Reinhard Heydrich, verübt hatten. Die Nazis übten daraufhin grausame Vergeltung: Bei Massakern wurden die männlichen Einwohner ganzer Ortschaften wie Lidice und Lešáky ermordet und Frauen und Kinder getrennt in Konzentrationslager deportiert. Keiner der Widerstandskämpfer überlebte den Verteidigungskampf in der Krypta. An die Ereignisse erinnert heute die Nationale Gedenkstätte für die Heydrich-Opfer (»Heydrichiade«).
Sept. – Juni Di.–So. 9 – 17, Juli – Aug. Di. – Sa. 9 – 17 und So. 9 – 14 Uhr

★★ BURG KARLSTEIN (HRAD KARLŠTEJN)

Lage: 40 km südwestlich von Prag, 1 Autostunde ab Zentrum
Öffnungszeiten: April – Okt. 9.30 – 16.30, Nov. – März 10 – 15 Uhr, nur mit Führung (am besten vorab buchen); für die Hl.-Kreuz-Kapelle rechtzeitig reservieren, da der Zutritt beschränkt ist | **Eintritt:** 320 Kč (mit deutschsprachiger Führung) | **www.hrad-karlstejn.cz**

Sechs Schlüssel braucht Jan Sandner, der deutschsprachige Führer, für die ganze Burg. Sechs Schlüssel öffnen die Türe und Tore von Karlstein. Jeder ist stolze 12 cm lang. Er sagt: »Jeder tschechische Schüler kommt einmal in seinem Leben hierher. Und die meisten finden es gar nicht langweilig.« Wen wundert's? Man könnte Bücher mit Geschichten, Legenden, Fakten und Zahlen über die Burg füllen, dieses Symbol für Tschechien.

»Frauen durften Karlstein nicht betreten«, heißt es oft. Unsinn! Die Kaiserin nahm immer einen Hofstaat von 200 Frauen mit auf die Burg. Allerdings: Die sakralen Räume waren tatsächlich tabu – selbst für die Kaiserin. Ihr Mann, Kaiser Karl IV., war nur selten in Karlstein. Die Reise mit dem Pferd von Prag dauerte schließlich gerade mal sechs Stunden. Man schätzt, dass Karl **ein Viertel seines Lebens im Sattel** saß, so oft war er unterwegs. Aber er war robust und übrigens mit 1,73 m für seine Zeit ziemlich groß. Karlstein war für ihn ein angenehmer Ort und diente der Erholung von den Staatsgeschäften, die er auf der Prager Burg zu erledigen hatte.

Die dicksten Mauern für die höchsten Werte

Historie

Erbaut wurde die mächtige Burg Karlstein mit ihren bis zu 7 m dicken Mauern auf einem bewaldeten Kalksteinfelsen (319 m). Die als **nati-**

onales Kulturdenkmal ausgewiesene Burg wurde in der relativ kurzen Zeit zwischen 1348 und 1357 unter der Regierung Karls IV. als Schatzhaus für die Reichsinsignien des Heiligen Römischen Reiches Deutscher Nation, die böhmischen Kroninsignien, Reliquien und Staatsdokumente erbaut. Die Entwürfe lieferte wahrscheinlich der französische Architekt Matthias von Arras. Durch die Hussitenstürme 1422 stark beschädigt, wenig später jedoch wieder instand gesetzt, in der zweiten Hälfte des 16. Jh.s restauriert und teilweise umgebaut, wurde die Festung 1887bis 1899 großteils wieder hergestellt. 250 000 Gäste besuchen Karlstein jedes Jahr.

Hier geht es los

Purkrabský dvůr

Durch getrennt stehende Torgebäude betritt man den **Burggrafenhof** (Purkrabský dvůr), den Ausgangspunkt der Besichtigung. Das immerhin vierstöckige Haus des Burggrafen (Purkrabství) liegt an der Südseite des Hofs. Es stammt zum Teil noch aus dem 15. Jahrhundert. Am Westende der Burganlage liegen die ehemaligen Wirtschaftsgebäude und der große **Brunnenturm** (Studniční věž) mit einem 90 m tiefen Brunnen und großem Schöpfrad.

Und die Moral von der Geschicht'

Císařský palác

Über den eigentlichen **Burghof** (Hradní nádvoří) kommt man zum **Kaiserpalast** (Císařský palác) mit dem Versammlungsort der Lehnsherren, einem zweischiffigen Saal mit einer von vier Holzstützen getragenen Kassettendecke. Im zweiten Stockwerk sind von den einstigen kaiserlichen Gemächern nur das mit wertvollen Holzäfelungen geschmückte Zimmer des Kaisers, sein Arbeits- und sein Schlafzimmer mit einem Altarbild von Tommaso da Modena erhalten. In der Ecke sieht man eine Wendeltreppe, die nach oben führt: zum Schlafzimmer seiner Frau. Die Kirche bestand auf getrennten Schlafgemächern. Das nützte aber nichts: Karl IV. hatte elf Kinder und vier Frauen. Bei seiner ersten Heirat war der hoffnungsvolle junge Mann übrigens gerade mal 7 Jahre alt, Blanche, seine Braut, ebenfalls.

Krokodil? Drache? Egal! Reliquie!

Mariánská věž

Was macht ein Krokodilkopf auf der Burg Karlstein? Er wurde einst als Kopf eines Drachen, getötet vom hl. Georg, und als Reliquie angesehen und mit den anderen Reliquien im **Marienturm** (Mariánská věž) verwahrt. Im zweiten Stock befindet sich die Kapitelkirche der hl. Maria mit bemalter Balkendecke und Wandmalereien z. T. noch aus dem 14. Jahrhundert. Sie zeigen Themen aus der Apokalypse und Darstellungen Karls IV. In der Südwestecke des Marienturms liegt schließlich noch die überwölbte **Katharinenkapelle,** deren einstige Bemalung Karl IV. durch in die Wände eingelassene Edelsteinplatten ersetzen ließ. Über dem Eingang zeigt ein Gemälde Kaiser Karl IV. und seine Gemahlin Anna.

OBEN: Auf Karlstein wurden lange Zeit die Insignien des Heiligen Römischen Reichs aufbewahrt.

UNTEN: Der größte Schatz heute ist die Heilig-Kreuz-Kapelle mit den Bildtafeln des Meisters Theoderich.

1 Erstes Tor (Ende 15. Jh.), heutiges Eingangstor
2 Altes Tor zur Burg
3 Brunnenturm
4 Zweites Tor (zum Burggrafenhof)
5 Burggrafenhof
6 Burggrafenhaus
7 Burghof
8 Kaiserpalast
9 Nikolauskapelle
10 Katharinenkapelle
11 Marienturm mit Kapitelkirche der hl. Maria
12 Hölzerner Gang
13 Großer Turm mit Kreuzkapelle

Mit dem Marienturm durch einen hölzernen Gang verbunden – dort befand sich früher eine Zugbrücke – ist auf der obersten Felsstufe des Burgareals der mächtige, 37 m hohe **Große Turm** (Velká věž).

 Hl.-Kreuz-Kapelle (Kaple svatého Kříže)

Angemessene Umgebung für Reichsinsignien

Gold und Edelsteine

Die Turmbesteigung symbolisiert den Weg von der Erde im unteren Teil und roter Farbe an der Decke in den durch blaue Farbe gekennzeichneten Himmel im oberen Teil. Ganz oben folgt die Hauptattraktion: die Hl.-Kreuz-Kapelle (Kaple svatého Kříže) von 1360. Ein vergoldetes Eisengitter teilt sie. Ihr tief herabgezogenes Gewölbe ist ganz vergoldet und mit Glassternen besetzt, sodass die **Illusion eines Himmelsgewölbes** entsteht. An den Wänden sind über dem Kerzengeländer (für 1330 Kerzen) mehr als 2200 in vergoldeten Gips eingelegte Edelsteine und 128 hölzerne Bildtafeln (1348 – 1367) des gotischen Meisters Theoderich befestigt, zum größten Teil in Kopie. Sechs dieser Tafeln befinden sich heute im ►Agneskloster. Die Tafeln dienten der Aufbewahrung von Reliquien. In einer Nische hinter dem Altar wurden einst die deutschen Reichskleinodien (heute in der Schatzkammer der Wiener Hofburg) und später die böhmischen

Kroninsignien (heute in der Kronkammer des St.-Veits-Doms) aufbewahrt. Das Original von Kaiser Karls Krone ist so gut wie nie zu sehen, daher kann man sich auf Karlstein anhand der ausgestellten Replik wenigstens ein Bild machen. Das Original wiegt 2,4 kg.

★ KLEINSEITNER RING (MALOSTRANSKÉ NÁMĚSTÍ)

Lage: Praha 1, Malá Strana | **Metro:** A, Malostranská | **Straßenbahn:** 2, 12, 15, 18, 20, 22, 23

D/E 6

Wie schön dieser Platz ist! Aber – zumindest in kommunistischen Zeiten – nicht ganz ungefährlich: wenigstens für die zahlreichen Botschaften, die sich in der KP-Zeit zwischen Kleinseitner Ring und Burg angesiedelt hatten, darunter die Vertretungen der USA, Großbritanniens, Frankreichs, Italiens und auch der damaligen BRD. Die Staatssicherheit zweckentfremdete nämlich den Glockenturm der St.-Niklas-Kirche, um die Botschaften mit Peilsendern abzuhören und sie mit Feldstechern auszuspionieren.

Jahrhundertelang zuvor war der Turm lediglich die Feuermeldestelle der Stadt. Heute zeigt sich der Platz immer noch im historisch prachtvollen Gewand, als gäbe es das Heute gar nicht, wenn mal man von den roten Straßenbahnen und einem grünen »Starbucks« absieht. Der Kleinseitner Ring ist seit der Gründung der Kleinseite das Zentrum des Stadtlebens links der Moldau. Angefangen hat er als Marktflecken unterhalb der Prager Burg. Heute ist er durch die Bauten um die Kirche St. Niklas in zwei kleinere Plätze geteilt. Den oberen schmückt seit 1715 eine Pestsäule mit der Statuengruppe der Hl. Dreifaltigkeit und der böhmischen Landespatrone, auf dem unteren steht seit 1858 ein Denkmal des österreichischen Marschalls Radetzky, dessen Original heute im Lapidarium des Nationalmuseums im Baumgarten (▶ Holešovice) zu sehen ist.

St. Niklas (Kostel svatého Mikuláše)

Die schönste Barockkirche des Landes

Ein Werk der Dientzenhofers

Barockliebhaber kommen in Prag ja wahrlich auf ihre Kosten. Aber sie waren nicht wirklich in Prag, wenn sie nicht in dieser Kirche waren. Die St.-Niklas-Kirche auf der Kleinseite ist eines der schönsten

Wahrzeichen Prags. Drei Generationen der besten Barockarchitekten Prags haben an der ehemaligen Jesuitenkirche gearbeitet. Und das Ergebnis dürfte ohne Übertreibung die schönste Barockkirche des Landes sein und eine der wichtigsten Barockkirchen nördlich der Alpen. Das mächtige Hauptschiff mit Seitenkapellen, Galerien und Gewölbe errichtete Christoph Dientzenhofer 1704 bis 1711. Die 1710 vollendete zweigeschossige Fassade gilt als **Hauptwerk des böhmischen Barock**. Sie vermittelt den für den Barock so typischen Eindruck von Lebendigkeit und Dynamik. Den Chor mit der 75 m hohen Kuppel – und 20 m Durchmesser – baute Sohn Kilian Ignaz Dientzenhofer 1737–1751. Das Wappen der Grafen von Kolowrat über dem Hauptportal sowie die Statuen der Kirchenväter auf der Balustrade stammen aus der Werkstatt von Johann Friedrich Kohl. Den Bau der Kirche beendete schließlich Anselmo Lurago mit dem 79 m hohen Glockenturm 1756. 215 Stufen müssen bewältigt werden, ehe man heute auf 65 m Höhe den Wandelgang des Turms begehen und eine wunderbare Aussicht genießen kann.

Hochbarock at its best

Riesiges Deckengemälde

Das reich ausgestattete Innere der Kirche gilt als Musterbeispiel des Hochbarock. Es bezieht seine überwältigende Gesamtwirkung von dem farbigen Stuckmarmor und dem reichen Skulpturenschmuck sowie von den hervorragenden Fresken. Vor allem prägend ist aber das 150 m² große Deckengemälde über dem Hauptschiff, 1760 bis 1761 von Johann Lukas Kracker gemalt. Es zeigt Szenen aus dem Leben des hl. Nikolaus und ist eines der größten seiner Art in Europa. Bei der Nikolausgestalt handelt es sich um den Bischof von Myra in Kleinasien (4. Jh.), der im Mittelalter als Hüter der Gerechtigkeit galt. Der Heilige, von Engeln umgeben, beherrscht das Geschehen, den Bischofsstab in der Linken haltend, die Rechte zum Segen erhoben. In einer Szene wird dargestellt, wie ein Priester Fläschchen mit wundertätigem Öl verteilt, das der Heilige gespendet hat. Ferner sieht man den hl. Nikolaus einem Armen Geld geben, der aus Not seine Tochter verkaufen will, als Retter für zum Tode Verurteilte und als Beschützer der Seefahrer.

Pracht, wohin man schaut

Weitere Innenausstattung

Das Kuppelfresko stellt die Verherrlichung des Heiligen sowie das Weltgericht dar und stammt von Franz Xaver Palko (1752 – 1753), der zusammen mit Joseph Hager auch die Wandmalereien des Chors ausführte. Die Plastiken von Hauptschiff und Chor sowie die Figur des hl. Nikolaus auf dem Hauptaltar schuf Ignaz Franz Platzer d. Ä. Die aus Kunstmarmor mit Goldschmuck gefertigte Kanzel von Richard und Peter Prachner (1765) zieren Rokokodekor, Allegorien von Glaube, Liebe und Hoffnung sowie die Darstellung der »Enthauptung Johannes' des Täufers«. Die Seitenaltäre im Querschiff

Grandioser Blick hinauf in die Kuppel von St. Niklas

sind mit der »Heimsuchung der Jungfrau Maria« und dem »Tod des hl. Josef« von Johann Lukas Kracker ausgestattet (beide 1760). Die gewaltige Orgel (1745) ist ein Werk von Thomas Schwarz. Sie hat mehr als 4000 Pfeifen und manche von ihnen haben eine Länge von 6 m. Schon Wolfgang Amadeus Mozart spielte darauf. Wer sie hören möchte: Konzerte finden regelmäßig statt.

Tgl. 9 – 17, Dez. – Jan. bis 16 Uhr | Eintritt: 140 Kč
Turm: Juni – Sept. tgl. 9 – 20.30, Okt. – Nov. und Jan. – März 10 – 18, April – Mai 10 – 19, Dez. 10 – 19.30 Uhr | Eintritt: 190 Kč | Konzerte 550 Kč, Karten tgl. 9 – 17.30 Uhr oder online: www.stnicholas.cz

Rund um den Kleinseitner Ring

Fünf Bürgerhäuser für einen Adelspalast

Lichtenstejnsky palác

Rund um den Platz stehen eindrucksvolle Bauten wie etwa das dominierende **Palais Liechtenstein** (Lichtenstejnsky palác) an der westlichen Seite. 1591 kaufte Johann von Lobkowitz gleich fünf Bürgerhäuser auf, um sie zu diesem einen Gebäude zusammenzufassen. Seine klassizistische Fassade erhielt der Bau 1791. Heute ist hier die **Prager Musikakademie** untergebracht, ein kleines Café wartet mit günstigen Tagesgerichten auf Hungrige. Dort trifft man mittags auf Studenten, die einem Plausch auf Englisch nicht abgeneigt sind.

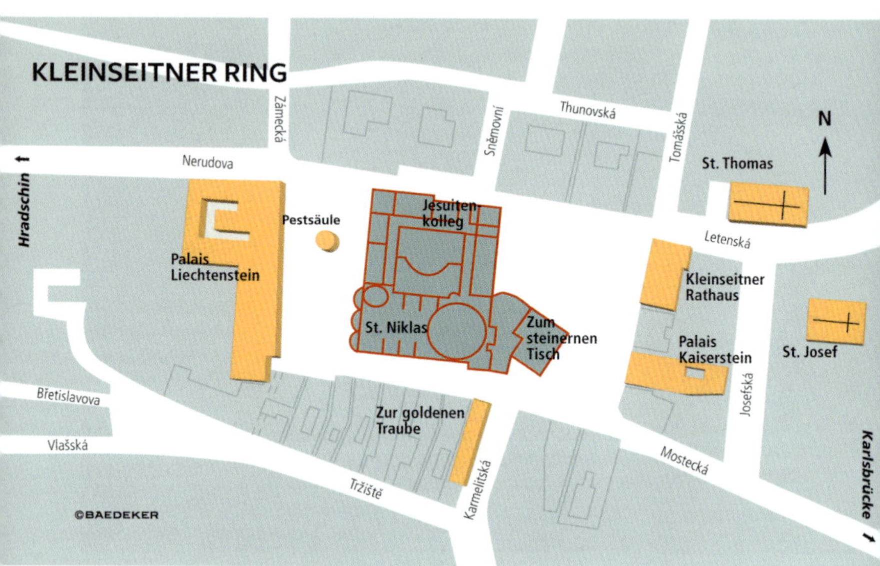

Heute für Kultur zuständig

Malostranská radnice

Das ehemalige **Kleinseitner Rathaus** (Malostranská radnice)erhielt seine Funktion bereits Ende des 15. Jahrhunderts. Sein jetziges Aussehen erhielt das Gebäude, in dem kulturelle Veranstaltungen stattfinden, während der Spätrenaissance (1617 – 1622). Das Portal mit dem kunstvollen Stadtwappen wurde 1660 hinzugefügt. Bei Bauarbeiten in den Kellern des Rathauses wurden wertvolle Schriftstücke aus der Zeit vor 1600 entdeckt, u. a. das »Kleinseitner Gesangbuch« (1572), das nun in der Nationalbibliothek aufbewahrt wird.

Teure, aber schöne Ruhestätte

Kostel svatého Tomáše

Schräg vis-à-vis des Rathauses, wo die Letenská abzweigt, liegt **St. Thomas** (Kostel svatého Tomáše), 1285 für den Orden der Augustinereremiten gegründet und bis 1379 fertiggestellt. Der Großteil des Klosters ist heute ein sehr teures Hotel; fünf Mönche leben aber noch in einem abgeschotteten Teil.. Betuchte Adlige bevorzugten es als Begräbnisstätte und ließen sich die Angelegenheit durchaus was kosten, weshalb man die künstlerische Crème de la Crème mit der Ausstattung beauftragen konnte. Die Umgestaltung im Stil des Hochbarock nahm Kilian Ignaz Dientzenhofer 1727 bis 1731 vor. Über dem Renaissanceportal von Campione de Bossi (1617) stehen in einer Nische die Statuen des hl. Augustinus und des hl. Thomas. Das Innere ist reich geschmückt, u. a. besitzt die Kirche als Deckenfreso einen schönen Bilderzyklus zum Leben des hl. Augustinus von Wenzel Lorenz Reiner, Karel Škréta entwarf 1731 den Hauptaltar, dessen Heiligenfiguren von Johann Anton Quittainer, Ferdinand Maximilian Brokoff und Ignaz Müller stammen. Messen gibt es auf Tschechisch, Englisch oder Spanisch.

Mo. – Sa. 12.15 – 13.15, Sa. zusätzlich 18 – 19, So. 9 – 15 Uhr | www.augustiniani.cz

Barock einmal anders

Prachtbauten und gebändigte Natur

Im spätbarocken **Palais Kaiserstein** wohnte zu Beginn des 20. Jh.s die Operndiva Ema Destinnová (1878 – 1930), Partnerin des legendären Tenors Enrico Caruso. Das Rokokohaus Zum steinernen Tisch und das anspruchsvoll rekonstruierte barocke Haus Zur goldenen Traube schmücken den Platzausgang in Richtung Süden bzw. Karmelitská, während das **Palais Vrtba** (Vrtbovská palác) bereits in der Karmeliterstraße, Ecke Tržiště, liegt. Es ist ebenfalls durch die Zusammenlegung zweier Bürgerhäuser entstanden (1631). Ein Durchgang führt in einen der schönsten Barockgärten Mitteleuropas, in den **Vrtbagarten** (Vrtbovská zahrada). Auf drei Ebenen angelegt, wird das Auge mit kühn geschwungenen Treppenläufen, symmetrisch bepflanzten, mit Balustraden verbundenen Terrassen, akkurat geschnittenen Hecken, Zierteichen und vielen Skulpturen verwöhnt. Am Eingang zum ehemaligen Weinberg stehen die dem Thema entsprechenden Statuen Bacchus und Ceres (um 1730) von Matthias Bernhard Braun (1684 – 1738). Auf der Doppeltreppe wechseln barocke Vasen mit mythologischen Skulpturen. Von der obersten Terrasse hat man eine herrliche Aussicht auf die St.-Niklas-Kirche und die Altstadt.

Vrtbagarten: tgl. Juni – Sept. 10 – 19, Okt. und April – Mai 10 – 18 Uhr Eintritt: 130 Kč | www.vrtbovska.cz

★ KREUZHERRENPLATZ (KŘÍŽOVNICKÉ NÁMĚSTÍ)

Lage: Praha 1, Staré Město | **Straßenbahn:** 2, 17, 18

Alles scheint bis ins Mark erschüttert zu werden, wenn die Straßenbahn im Fünf-Minuten-Takt lautstark durch den engen Torbogen rumpelt. Das muss man sich wegdenken. Sieht man zudem von weiteren modernen Beeinträchtigungen wie dem Stop-and-go-Autoverkehr ab, dann ist der Kreuzherrenplatz in seiner architektonischen Anlage sicher einer der schönsten Plätze Prags.

Gotik trifft Barock

Hier treffen sich Gotik und Barock, Kirche und Geist, die Karlsbrücke und das Clementinum – und täglich Abertausende von Menschen, Einheimische wie Auswärtige. Bebaut wurde der Kreuzherrenplatz im 16. Jh. am Brückenkopf der Karlsbrücke, will heißen, jeder Tourist kennt dieses Pflaster. Über den Platz führte auch der traditionelle Krönungszug der böhmischen Könige.

 Clementinum (Klementinum)

Bibliophile Schätze

Staatsbibliothek

Abgedunkelt: Anders bekommt man den **Mathematischen Saal** im Clementinum mit den wunderbaren vollgestellten Bücherwänden und wertvollen Globen nicht zu sehen, denn Licht gehört zu den größten Feinden von Farbe und Pergament. Daher wird es in dieser Barockbibliothek mit den wunderschönen Fresken zum Thema Wissenschaft und Kunst nur gegen viel Geld angemacht, etwa wenn ein Filmteam oder Modeshooting die passende Kulisse benötigt. Ansonsten werden die zum Teil unbezahlbaren Bücher mit Schummerlicht geschont.

In dieser wunderbaren Bibliothek möchte man sich einfach hinsetzen und staunen.

Die heutige Staatsbibliothek ist im Besitz von mehr als 6 Millionen Bänden, rund 4000 Inkunabeln bzw. Wiegendrucke (Drucke bis zum Jahr 1500) und etwa 6000 Handschriften – darunter der **Codex Vyšehradiensis,** eine der bedeutendsten bebilderten Handschriften des 11. Jahrhunderts. Das Buch mit Auszügen aus den Evangelien (Evangelistar) umfasst 108 reich illuminierte (bebilderte) Pergamentblätter, insgesamt 26 Seiten davon sind Darstellungen der Evangelisten, der Familie Jesu oder des böhmischen Patrons, des hl. Wenzel.

Hier kann man sich glatt verlaufen

Riesiger Gebäudekomplex

Der weitläufige Gebäudekomplex des Clementinums, einer der größten Europas, wurde zwischen dem 16. und 18. Jh. errichtet. Ursprünglich hatten sich hier Dominikaner angesiedelt, Mitte des 16. Jh.s kamen auf Wunsch von Ferdinand I. die **Jesuiten**, um die katholische Kirche in Böhmen zu unterstützen und die empörenderweise protestantisch gewordenen Schafe wieder in den Schoß der Mutter Kirche zu führen. Als der Papst den Orden 1773 verbot, wurde das Klementinum der Karlsuniversität zugeschlagen.

Das Clementinum umfasst fünf durch Zwischentrakte getrennte Innenhöfe, zwei Kirchen und eine Sternwarte. Die Hauptfassade des Kollegiengebäudes (Mitte des 17. Jh.s) weist reich gegliederte Stuckaturen in Form von Muscheln, Lorbeer, Teufelsfratzen und Büsten römischer Kaiser auf. Sehenswert ist auch der **Mozartsaal** mit Rokokomalereien und Bücherschränken aus derselben Epoche. Im Südwesthof erinnert die Statue »Prager Student« an den Einsatz der Studenten, als am Ende des Dreißigjährigen Kriegs (1648) die Karlsbrücke gegen die anstürmenden Schweden verteidigt wurde.

Im Dienst der Wissenschaft

Astronomischer Turm

Auf dem 68 m hohen Astronomischen Turm von 1751 werden seit 1775 meteorologische Messungen durchgeführt. Eine Ausstellung historischer Messinstrumente und der Meridiansaal stehen für Besucher offen. In diesem einzigartigen Raum im 2. Stock des Turms wurde früher die Mittagszeit bestimmt. Der Lift führt bis zum 3. Stockwerk. Dann folgen noch 87 Stufen – und ein wunderschöner Ausblick aufs Zentrum. In der **Spiegelkapelle** von 1724 mit ihrer reichhaltigen Inneneinrichtung und ihrer einzigartigen Spiegelausschmückung finden regelmäßig Konzerte klassischer Musik statt.

Konzerte tgl. 18, Nov. – März 17 Uhr | Eintritt: 650 Kč

Barockes Kleinod

Kostel svatého Klimenta

Die **Kirche St. Clemens** (Kostel svatého Klimenta) entstand 1711 bis 1715. Die Plastiken im Inneren zählen zu den Kostbarkeiten des böhmischen Barocks. Matthias Bernhard Braun schuf die acht Skulpturen der Evangelisten und Kirchenväter; von ihm stammen auch die Holzschnitzereien an den Seitenaltären, der Kanzel und

dem Beichtstuhl. St. Clemens dient heute der griechisch-katholischen Gemeinde als Gotteshaus.
Nur Führungen, nur nach Anmeldung, www.exarchat.cz

Pfeiler der Gegenreformation

Kostel svatého Salvátora

Ursprünglich war auch **St. Salvator** (Kostel svatého Salvátora) ins Clementinum einbezogen. Die erste Kirche der Jesuiten in Prag, ein Pfeiler der Gegenreformation, entstand 1578 bis 1601 im Stil der Renaissance. 1638 bis 1659 kam der barocke Portalvorbau hinzu, für den Johann Georg Bendl die Heiligenstatuen lieferte (1659). Die Christusstatue auf dem Dreiecksgiebel wird von je zwei Evangelisten flankiert. Die Figuren auf der Balustrade stellen die vier Kirchenväter, eingerahmt von zwei Ordensheiligen, dar. Interessant: Das Deckengemälde von Karel Kovál zeigt die vier damals bekannten Erdteile (1748). Die weiteren Fresken werden bestimmt von Motiven des von Engeln umgebenen Salvators, des Erlösers.

Und sonst am Kreuzherrenplatz

Eine Gründung der hl. Agnes

Kostel svatého Františka Serafinského

An der Nordseite des Platzes erhebt sich die barocke **Kreuzherrenkirche St. Franziskus** (Kostel svatého Františka Serafinského). Der Militärorden der Kreuzherren mit dem Roten Stern wurde gegründet von keiner Geringeren als der hl. Agnes, der Schwester des böhmischen Königs Wenzel I. (▶ Agneskloster). Der Orden bekam hier eine erste Kirche und von Wenzel I. die Erlaubnis, an der hiesigen Judithbrücke, der Vorgängerin der Karlsbrücke, Brücken- und Wegezoll zu erheben, wodurch sich die Einnahmenseite recht erfreulich darstellte. Die heutige Kirche wurde 1679 bis 1689 auf den Fundamenten des frühgotischen Gotteshauses erbaut. Sie sollte der gut 80 Jahre älteren Kirche St. Salvator eine mindestens ebenbürtige Architektur entgegenhalten. Einen deutlichen Akzent gegen die jesuitische Konkurrenz auf der anderen Seite setzt die 41 m hohe Tambourkuppel. Die Nischen in der Fassade im Stil der französischen Vorklassik sind mit Heiligenfiguren aus der Werkstatt von Matthias Wenzel Jäckel geschmückt. Von ihm selbst stammen die Engelsfiguren auf der Attika (Kopien). Die Statuen der Muttergottes und des hl. Johannes von Nepomuk vor dem Eingang weisen bereits Rokokomerkmale auf. Seitlich neben der Kirche thront auf einer Säule die Statue des hl. Wenzel (1676). Im reich ausgestatteten Inneren ist v. a. das große Kuppelfresko mit einer Darstellung des Jüngsten Gerichts von Wenzel Lorenz Reiner (1689 – 1743) sehenswert. Für die Liebhaber von Orgelmusik: Hier finden regelmäßig **Orgelkonzerte** statt. Die barocke Orgel von 1702 ist immerhin die zweitälteste in Prag.
April – Nov. 10 – 19 Uhr | Konzertinfo: www.jchart.cz

Späte Ehrung

Denkmal Karls IV.

Zwischen der Kreuzherrenkirche und dem Altstädter Brückenturm steht ein gusseisernes Denkmal Karls IV., das 1848 zum 500-jährigen Bestehen der Prager Universität enthüllt wurde.

»Mein Vaterland«

Bedřich-Smetana-Museum

Südlich des Platzes scheint es, als seien ein paar Häuser auf die Moldau hinaus gebaut. Direkt ans Wasser zieht es Musikliebhaber, nämlich in das ehemalige Prager Wasserwerk, ein Neorenaissancebau von 1883. Es ist seit 1936 die Heimat des Museums für Bedřich Smetana (▶ Interessante Menschen). Ausgestellt sind Originalhandschriften, sein Flügel und zahlreiche Kostüme aus seinen Opern, Persönliches und Briefe. Das Museum ist möglicherweise eher etwas für Kenner, aber fantastisch finden sicher alle Besucher den Blick vom Smetana-Kai auf Kleinseite und Hradschin. Die überlebensgroße Bronzefigur auf dem Rondell zeigt den verehrten Schöpfer der sinfonischen Dichtung »Mein Vaterland«, dessen beliebtester und bekanntester Teil »Die Moldau« ist, sitzend und mit nachdenklichem Blick.

Altstadt, Novothého 1 | Mi. – Mo. 10 – 17 Uhr | Eintritt: 50 Kč
www.nm.cz/navstivte-nas/objekty/muzeum-bedricha-smetany

★ LAURENZIBERG (PETŘÍN)

Lage: Praha 1, Malá Strana | **Straßenbahn:** 12, 15, 20, 22, 23 dann Standseilbahn Lanová dráha

C/D 7/8

Manch einer mag sich die Augen reiben und überlegen, ob er in der falschen Stadt gelandet ist oder ob es reichen würde, den Optiker zu wechseln, denn der Eiffelturm, der sich da erhebt, sieht vergleichsweise niedlich aus. Aber alles gut! Prag liegt zu Füßen dieses Turms, und er erreicht in der Höhe nur gut 60 m. Die Prager wollten halt für ihre Industrieausstellung 1891, zwei Jahre nach der Weltausstellung von Paris, auch so einen schönen Turm haben. Damit der ordentlich was hermachte, stellten sie ihn auf ihren Hausberg und verpassten ihm acht Ecken.

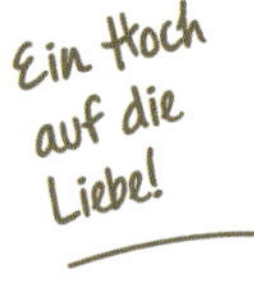

Aber nicht nur Touristen und Einheimische in Picknick- oder Spazierlaune finden sich hier ein. Am 1. Mai pilgern zahlreiche Verliebte zum Denkmal von **Karel Hynek Mácha** und bringen ihm Blumen. Das Hauptwerk des schon mit 26 Jahren verstorbenen Dichters der Romantik, »Maj« (dt. Mai), handelt – Achtung: Taschentuchalarm! – von der Liebe des Räuberhauptmanns Vilém zur schönen Jarmila, die ihn am Abend des 1. Mai jedoch vergeblich erwartet, da der zum Tod Verurteilte bereits im Kerker schmachtet ...

Grüne Erholung

Prags schönste Grünanlage

Schon die Auffahrt auf den Laurenziberg mit der Standseilbahn gibt schöne Ausblicke frei. Das betagte Verkehrsmittel zieht schon seit der Industrieausstellung 1891 ab der Talstation nahe der Straßenbahnhaltestelle Újezd all diejenigen nach oben, die sich nicht auf den zwar schönen, aber langen Aufstieg über die gewundenen Wege machen wollen. Heute befahren allerdings moderne Waggons die gut 500 m lange Strecke. Bei der mittleren Haltestelle beherbergt ein altes Winzerhaus die Gaststätte »Nebozízek« (▶ S. 277), die man nach dem bereits 1433 erwähnten Weinberg benannte. Die Haltestelle heißt praktischerweise ebenfalls so. An den Hängen der sehr beliebten Grünanlage wurde sogar bis ins 19. Jh. Wein angebaut. Heute stehen hier viele Obstbäume. Die meisten Besucher fahren jedoch bis ganz nach oben, wo schöne Parkanlagen den vom Pflastertreten müde Gewordenen Erholung versprechen. Südlich schließt sich beispielsweise der 1825 bis 1830 entstandene Kinsky-Garten mit einem kleinen Lustschlösschen an. Ein knapp 2 km langer Aussichtsweg führt in nordwestlicher Richtung zum ▶ Kloster Strahov.

Standseilbahn: tgl. 8 – 23 Uhr alle 10 – 15 Min. (im Frühjahr und Herbst je ca. 2 Wochen geschlossen wg. Wartungsarbeiten)

Grandioser Ausblick

Petřínská rozhledna

Auch wenn er nur gut 60 m hoch ist, als Türmchen kann man die eindrucksvolle Eisenkonstruktion des **Prager Eiffelturms** (Petřínská rozhledna) nicht bezeichnen. Vollends diejenigen, die die 299 Stufen hochgeschnauft sind, verbitten sich jegliche Verkleinerungsform. Bis 1990 diente der Bruder des Pariser Vorbilds immerhin als Fernmeldeturm. Die Mühe lohnt sich: Von der oberen Galerie des Aussichtsturms bietet sich ein herrlicher Blick auf die Stadt. An ganz besonders klaren Tagen soll man von hier aus sogar nordöstlich Böhmens höchsten Berg, die Schneekoppe (1603 m ü. d. M.) im Riesengebirge, sehen können. Auf der gegenüberliegenden Seite schweift der Blick über Plattenbauten, Sportplätze und das heute baufällige Strahovstadion von 1926. Es war Schauplatz von Spartakiaden (Sportwettkämpfen) und mit einem Fassungsvermögen von bis zu sage und schreibe 250 000 Zuschauern das damals größte Stadion der Welt. Nach der Wende fanden dort Rockkonzerte statt: Die Rolling Stones oder Pink Floyd spielten vor immerhin mehr als 150 000 begeisterten Zuhörern. Im Erdgeschoss gibt's augenzwinkernde Nachhilfe in Sachen tschechischer Humor: im Museum der nicht existierenden Person Jara Cimrman (▶ Interessante Menschen).

Ist die Gesellschaft angenehm, hat man nicht gleich einen Blick für die tolle Aussicht vom Laurenziberg.

Turm: tgl. Juni – Sept. 9 – 20.30, Okt. – Nov. und Jan. – März 10 – 18, April – Mai 9 – 19.30, Dez. 10 – 19.30 Uhr
Museum: tgl. 10 – 19 , Nov. – März bis 17 Uhr | Eintritt: 220 Kč (Turm und Museum)

Daher der Name

Die ursprünglich romanische **Kirche St. Laurentius** (Kostel svatého Vavřince), 1135 erstmals erwähnt, wurde 1735 bis 1770 von Ignaz Palliardi im Barockstil als Kuppelbau mit zwei Türmen umgebaut. Meist ist die Kirche geschlossen. Auf den deutschen Namen des Kirchenpatrons geht auch der Name Laurenziberg zurück.

Kostel svatého Vavřince

Fröhliche Zerrbilder

Gleich gegenüber der Kirche steht ein schöner Pavillon (1891) mit einem **Spiegellabyrinth** (Bludiště). Zerrspiegel sorgen bei Jung und Alt für Heiterkeit, wenn die eigene Gestalt sich von einer langen Dürren über die Traumfigur zur gemütlichen Kugel entwickelt. Deutlich

Bludiště

ernsthafter geht es zu auf dem Diorama »Kampf der Prager Studenten gegen die Schweden auf der Karlsbrücke im Jahr 1648« von Karl und Adolf Liebscher und Vojtěch Bartoněk (1898).
tgl. Juni – Aug. 9 – 20, Sept. und April – Mai 9 – 19, Okt. – März 10 – 18 Uhr | Eintritt: 120 Kč

Sterngucker vor

Štefaniková hvězdárna

Jetzt sind die Sterngucker dran: Seit 1928 steht die **Volkssternwarte** (Štefaniková hvězdárna) der Öffentlichkeit zur Verfügung. Zu den besonderen Geräten gehören u. a. ein 40-Zentimeter-Spiegelfernrohr von Carl Zeiss, Jena, sowie ein ursprünglich »Kometensucher« genanntes Lichtfernrohr, das älteste große Fernrohr.
tgl. außer Mo. | Über variierende Öffnungszeiten und Eintrittspreise zu den unterschiedlichen Veranstaltungen informiert die Webseite www.planetum.cz

Den Berg hinab

Zwei Fliegen mit einer Klappe

Hladová zed’

Karl IV. ließ zur Befestigung Prags 1360 bis 1362 eine Stadtmauer anlegen. Als Arbeitskräfte stellte er, so die Überlieferung, Arme an, damit sie wenigstens in dieser Zeit von ihrer Hände Arbeit leben und ihren Hunger stillen konnten. Bezahlt haben die bescheidenen Löhne dem Vernehmen nach enteignete Juden, Karl IV. strich dafür den Ruhm ein. Ein Teil der **»Hungermauer«** (Hladová zed’) ist noch erhalten: Er führt vom Berg hinunter zum Fuß des Hügels. An der Újezd-Straße steht ein **Denkmal für die Opfer des Kommunismus** (Pomník obětem komunismu): hagere Skulpturen, die Statue für Statue langsam zerfallen, Gliedmaßen und andere Körperteile einbüßen – oder sich von einem Torso ausgehend vervollständigen, je nachdem, wie man sich die Reihenfolge denkt. Das eindrucksvolle Werk stammt vom tschechischen Bildhauer Olbram Zoubek (2012).

Der rosafarbene Panzer ist weg

Náměstí Kinských

Nur wenige Meter südlich der Skulpturen liegt der **Kinsky-Platz** (Náměstí Kinských), bis 1991 der Platz der Sowjetischen Panzer, benannt nach Panzer Nr. 23, der an die Befreiung Prags am 9. Mai 1945 erinnern sollte. Dieses nationale Denkmal erstrahlte 1991 in einem unglaublichen Rosa: Das künstlerische Enfant terrible Prags, der Bildhauer David Černý, hatte das ehrwürdige Gefährt in dieser für einen Panzer frivolen Farbe angestrichen, was den damaligen Kunststudenten vorübergehend in Haft brachte. 2011 stand der Panzer zum 20. Jahrestag des Abzugs der Roten Armee noch einmal prominent auf einem Ponton auf der Moldau, doch seitdem fristet er ein eher trauriges Dasein in einem Militärmuseum bei Lešany.

★ LETNÁANLAGEN (LETENSKÉ SADY)

Lage: Praha 6, Hradčany | **Metro:** A Malostranská, **Straßenbahn:** 2, 12, 15, 18, 20, 22, 23

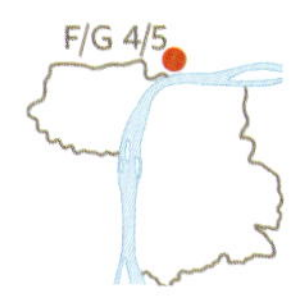

Stalin gibt's nicht mehr und seinem monumentalen Denkmal war auch kein langes Leben beschieden. 1955 fertiggestellt, wurde das damals größte Denkmal des russischen Diktators mit vier symbolhaften Figuren im Gefolge – 30 m hoch und 14 000 t schwer – schon sieben Jahre später gesprengt. Die Prager waren nicht traurig darüber.

Heute sticht an dieser Stelle eine rote eiserne Nadel in den Himmel und gibt – meistens jedenfalls, denn gelegentlich gibt die Mechanik ihren Geist auf – den Takt vor: Das riesige Metronom von Vratislav Karel Novák soll die Vergänglichkeit der Zeit und der Macht symbolisieren. Wie wahr: Nach Stalin kam bald die Entstalinisierung inklusive Sprengung des Kolosses, auf spätere Kommunisten und deren Großveranstaltungen folgten ein Protesttag mit 500 000 Menschen, die Freiheit für sich forderten, und die Samtene Revolution.

Beliebt bei den Pragern

Aussichtsreicher Park

»Letná« (Sommer), sagen die Prager zu diesem Berg gegenüber der Josefstadt am linken Ufer. Dort fand 1261 die Krönung von Ottokar II. statt, denn das Gelände eignet sich gut für Großveranstaltungen, in der heutigen Zeit beispielsweise für Rockkonzerte. 1858 ging das Plateau an die Stadt über, die es in einen Park umwandeln ließ. Von der schönen Jugendstilbrücke **Čechův most** führen Treppen zur Aussichtsplattform auf dem festungsartigen Sockel des alten Stalindenkmals. Der Blick auf die Stadt, den Fluss und die Brücken begeistert nicht nur Touristen. Das **Metronom** ist zu einem Treffpunkt der Jugendlichen geworden, den weitläufigen Park nutzen Pärchen und Familien zum Spazierengehen, Kinderspielplätze und Sportanlagen vervollständigen das Angebot. Westlich des Metronoms steht der **Hanavský pavilon.** Der eiserne Pavillon wurde für die Weltausstellung 1891 gefertigt und kam 1898 auf die Letnáhöhe, heute dient er als Aussichtsrestaurant mit schöner Terrasse. Der **Pavillon der Tschechoslowakei** für die Brüsseler Weltausstellung von 1958 findet sich am östlichen Ende des Letnáparks, heute wird er allerdings ganz profan als Bürogebäude genutzt. Wer nach einer Pause lechzt, lässt sich im nahe gelegenen, sehr beliebten Biergarten nieder. Ganz in der Nähe findet sich eine Pilgerstätte für Technikfans, nämlich das **Technische Nationalmuseum** (► S. 291).

Nobler Sitz des Ministerpräsidenten

Villa Kramář

Prächtig steht sie da, die neobarocke Villa Kramář mit Jugendstilelementen, die sich der spätere erste tschechoslowakische Regierungschef Karel Kramář 1911 bis 1914 am westlichen Rand des Letná auf fast gleicher Höhe wie die Burg errichten ließ. Seit 1998 ist die ca. 700 m² große Villa mit 56 Zimmern und einem Garten wie ein Park die Residenz des Ministerpräsidenten der Tschechischen Republik. Damit die Hierarchie-Ebenen gewahrt bleiben, befindet sich der heutige Regierungssitz unterhalb der Kramář-Villa: Das lang gestreckte barocke Gebäude an der Moldau unten, die **Strakov-Akademie,** einst als Studentenwohnheim für mittellosen adligen Nachwuchs gedacht, dient als repräsentativen Bleibe der Regierung.

Für Fußballfans

Epet Arena

Am nördlichen Rand des Letná liegen große Parkplätze, nicht schön aber praktisch: Jenseits der mehrspurigen Milady Horákové tragen in der Epet Arena, früher: Stadion Letná, **Sparta Prag** und die tschechische Fußball-Nationalmannschaft ihre Heimspiele aus. Der Boden ist quasi historisch: Das erste Fußballspiel in diesem heute 20 000 Zuschauer fassenden Stadion fand bereits 1917 statt.

★ LORETOPLATZ (LORETÁNSKÉ NÁMĚSTÍ)

Lage: Praha 1, Hradčany | **Straßenbahn:** 22

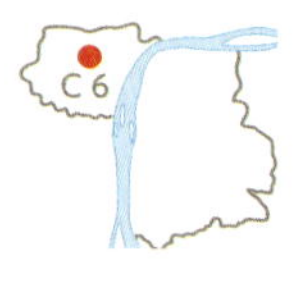

Echte Wallfahrten? Das war früher. Im eher atheistisch geprägten Tschechien ist für Religiöses wenig Platz (▶ S. 26), wenngleich 27 schwere Glocken von 10 bis 17 Uhr stündlich »Gegrüßt seist du tausendmal, oh Maria« spielen. Der Kult von Loreto verbreitete sich im 15. Jh. von Italien aus. Wenn man sich so umschaut, fühlt man sich ein bisschen wie in Italien, zumindest ist der Loretoplatz der italienischste unter den eindrucksvollen Plätzen Prags.

Von Loreto nach Böhmen

Der Loretokult hat seinen Ursprung in der biblischen Erzählung vom Haus der hl. Familie in Nazareth, in dem der Jungfrau Maria vom Erz engel Gabriel die Geburt Jesu verkündet wurde. Die Legende aus dem 13. Jh., wonach das Haus (Casa Santa) zum Schutz vor den Ungläubigen nach Italien transportiert worden sei, fand im Katholizis-

Barock wohin man blickt im Loretoheiligtum.

mus des Barocks weite Verbreitung. Während der Gegenreformation wurden nach dem Vorbild des mittelalterlichen Loretoheiligtums etwa 50 Wallfahrtsstätten in Böhmen errichtet, um den Katholizismus nach dem Sieg der katholischen Seite bei der Schlacht am Weißen Berg (▶ Kloster Břevnov) wieder populär zu machen.

 Loretoheiligtum

Stararchitekten verpflichtet

Baugeschichte

Prag hat die bekannteste Loretowallfahrtsstätte von Böhmen. Unterschiedliche Baustile prägen den Komplex. Die Casa Santa, 1626 in Auftrag gegeben von der Gräfin Katharina von Lobkowicz, war bereits 1631 vollendet. Die in den Folgejahren steigende Pilgerzahl machte eine Erweiterung der Wallfahrtsstätte nötig. Der Kreuzgang und die Fassade gehen auf Entwürfe von Christoph und Kilian Ignaz Dientzenhofer zurück. Den damaligen Stararchitekten war mit der Errichtung der Hauptfassade die Aufgabe zugefallen, den aus unterschiedlichen Epochen stammenden Gebäudekomplexen eine einheitliche Schaufront zu geben, die dem gegenüberliegenden Palais Černín in seiner Monumentalität eine adäquate Architektur entgegensetzen konnte. Auftraggeber dafür waren Philipp Fürst Lobkowitz, Herzog von Sagan, und seine Ehefrau Eleonore Carolina, deren Allianzwappen über dem Hauptportal eingesetzt ist. Für den etwas älteren, frühbarocken Glockenturm, wurde ein Glockenspiel mit 27 Glocken und einem Gesamtgewicht rund 1540 kg eingerichtet, das der wohlhabende Kaufmann Eberhard von Glauchau 1694 in Amsterdam erworben hatte.

Marienverehrung in kostbarster Form

Casa Santa

In der Mitte des Kreuzgangs steht die Casa Santa, das **bauliche und geistige Zentrum** des Wallfahrtsorts. Baumeister der Kapelle war Giovanni Battista Orsi aus Como. Die ursprüngliche Bemalung der Fassade wurde ab 1664 durch Skulpturen und Stuckreliefs ersetzt. An der Ostwand der Kapelle ist die Legende der Casa Santa dargestellt. Das Innere der Kapelle schmücken Bilderzyklen aus dem Leben Mariens, ein silberner Altar und eine aus Lindenholz geschnitzte Madonna. Ihren Rahmen bildet ein Silberkranz aus geflügelten Engeln. Das Gewicht des Silberschmucks der Casa Santa beträgt mehr als 50 kg. Flankiert wird die Casa Santa von zwei barocken Brunnen (heute Kopien). Sie zeigen die Himmelfahrt Mariä und die Auferstehung Christi.

Glanzvoller Barock

Kreuzgang

Symbolische Darstellungen der Lauretanischen Litanei und Altäre mit Heiligenbildern schmücken den Kreuzgang. Sieben Kapellen säumen ihn: Die des hl. Franz Seraph (1717) und die Antonius-von-Padua-Kapelle (1710 – 1712) stammen von Christoph Dientzenhofer. In der

Casa Santa erhebt sich die **Kirche Christi Geburt** (Kostel Narození Páně). Sie wurde 1717 von Christoph Dientzenhofer begonnen, von seinem Sohn Kilian Ignaz weitergeführt und 1735 von Georg Aichbauer vollendet. Den prächtigen Kirchenraum beherrscht der Hochaltar mit der »Geburt Christi«. Das Deckengemälde »Christus im Tempel« (1735 – 1736) zeigt den Einfluss des venezianischen Illusionismus.

Strahlende Kostbarkeiten

Schatzkammer

Im ersten Stock des Westflügels sind neben Messgewändern und liturgischen Gegenständen wertvolle, äußerst kostbar verzierte Monstranzen aus dem 16. bis 18. Jh. zu sehen, darunter die Kleine Perlenmonstranz, die außer Perlen 266 Diamanten und ein Rubin zieren (1680), die aus vergoldetem Silber 1748 gefertigte Ringmonstranz (492 Diamanten, 186 Rubine, 1 Saphir, 24 Perlen sowie Smaragde und Amethyste) und vor allem die berühmte strahlenförmige Diamantenmonstranz mit 6222 Diamanten, die 1699 in Wien von den Hofjuwelieren Matthias Stegner und Johann Künischbauer angefertigt wurde. Sie ist 90 cm hoch, 70 cm breit und wiegt 12 kg. Passenderweise wird sie »Prager Sonne« genannt.

tgl. 10 – 17 Uhr | Eintritt: 245 Kč | www.loreta.cz

Palais Černín (Černínský palác)

Hier ist die Macht zu Hause

Dritter Prager Fenstersturz

Er war der Schauplatz des Dritten Prager Fenstersturzes, als der nichtkommunistische Außenminister Jan Masaryk 1948 draußen vor dem Fenster seines Dienstzimmers tot aufgefunden wurde. Die Umstände sind bis heute ungeklärt. Noch heute hat das Außenministerium seinen Sitz in diesem monumentalen Gebäude. Seine Front misst 150 m, der Sockel protzt mit Diamantquadern und Kolossalpilaster bringen unmissverständlich zum Ausdruck: Im Palais Černín residiert die Macht. 1669 von Graf Humprecht Johann Černín in Auftrag gegeben, der kaiserlicher Botschafter in Venedig war, wurde der Bau 1697 vollendet. Der Graf war von der Architektur und Kunst seines Arbeitsorts so überzeugt, dass er mit den Bau- und Steinmetzarbeiten durchweg italienische Künstler beauftragte, allen voran Francesco Caratti.

Nach 1720 gestaltete František Maximilian Kaňka den Palast um. Aus derselben Zeit stammen die nördlich anschließende französische Gartenanlage und der prachtvolle Treppenaufgang mit dem Deckenfresko »Sturz der Titanen«. 1744 bis 1749 kamen drei Frontportale hinzu und die Orangerie im Garten wurde im Stil des Rokoko umgebaut. 1851 war es vorbei mit der zivilen Nutzung, das Palais diente als Kaserne. Anfang der 1930er-Jahre erfolgte die Rekonstruktion und es avancierte zum Sitz des Außenministeriums.

So mancher Prager erinnert sich noch an eine Anekdote, die im Sozialismus kursierte: Auf die Frage »Wie viele Leute arbeiten eigentlich in diesem riesigen Kasten?« lautete die Antwort: »Die Hälfte!«

Nahe dem Loretoplatz

Vergleichsweise bescheiden

Kapucínský klášter

Die nördliche Front des Loretoplatzes schließt mit einfachen Linien das erste böhmische **Kapuzinerkloster** (Kapucínský klášter, 1600 – 1602) ab. Ein gedeckter Gang verbindet das Gebäude mit dem Loretokloster, mit dessen Verwaltung die Kapuziner beauftragt sind. An das Kloster schließt die schlichte Marienkirche an.

Zwischen politischer und klerikaler Macht

Loretánská ulička

Die mit alten Bürgerhäusern gesäumte **Loretogasse** (Loretánská ulička, Fußgängerzone) verbindet den ▶ Hradschiner Platz vor der Prager Burg mit dem Loretoplatz. Historisch von Interesse ist das Haus Nr. 1, bis 1784 das Rathaus der königlichen Stadt Hradčany. Zeugen dieser glanzvollen Epoche sind die Reste des Kaiserwappens an der Sgrafittofassade und das Wappen des Stadtviertels Hradčany über dem Portal. Ein gotischer Vorgängerbau des Palais Hrzán (Nr. 9) gehörte einige Zeit dem Dombaumeister Peter Parler. Zu Beginn des 20. Jh.s war hier die Malerschule von Ferdinand Engelmüller (1867 – 1924), eines böhmischen Landschafts- und Architekturmalers, untergebracht. Eine Büste im Hof erinnert an ihn. Das heutige Gebäude dient staatlichen Repräsentationszwecken.

MARIENPLATZ (MARIÁNSKÉ NÁMĚSTÍ)

Lage: Praha 1, Staré Město | **Metro:** A, Staroměstská

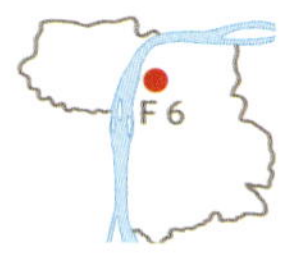

Der Mariánské náměstí war für die Prager lange Zeit der Mafiánské náměstí, der Mafiaplatz. Dort steht das Neue Rathaus der Stadt und dort residiert der Oberbürgermeister. »Unregelmäßigkeiten« wurden von den Prager Bürgern allzu oft erkannt. Wie sich nun Bohuslav Svoboda, seit 2023 der Primator in der Landeshauptstadt, schlägt, muss man abwarten, aber immerhin hat der Marienplatz seinen echten Namen wieder – derzeit zumindest ...

Unbedingt schön nennen kann man den Marienplatz nicht: Die Parkplätze darauf können eigentlich nur diejenigen loben, die unbedingt motorisiert in die Altstadt fahren mussten oder wollten. Interessant sind aber immerhin die Gebäude ringsherum. Übrigens ist der Platz benannt nach der einst hier stehenden Kirche »Maria in der Pfütze«, die während der deutschen Reformation eine Rolle spielte. Den ulkigen Beinamen bekam das Gotteshaus, weil bei Hochwasser häufig die Moldau hier vorbeischaute.

Kirche mit nassen Füßen

Die Verwaltung als Skulptur

Neues Rathaus

Kommunalregierung und Kommunalverwaltung, das klingt ziemlich trocken, doch immerhin bekam die kommunale Politik eine ansprechende architektonische Verpackung. Das Neue Rathaus (Nová radnice) wurde 1909 bis 1912 von Oskar Polívka im (Spät-)Jugendstil erbaut: Seit 1945 befinden sich hier die Kanzlei des Oberbürgermeisters von Prag, der große Sitzungssaal des Stadtparlaments und natürlich Büroräume der Stadtverwaltung. Das allegorische Relief links und rechts des Eingangs zeigt die Figuren »Revision« und »Buchhaltung«, auf dem Balkon und Sims darüber sind die recht relaxt wirkenden Skulpturengruppen »Kraft«, »Ausdauer« und »Bescheidenheit« zu sehen. Weniger mit Kommunalpolitik haben die beiden schwarzen Statuen an den Ecken zu tun: Links steht der Eiserne Ritter, der einst die Tochter eines Waffenschmids aus Eifersucht getötet haben soll und nun auf der Suche nach Erlösung umherirrt, rechts der Hohe Rabbi Löw (▶ Josefstadt). Geschaffen wurden sie von Ladislav Šaloun, der auch für das Jan-Hus-Denkmal auf dem ▶ Altstädter Ring verantwortlich ist.
Das neoklassizistische Gebäude an der Nordseite des Marienplatzes beherbergt die Stadtbibliothek, an der Westseite wendet der weitläufige Komplex des Clementinums (▶ Kreuzherrenplatz) dem Platz seine Rückseite zu.

Einem Vizekönig angemessen

Clam-Gallasův palác

Ein prachtvolles Barockpalais, 1707 entstanden, ist das **Palais Clam-Gallas** (Clam-Gallasův palác, Eingang Husova třída), in dem heute das Stadtarchiv untergebracht ist. Es war die Residenz von Jan Václav Gallas, kaiserlicher Gesandter, später Vizekönig von Neapel. Der hatte die Bürgerhäuser auf dem Areal aufgekauft und die Wiener Baukoryphäe Johann Bernhard Fischer von Erlach mit dem Bau einer angemessenen Bleibe beauftragt. Steinerne Giganten hüten das Tor an der Husgasse. Bei der Renovierung des Palais Ende der 1980er-Jahre hat man allerdings verdutzt festgestellt, dass, warum auch immer, die Köpfe der 3 m hohen Figuren zu Beginn des 20. Jh.s durch Kopien ersetzt worden waren. Das Treppenhaus stattete Carlo Carlone 1727 bis 1730 mit Fresken aus. Von ihm stammen auch die Deckengemälde in zwei Sälen des zweiten Obergeschosses (»Olymp«, »Krönung der

Eine schwere Last haben die Giganten am Portal des Palais Clam-Gallas zu tragen.

Kunst und Wissenschaft«) und in der Bibliothek (»Luna, Helios und die Sterne«). Die urwüchsigen Portalgiganten, die Attikafiguren und die Statue auf dem Brunnen im ersten Hof stammen von Matthias Bernhard Braun.
An der Hofmauer des Palais steht – passend zu den zahlreichen Überflutungen des Platzes bis ins 19. Jh. hinein – die Brunnenfigur »Moldau« von 1812, eine Nymphe, die Wasser aus einem Krug gießt.
Di. – So. 10 – 18 Uhr | Eintritt: 250 Kč | www.clam-gallas.cz

Hier wohnte Mr. Ragtime

Blaues Zimmer

Das **kleinste Museum der Stadt** ist dem Prager »Mr. Ragtime« gewidmet: Berühmt wurde Jaroslav Ježek (1906 – 1942) durch den legendären »Bugatti Step«, einer unverwüstlichen Up-Tempo-Nummer für Piano und Jazzorchester, die bis heute jedes Tanzbein zum Wippen bringt. Benannt ist das 1931 komponierte rasante Stück nach dem damals schnellsten Auto, dem Bugatti. Kleine Anekdote am Rand: Mit diesem Vehikel war in den 1920er-Jahren die berühmte tschechische Rennfahrerin Eliška Junková (1900 – 1994) unterwegs und belegte zum Erstaunen der männlichen Konkurrenz regelmäßig vordere Plätze. Ježeks Arbeitszimmer mit Klavier ist im Stil des Funk-

tionalismus der 1930er-Jahre in einer Privatwohnung in der Kaprova 10, Ecke Marienplatz, eingerichtet. Warum das Museum »Blaues Zimmer« heißt? Weil die Wände hellblau sind.
Kaprova 10 | Di. 13 – 18 Uhr | Eintritt: 50 Kč | www.nm.cz/navstivte-nas/objekty/pamatnik-jaroslava-jezka-modry-pokoj

NATIONALMUSEUM (NÁRODNÍ MUZEUM)

Lage: Praha 1, Nové Město, Václavské náměstí 68 | **Metro:** A/C, Muzeum | **Straßenbahn:** 11, 13 | **Tgl.** 10 – 18 Uhr | **Eintritt:** 200 Kč
www.nm.cz

Ballsaal und Hotellobby, Opernfoyer und medizinische Fakultät sind nur einige Beispiele für die Nutzung des Nationalmuseums – als Filmkulisse. Highlights sind Daniel Craig in der Rolle von James Bond im zur Hotellobby umgebauten Nationalmuseum – gedoubelt wurde das »Hotel Pupp« in Karlsbad in »Casino Royale« – und Tom Cruise mit Knopf im Ohr beim Diplomatenball für »Mission: Impossible«.

Immerhin 13 Millionen Ausstellungsstücke warten auf Gäste aus aller Welt. Im Hauptbau, der den Wenzelsplatz am oberen, südlichen Ende begrenzt, sind die großen naturwissenschaftlichen, ethnografischen und archäologischen Abteilungen des Museums untergebracht, eine Bibliothek mit mehr als 3,6 Millionen Bänden und die Münzsammlung. Das größte Museum der Tschechischen Republik setzt sich aus fünf Sparten zusammen: Naturwissenschaftliches Museum, Historisches Museum, Tschechisches Museum der Musik, Náprstek-Museum asiatischer, afrikanischer und amerikanischer Kulturen und die Bücherei des Nationalmuseums. Seit 2011 wurde das Haus über zehn Jahre lang grundlegend saniert. Die Kosten wurden mit nahezu 250 Mio. Euro beziffert. Das Problem war v. a. der schlechte Bauzustand des Gebäudes. Das Nationalmuseum wurde 1818 gegründet – damals hatte eine Gruppe böhmischer Aufklärer einen Appell für die Gründung eines Museums verfasst. Anfänglich war es im Palais Sternberg (▶ Hradschiner Platz) untergebracht und bestand lediglich aus einigen Privatsammlungen. Das wuchtige Gebäude am Wenzelsplatz entstand nach Entwürfen von Josef Schulz im Stil der Neorenaissance in den Jahren 1885 bis 1890, also in einer Zeit, als die Tschechen ihre neu gewonnene nationale Identität auch nach außen dokumentieren

Am oberen Ende des Wenzelplatzes führt kein Weg am Nationalmuseum vorbei.

wollten. Das drückt sich schon im imposanten Äußeren aus: Der Bau erhebt sich über einer doppelten Anfahrtsrampe und einer dreiarmigen Freitreppe. Seine wuchtige Fassade ist mit korinthischen Säulen und Pilastern vertikal gegliedert. Ein 70 m hoher Turm mit einer vierseitigen Segmentkuppel betont die Mitte.

Verursacht wurde der **schlechte Bauzustand** unter anderem durch einen Bombentreffer gegen Ende des Zweiten Weltkriegs. Dann folgten massive Gewehrsalven der Sowjetarmee 1968 zur Beendigung des »Prager Frühlings«. Der Bau der Metro in den 1970er-Jahren trug auch nicht zur Verbesserung der Situation bei, im Gegenteil. Last but not least belastet der brummende Verkehr vor und hinter dem Gebäude die Bausubstanz erheblich.

Vor dem linken Treppenaufgang ist ein dunkles Kreuz in das Gehwegpflaster eingelassen: Es markiert die Stelle, an der im Januar 1969 der Student **Jan Palach** zusammenbrach, als er sich aus Protest gegen den Einmarsch der Warschauer Truppen und die lähmende Stimmung in der Bevölkerung vor diesem steinernen Ausdruck nationalen Selbstbewusstseins selbst verbrannte.

Zum Nationalmuseum gehören **weitere Sammlungen** innerhalb und außerhalb der Stadt, die in eigenen Gebäuden untergebracht sind: im Lapidarium (▶ Holešovice), im Smetana- (▶ Kreuzherrenplatz) und im Dvořák-Museum (▶ Karlsplatz, Villa Amerika) sowie im Tschechischen Museum für Musik (▶ Erleben, Museen), im Náprstek-Museum

(▶ Erleben, Museen) mit Sammlungen asiatischer, afrikanischer und amerikanischer Kulturen und im Musaion im einstigen Schloss der Familie Kinsky im Stadtteil ▶ Smíchov mit ethnografischen Exponaten.

Auch eine Karriere: Börse, Parlament, Museum

Nová budova – Národního muzea

Ebenfalls zum Nationalmuseum gehört ein 1938 auffälliger Glas-Stahl-Betonbau (Nová budova bedeutet »Neues Gebäude«). Diese Nutzung war in kommunistischen Zeiten nicht mehr tragbar, 1948 nahm das tschechoslowakische Parlament hier seinen Sitz. Ironie der Geschichte: 1992 zog der von der US-amerikanischen Regierung finanzierte Sender »Radio Freies Europa« ein. Seit 2009 werden **Wechselausstellungen des Nationalmuseums** zu naturwissenschaftlichen und historischen Themen und zu Wissenswertem zur Tschechoslowakei unter der kommunistischen Diktatur gezeigt. Allein schon der Blick aus dem Konferenzraum auf die Stadt ist ein Erlebnis, ebenso der Besuch des Cafés, in dem man noch auf derselben Ledergarnitur sitzt, auf der sich schon in den 1970er-Jahren die kommunistischen Abgeordneten niederließen.

Vinohradská 1, Do.–Di. 10 – 18 Uhr | Eintritt: 200 Kč | www.nm.cz

★★ NATIONALTHEATER (NÁRODNÍ DIVADLO)

Lage: Praha 1, Nové Město, Národní třída 2 | **Metro:** B, Národní třída **Straßenbahn:** 2, 9, 18, 22, 23 | **Besichtigung:** nur mit Eintrittskarte zu einer Vorstellung, Kasse: Mo. – Fr. 9 – 18, Sa./So. 10 – 18 Uhr, oder am Wochenende bei englischsprachigen Führungen (wechselnde Uhrzeiten, siehe www.narodni-divadlo.cz/en/show/guided-tours-at-the-national-theatre-en-1941032) | **www.narodni-divadlo.cz**

Caruso oder Callas? Pavarotti oder Domingo? Fehlanzeige! Keiner der Opernstars ist im Theater der Tschechen aufgetreten. Abgesehen vom Festival »Prager Frühling«, wenn auch mal ausländische Künstler diese nationale Bühne betreten, singen stets Tschechen im ersten Haus am Platz. Mit goldenem Dach. Von Bürgern bezahlt. Für Bürger gemacht. Und für das Selbstbewusstsein. Das ist das Národní divadlo.

Der Grundstein für das Nationaltheater wurde am Berg Říp gebrochen, von wo aus einst der nationale Stammvater **Čech** Böhmen in Besitz genommen hatte. Für den Entwurf verantwortlich zeichnete Josef Zí-

1
1
2
3
4
©BAEDEKER

GOLDENE KAPELLE ÜBER DER MOLDAU

Das Nationaltheater ist ein zum größten Teil aus den Spenden der Bürger finanziertes Manifest des tschechischen Nationalbewusstseins. Im Jahr 1881 feierlich eröffnet, brannte es nur zwei Monate nach der Fertigstellung aus. Doch gleich darauf begann man mit der Instandsetzung und feierte schon am 18. November 1883 die zweite Eröffnung erneut mit Smetanas der mythischen Stadtgründerin Prags gewidmeten Oper »Libuše«.

❶ Trigen
Die Streitwagen der Siegesgöttinnen auf dem Prager Nationaltheater werden von drei Pferden gezogen (Triga), wofür es kein antikes Vorbild gibt – eine Eigenheit des Bildhauers Bohuslav Schnirch (1845 – 1901).

❷ Fassade
Der dem Bau vorgeblendete Portikus trägt eine aufstrebende Säulenloggia und betont den Bau. Seitlich zum Moldau-Ufer hin befand sich eine Durchfahrt für Kutschen.

❸ Foyer
Mikoláš Aleš (1852 – 1913) entwarf für das Foyer die 14 Lünettenbilder zum Thema »Mein Vaterland«. Sie zeigen im Geist der Neoromantik gestaltete Sagengestalten und wichtige historische Stätten des tschechischen Volks. Das Deckenfresko von František Ženíšek (1849 – 1916) verherrlicht das goldene Zeitalter der Kunst, Verfall und Wiedergeburt inklusive. Hinzu kommen Bronzebüsten tschechischer Komponisten.

❹ Zuschauerraum
Der halbrunde Zuschauerraum mit seinen ebenfalls die schönen Künste verherrlichenden Deckenmalereien von František Ženíšek hat vier Ränge und bietet insgesamt 996 Besuchern Platz.

tek, einer der bedeutendsten tschechischen Architekten Zu Baubeginn kamen mehr als 100 000 schaulustige Prager. Die Finanzierung konnte komplett durch private Spenden gesichert werden! Nach 13 Jahren Bauzeit war das Theater dann 1881 im Stil der Neorenaissance fertiggestellt. Doch kurz nach der ersten Vorstellung, der Uraufführung der eigens für diesen Anlass komponierten **Nationaloper »Libuše«** von Bedřich Smetana, geschah das Unglück: Das Theater wurde bei einem Brand großteils zerstört.

Fast alle machten mit

Národ sobě – das Volk für sich

Erneut wurde also viel Geld gesammelt: etwa 3 Mio. Gulden, umgerechnet rund 90 Millionen Euro! Da ließ sich kein Tscheche, der etwas auf sich und sein Land hielt, lumpen. Um diese Bereitschaft zu würdigen, wurde über dem Eingang die Inschrift **»Národ sobě«** angebracht, übersetzt bedeutet das: »Das Volk für sich«. Das **Habsbur-**

BAEDEKER MAGISCHE MOMENTE

ZAUBERHAFTE ILLUSION

Die Bühne ist komplett verdunkelt. Zu sehen ist nur, was ultraviolettes Licht auf weißen oder neonfarbenen Gegenständen oder Kostümen der Schauspieler zum Leuchten bringt. Komplett schwarz gekleidete Akteure können so unsichtbar bleiben und die Illusion erzeugen, dass Sterne plötzlich aus dem Dunkel auftauchen und Bäume selbstständig zu tanzen beginnen in der Laterna Magika.
www.narodni-divadlo.cz/en/ensembles/laterna-magika?t=1736225

ger Kaiserhaus allerdings leistete keinen Beitrag, daher wurde die Kaiserloge nicht in der Mittelachse des Zuschauerraums, sondern am linken Rand platziert. Den Wiederaufbau leitete Josef Schulz, ein Schüler von Zítek. Schon 1883 folgte die zweite Eröffnung, wieder mit »Libuše«. Sehr passend für das Haus, das in einer Epoche der nationalen Wiedergeburt entstand und das neue nationale Selbstbewusstsein verkörperte.

Alle führenden Architekten und Künstler der damaligen Zeit waren an dem Projekt beteiligt: Bohuslav Schnirch gestaltete die beiden Figurengruppen mit Siegesgöttinnen sowie Apollo mit den Musen auf der Attika der Nordfassade; die Allegorien von Oper und Drama auf der Westseite sowie die Statuen von Záboj und Lumír, zwei Helden der tschechischen Geschichte, in den Nischen der Nordfassade stammen aus der Werkstatt des Wieners Anton Wagner. Die Allegorien von Singspiel und Schauspiel über dem Seiteneingang sind Werke von Josef Václav Myslbek. Dieser Bildhauer lieferte auch die Büsten berühmter Persönlichkeiten für die Porträtgalerie sowie die Allegorie der Musik für das große Foyer (1913).

Besonders schön ist das **Deckenfresko** im Zuschauerraum von František Ženíšek, es zeigt acht Allegorien der Künste. Die Lünetten der Loggia zur Nationalstraße sind von Josef Tulka. Das eindrucksvolle **Gemälde** »Goldenes Zeitalter, Untergang und Wiederbelebung der Kunst«, das von František Ženíšek stammt, schmückt das große Foyer auf dem ersten Balkon. Zusammen mit Mikoláš Aleš malte der Künstler auch den in 14 Bogenfeldern dargestellten Zyklus »Die Heimat« sowie die vier Wandgemälde »Heidnischer Mythos«, »Geschichte«, »Leben« und »Volksmusik«. Vojtěch Hynais hingegen entwarf den **Bühnenvorhang,** eine Allegorie vom Wiederaufbau des Theaters.

Sehenswertes in der Umgebung

Zauberhaft fantasievolles Theater

Nová scéna

Als Ergänzung zum Nationaltheater entstand direkt neben dem Haupthaus 1983 der mäßig schöne, aber gleichwohl beeindruckende moderne Gebäudekomplex der **Neuen Szene** (Nová scéna), auf deren Bühne u. a. das berühmte Ensemble der **Laterna Magika** auftritt.

Der Name kommt aus dem Lateinischen und bedeutet **Zauberlaterne**: »Laterna magica« nannte man den ersten einfachen, um die Mitte des 17. Jh.s erfundenen Projektionsapparat für Glasdiapositive. Das **Schwarzlichttheater** mit Licht, Musik und Schauspiel sowie später auch mit Tanz und Film entwickelten der Regisseur Alfred Radok (1914 – 1976) und der Szenograf Josef Svoboda (1921 – 2002). Ihr Traumtheater hatte 1958 bei der Expo in Brüssel Premiere. Seit 1983 hat der illusionistische Guckkasten seinen Sitz hier in der Neuen Szene.

Früher eine gefährliche Angelegenheit, heute nur noch leicht anrüchig: ein Glas Absinth im Café Slavia

Eine Legende unter den Cafés

Café Slavia

Direkt vis-à-vis vom Theater liegt das berühmte »Slavia«, 1884 als Theatercafé eröffnet. Zu den Stammgästen zählte sofort Bedřich Smetana, der sogar zeitweilig an dieser Adresse wohnte. Umgestaltet im Jugendstil, wurde es zum Treffpunkt von Autoren wie Karel Čapek, Egon Erwin Kisch, Lenka Reinerová, Jaroslav Seifert und später auch Václav Havel. Rainer Maria Rilke verewigte das »Slavia« als »Café National« in der Novelle »Die Geschwister«.

Wenn man einmal die legale heutige Version des einstigen gefährlichen Kultgetränks Absinth, auch »Grüne Fee« genannt, probieren möchte, dann kann man das stilvoll im Anblick des Gemäldes »Der Absinthtrinker« von Viktor Oliva tun. Das hat möglicherweise auch den Vorteil, dass man sich auf ein Gläschen der giftgrünen Flüssigkeit beschränkt. Das psychedelische Zustände hervorrufende Nervengift Thujon ist im ausgeschenkten Absinth – im Gegensatz zu früher – zwar nur in geringen Mengen vorhanden, aber übertreiben sollte man es dennoch nicht.

Wieder etwas für Barockfreunde

Kostel svaté Voršily

Geht man die Národní třída, die Moldau im Rücken, weiter, so trifft man auf die Barockkirche **St. Ursula** (Kostel svaté Voršily). Sie entstand 1702 – 1704 als Teil des Ursulinerinnenklosters. 1747 schuf Ignaz Franz Platzer d. Ä. die Johannes-von-Nepomuk-Statuengruppe vor der Kirche. Sie ist reich mit Statuen und Fresken ausgestattet.

Was ein Dichter und Präsident so gelesen hat

Knihovna Václava Havla

Literaturfreunde gehen ein paar Schritte in die parallel zur Národní verlaufenden Ostrovní 13: Dort befindet sich die 2000 Bände umfassende **Bibliothek von Václav Havel** (Knihovna Václava Havla), alles Bücher, die Havel im Lauf der Jahre gesammelt hat. Außerdem dokumentieren etliche Fotos das Leben des Schriftstellers, Dissidenten und Staatsmanns.
www.vaclavhavel.cz

★ NERUDAGASSE (NERUDOVA)

Lage: Praha 1, Malá Strana | **Metro:** A, Malostranská | **Straßenbahn:** 2, 12, 15, 18, 20, 22, 23

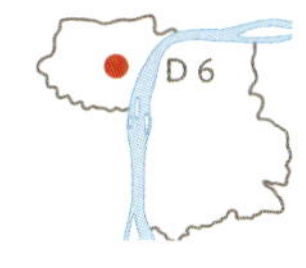

Eine Lehrerin trägt ihren Schülern eine der »Kleinseitner Geschichten« vor, die im Kleine-Leute-Milieu spielen. Direkt vor dem einstigen Haus des Dichters (1845 – 1857) in der Nerudagasse 47. Sie schwärmt vom Feuilletonisten und Dichter Jan Neruda, spart seine Alkoholprobleme nicht aus, erinnert an seine antijüdischen Texte, freut sich aber, dass der chilenische Literaturnobelpreisträger Pablo Neruda sein Pseudonym in Erinnerung an Jan Neruda (1834 – 1891) gewählt hat.

Es geht steil nach oben mit spätbarocken Bürgerhäusern, wohin man schaut: Aus der einstigen Gasse, wo die »kleinen Leute« lebten, einkauften und sich in einfachen Kneipen das Leben schöntranken, ist eine zwar hübsch renovierte, aber teure Meile geworden, durch die sich Touristenmassen wälzen. Trotzdem: Die Nerudagasse gehört immer noch zu den beeindruckendsten Gassen in Prag mit einer Prager Eigenart: den Hauszeichen (▶ Baedeker Wissen, S. 168). Drei gekreuzte kleine Geigen beispielsweise weisen an Nr. 12 darauf hin, dass hier 1667–1748 die Prager Geigenbauerfamilie Edlinger wohnte. Weitere Hauszeichen besitzen das Renaissancehaus Zum goldenen Pokal (Nr. 16), das barocke Haus Zum hl. Johannes von Nepomuk (Nr. 18) und weiter oben das Haus Zum weißen Schwan (Nr. 49). Im Haus Zum Wiegenesel (Nr. 23; gemeint ist der Esel an der Krippe bei Jesu

ZEICHEN UND WUNDER(N)

Wenn im hohen Mittelalter Fremde auf der Suche nach dem Haus eines Freundes durch die Straßen Prags liefen, mussten sie sich mit ganz anderen Problemen befassen als mit dem verzwickten Auseinanderklappen eines patentgefalteten Stadtplans oder der nervenaufreibende Suche nach dem Straßennamen im Handy. Sie mussten nämlich ganz ohne Straßennamen und Hausnummern auskommen.

In einer Zeit, in der selbst Familiennamen noch unbekannt waren, wäre die Einführung solcher Orientierungshilfen wohl auch recht merkwürdig gewesen, abgesehen davon, dass wenige Straßen überhaupt fest angelegt waren und sich Straßenverläufe rasch ändern konnten. Erbliche Familiennamen wurden in Europa erst notwendig, als der Handel im 12. Jh. aufblühte und sich größere Städte bildeten, in denen man bei Rechtsangelegenheiten eine genaue Unterscheidung der Personen benötigte. In dieselbe Zeit fiel das Bestreben, auch seinem Haus eine unverwechselbare Bezeichnung zu geben, die einen Besitzerwechsel überdauerte. Damit war der Startschuss für die individuelle Gestaltung der sogenannten Hauszeichen gegeben, bildlicher Darstellungen aus Stein, Holz oder Metall, die wie Wappen über den Hauseingängen angebracht wurden, um es zu kennzeichnen.

Zunächst überwogen Darstellungen von der **Umgebung** des Hauses, etwa »Zum Kastanienbaum« oder »Zur Brücke«, und vom **Beruf** des Besitzers, dem Handel oder Handwerk. Beispielsweise betrieb der Besitzer des Hauses »U tří pštrosů« (Zu den drei Straußen) an der Karlsbrücke einen schwunghaften Handel mit Straußenfedern. Zudem entstanden damals **symbolhafte Darstellungen** für Berufe – ein Schlüssel für einen Schlosser, eine Schere für einen Schneider oder die berühmten »Drei kleinen Geigen« in der Nerudagasse für einen Geigenbauer. Daneben erfreuten sich bildliche Darstellungen großer Beliebtheit. So findet der aufmerksame Betrachter noch heute Hauszeichen wie »Zum goldenen Engel« oder »Zur schwarzen Muttergottes« in der Zeltnergasse. Als Hauszeichen dienten auch Darstellungen von **Tieren** (»Zu den drei kleinen Bären«, »Zum grünen Frosch«), von

Pflanzen (»Zu den drei roten Rosen«) und **Himmelskörpern** (»Zu den zwei Sonnen«). Nicht zuletzt spielte auch der Glaube an die **Magie von Zahlen** eine Rolle.

Schöne Erinnerung

Die heutigen Hausnummern, alles andere als fantasievoll oder gar magisch, wurden 1770 unter **Kaiserin Maria Theresia** eingeführt, die hierin dem französischen Vorbild nacheiferte. Und zwar aus einem ganz profanen Grund, nämlich um Rekrutierungsoffizieren des Militärs die Arbeit zu erleichtern. Nach und nach geriet die Bedeutung bestimmter Zeichen und Symbole in Vergessenheit, sodass man sich heute über Hauszeichen wie »Zur goldenen Schlange« im Unklaren ist. Man weiß jedoch, dass manche Familien- und einige Straßennamen auf bestimmte Hauszeichen zurückzuführen sind. Eine Eigenheit haben die Prager jedoch heute noch vorzuweisen: An ihren Hauswänden prangen statt einer immer gleich **zwei Zahlen.** Die unscheinbare Zahl auf blauem Grund gibt stets die »normale« Hausnummer an, während diejenige auf rotem Grund die Nummer ist, unter der das Haus ins Grundbuch eingetragen wurde. Darunter steht die Bezeichnung des Stadtviertels. So wie die mittelalterlichen Fremden wohl an diesem System verzweifelt wären, so entsetzt wäre der Mensch unserer Tage, wenn man ihn in Prag kommentarlos auf die Suche nach dem Haus »Zum goldenen Geier« losschickte. Ob Wirtshausschilder, Zunftzeichen oder der jeweilige Schutzpatron des Besitzers – die Bedeutung vieler Hauszeichen ist heute vergessen. Die »Drei kleinen Geigen« aber erinnern bis heute an die Geigenbauerfamilie Edlinger in der ▶ Nerudagasse, wo auch die übrigen auf dieser Seite abgebildeten Zeichen fotografiert worden sind.

Geburt) spielt Nerudas Erzählung »Eine Woche in einem stillen Haus«. Hübsch ist auch die alte, 1980 restaurierte Kleinseitner Apotheke im Haus Zum goldenen Löwen (Nr. 32). Die erste Kleinseitner Apotheke befand sich im Haus Zum goldenen Hufeisen (Nr. 34).

Immer der Fahne nach

Morzinský palác

Wo heute die rumänische Botschaft logiert, findet man mit dem **Palais Morzin** (Morzinský palác) Nr. 5 einen der schönsten Barockpaläste auf der Kleinseite (1714). Den Balkon der Botschaft stützen heraldische Mohrengestalten – ein Wappenmotiv der Adelsfamilie Morzin. Über dem Portal finden sich Allegorien von Tag und Nacht.

Thun-Hohenšteinský palác

Und noch eine Fahne

Auch die italienische Botschaft hat eine repräsentative Residenz auf der Kleinseite bezogen, nämlich schräg gegenüber der rumänischen

GÄNSEHAUT

Da kriegt man schon eine Gänsehaut, wenn man durch die Gitterstäbe in den Garten des Palais Lobkowitz schaut und sich vorzustellen versucht, wie vor rund 35 Jahren über 4000 Menschen hier auf engstem Raum kampierten. Entschlossen, den Eisernen Vorhang zu überwinden. Viel Verzweiflung, aber auch viel Hoffnung lag in der Luft. Es braucht nicht viel Fantasie, um beides fast körperlich noch zu spüren.

Botschaft: Norbert Vinzenz Kolowrat ließ zwischen 1710 und 1725 das barocke **Palais Thun-Hohenstein** (Thun-Hohenštejnský palác; Nr. 20) nach Plänen von Giovanni Santini-Aichl errichten. Der aus Italien zugewanderte Sohn eines Steinmetzes gehörte seit 1700 zu den führenden böhmischen Architekten des Hochbarocks. Zu seinen Kennzeichen zählt die radikale Verschmelzung gotischer und barocker Elemente. Der Palast besitzt ein schönes Portal mit zwei heraldischen Adlern, die ihre Schwingen ausbreiten, und den beiden römischen Göttergestalten Jupiter und Juno.

Mozart und Casanova waren auch schon da

Im **Palais Bretfeld** (Bretfeldský palác) in der heutigen Nr. 33 stiegen früher so illustre Gäste wie Wolfgang Amadeus Mozart oder Giacomo Casanova ab. »Ich sah mit ganzen Vergnügen zu, wie all diese Leute auf die Musick meines Figaro' innig vergnügt herumsprangen«, freute sich Mozart bei einem Ball im Palais. Heute wirkt es mit dem Potraviny, einem Lebensmittelladen, im Erdgeschoss etwas vernachlässigt.

Bretfeldský palác

PALAIS LOBKOWITZ (LOBKOVICKÝ PALÁC)

Lage: Praha 1, Malá Strana, Vlašská 19 | **Straßenbahn:** 2, 12, 15, 18, 20, 22, 23| **Besichtigung nicht möglich, Bürozeiten der Botschaft:** Mo. – Fr. 8.30 – 12 Uhr | **https://prag.diplo.de**

30. September 1989. Weit über 4000 fluchtwillige Bürger der DDR halten sich in drangvoller Enge auf dem Gelände der bundesdeutscn Botschaft in Prag auf. Nach Tagen, teils Wochen des Wartens, Hoffens, Zauderns spricht Außenminister Genscher vom Balkon: »Wir sind gekommen, um Ihnen mitzuteilen, dass heute Ihre Ausreise ...« Danach ist der Außenminister nicht mehr zu verstehen, denn es erhebt sich grenzenloser Jubel. Hier stimmt die oft strapazierte Formulierung: Es ist ein historischer Moment.

Wer sich einen Eindruck von den Bedingungen verschaffen will, unter denen im Garten damals mehrere tausend Menschen kampierten, geht rechts von der Botschaft den kleinen Weg bergauf, hinter dem nächsten Gebäude nach links, an einem Spielplatz vorbei, und biegt dann wieder nach links ab. So kommt man zur Rückseite des Gartens und kann durch ein Tor hineinspähen, auf den »Genscher-Balkon« und den bronzenen Trabi.

Die deutsche Botschaft ist noch da ...

Im Frühbarock begonnen

Das Palais Lobkowitz – das Wappen derer von Lobkowitz ist im Giebel zu sehen – ist heute nach wie vor Sitz der deutschen Botschaft. Errichtet wurde das frühbarocke Gebäude zu Beginn des 18. Jh.s von Giovanni Battista Alliprandi, 1769 wurde es nach Plänen von Michael Ignaz Palliardi umgebaut und an den Seitenflügeln erhöht. Die schön gegliederte Fassade mit beeindruckendem Portal ist mit Wappen, Symbolen und einer statuenbesetzten Attika geschmückt. Vom dreiflügeligen Ehrenhof auf der Rückseite geht es durch ein mit Skulpturen (»Entführung der Proserpina und der Oreithyia«) bereichertes Gittertor in den Garten. Dieser wurde zur selben Zeit wie das Palais angelegt und Ende des 18. Jh.s nach dem Muster englischer Naturparks gestaltet, in der Flucht des Ehrenhofs sind noch akkurat gestutzte Hecken in barocken Schnörkeln zu sehen. Unterhalb des »Genscher-Balkons« steht, etwas seitlich versetzt, ein bronzefarbener Trabant auf vier Füßen. Da viele DDR-Flüchtlinge in Prag ihre Trabis zurücklassen mussten, nannte der Prager Künstler David Černý seine Trabi-Skulptur »Quo vadis?« (1989). Sie ist eine Kopie (Foto S. 170). Das Original würde im Freien rosten und steht deshalb im neuen Musoleum in > Smíchov.

Gala-Auftritt im Palais Waldstein. Das Publikum ist hingerissen.

... und die amerikanische ist nicht weit

Wie es sich für transatlantische Freunde gehört, residiert ganz in der Nähe, in der Tržiště 15, im **Palais Schönborn** (Schönbornský palác) die Botschaft der USA. Giovanni Santini-Aichl baute das vierflügelige Barockpalais mit terrassiertem Garten bis 1715: Es verfügt über hundert Räume und drei Höfe, den zentralen Hof schmücken – passend zu den Bewohnern – zwei gigantische Atlanten des Bildhauers Matthias Bernhard Braun. Die grimmigen Mienen der Wachposten verraten: Auch die US-Botschaft kann nicht besichtigt werden.

Schönbornský palác

★ PALAIS WALDSTEIN (VALDŠTEJNSKÝ PALÁC)

Lage: Praha 1, Malá Strana, Valdštejnské náměstí | **Metro:** A, Malostranská | **Straßenbahn:** 2, 12, 15, 18, 20, 22, 23
Sa., April – Okt. 10 – 18 Uhr | **www.senat.cz**

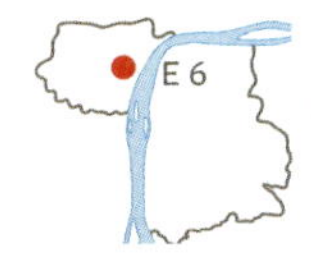

Auf dem Feld war er ein ganz Großer und sein gesellschaftlicher Aufstieg war geradezu märchenhaft. Er machte die richtigen Geschäfte – hinzu kamen die passenden Heiraten. So wundert es nicht, dass er einer der reichsten Adeligen der Zeit war und die schönste und größte Prager Adelsresidenz besaß: Albrecht von Waldstein (1583 – 1634), genannt Wallenstein. Am Ende half alles nichts: Er wurde das Opfer einer Intrige und ermordet. Friedrich Schiller machte ihn zum Helden seiner Trilogie »Wallenstein«.

Die überaus großzügig angelegte, prunkvollste Prager Adelsresidenz entstand 1624 bis 1630 für den kaiserlichen General Albecht von Waldstein (▶ Interessante Menschen). Nicht weniger als 25 Häuser und ein Stadttor ließ er abreißen, um am Fuß des Hradschin das erste Barockpalais der Stadt zu errichten.

Was mit Geld zu machen ist

So beschrieb es Golo Mann

Im zentralen Rittersaal zeigt ein Deckenfresko Waldstein als Gott Mars auf seinem Triumphwagen (1630). In den anderen Sälen sind u. a. ein Reiterporträt Waldsteins und Gemälde mit antiken Motiven zu sehen. Die Palastkapelle birgt Prags ältesten Barockaltar. Heute ist das Palais Sitz des Tschechischen Senats.

Barocker Luxus

Golo Mann beschreibt die Behausung in seiner berühmten »Wallenstein«-Biografie:

»Die wahren Dimensionen des Wallenstein-Schlosses erfasst man erst, wenn man Innenhöfe und Park inspiziert. Ein autarkes Stück Land, ein Klein-Reich inmitten des Gehudels der Großstadt, umfriedet von Nebengebäuden und einer festungsartigen Parkmauer. Er hatte alles, wessen er bedurfte; eine Kapelle für seine Andacht; eine Reitbahn am unteren Ende des Parks; eine Badegrotte mit Kristallen, Muscheln und Tropfstein, das war schier das Wichtigste; Promenadenwege zwischen Statuen und Springbrunnen.«

Von Prag nach Stockholm

Valdštejnská zahrada

Der im italienischen Barockstil entworfene **Waldsteingarten** (Valdštejnská zahrada) mit Grotten, Teich und Voliere ist von der Letenská her zugänglich. Wege und Brunnen sind mit Kopien von Bronzestatuen des damals in Prag arbeitenden Niederländers Adriaen de Vries geschmückt. Die Originale gefielen den schwedischen Soldaten, die sich hier im Dreißigjährigen Krieg unfein benahmen, so gut, dass sie sie kurzerhand mitnahmen: Heute schmücken sie Schloss Drottningholm bei Stockholm. An der Westseite des Gartens liegt die mit Fresken geschmückte Sala terrena. In den Sommermonaten finden hier manchmal Konzerte statt.

April – Okt., Mo. – Fr. 7 – 19, Sa. – So. 9 – 19 Uhr

Weitere Paläste

Der Adel und sein Barock

Valdštejnská

An der östlich des Palais Waldstein verlaufenden **Waldsteingasse** (Valdštejnská) ist das barocke Prag noch vollkommen gegenwärtig. Neben dem **Pálffy Palác** (wegen Instandsetzung längerfristig geschlossen) befindet sich der Eingang zu den ▶ Palastgärten unter der Prager Burg. Ein paar Schritte weiter steht das Palais Kolovrat aus dem 18. Jh. (Nr. 10), jetzt eine Dependance des Kulturministeriums, gefolgt vom 1747 erbauten **Palais Fürstenberg** (Nr. 8), heute die polnische Botschaft. Die einstige **Waldstein-Reitschule** (Valdštejnská jízdárna, Nr. 3) an der Ecke Waldsteingasse/Chotkova ist nun eine Dependance der Nationalgalerie (Národní galerie v Praze): Dort werden Wechselausstellungen gezeigt.

Di. – Do. 10 – 18, Fr. – So. 9 – 19 Uhr | Eintritt: 270 Kč (das 10 Tage gültige Ticket zu allen 6 Dauerausstellungen der Nationalgalerie kostet 680 Kč) www.ngprague.cz/o-nas/budovy/valdstejnska-jizdarna

Zur Abwechslung mal klassizistisch

Letohrádek Richterova

Genau da, wo die mehrspurige Chotkova den Berg hinauf nach links abbiegt, steht die **Villa Richter** (Letohrádek Richterova), 1832 erbaut. Sie ist einer der bedeutendsten klassizistischen Villen von Prag und beherbergte nach dem Zweiten Weltkrieg die kubanische Botschaft. Mit schönem Ausblick locken zwei Restaurants, eines davon ist Self-Service. Zwischen der Villa Richter und dem östlichen Ende des ▶ Hradschin liegt der **St.-Wenzels-Weinberg**, einer der ältesten Weinberge Böhmens: Seine Anfänge gehen auf das 10. Jh. zurück.

Villa Richter: tgl. 11 - 19.30 Uhr | www.villarichter.cz

PALASTGÄRTEN (PALÁCOVÉ ZAHRADY)

Lage: Praha 1, Malá Strana, Valdštejnská 12 | **Metro:** A, Malostranská | **Straßenbahn:** 2, 12, 15, 18, 20, 22, 23 | April und Okt. tgl. 10 - 18 , Mai - Sept. bis 19 Uhr | **Eintritt:** 140 Kč | **www.palacove zahrady.cz**

Die Südhänge der Burg haben schon vieles erlebt: unter anderem erbitterte Kämpfe, zwei aus dem Fenster geworfene Statthalter des Kaisers Ferdinand II., aber auch weiß gepuderte Damen, die unterm Sonnenschirmchen friedlich lustwandelten, vorbei an dekorativen Treppen und ebensolchen Balustraden, an Aussichtsbalkonen und Pavillons.

Zu dieser barocken Zeit waren die Palastgärten als ein friedliches und malerisches Ganzes angelegt. Ihnen erging es wie so vielen Häusern und Palästen in Prag: Sie durchliefen stilistisch den Wandel der Zeit vom Mittelalter bis zum Barock, dessen Formgebung in den Gärten bis heute prägend ist.

Treppauf, treppab

Gartenkultur

Nachdem zu Beginn des 16. Jh.s der zumeist mit Weinreben und Obstbäumen bestandene Südhang der Burg seinen grundsätzlichen Verteidigungscharakter verloren hatte, erwarben verschiedene Adelsfamilien hier Grund und Boden, um italienische Renaissancegärten anzulegen. Nach der Belagerung der Kleinseite 1648 gestaltete man die zerstörten Gärten im Barockstil – es entstanden symmetrisch angeordnete, monumentale Treppen mit balustradenverzierten Terrassen, Loggien, Pavillons und Galerien, von denen man einen wunderschönen Blick über die Kleinseite hat. Die einzelnen Gärten sind durch Mauern voneinander abgegrenzt, im oberen Teil, dem **Wallgarten** (Zahrada na valech) sind sie miteinander verbunden.

Westlich folgt der **Ledebourgarten** (Ledeburská zahrada) mit dem gleichnamigen Palais am Waldsteinplatz. Die gegenüber der Sala terrena liegende Wand mit auslaufenden Treppen ermöglicht den Zugang (Waldsteinplatz/Valdštejnské náměstí 3). Dort steht eine Statue des Herkules im Kampf mit Zerberus. Die steilen Treppen des Gartens – streng geometrisch mit einer Mittelachse angelegt – enden vor einem fünfeckigen Pavillon.
Östlich des Ledebourgartens liegt der Kleine **Pálffygarten** (Pállfyovská zahrada). Die heutige Gestalt des Großen Pálffygartens geht auf 1751 zurück, verantwortlich war Maria Anna von Fürstenberg. Die untere Terrasse mit einem Springbrunnen erreicht man über eine Treppe. In der Mittelachse führt sie weiter zur höher gelegenen Aussichtsterrasse.
Weiter östlich folgt der **Kolowratgarten** (Kolowratská zahrada). Im Gegensatz zu den anderen Gärten wurde er nach dem Abriss zweier Häuser 1858 terrassenartig als Obstgarten angelegt. Der Rokokogarten Kleiner Fürstenberg (Fürstenberská zahrada; 1784 – 1788 gestaltet) ist nur teilweise zugänglich, da das Kleine Fürstenbergische Palais am Fuß des Geländes dem Tschechischen Senat gehört. Die ebenfalls zentral ausgerichtete Treppe führt vorbei an einer Loggia zu einem Pavillon mit Aussichtsterrasse.

★ REPRÄSENTATIONSHAUS (OBECNÍ DŮM)

Lage: Praha 1, Staré Město, Náměstí republiky 5 | **Metro:** B, Náměstí republiky | **Straßenbahn:** 6, 8, 15, 26 | tgl. 10 – 19 Uhr | **Eintritt:** EG/UG zu Restaurant, Café und Bar frei, sonst obligatorische Führung 320 Kč, Karten sind vor Ort zu erwerben | **www.obecnidum.cz**

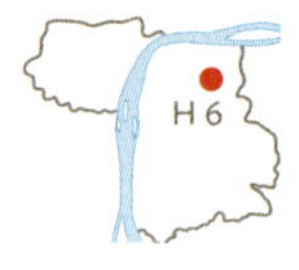

Zwei Fahrstühle führen im Obecní dům nach oben, einer für den Präsidenten der Republik und einer für den Bürgermeister. Will heißen: Der Bürgermeister ist dem Präsidenten ebenbürtig. Im Smetana-Konzertsaal hat er sogar den besseren Platz, denn er ist der Hausherr des Repräsentationshauses, das ja das Gemeindehaus ist. Präsident und Bürgermeister kommen aber nur einmal im Jahr hier zusammen: am Nationalfeiertag zum Festakt. Das ist Pflicht für beide.

Mehr als 400 Jahre liegen zwischen dem Pulverturm (links) und dem Repräsentationshaus.

Jugendstil-juwel

An historischem Ort, wo sich einst der 1380 gegründete Königshof befand, der Sitz der böhmischen Könige für mehr als hundert Jahre, entstand 1906 bis 1911 das Gemeindehaus, der repräsentative Platz für die Bürger von Prag, auch es ein Ausdruck für das erstarkte Selbstbewusstsein der Tschechen. Verantwortliche Architekten waren Osvald Polívka und Antonín Balšánek. In diesem wohl schönsten Jugendstilbau der Hauptstadt gingen Frauen zum ersten Mal ohne männliche Begleitung aus und am 28. Oktober 1918 wurde dort die Gründung der Tschechoslowakischen Republik ausgerufen. Die Kommunisten dachten darüber nach, den Hort der Bürgerlichkeit zu schleifen, was trotz »rein bourgeoiser Funktion« glücklicherweise nicht geschah. Dafür fanden im November 1989 im Zuge der Samtenen Revolution erste Treffen zwischen der kommunistischen Regierung und den Vertretern des Bürgerforums mit Václav Havel statt. Übrigens: Heutzutage darf auch das normale Publikum beide Fahrstühle benutzen.

Hier spielt die Musik

Das Gemeindehaus hat den **größten Konzertsaal der Stadt,** den wundervollen Smetana-Saal mit 1250 Plätzen und einer Orgel mit 4800 Pfeifen. Hinzu kommen fünf weitere prächtige Säle. Das Gebäude ist das beste Beispiel für die tschechischen Secessionsbauten des späten 19. und frühen 20. Jh.s: mit dem Hang zur Ornamentik, der Vorliebe für geometrische Formen und kunstvolle Details, Pflanzendarstellungen und dem wiederkehrenden Thema der Jugend.

An der äußeren und inneren Gestaltung war eine ganze Künstlergeneration beteiligt. Das Mosaik »Huldigung Prags« im Bogengiebel über dem Haupteingang stammt von Karel Špillar. Ladislav Šaloun war mit den Allegorien »Demütigung« und »Auferstehung der Nation« an der Frontseite sowie mit »Böhmische Tänze« und »Vyšehrad« am Podium des Smetana-Saals, den Werken mit dem größten Symbolcharakter, dabei. Alfons Mucha war an der Innenausstattung mit symbolischen Wandfresken beteiligt. Drei Viertel des Bauwerks und der Kunstwerke sind noch original. Das einzige Relikt des ursprünglichen Königshofs ist der Durchgang zwischen Gemeindehaus und Pulverturm: Er ist heute den Konzertierenden als Ruheraum vorbehalten, inklusive eines Balkons zum Luft-Schnappen. Das Obecní dům ist **Sitz des Prager Symphonieorchesters.**

Kuchen in schönster Umgebung

Einfach nur schön

Ein absolutes Muss für jeden Besucher ist das elegante **Café.** Man kann sich kaum sattsehen an der aufwendigen Ausstattung, den Wänden, den Kronleuchtern … Die Kellner sind durchweg mehrsprachig, auf Deutsch zu bestellen ist daher in der Regel kein Problem.

In der Nähe

Quasi das Gegenteil von Jugendstil

Prašná brána

Pechschwarz und fast ein bisschen einschüchternd steht er da: der 65 m hohe spätgotische **Pulverturm** (Prašná brána) mit reich ornamentierter Fassade. 1475 wurde er als Teil der Stadtbefestigung angelegt, unschwer erkennbar an den Ecken mit Türmchen und dem sehr hohen Steildach. Als König Vladislav Jagiello seinen Amtssitz vom Königshof auf den Hradschin verlegte, ging die Bedeutung des Turms zurück. Seinen jetzigen Namen erhielt er im 18. Jh., damals diente er als Pulvermagazin. Die Plastiken zeigen u. a. Porträts böhmischer Könige und Landespatrone. Hat man die Wendeltreppe mit den 186 Steinstufen überwunden, bietet sich auf 44 m Höhe eine schöne Aussicht.

tgl. Juni – Sept. 9 – 20.30, Okt. – Nov. und Jan. – März 10 – 18, Dez. 10 – 19.30, April – Mai 10 – 19 Uhr | Eintritt: 190 Kč

Für Musical- und Ballettfans

U Hybernů

Das **Hibernerhaus** bzw. **Hybernia-Theater** (U Hybernů bzw. Divadlo Hybernia) liegt vis-à-vis vom Repräsentationshaus und war ursprünglich eine spätbarocke Kirche, 1652 bis 1659 von irischen Franziskanern (Hibernern) erbaut. Nachdem das Kloster 1786 aufgehoben und die Kirche vier Jahre später geschlossen worden war, wurde es 1811 zum Zollamtsgebäude mit klassizistischer Fassade umgebaut. Seit Anfang der 1940er-Jahre finden in diesem Haus Ausstellungen und musikalische Aufführungen statt: Wer Musicals und Ballett liebt, ist hier richtig. Und wer durch die Zeltnergasse (Celetná) zum Masaryk-Bahnhof (Masarykovo nádraží) geht, sieht links des Bahnhofs einen kühnen Neubau, das Masaryk-Gebäude, das Zaha Hadid entworfen hat und das 2024 fertiggestellt wurde.

www.hybernia.eu

SMÍCHOV (STADTTEIL)

Lage: Praha 5 | **Metro:** B, Anděl und Smíchovské nádraží
Straßenbahn: 4, 5, 7, 9, 10, 12, 15, 16, 20, 21

Eine Zeitreise in die kommunistische Vergangenheit gefällig? Lässt sich, zumindest was die Architektur angeht, am Bahnhof Smíchov machen: kurz eintauchen in Grau in Grau, Beton und Freundschaftsbezeugungen zu Moskau. Aber man sollte sich beeilen, denn für das Arbeiterviertel Smíchov, Standort der Großbrauerei Staropramen, ist bereits auf Modernisierungskurs ...

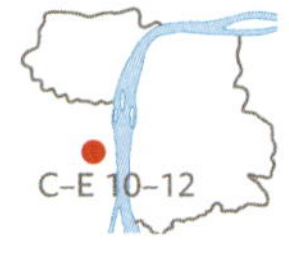

Ein Viertel wird hip

Zunächst im 18. Jh. vom Adel entdeckt, entstand in dem westlich der Moldau gelegenen Stadtteil Smíchov eine Reihe von Lustschlössern mit blühenden Gärten wie die Villa Bertramka, die Villa Kinský oder das Sommerschloss Dientzenhofer. Im 19. Jh. kam die Industrialisierung: Arbeiterwohnungen und Industrie prägten von nun an das Bild. Durch Abwanderung und Schließung von Fabriken kam das Viertel im 20. Jh. mehr herunter, ehe nun im 21. Jh. die Kehrtwende vollzogen wird. Aus dem Arbeiter- und Eisenbahner- wird allmählich ein modernes Wohn-, Büro-, Einkaufs- und Ausgehviertel. Smíchov ist auf dem Weg, sich zu den In-Vierteln Vinohrady und Holešovice zu gesellen. Mit der Metro ist man gut ans Zentrum angebunden und mit dem zweitgrößten Einkaufszentrum in Prag, dem »Obchodní centrum Nový Smíchov« mit mehr als 150 Markengeschäften, einem Supermarkt, Restaurants, Cafés, Bars und Multiplex-Kino, hochgezogen am Standort einer ehemaligen Waggonfabrik, begann das neue Smíchov. Nicht minder gigantisch ist die »Engel-City« (Anděl City), ein Komplex aus Büros, Wohnungen, Geschäften, Restaurants, Bowling sowie einem Kino mit mehreren Sälen. Stararchitekt Jean Nouvel schuf an der Stelle des früheren Hauses Zum Goldenen Engel (U Zlatého anděla) das kühn schiffsbugartig auslaufende, glasverkleidete Büro- und Geschäftsgebäude Zlatý Anděl (Goldener Engel) mit mehr als 13 000 m² Büro- und etwa 7000 m² Verkaufsfläche.

Auch ein Künstler will ein schönes Zuhause

Letohrádek Portheimka

Für die eigene Familie errichtete Kilian Ignaz Dientzenhofer 1725 dieses barocke **Sommerschloss** (Dienzenhoferův Letohrádek); das prachtvolle Fresko der »Bacchusfeier« (1729) im zentralen Saal stammt angeblich von ihm selbst. Im 19. Jh. erwarb es der Prager Industrielle Porges von Portheim. Heute ist in dem Gebäude die Galerie Portheimka untergebracht.

Štefánikova 12 | Di. – So. 13 – 18 Uhr | Eintritt: 60 Kč
www.portheimka.cz

Musaion: Einblick in früheres Alltagsleben

Letohrádek Kinských

Noch weiter nördlich, am südlichen Zipfel des ► Laurenzibergs, erwarb 1825 Graf Rudolf Kinský das rebenbestandene Gelände und ließ eine Villa im Empirestil errichten. 1901 ging das Anwesen in den Besitz der Stadt über, die den Park der Öffentlichkeit zugänglich machte. Ein Jahr später fand dort eine berühmt gewordene Ausstellung mit Werken des französischen Bildhauers Auguste Rodin statt. Ein Hort der Kunst ist die Villa Kinský noch heute: Seit 1922 beherbergt das auch **Musaion** (Musentempel) genannte **Sommerschloss Kinsky** (Letohrádek Kinských) die ethnografische Abteilung des Nationalmuseums zur tschechischenVolkskultur und Exponate zum Alltag im 19. und 20. Jahrhundert. Mit insgesamt rund 200 000 Exponaten gehört sie zu den größten Sammlungen ihrer Art in Europa. Einzigartig ist die **kar-**

patische Holzkirche Kostel sv. Kinského im Garten. Sie ist dem Erzengel Michael geweiht, stammt aus dem 17. Jh. und wurde 1929 aus den Karpaten hierher versetzt. Jeden Sonntag um 10 Uhr findet ein orthodoxer Gottesdienst statt.

Musaion: Kinského zahrada 98 | Di. – So. 10 – 18 Uhr | Eintritt: 80 Kč
www.nm.cz

Aktuelle Kunst

Davids Musoleum

Im Center for Contemporary Art Futura präsentieren tschechische und internationale Künstlerinnen und Künstler ihre neuesten Werke. Ein Ort für alle, die Zeitgenössischem auf der Spur bleiben wollen. Im Garten ist ist David Černýs (▶ S. 244) provozierende Skulptur »Brown Nosing« zu sehen. Seit 2023 gibt es in Smíchov auch das **Musoleum: The Art of David Černý**. In dem Gebäude ist eine interessante Sammlung von Werken des Künstlers ausgestellt, wie die verknotete Pistolenläufe, aber auch das Original des Trabbi auf vier Beinen (▶ S 170), ein Riesenphallus über mehrere Stockwerke und als Pendant eine übergroße, pulsierende Vagina (»The Origin of the World«, 2020). »Die Nationalgalerie wollte eine Einzelausstellung von mir machen«, sagt Černý. »Aber wir konnten uns nicht einigen. Also entstand das Mausoleum.« Es bietet auch ein Café an, das an die Geschichte des Gebäudes (eine ehemalige Destillerie) erinnern soll.

Holečkova 49 | Mi. – So. 11 – 18 Uhr | www.futuraproject.cz |
Nádražní 2 (schwer zu finden, besser ab Anděl mit dem Taxi fahren)
Mo. – Fr. 13 – 19, Sa. – So. 10 – 18 Uhr | Eintritt: 300 Kč
https://musoleum.cz

Prager Enfant terrible der Kunst

Kulturzentrum MeetFactory

Im südlichen und noch sehr an dunkle Zeiten des 20. Jh.s erinnernden Teil von Smíchov hat der Künstler David Černý zwischen Eisenbahnlinien und Stadtautobahn sein Kulturzentrum »MeetFactory« für Kunst, Performance und Musik mit Café und Kneipe etabliert, in Sichtweite zum Musoleum. Die dominante Installation am Eingang stammt von Černý selbst: Zwei echte rote Autos hängen wie Fleisch an einem Metzgerhaken neben der Tür.

Ke Sklárně 15 (schwer zu finden, besser ab Anděl mit dem Taxi fahren) | tgl. 13 – 20 Uhr und gemäß Programm | www.meetfactory.cz

Mozarts Prager Refugium

Villa Bertramka

Westlich des Zentrums von Smíchov, hinter dem Mrázovka-Hügel, liegt die im 17. Jh. erbaute, Anfang des 18. Jh. in den Besitz von František Bertram gekommene Villa Bertramka. Diese Vorstadtvilla wäre kaum bekannt geworden, hätte das Haus nicht 1784 bis 1795 der Opernsängerin Josefa Dušková und ihrem Ehemann, dem Komponisten und Musikpädagogen František Xaver Dušek, gehört und hätte nicht **Wolfgang Amadeus Mozart** während seiner häufigen Pragaufenthalte bei

Schon wieder Černý: Autos am Fleischerhaken an der MeetFactory

den beiden gewohnt. In dieser Villa beendete er im Oktober 1787 die Komposition seiner Oper »Don Giovanni«. Mitte des 19. Jh.s wurde die Mozartgedenkstätte ins Leben gerufen, für die der Bildhauer Tomáš Seidan im schönen Garten eine Büste des Komponisten schuf. Die Villa besitzt Originalpartituren Mozarts, beherbergt sein einstiges Schlaf- und Arbeitszimmer, Briefwechsel, historische Plakate – und 13 Haare des Maestro. Das Museum bildet zusammen mit dem Smetana- und Dvořákmuseum die Musikabteilung des Nationalmuseums.

Mozartova 2 | tgl. 10 – 18 Uhr | Eintritt: 110 Kč | www.bertramka.eu

STAATSOPER
(STÁTNÍ OPERA PRAHA)

Lage: Praha 1, Nové Město, Wilsonova 4 | **Metro:** A/C, Muzeum Straßenbahn: 11, 13 | **voraussichtlich bis 2019 wegen Renovierung geschlossen** | **www.opera.cz**

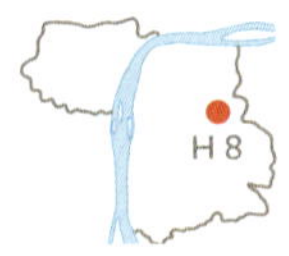

Der Champagner perlt, die Damen gefallen sich in großer Robe, die Herren führen ihren Smoking aus. Vor der Aufführung und während der Pause sieht man kaum irgendwo in Prag elegantere Gewänder als auf dem Balkon, den Treppen und dem Aufgang zur Staatsoper. Und das, obwohl die Lage an der autobahnähnlichen Wilsonova nicht gerade schick ist.

Mit Richard Wagners »Die Meistersinger von Nürnberg» wurde das Opernhaus 1888 eröffnet. Ein Haus, das auch die Rivalitäten zwischen den tschechisch und deutsch sprechenden Pragern symbolisiert. Nachdem Erstere bereits 20 Jahre zuvor den Grundstein für »ihr« ▶ Nationaltheater gelegt hatten, wollten die Deutschen eine eigene, ebenso bedeutende Bühne. Die Pläne dazu stammen von den Wiener Theaterarchitekten Ferdinand Fellner und Herrmann Helmer. Das Haus wurde großartig bespielt mit Werken von Wolfgang Amadeus Mozart, Paul Hindemith, Erich Wolfgang Korngold, Ernst Krenek, Franz Schreker und eben Wagner. Enrico Caruso sang hier und Richard Strauss' »Electra« wurde 1910 begeistert gefeiert.

Schönes Ergebnis einer Rivalität

Konkurrenz belebt nicht immer das Geschäft

Man sagt ja, Konkurrenz belebe das Geschäft, aber wenn man den Wettbewerb gar nicht zur Kenntnis nimmt, sind vielleicht doch Zweifel an dieser Weisheit angebracht. Jedenfalls bedauerte der sowohl der deutschen wie der tschechischen Seite gegenüber aufgeschlossene Journalist Egon Erwin Kisch sehr, dass die einen nie zu den Aufführungen der anderen gehen würden.

Außen Neoklassizimus, innen Rot und Gold

Heute ist die Staatsoper Prag, zwischendurch auch Smetana-Theater genannt und seit 2012 organisatorisch mit dem Nationaltheater vereint, vornehmlich der Pflege des Belcanto und dem Ballett verpflichtet. Zwischen dem wunderschönen, jüngst renovierten Jugendstil-Hauptbahnhof und dem funktionalistischen Neubau des Nationalmuseums gelegen, präsentiert sich der neoklassizistische Bau mit korinthischen Säulen und galaktischen Adlern am antiken Dachgiebel. Neben dem Dionysoswagen und Thalia, der Muse der Komödie, zieren Porträts der deutschen Dichtergrößen Goethe und Schiller die Fassade, eine Erinnerung an den »deutsch-tschechischen Hintergrund« dieses Gebäudes. Innen punktet er üppig mit Neorokoko in Rot und Gold und einem riesigen Deckenfresko.

In der Nähe

Ein Hauptbahnhof im Jugendstil

Unbedingt einen Abstecher wert ist der nahe **Hauptbahnhof**, auch bekannt als Hlavní Nádraží (1871 – 1909). Er ist nicht nur der wichtigste Bahnhof Tschechiens, der historische Haupteingang gilt auch als eines der prächtigsten Jugendstilobjekte der Stadt. Die kunstvoll gestalteten Elemente und die beeindruckende Architektur machen den Eingang zu einem wahren Juwel. Auch das »Café Fanta« in der einstigen Abfertigungshalle, ein beeindruckender Kuppelbau, lohnt mit seinen mächtigen Jugendstilfiguren einen Besuch. Benannt ist es nach dem Architekten des Hauptbahnhofs, Josef Fanta.

Hlavní Nádraží

STÄNDETHEATER (STAVOVSKÉ DIVADLO)

Lage: Praha 1, Staré Město, Železná 24 | **Metro:** A/B, Můstek
Führungen: nur englischsprachig, wechselnde Uhrzeiten, siehe www.narodni-divadlo.cz/en/show/guided-tours-at-the-estates theatre-en-1941033 | Eintrittskarten für Aufführungen direkt an der Theaterkasse, tgl. 10 – 18 Uhr | **www.narodni-divadlo.cz/en/stages/the-estates-theatre**

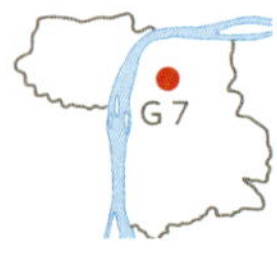

War das eine Aufregung! Als Mozarts »Figaros Hochzeit« auf dem Spielplan stand, pfiffen die Studenten die Arien aus der Oper wie Schlager. Sein »Don Giovanni«, 1787 uraufgeführt, wurde ein rauschender Triumph! Zwischen den Vorlesungen sprach man nur über die Schlafzimmerszenen. Das Ständetheater eröffnete 1781 direkt vor den Pforten der ehrenwerten Karlsuniversität – sehr zum Verdruss der Professoren, die fürchteten, leichtlebige Soubretten könnten die Moral der Studenten gefährden.

Lebhafte Geschichte in einem lebhaften Umfeld

Den ersten und ältesten Theaterbau im Moldautal ließ Graf Anton von Nostitz-Rieneck 1781 bis 1783 nach einem Entwurf von Anton Haffenecker im klassizistischen Stil errichten. Ostfront und Inneneinrichtung stammen vom Architekten Achill Wolf (1881). Ende des 18. Jh.s wurde das Nostitztheater vom böhmischen Adel als »Ständetheater«, ab Mitte des 19. Jh.s als »Deutsches Landestheater« betrieben. 1945 benannte man es um in »Tyltheater« nach dem tschechischen Drama-

»AMADEUS«

Was war das für ein opulenter Film! Die gepuderte Perücke über einem lebhaften Gesicht, die Kleider, die Kristalllüster, die ganze barocke Ausstattung, all das kommt einem wieder in den Sinn, wenn man im Ständetheater einer Mozartoper lauscht. Der elegante Theaterraum in Gold und Blau trägt viel zum Gefühl bei, auf einer zauberhaften Zeitreise zu sein.

tiker und Schauspieler Josef Kajetán Tyl (1808 – 1856). Nach siebenjähriger Renovierungszeit wurde es im November 1991 als Ständetheater vom damaligen Präsidenten der Republik, Václav Havel, wiedereröffnet. Heute ist es dem ▶ Nationaltheater angeschlossen.

Mozart, Vivaldi, von Weber, Mahler ...

Ruhmreiche Vergangenheit

Neben Mozarts »Don Giovanni« hatten u. a. auch drei Opern von Antonio Vivaldi am Prager Ständetheater ihre Premieren. Literarisch entzückend festgehalten hat die Don-Giovanni-Premiere u. a. Eduard Mörike in seiner Novelle »Mozart auf der Reise nach Prag«.1813 bis 1816 war der Komponist Carl Maria von Weber (1786 – 1826) als Kapellmeister verpflichtet, später leiteten Gustav Mahler und Carl Muck das Haus. »Don Giovanni« steht bis heute ebenso wie »Figaros Hochzeit« und »Die Zauberflöte« auf dem Spielplan. Die Aufführungen genügen zwar nicht mehr den allerhöchsten Ansprüchen, aber eingefleischte Mozartfans stört das nicht.

ST. MARIA DE VICTORIA

Lage: Praha 1, Malá Strana, Karmelitská 9 | **Straßenbahn:** 12, 15, 20, 22, 23 | Mo. – Sa. 8.30 – 18, So. bis 19 Uhr | **www.pragjesu.cz**

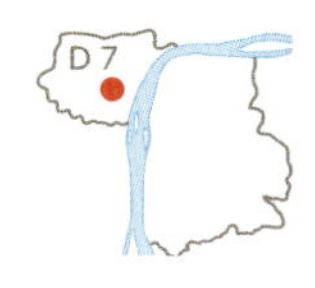

Plötzlich hört man nur noch Spanisch um sich herum: Latinos und Spanier überall. Viele von ihnen fahren aus einem einzigen Grund nach Prag: Der ist 47 Zentimeter groß, aus Wachs, fein gewandet und seit knapp 400 Jahren in Prag – das Prager Jesuskind. Es gehört zum Ritus, sich vom Jesulein die Erfüllung eines Wunsches zu erbitten und sich bei einer weiteren Reise dafür zu bedanken.

An der rechten inneren Seitenwand der Kirche thront über einem Marmoraltar das bis heute tief verehrte Prager Jesuskind. Fürstin Polyxena Lobkowitz, heißt es, habe es dem Kloster 1628 geschenkt. Es kam auf verworrenen Wegen aus Spanien und soll die Stadt schon in vielerlei Hinsicht beschützt haben, zum Beispiel vor der Pest und vor Plünderungen im Siebenjährigen Krieg (1756 – 1763). Dementsprechend wurde das Kind nicht nur hoch geachtet, sondern auch reich beschenkt: Die österreichische Kaiserin Maria Theresia verehrte ihm ein wertvolles Kleid aus Gold und Samt. Die Garderobe des Jesulein umfasst rund 100 Gewänder. Sein ältestes Kleid, eine Aufmerksamkeit des Königs Ferdinand III., stammt aus der Mitte des 17. Jahrhunderts. Zudem hat das Jesulein drei goldene Kronen. Die jüngste schenkte ihm Papst Benedikt XVI. bei seinem Besuch 2009 und krönte es höchst eigenhändig.

6X EINFACH UNBEZAHLBAR

Erlebnisse, die für Geld nicht zu bekommen sind

1. WACH-ABLÖSUNG

An jedem Hradschin-Eingang findet zur vollen Stunde eine Ablösung der wachhabenden Soldaten statt. Die im Ersten Burghof um 12 Uhr ist die meistbesuchte. Wer spät kommt, sieht manchmal wegen der Menschenmenge kaum etwas. (▶ **S. 83**)

2. HÖHENLUFT

216 m hoch ist der **Prager Fernsehturm**, doch beim Observatorium auf 93 m ist Schluss. Die Fahrt kostet 300 Kč, gut 12 €. Besser: eine Tasse Kaffee im Restaurant auf 66 m – und freie Fahrt. (▶ **S. 209**)

3. PROVOKA-TIONEN

Etliche Werke von **David Černý** sind kostenfrei zu bestaunen: u. a. die den Fernsehturm hinaufkrabbelnden Babys, Kafkas mobiler Kopf (Jungmannplatz) und Wenzel auf dem Bauch seines Pferds (Lucerna-Passage, ▶ **S. 244**)

4. FREIE TAGE

Die **Nationalgalerie** ist Tschechiens bedeutendstes Kunstmuseum und verteilt auf sechs Gebäude. 680 Kč kostet der Eintritt für alles, aber es gibt Free Admission Days. Check unter www.ngprague.cz/en/about/admission

5. PRAGER JESUSKIND

47 Zentimeter groß, aus Wachs und wundertätig, das ist das **Jesulein von Prag**. Seit 400 Jahren wacht es über die Stadt. Wer einen respektvollen Blick auf das Jesulein und Gläubige werfen möchte… (▶ **S. 185**)

6. ANSCHAUUNGS-UNTERRICHT

Im **Tenisový Klub Sparta Praha** begannen die Karrieren von Tennislegende Martina Navrátilová, Hana Mandlíková, Helena Suková und Jan Kodeš. Wer künftige Sieger sehen möchte, geht mal hin. (▶ **S. 79**)

Der Glaube versetzt Berge

Ein Mädchen aus Brasilien, das wegen eines Hüftfehlers nicht gehen konnte, erbat sich beim Prager Jesulein Hilfe. Kurz nach ihrem Besuch geschah das »Wunder«: Das Mädchen, so sagt man, kann wieder gehen. Ereignisse dieser Art ziehen immerhin eine Million gläubige Besucher jährlich an.

Eine Million Besucher jährlich

Die Kirche wurde an der Stelle einer Hussitenkirche nach der für die Kaiserlich-Katholischen so glorreich ausgegangene Schlacht am Weißen Berg (▶ Kloster Břevnov) als Karmeliterklosterkirche im frühen Barockstil errichtet. Ihr Grundriss folgt dem Vorbild der römischen Jesuitenkirche Il Gesù. Den Altar zieren Statuen und ein Silberkästchen des Jesuskindes (1741).

Wer das Jesulein mit nach Hause nehmen möchte: In den Geschäften auf der Karmelitská sind mehr oder weniger gelungene bis kitschige Kopien zu bekommen.

★★ KLOSTER STRAHOV (STRAHOVSKÝ KLÁŠTER)

Lage: Praha 1, Hradčany, Strahovské nádvoří 132 | **Straßenbahn:** 22
tgl. 9 – 17 Uhr | **Eintritt:** Bibliothek und Galerie 150 Kč
www.strahovskyklaster.cz

Man mag sich gar nicht entscheiden, welcher Saal nun subjektiv, ohne jegliche historische Bewertung, einfach nur der schönere ist: der Theologische oder der Philosophische Bibliothekssaal. Vor beiden Räumlichkeiten bleibt man jedenfalls mit offenem Mund stehen und bestaunt die Fresken, Büchern, Globen und Statuen. Buchkultur, wie sie schöner kaum geht.

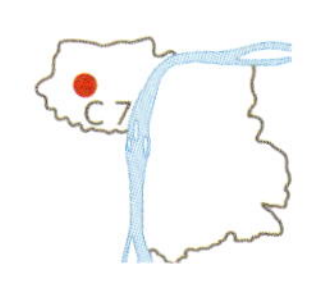

Aus dem Standort des Klosters auf einer Anhöhe über der Kleinseite am westlichen Zugang zur Prager Burg leitet sich der Name Strahov für das zweitälteste Prager Mönchskloster ab: »strahovat« heißt bewachen. Herzog Vladislav II. ließ es auf Wunsch des Olmützer Bischofs Jindřich Zdík um 1143 für den Prämonstratenserorden errichten. Nach einem Großbrand 1258, dem die erste Bibliothek zum Opfer fiel, wurde der Klosterbau im gotischen Stil erneuert. Karl IV. bezog das damals vor den Toren Prags gelegene Kloster 1360 in die Stadtmauer ein. Nach den blutigen Hussitenkriegen erlebte das Kloster seine große Blütezeit unter den Äbten Jan Lohel, Kašpar von Questenberk und Kryšpín Fuck, die sich für den großzügigen Umbau

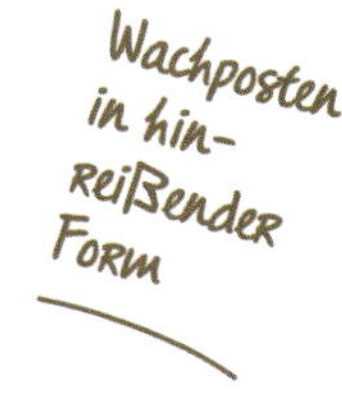

der Anlage im Stil der Renaissance einsetzten. Am Ende des Dreißigjährigen Kriegs wurde das Kloster von schwedischen Soldaten verwüstet. Nach dem Westfälischen Frieden konnte aufgrund zusätzlich erworbener Buchbestände 1671 eine neue Bibliothek – der Theologische Saal – eingerichtet werden. Zwischen 1682 und 1689 erfolgte die Barockisierung des Areals, Parkanlagen, Gärten und Obsthaine kamen dazu und nach 1741 auch der klassizistische Bau mit dem Philosophischen Saal, dem bedeutendsten Prager Baudenkmal der josefinischen Ära unter Kaiser Joseph II. In kommunistischer Zeit war das Kloster geschlossen, 1990 erhielt es seine alte Funktion zurück.

Der hl. Norbert empfängt die Besucher

Klosteranlage

Durch das Barocktor von 1742 geht es in den Klosterhof. Es wird gekrönt von der Statue des hl. Norbert, Gründer des Prämonstratenserordens, dessen sterbliche Überreste in der Kirche ruhen. Gleich links steht die ehemalige **Kapelle St. Rochus** (Kaple svatého Rocha), 1603 bis 1617 erbaut von Rudolf II. zum Dank dafür, dass die Stadt 1599 von der Pest verschont geblieben war. Heute befindet sich dort eine Galerie, in der auch Konzerte stattfinden. Hinter der St.-Norbert-Säule (17. Jh.) steht die dreischiffige Kirche **Mariä Himmelfahrt** (Kostel Nanebevzetí Panny Marie) aus dem 17. Jh., ihre reiche barocke Innenausstattung erhielt sie Mitte des 18. Jahrhunderts. Im rechten Seitenschiff ist der kaiserliche Reitergeneral Gottfried Heinrich zu Pappenheim (1594 – 1632) beigesetzt – seinen Namen kennt man aus Schillers »Wallenstein«. Pappenheim war bei Lützen gefallen, genau wie sein Gegner, der Schwedenkönig Gustav II. Adolf. An die Kirche schließen sich die teilweise romanischen Klosterbauten mit der Bibliothek und dem Kreuzgang an.

Klosterbibliothek

Ein Dorado für Bücherfreunde

9 Jahrhunderte Buchkultur

Wer sich mit Buchgeschichte beschäftigt, der betritt dieses Kloster geradezu ehrfurchtsvoll: Zu den kostbaren Beständen der Bibliothek, die mit mehreren Hunderttausend Bänden die Buchkultur vom 9. bis zum 18. Jh. repräsentiert, gehören ca. 2500 Wiegendrucke (bis zum Jahr 1500 gedruckte Werke), 5000 Handschriften und zahlreiche historische Landkarten. Die umfangreichen, der wissenschaftlichen Öffentlichkeit zur Verfügung gestellten Werke bewogen Joseph II. Ende des 18. Jh.s, diese Klostergemeinschaft zu bewahren. Ansonsten war der Kaiser ja nicht zimperlich, wenn es darum ging, die Macht des Klerus zurückzudrängen, andererseits war er als aufgeklärter Monarch der Wissenschaft gegenüber aufgeschlossen. Die Bibliothek befindet sich heute wieder im Besitz des Prämonstratenserordens.

Was ist schöner? Der Anblick der Bücher? Die wunderbare Barockausstattung? Die Bibliothek von Kloster Strahov kommt der Idee von einem Gesamtkunstwerk ziemlich nahe.

Die Weisheit und das menschliche Geschlecht

Theologischer Saal

Besondere Beachtung verdient der reich stuckierte, in den Jahren 1723 bis 1727 von dem Strahover Mönch Siard Nosecký ausgemalte Theologische Bibliothekssaal. Sein Tonnengewölbe ist im Stil des Frühbarock ausgeführt. Bei der Ausschmückung ließ sich der Mönch vom Werk »De typho generis humani« (sinngemäß übersetzt: Über die Art der menschlichen Gattung) des Abts Hieronymus Hirnhaim (1637 – 1679) und durch biblische Zitate inspirieren. 25 Fresken symbolisieren das Ringen um Weisheit im Zusammenhang mit der Liebe zu Wissenschaft und Literatur. Im südlichen Teil des Gewölbes ist die »Himmelfahrt Mariens« zu sehen, dann folgen eine Würdigung des Bibliotheksbaus, der lehrende Christus im Tempel und die Erschaffung der Erde, schließlich eine Darstellung der **Grenzen menschlicher Vernunft** angesichts der Komplexität der Welt, symbolisiert durch fünf Menschen, die fragend um eine Weltkugel versammelt sind. Ein Selbstporträt des Künstlers ist rechts in einer Fensternische zu sehen. An der Längsachse des Saals wechseln Erd- und Sterngloben einander ab, von denen drei aus der Werkstatt des berühmten niederländischen Kartografen Wilhelm Blaeus stammen.

Philosophischer Saal

Ein Saal für vorhandene Schränke

Hier war es mal umgekehrt: Die Abmessungen des Saals – 32 m lang, 10 m breit und 14 m hoch – wurden den reich geschnitzten Bücherschränken angepasst, die aus dem Kloster Louka in Südmähren stammen. Im gewaltigen Deckenfresko von Franz Anton Maulbertsch (1724 – 1796) aus Langenargen am Bodensee wird allegorisch das **Streben der Menschheit nach Wissen** dargestellt. Ein wertvoller alter Schrank in der Saalmitte birgt das sechsbändige Botanikwerk »Les Liliacées« und die vierbändige Abhandlung »Le Musée Français«, Geschenke der französischen Kaiserin Marie Louise, zweite Gattin von Napoleon I., aus dem Jahr 1812. Die Marmorbüste von Kaiser Franz I. schuf Franz Xaver Lederer um 1800.
Die beiden fantastischen Bibliothekssäle sind leider nicht zugänglich, sondern nur von der Tür aus zu betrachten, sodass man ihre Pracht nur eingeschränkt auf sich wirken lassen kann. Auf dem Gang davor stehen Vitrinen mit heute kurios anmutenden präparierten Meerestieren.

Vom Strahov-Evangeliar bis zur Buchkuriosität

Bibliophile Schätze des Klosters

Das **Strahov-Evangeliar** ist ein in lateinischer Sprache verfasstes Manuskript und wurde um 860 im französischen Tour auf 220 Pergamentblättern geschrieben. Seine kunstvolle Bebilderung (Illumination) mit der Darstellung der vier Evangelisten Matthäus, Markus, Lukas und Johannes und die teilweise Überarbeitung in Goldschrift entstanden um 980 bis 985 im Stil der ottonischen Renaissance, der dafür verantwortliche »Gregormeister« stammte aus dem Kreis der sogenannten Trierer Schule. Das Evangeliar gehört zu den ältesten erhaltenen Schriften in Mitteleuropa. Natürlich wird das Original im Tresor aufbewahrt, aber wer sich einen Eindruck verschaffen will, wirft einen Blick auf das **Faksimile,** das auf einem Ständer bereitliegt.
Besondere Erwähnung verdienen auch die Chronik Historia Anglorum, die Schilderung des Italienfeldzugs von Friedrich Barbarossa, die teilweise erhaltene Dalimilchronik, die Doxaner Bibel, die spätgotische Schelmenberger Bibel sowie Schriften von Tomaš von Štítné und von Jan Hus. Aus dem 15. Jh. stammen u. a. das Herbarium von Strahov, ein lateinisches Lexikon und die medizinischen Bücher des Magisters Ambrož. Hinzu kommen Reisebeschreibungen, Atlanten, alchemistische Schriften, astronomische Werke von Tycho Brahe, Johannes Kepler und Nikolaus Kopernikus, orientalische Handschriften und Buchkuriositäten wie das **kleinste Buch,** das jemals in Prag gedruckt wurde: ein winziges Gebetsbuch mit dem Vaterunser in sieben Sprachen.

Auch einen Besuch wert

Strahovská obrazárna

Von der bibliophilen zur bildenden Kunst

Im ersten Stock des Kreuzgangs geht es dann nicht mehr um die Literatur, sondern um die Kunst. Die ist aber auch nicht von schlechten Eltern: Die **Strahover Bildergalerie** (Strahovská obrazárna) umfasst eine der bedeutendsten Klostersammlungen des Landes mit Werken aus Böhmen und Mähren von der Gotik bis ins 19. Jh., darunter die Strahover Madonna und das teilweise erhaltene Strahover Retabel.

Ein traditionsreiches Kloster ohne Brauerei? Undenkbar!

Klášterní pivovar Strahov

Nach so viel Kunst und Kultur ist eine Pause fällig. Gleich gegenüber dem Klostereingang liegt das Lokal Klášterní pivovar Strahov, wo der naturtrübe hl. Norbert ausgeschenkt und böhmische Küche gereicht wird (► S. 276).

★ TANZENDES HAUS (TANČÍCÍ DŮM)

Lage: Praha 2, Nové Město, Jiráskovo náměstí 6 (Jiráskův most)
Straßenbahn: 5, 17

Sie hassten es. Eine lange Zeit lang. Doch langsam verwandelte sich die Ablehnung in eine Liebe: Die Prager haben mit Frank Gehrys und Vlado Milunićs aus dem städtischen Architekturrahmen tanzenden Haus ihren Frieden gemacht. Der Volksmund, nie um eine pfiffige Formulierung verlegen, nennt es »Ginger & Fred« nach Ginger Rogers und Fred Astaire, dem amerikanischen Traumtanzpaar der Golden Twenties.

Die zwei kontrovers diskutierten Türme aus Glas und Beton gehören inzwischen zum Prager Besichtigungsprogramm wie der Hradschin oder der Altstädter Ring. Dabei darf man das Haus innen gar nicht besuchen, außer als Gast im feinen Restaurant mit nicht ganz so feiner Küche, saftigen Preisen, aber schöner Terrasse mit schöner Aussicht. Verpassen tut man allerdings kaum etwas: So spektakulär das Gebäude von außen erscheint, so konventionell ordnet es sich im Inneren seiner Funktion als Bürogebäude unter.

Das bekannteste Prager Bürohaus

Gebaute Leichtigkeit

Der Architekt Vlado Milunič – der jahrelang ebenso wie Václav Havel in dem Haus mit der Erdkugel auf dem Dach neben der Baulücke wohnte – fand mit seiner Idee in einer niederländischen Versicherung einen Investor und in dem **kalifornischen Stararchitekten Frank**

Gehry einen Partner, der den Entwürfen des Kroaten noch einmal eine stärkere Prägnanz verlieh. Der gerade Turm akzentuiert die Straßenecke und verhält sich wie das Stand- zum Spielbein beim Tanz. Die Stelzen vermitteln eine gewisse Leichtigkeit wie auch das sich anschmiegende gläserne Gebäudeteil. Im wahrsten Sinne bekrönt wird der Bau durch eine Kugel aus Lochblech, das »Haupt der Medusa«, ein Zitat der Weltkugel auf Havels Haus nebenan, aber auch eine moderne Form der Zwiebelhelme auf den neobarocken Türmchen und Erkern der Nachbarbauten.

Mánes-Ausstellungssaal (Výstavní síň Mánes)

Sinn und Zweck sind entscheidend

Perfekter Funktionalismus

In der Architektur Prags, wo Gotik und Barock, Renaissance und Jugendstil allerorten zu sehen sind, fällt ein nüchterner Bau wie das zwischen 1923 und 1930 errichtete Mánes-Haus richtiggehend auf – nur in anderer Weise. Kaum 200 m nördlich vom Tanzenden Haus, weiß, eckig und kalt, auf Betonstelzen das rechte Moldau-Ufer mit der **Sophieninsel** (Žofín ostrov) überbrückend, wurde der Ausstellungssaal im Stil des Funktionalismus nach Entwürfen von Otakar Novotný für den 1898 gegründeten Künstlerverband Mánes errichtet. Bei funktionalistischen Bauwerken steht nicht die geometrisch ansprechende Form, sondern der rein funktionelle Aspekt im Vordergrund. Das wird besonders auffällig im Vergleich mit den prachtvollen klassizistischen Bauten und Jugendstilhäusern an der Uferstraße, aber auch mit dem Tanzenden Haus.
Das **Mánes-Gebäude** entstand an der Stelle der ehemaligen Šítkamühlen. Der daneben stehende Wasserturm aus dem 15. Jh. ist noch erhalten. Er versorgte einst die Brunnen der oberen Neustadt mit Wasser.
So kompromisslos modern wie die Architektur zu ihrer Zeit war auch die Rolle des **Mánes-Künstlerverbands:** Sie spielte eine entscheidende Rolle bei der Öffnung der tschechischen Kunst für die Moderne. Heute werden in dem Gebäude Wechselausstellungen mit zeitgenössischer Kunst gezeigt
www.ncvu.eu/vystavni-sin-manes

Sophieninsel

Zum Treff auf die Insel

Žofín ostrov

Im 18. Jh. durch Anschwemmung entstanden, entwickelte sich die Sophieninsel (Žofín ostrov), häufig auch **Slawische Insel** (Slovanský ostrov) genannt, in den 1830er-Jahren zum Zentrum des Prager politischen und gesellschaftlichen Lebens. Es fanden Konzerte, Bälle

und Kongresse statt, Letztere insbesondere im Revolutionsjahr 1848. Berühmte Komponisten wie Hector Berlioz und Franz von Liszt führten ihre Werke auf. Das Rudolfinum und das Repräsentationshaus übernahmen später die kulturelle Rolle der Sophieninsel. Heute ist sie ein legerer **Sommertreffpunkt mit Bootsverleih**.
www.slovanka.net

★ SCHLOSS TROJA (TROJSKÝ ZÁMEK)

Lage: Praha 7, Trója, U Trojského zámku 1 | **Bus:** 112 ab Metro C, Nádraží Holešovice | April – Okt. Di. – Do. und Sa. – So. 10 – 19, Fr. 13 – 19 Uhr | **Eintritt:** 150 Kč | Garten kostenfrei
www.ghmp.cz/oteviraci-doba-a-vstupne/zamek-troja

Gemeinsamkeiten zwischen dem originalen Troja in Kleinasien, laut Homer zehn Jahre heiß umkämpft zwischen Griechen und Trojanern, und dem hiesigen Schloss gibt es nur in Bezug auf den Namen. Und im künstlerischen Ausdruck, nämlich in Form des Freskos, das den Sieg der Österreicher über die Türken 1683 zeigt.

Natur in anmutigen Schnörkeln

Man könnte ja meinen, es gäbe genug Barock zu sehen in der Prager Innenstadt, dazu müsste man nicht noch in einen Außenbezirk fahren. Stimmt fast. Denn erstens liegt das hübsche Viertel mit Schloss Troja nicht weit von Holešovice nördlich der Moldauschleife – ein gut halbstündiger Spaziergang vom Ausstellungsgelände Výstaviště führt hin – und zweitens ist nicht nur das üppig ausgestattete Schloss mit einer Dependance der Galerie der Hauptstadt Prag sehenswert, sondern auch der Barockgarten, einer der ersten, wenn nicht gar der erste in Böhmen nach französischem Vorbild: Natur in anmutige Schnörkel gebannt.

Stein gewordene griechische Mythologie

Monumentale Freitreppe

Der Kampf Österreichs gegen das Osmanische Reich wird allegorisch wieder aufgenommen im Figurenschmuck der monumentalen Freitreppe im **Ehrenhof** des Schlosses zum Garten hin. Skulpturen zeigen den Kampf der von der Erdmutter Gaia geborenen Giganten gegen ihren Enkel Zeus und die mit ihm verbündeten olympischen Götter, ein Gleichnis für den Kampf von Recht und Ordnung gegen die Anarchie. Im inneren Verlauf erheben sich die Figuren parallel zur Bewegungsrichtung von unten nach oben immer mehr, bis sie

Natur anmutig in Form gebracht und dazu etwas griechische Mythologie hieß das Rezept für Schloss Troja.

schließlich aufrecht stehen. Urheber dieser Stein gewordenen Mythologie sind Johann Georg und Paul Herrmann aus Dresden sowie die Brüder Johann Josef und Ferdinand Maximilian Brokoff. Auf dem äußeren Gelände finden sich Büsten, Vasen und Allegorien der Tageszeiten, Erdteile und Elemente.

Loyal bis ins künstlerische Detail

Villa suburbana

Dass die Auseinandersetzungen zwischen Habsburg und dem Osmanischen Reich in Schloss Troja eine große Rolle spielen, ist kein Wunder, wurde das hübsch rot-weiß getünchte Schloss doch 1679 – 1685 von Jean Baptiste Mathey für den böhmischen Grafen Wenzel Adalbert von Sternberg gebaut, der ein loyaler Parteigänger des Kaiserhauses war. Es kommt im Stil einer römischen Vorstadtvilla daher, einer »Villa suburbana«, wie sie sich einst reiche Römer errichten und mit allem Luxus ausstatten ließen. Die prächtige Innenausstattung von Schloss Troja fertigzustellen, nahm immerhin rund 20 Jahre in Anspruch. Sehenswert sind v. a. der Kaisersaal mit den Wand- und Deckengemälden des Niederländers Abraham Godin sowie die mythologischen Fresken italienischer Künstler. Heute zeigt hier die **Galerie der Hauptstadt Prag** im Schloss tschechische Malerei und Bildhauerei des 19. und 20. Jahrhunderts.

Ein Barockgarten im Original

Man muss diese Art der Naturgestaltung nicht schön finden, sie stellt ungefähr das Gegenteil dessen dar, was wir heute unter »naturnaher Gestaltung« verstehen. Aber beeindruckend ist es schon, wie abgezirkelt und in Reih und Glied das Grün präsentiert wird. Der Barockgarten von Schloss Troja wurde nach den Originalplänen von Mathey restauriert; so kann man sich ein Bild davon verschaffen, wie man sich die Beherrschung der Natur in der Barockzeit dachte.

Natur in Reih und Glied

Der Prager Zoo

Zuchterfolg: Przewalski-Pferde

Westlich schließt sich der 1931 angelegte Prager **Zoologische Garten** (Zoologická zahrada) an. Auf fast 60 ha sind rund 5 500 Tiere zu sehen, die 685 verschiedene Arten – Säugetiere, Fische und andere Lebewesen – aus aller Welt vertreten. Nachdem 2002 ein Hochwasser fast das halbe Areal zerstört hatte, wurden neue, artgerechte Gehege und Gebäude angelegt. Unbedingt anschauen: Elephant Valley, Hippo House, Gorilla Pavillon und African Savanna! Mit den Przewalski-Urwildpferden – Vorfahren der heutigen Pferde –, die in freier Natur kaum mehr vorkommen, gelang dem Zoo ein besonderer Zuchterfolg. Mit 1,5 Mio. Gästen pro Jahr ist der Zoo so gut besucht wie der Hradschin.

U Trojského zámku 3 | Juni – Aug. tgl. 9 – 21, Frühjahr/Herbst bis 18, Winter bis 16 Uhr | Eintritt: 330, online 300 Kč | www.zoopraha.cz

Zoologická zahrada

VINOHRADY (STADTTEIL)

Lage: Praha 2, Vinohrady | **Metro:** A, Náměstí Míru, Vinohradská tržnice, Jiřího z Poděbrad; C I. P. Pavlova | **Straßenbahn:** 4, 6, 10, 11, 13, 16, 22, 23 | **www.vinohrady.cz**

Vinohrady ist eigentlich ein braves Wohnviertel. Aber auch ein Kneipenviertel. Ein Theaterviertel. Es ist das Zentrum der Schwulen und Lesben in der Hauptstadt. Liegt schön ruhig, obgleich es nur ein Katzensprung in die Altstadt ist. Vinohrady gehört zweifelsohne zu den begehrtesten Vierteln der Stadt. Und das nicht erst seit gestern.

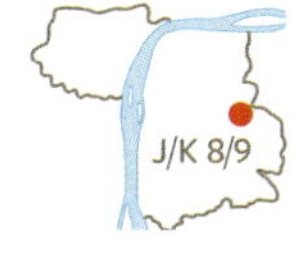

Im Osten der Neustadt befanden sich früher nämlich die **königlichen Weingärten,** für die Karl IV. im 14. Jh. eigens Rebstöcke aus Burgund hatte kommen lassen und nach denen das Viertel bis heute benannt ist:

Vinohrady heißt schlicht Weinberg. Ende des 18. Jh.s wurden die Weingärten aufgegeben und zum Teil durch Alleen ersetzt. Das aufstrebende Bürgertum befand, hier könne man bestens wohnen und ließ sich entsprechende Häuser bauen. In kommunistischen Zeiten war es vorbei mit der Großartigkeit, doch nach der Wende wurde ordentlich renoviert. Auch deshalb gehört Vinohrady zu den beliebtesten Wohngegenden der Stadt. Der Nachteil: Die **Gentrifizierung** hat die ärmeren Bevölkerungsschichten fast völlig vertrieben. Trotzdem: Hier trifft man vor allem auf Prager und weniger auf andere Touristen.

Hier ist Tag und Nacht was los

Von Bar bis Trödelladen

Fern vom Trubel im touristischen Zentrum kann man hier tagsüber herrlich bummeln und nachts gut durch die Kneipen ziehen. Nicht großartige Sehenswürdigkeiten stehen auf dem Programm, sondern das bunte Alltagsleben. In den kleinen Straßen zwischen den Hauptverkehrsadern Vinohradská, Korunní und Francouzská findet man viele nette Läden, Cafés und Restaurants, Weinstuben und Bars. Auch einen beliebten Biergarten mit Kastanienbäumen gibt es: im Rieger Park (Riegrový sady). Dieser Park ist die schönste und größte Grünanlage von Vinohrady.

Ludmilla und Wenzel seligen Angedenkens

Náměstí Míru

Im geografischen Zentrum des Stadtviertels steht die neugotische Kirche St. Ludmilla (Kostel svaté Ludmily) auf dem großen **Platz des Friedens** (Náměstí Míru), der im Inneren als Grünanlage angelegt ist. Das aus Ziegelsteinen gefertigte Gotteshaus mit dem markantem, 60 m hohen Doppelturm entstand bis 1892 und beherbergt die sterblichen Überreste der tschechischen Landespatrone, der hl. Ludmilla und des hl. Wenzel. Optisch steht am Platz jedoch das **Divadlo na Vinohradech** (Theater in den Weinbergen) mit seiner mächtigen Jugendstilfassade von 1907 im Vordergrund. Es ist eines der großen Prager Schauspielhäuser, wo besonders einer der wichtigsten tschechischen Autoren des 20. Jh.s, **Karel Čapek** (1890 – 1938), mit Inszenierungen hervortrat. Ihm ist auch das Denkmal auf dem Náměstí Míru gewidmet.

Eine Brücke zwischen frühchristlich und neuzeitlich

Kostel Nejsvětějšího srdce Páně

Zwei Metrostationen weiter fällt ein ausgesprochen ungewöhnlicher Backsteinbau am Náměstí Jiřího z Poděbrad (Podiebrad-Platz) ins Auge: die **Herz-Jesu-Kirche** (Kostel Nejsvětějšího srdce Páně) von 1932. Bei diesem Sakralbau wollte der Eklektiker Josip Plečnik an die Arche Noah erinnern. Dazu ließ er sich von schlichter, frühchristlicher Architektur inspirieren und verknüpfte sie mit moderner Formensprache. Außen ist die Saalkirche zu zwei Dritteln verklinkert und im oberen Drittel mit den Fenstern weiß verputzt. Auffälligstes Merkmal ist der 42 m hohe, rechteckige Turm. Er wird von einer gläsernen Uhr mit knapp 8 m Durchmesser dominiert.

★ VYŠEHRAD

Lage: Praha 1, Vyšehrad | **Metro:** C, Vyšehrad | **Straßenbahn:** 6, 7, 18 | **www.praha-vysehrad.cz**

F/G 11

Der Jugendstilkünstler Alfons Mucha liegt mit Ema Destínová in einem monumentalen Sammelgrab. Die berühmte Opernsängerin ist auf der 2000-Kč-Banknote abgebildet. Hier liegt auch Bedřich Smetana, der sich wohl im Bordell angesteckt hatte, während Antonín Dvořák an Herzversagen starb. Jan Nerudas Grab ist schlicht schwarz, bei anderen Gräbern liest man: »Auch wenn sie verstorben sind, so sprechen sie noch.« Der Friedhof von Vyšehrad ist quasi ein tschechisches Kulturgeschichtsbuch.

Legendärer Ursprung der Stadt

Der Sage nach war der Vyšehradfelsen – »Vyšehrad« heißt Hochburg – in grauer Vorzeit der Sitz der Fürstin Libuše (Libussa), der Stammmutter der Přemysliden-Dynastie und der Tschechen, die in einer Vision die Gründung Prags voraussah und der Stadt große Zukunft weissagte: »Weil selbst die Edlen vor einer Schwelle niederknien müssen, sollt ihr der Burg den Namen Praha geben.« Práh bedeutet Schwelle.

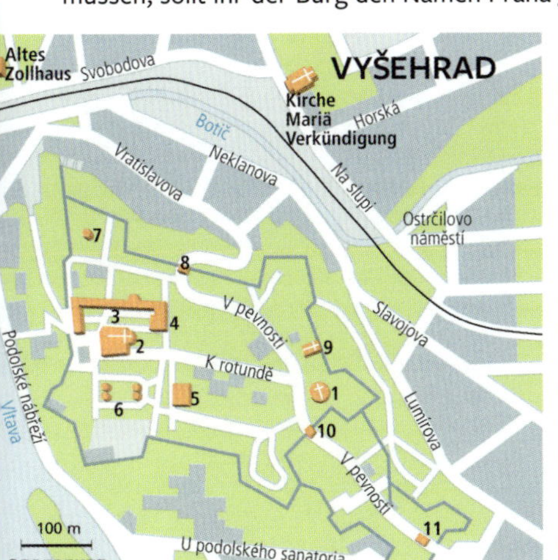

1 Rundkapelle St. Martin
2 Kapitelkirche St. Peter und Paul
3 Ehrenfriedhof
4 Slavín
5 Laurentiuskapelle
6 Vyšehrader Anlagen
7 Hl. Wenzel
8 Chotektor (1841)
9 Kapelle Maria in den Schanzen
10 Leopoldstor
11 Tabortor

Noch eine Festung für den König

Zweite Prager Burg

Wahrscheinlich wurde der Vyšehrad aber als zweite Prager Burg, also nach dem Hradschin, im 10. Jh. von den Přemysliden erbaut. Historisch nachgewiesen ist die Festungsanlage jedenfalls erst ab König Vratislav (1061 – 1092), der seine Residenz vom Hradschin dorthin verlegte. Er ließ auf dem Felsen über der Moldau eine Steinburg und mehrere Kirchen anlegen und gründete das Kollegiatskapitel, lange Zeit ein wichtiges Bildungszentrum der Stadt.

Hier entstand der **Codex Vyšehradský,** das reich bebilderte Krönungsevangelistar (Auszüge aus den Evangelien) für Vratislav II., eine der bedeutendsten Bilderhandschriften des 11. Jh.s in Böhmen. Heute wird der Codex in der Handschriftensammlung des Clementinums (▶ Kreuzherrenplatz) aufbewahrt, und von der ruhmreichen Epoche zeugt nur noch die Rotunde St. Martin.

Sagen, Mythen, Märchen

Geschichte

Soběslav I. setzte die Bautätigkeit fort, doch nach seinem Tod im Jahr 1140 verlor der Vyšehrad rasch an Bedeutung. Die böhmischen Herrscher verlegten ihre ständige Residenz wieder auf den Hradschin. Unter Karl IV., der umfangreiche Renovierungen vornehmen ließ, setzte eine neue Blütezeit ein, doch 1420 während der Hussitenkriege wurden fast alle Bauten auf dem Vyšehrad zerstört. Im späten 17. Jh. baute man den Vyšehrad zur Barockfestung aus. Der Aufhebung der Festungsanlage 1866 folgte die Angliederung als Prager Stadtviertel und der Ausbau des Friedhofs. 1911 wurde der Vyšehrad geschleift: Erhalten blieben nur die Festungsmauern. Im 19. Jh., in der **Romantik,** war der sagenumwobene Vyšehrad selbstredend ein beliebtes Thema bei bildenden Künstlern, Komponisten und Literaten. In Adalbert Stifters Spätwerk »Witiko«, einem historischen Roman über die Frühzeit der böhmischen Geschichte, ist der Vyšehrad einer der Schauplätze. Bekannte Werke sind auch Bedřich Smetanas Oper »Libuše«, »Libussas Weissagung« von Felix Mendelssohn Bartholdy und Franz Grillparzers Drama »Libussa«.

Prags ältestes Baudenkmal

Rotunda svatého Martina

Das Areal der Festung betritt man, die Straße Vratislavova hinauf, von Norden her durch das Chotektor (1848). Dort gibt es einen Zugang zu den unterirdischen Kasematten mit Originalen einiger Barockstatuen der Karlsbrücke. Nach rechts geht es zur St.-Wenzel-Reiterstatue von Johann Georg Bendel (1678). Kommt man von der Metrostation Vyšehrad zum südöstlich vorgeschobenen ehemaligen Festungsposten, dem frühbarocken Tabor- und dem Leopoldstor, stößt man danach zunächst auf die gut erhaltene romanische **Rotunde St. Martin** (Rotunda svatého Martina) – eine der letzten drei Rundkapellen in der Stadt. Sie ist Prags ältestes Baudenkmal und entstand noch zu Zeiten von König Vratislav. Nach dem Ausbau des Vyšehrad zur Festung diente sie als Pulvermagazin und wurde 1878 renoviert.

Das christliche Wahrzeichen des Vyšehrad

Kostel svatého Petra a Pavla

Deutlich sichtbares Wahrzeichen sind die Türme der Kapitelkirche **St. Peter und Paul** (Kostel svatého Petra a Pavla), die erst 1902 aufgesetzt wurden. Das Gotteshaus selbst stammt aus der zweiten Hälf-

Romantik hat überdauert auf dem Vyšehrad.

te des 11. Jh.s, wurde aber mehrfach im jeweils aktuellen Stil umgebaut, schließlich wollte man auch bei der Kirche mit der Zeit gehen. Unter Karl IV. avancierte sie zur gotischen Basilika mit drei Schiffen, im 16. Jh. folgte eine stilistische Anpassung an die Renaissance. Anfang des 18. Jh.s leitete František Maximilian Kaňka die barocke Umgestaltung, ihren neogotischen Stil erhielt die Kirche schließlich 1885 bis 1887. Sehenswert im Inneren sind ein romanischer Steinsarg aus dem 11. Jh. (»Tumba des hl. Longinus«) und das Tafelbild der »Regenmadonna« zum Schutz vor Dürre von 1355: Das Marienbild soll aus der Sammlung Kaiser Rudolfs II. stammen. Den Hauptaltar von Josef Mocker zieren vier Heiligenfiguren (hll. Peter und Paul, hll. Kyrill und Method). Zu jeder vollen Stunde erklingt das Glockenspiel der Kirche, und in der Schatzkammer ist eine Dauerausstellung zu Schmuck und wertvollen Gewändern zu sehen.

Kernöffnungszeiten tgl. 11 – 17 Uhr | Eintritt: 130 Kč

BAEDEKER MAGISCHE MOMENTE

STILLE VERSAMMLUNG

Sie berührt doch, diese stille Versammlung tschechischer Geistesgrößen, auch wenn man nur einen bescheidenen Bruchteil der Namen kennt, die auf den Grabsteinen zu lesen sind. Fernab vom Getöse der Stadt, in nahezu mystischer Umgebung mit Relikten aus längst vergangenen Zeiten. Und vielleicht hört das innere Ohr Smetanas »Moldau« oder Dvořáks »Stabat Mater« beim Wandeln unter den Kolonnaden.

Ein Park für Helden

Südlich von Peter und Paul erstrecken sich die Vyšehrader Anlagen (Vyšehradské sady). Mythen wollen gepflegt werden, und das übernehmen vier von Josef Václav Myslbek geschaffene Statuengruppen (1881 – 1897). Sie stellen die bedeutendsten Figuren der tschechischen Heldengeschichte dar: Libuše und ihren Gatten Přemysl, Lumír und das Lied, Slavoj und Záboj, Ctirad und Šárka.

Vyšehradské sady

 Ehrenfriedhof (Vyšehradský hřbitov)

Alles, was Rang und Namen hat

Auf dem Friedhof Vyšehrad (Vyšehradský hřbitov) st die letzte Ruhestätte von etwa 600 bedeutenden tschechischen Persönlichkeiten. Seit 1866 ist der mittelalterliche Kirchhof eine **nationale Kultstätte** für Repräsentanten aus Kunst und Kultur. Die Gräber erzählen die faszinierende Geschichte Tschechiens und sind ein Spiegelbild des reichen kulturellen Erbes des Landes. Unter anderem sind dort begraben: die Komponisten Bedřich Smetana und Antonín Dvořák, die Schriftsteller Karel Čapek und Jan Neruda sowie die Maler Alfons Mucha und Mikoláš Aleš. Im Zentrum des Friedhofareals steht die Ehrengruft »Slavín«, ein Werk von Antonín Wiehl und Josef Maudr, hier ruhen u. a. die Bildhauer Josef Václav Myslbek, Bohumil Kafka und Ladislav Šaloun, eben Alfons Mucha und der Violinist Jan Kubelík.

Kultstätte

Der Friedhof ist nicht besonders groß, aber es gibt so viel zu sehen, dass man ohne Eile durchschlendern sollte. Immer wieder faszinieren extravagant gestaltete Grabsteine und bekannte Namen.

tgl. Mai – Sept. 8 – 19, Okt. – April bis 17 Uhr

Nördlich vom Vyšehrad

Eine echte Besonderheit: Prager Kubismus

Direkt unterhalb des Vyšehrad steht in der Neklanova, einer Parallelstraße der Vratislavova, eines der herausragendsten und berühmtesten Beispiele für den kubistischen Stil in der Architektur. Die Nr. 30 dieser Straße ist ein Mietshaus von Josef Chochol, einem der bekanntesten Architekten des Prager Kubismus, entstanden zwischen 1911 und 1913. Das faszinierende Haus steht in einem scharfen Winkel zweier Straßenfluchten und ragt wie ein Keil heraus. Die Fassade wird vertikal und horizontal belebt durch zackig hervorstehende Akzentuierungen. Die Bewegungen laufen auf die Spitze zu und finden dort ihren Höhepunkt, der durch das gewagt auskragende Dachgesims betont wird. In der Umgebung finden sich noch weitere Beispiele kubistischer Architektur, wie etwa in der Libušina 49. Ein Spaziergang durch diese Straßen lohnt sicht.

Mietshaus von Josef Chochol

★ WENZELSPLATZ (VÁCLAVSKÉ NÁMĚSTÍ)

Lage: Praha 2, Nové Město | **Metro:** A/B, Můstek; C, Muzeum
Straßenbahn: 3, 5, 6, 9, 14, 24

Hier verbrannte sich Jan Palach 1969 aus Protest gegen den Einmarsch der Warschauer Truppen. Václav Havel sprach 1989 vom Haus Nr. 56 aus zu 100 000 Menschen über die längst notwendige Umgestaltung der damaligen ČSSR. Und als er 2011 starb, waren ähnlich viele Menschen auf dem Wenzelsplatz, um zu trauern. Das sind nur einige der jüngeren schicksalsträchtigen Ereignisse, die diesen Platz berühmt gemacht haben.

Ein Boulevard als Platz

Der Begriff Platz ist aber eigentlich irreführend. Wer sich auf dem Wenzelsplatz verabredet, sollte den Treffpunkt tunlichst genau benennen, denn auf diesem 750 m langen und 60 m breiten, abfallenden Boulevard findet man sich im Zweifel nicht mal so eben.
Vom Rossmarkt im Mittelalter wandelte sich der Wenzelsplatz, einer der größten Stadtplätze Europas, der erst seit 1848 auf diesen Namen hört, zu einem pulsierendes Zentrum des modernen Prag. Er ist gesäumt von Hotels wie dem Jugendstilbau des »Evropa«, seit 2024 ein ″W″, von Läden und Geschäftspassagen, Restaurants und Cafés, Kinos, Kleinkunstbühnen und Casinos. Zusammen mit den Straßen Na Příkopě, Na Můstku und Národní třída bildet er das sogenannte »Goldene Kreuz«, das Geschäftszentrum der Hauptstadt. Architektonisch bietet er einen beeindruckenden Stilmix von Gebäuden aus dem **Mittelalter bis zum 20. Jh.** und von kommunistischen Protzbauten bis zu im Vergleich dazu geradezu fragil wirkenden Jugendstilhäusern (▶ S. 22).

Wenzelsdenkmal (Pomník svatého Václava)

»Böhmen heißen Wenzel«

Vom Herzog zum Landespatron

Dominiert wird der Platz trotz aller variierenden Architektur ringsum vom Wenzelsdenkmal vor dem Nationalmuseum. Der Bildhauer Josef Václav Myslbek hat sich hier 1912/1913 verdient gemacht.
Wenzel übernahm 921 die Regierungsgeschäfte als Herzog von Böhmen. Die christliche Erziehung durch seine Großmutter Ludmilla war seiner Mutter Dragomíra ein Dorn im Auge, weil sie um die Unabhängigkeit des Herrschaftsbereichs fürchtete, denn das Deutsche Reich setzte entschlossen auf das auf Rom ausgerichtete Christentum. Wenzel betrieb jedoch energisch die Christianisierung des Landes und ak-

König Wenzel blickt hinab auf seinen Platz.

zeptierte die Tributpflichtigkeit gegenüber dem sächsischen König Heinrich. Dies stärkte wiederum die Opposition um Wenzels Bruder Boleslav I., der ihn am 28. September 935 (andere Quellen sprechen von 929) bei einem Fest außerhalb Prags erschlug. Wie das in solchen Fällen üblich ist, ließen Berichte von Wundern nicht lange auf sich warten. Die Legendenbildung diente unter anderem dazu, die Einrichtung eines Bistums in Prag und die Entwicklung einer böhmischen Staatsidentität zu unterstützen. So avancierte Wenzel allmählich zum Landespatron, die folgenden Herrscher beriefen sich auf ihn. Sein Name war so verbreitet, dass der Schriftsteller Johann Fischart (1546 – 1591) den Ausspruch tat: »Böhmen heißen Wenzel (Václav), Polen Stenzel (Stanislaw).« Wenzel zu Ehren ist der **28. September** im heutigen Tschechien seit dem Jahr 2000 ein Feiertag.
Die Reiterstatue des Fürsten ist umgeben von den Figuren vier weiterer Landespatrone. Vorn rechts steht die hl. Ludmilla (»die dem Volk lieb ist«), die Großmutter des hl. Wenzel und Ehefrau des ersten getauften Herzogs von Böhmen. Nach ihrer Ermordung durch heidnische Gegner wurde sie zur ersten Märtyrerin Böhmens. Vorn links sieht man den hl. Prokop, auf der Rückseite die hl. Agnes und den hl. Adalbert.

Nur ein Denkmal für Wenzel wäre in Prag natürlich viel zu wenig: **Weitere Wenzelstatuen** finden sich auf dem Kreuzherrenplatz (die Winzersäule) sowie auf dem Vyšehrad (Reiterstatue). Eine für manche Prager geradezu respektlose Persiflage ist in der Lucerna-Passage zu bestaunen, die vom Wenzelsplatz abzweigt: Dort sitzt Wenzel auf einem toten Pferd, das mit den Hufen nach oben von der Decke hängt. Der »Wenzelsritt« ist ein Werk des Provokateurs David Černý.

Was es noch zu sehen gibt am Wenzelsplatz

»Fackel Nr. 1 und Nr. 2«

Ein Denkmal für Palach und Zajíc

Nur wenige Meter abwärts vom Wenzelsdenkmal trifft man auf ein unauffälliges Denkmal für Jan Palach und Jan Zajíc, die beiden Studenten, die sich 1969 aus Protest gegen die Besatzung durch sowjetische Truppen und die Lähmung in der Bevölkerung selbst verbrannten. Palach ging als »Fackel Nr. 1« und Zajíc als »Fackel Nr. 2« in die Geschichte ein: Am Nachmittag des 16. Januar 1969 übergoss sich Palach am ► Nationalmuseum mit Benzin, entzündete ein Streichholz, stand augenblicklich am ganzen Körper in Flammen und rannte bei vollem Bewusstsein auf den Wenzelsplatz hinaus. Sein Abschiedsbrief wurde nachts an die Wände geklebt: »Da unser Land davor steht, der Hoffnungslosigkeit zu erliegen, haben wir uns dazu entschlossen, unserem Protest auf diese Weise Ausdruck zu verleihen, um die Menschen aufzurütteln. Unsere Gruppe ist aus Freiwilligen gebildet, die dazu bereit sind, sich für unser Anliegen selbst zu verbrennen. Die Ehre, das erste Los zu ziehen, ist mir zugefallen, damit erwarb ich das Recht, den ersten Brief zu schreiben und die erste Fackel zu entzünden.«

Ein Relikt des Kalten Kriegs

Muzeum studené války

Es geht 10 m unters Hotel Jalta, unter den Wenzelsplatz: David Patak trägt die Uniform eines Unterfeldwebels und führt auf einer Zeitreise in den Kalten Krieg und in den Atombunker der Macht von damals, ins **Museum des Kalten Kriegs** (Muzeum studené války). Dieser Bunker war im Kriegsfall als Sitz für den Krisenstab der Länder des Warschauer Pakts vorgesehen. 1958 wurde er für 150 Menschen gebaut: Zu sehen sind u. a. Gasmasken, ein rotes Telefon, Maschinenpistolen, eine Klinik, eine Abhöranlage, ein Verhörraum und zahllose Dokumente. Es ist stickig und eng, das Szenario geradezu unwirklich. Der Bunker selbst wurde zwar letztendlich nie benutzt, aber ausländische Gäste wurden gerne im Hotel Jalta direkt darüber untergebracht, weil man sie von unten so gut abhören konnte.

Besichtigung nur nach Vereinbarung unter www.muzeum-studene-valky.cz/rezervace | Führung: 200 Kč | www.hoteljalta.com

Mucha-Museum (Muchovo muzeum)

Mit Sarah Bernhardt fing alles an

Ikone des Jugendstils

Er gehörte zu den ganz Großen des Jugendstils. Dabei war Alfons Mucha (1860 – 1939, ▶ Interessante Menschen) Autodidakt. Er hatte in Paris ein Studio zusammen mit Paul Gauguin. Durch einen schieren Zufall wurde er binnen kurzer Zeit berühmt: Der weltbekannte Bühnenstar Sarah Bernhardt (1844 – 1923) suchte 1894 nach einem Künstler, der ein Veranstaltungsplakat für das Theaterstück »Gismonda« entwerfen sollte. Und zwar bitte mit der gebührenden Herausstellung der Hauptdarstellerin. Zwei Wochen später hingen Muchas Plakate überall in Paris und fast alle wurden von Kunstfreunden gestohlen, so begehrt waren sie. Alfons Mucha wurde zu einem der begehrtesten **Plakatkünstler der Belle Époque.**

Eine Auswahl von rund 100 Werken gibt im kleinen Museum im Palais Kaunitz in der Panská 7, einer östlichen Parallelstraße zum Wenzelsplatz, einen Einblick in die Welt des Alfons Mucha. Große Werke sind hier allerdings nicht zu sehen, die finden sich im Messepalast (▶ Holešovice).

Die Ausstellung beginnt mit den »Panneaux Décoratifs«, mit denen Mucha bekannt wurde: erschwingliche, weil in hohen Auflagen produzierte Plakate der Pariser Zeit um die vorige Jahrhundertwende. Neben den wenigen Ölgemälden Muchas werden Modellfotos, Skizzen, Notizen, Pastelle, Statuen, Fotografien und persönliche Gegenstände gezeigt. Außerdem gibt es ein Café und einen Shop mit Geschenken, die von Muchas Motiven inspiriert sind.

tgl. 10 – 18 Uhr | Eintritt: 350 Kč | www.mucha.cz

Jungmannplatz (Jungmannovo náměstí)

Erleuchtung in kubistischer Form

Zu Ehren eines Sprachforschers

Das kubistische Haus der »Kavarna Adria« ist ebenso eine Besonderheit auf dem westlich des unteren Wenzelsplatz gelegenen Jungmannplatz wie die Lampe vor dem Restaurant »U Pinkasů«: Sie ist Prags einzige kubistische Laterne (1913) und sollte einst etwas Licht in die dunkle Ecke bringen. Das 1878 geschaffene Jungmanndenkmal steht zu Ehren des Schriftstellers, Sprachforschers und Philosophen **Josef Jungmann** (1773 – 1847) am Platz. Dieser Verfasser eines deutsch-tschechischen Wörterbuchs und einer tschechischen Literaturgeschichte trug maßgeblich zum tschechischen Nationalgefühl während der Romantik bei.

Rabiater Prediger

Kostel Panny Marie Sněžné

Blickfang am Jungmannplatz ist die 1347 von Karl IV. als Krönungs- und Klosterbau in Auftrag gegebene **Kirche Maria Schnee** (Kostel

Panny Marie Sněžné). Sie sollte sogar den St.-Veits-Dom an Größe übertreffen, wurde aber nur zu einem Drittel fertiggestellt. Der bis 1397 entstandene Chorraum ist mit 30 m auch tatsächlich höher als der von St. Veit, und der barocke Hochaltar (1625 – 1651) ist der größte aller Prager Kirchen. Bereits ab dem 15. Jh. verfiel der Bau jedoch. 1611 stürzte das Gewölbe ein und wurde von den Franziskanern durch eine Renaissancedecke ersetzt.
Die Kirche spielte eine bedeutende Rolle in der **Hussitenbewegung.** Vor den Armen der Stadt predigte **Jan Želivský** gegen die päpstliche Kirche, gegen den Adel und das reiche Bürgertum. 1419 stürmte der rabiate Prediger mit einer aufgebrachten Anhängerschar das Neustädter Rathaus (▶ Karlsplatz) und stürzte die katholischen Ratsherren aus dem Fenster. Dieser Erste Prager Fenstersturz löste die Hussitenkriege aus. Želivský liegt in Maria Schnee begraben.
Dahinter erstreckt sich der ruhige, klösterlichen **Franziskanergarten,** der durch eine Passage mit dem Wenzelsplatz verbunden ist: eine stille Oase im Großstadttrubel und perfekt für eine kleine Verschnaufpause.

Und nochmal David Černý: Kafka als unruhiger Kopf

Bewegter Kafka

Černýs Kafka

Eine der jüngeren großen Prager Sehenswürdigkeiten hat der exzentrische Bildhauer David Černý geschaffen: **Kafkas Kopf** steht seit 2014 am Metro-Ausgang Národní třída Richtung Einkaufs- und Bürozentrum »Quadrio«. **»K on sun«** ist eine Plastik aus 42 sich ständig in Bewegung befindlichen, silbern schimmernden Ebenen. Sie ist 11 m hoch, und fast 40 t schwer. Der Kopf verändert durch Drehungen der Ebenen ständig sein Aussehen, daher kann man ihn in verschiedenen, z. T. skurrilen Formen sehen. Man kann das auch auf youtube (Cerny und Kafka eingeben) sehen, aber am besten direkt vor Ort: »K on sun« dreht sich unentwegt. Auf der Národní třída ums Eck »schmückt« David Černýs jüngstes Werk (2024) ein großes Kaufhaus: Aus einer Schmetterlingslarve schlüpft ein Kampfflugzeug ... Und in der nur wenige Meter westlich auf die Národní třída einmündenden Na Perštýně kann man einen weiteren Černý bewundern, den an einem Arm über der Straße hängenden Sigmund Freud. Dann ist man bereit für ein **X-Beer,** das stärkste Lagerbier der Welt, im »U medvídků« in Haus Nr. 7, man kann dort auch ein Bier-Eis probieren. (► S. 278).

★ ZELTNERGASSE (CELETNÁ)

Lage: Praha 1, Staré Město | **Metro:** B, Náměstí republiky, Straßenbahn 6, 8, 15, 26

Prag ist für seine Geistergeschichten bekannt. Die Zeltnergasse steuert gleich zwei Figuren bei: Eine Prostituierte traf dort auf einen Priester und versuchte bei ihm ihr Glück. Der Pfaffe wurde darüber so zornig, dass er sie mit seinem Kreuz auf den Kopf schlug. Die Frau starb. Der Priester auch, voller Entsetzen über seine Tat. Seitdem sollen beide in der Celetná herumgeistern.

Die Versicherung, bei der Franz Kafka einst angestellt war, hatte ihre Verwaltung in der Zeltnergasse und im heutigen Hotel MGallery auf Nr. 7 kann man die Kafka-Suite buchen: Sie war Kafkas Arbeitszimmer. Die mittelalterlichen Semmelbäcker, die Zalten, gaben der heutigen Fußgängerzone Celetná den Namen. Und die Gasse war jeher ein Verbindungsweg zwischen den Altstädter Marktplätzen. Durch sie verlief der Krönungsweg. Heute gehört die Zeltnergasse zu den schönsten Straßen der Stadt, weil sie von bedeutenden Palästen romanischen und gotischen Ursprungs, die im Barock umgebaut wurden, gesäumt wird.

Hier ließen die Schönen und Reichen bauen

Prachtbauten

Dabei hat das Haus Nr. 2, das Patrizierhaus **Zum Sixt** tatsächlich etwas mit den Vorfahren des heutigen Autovermieters zu tun. Es steht nahe dem ▶ Altstädter Ring und punktet mit hübschen Attikafiguren. Zu den künstlerisch wertvollsten Palästen gehört das Palais Hrzán (Nr. 12) von 1702 im hochbarocken Stil mit Plastiken an der Hausfront aus der Werkstatt von Ferdinand Maximilian Brokoff. An den ehemaligen Besitzer des Barockpalais Caretto-Millesimo (Nr. 13) erinnert das Familienwappen über dem Portal. Im schönen Menharthaus ist das Mittelalter-Restaurant U Pavouka (Nr. 17) eingezogen, deren Name nur etwas für Unerschrockene ist, U Pavouka heißt nämlich Zur Spinne. Das Palais Buquoy (Nr. 20) gehört der Prager Karlsuniversität, und auch das benachbarte klassizistische Haus Zum Geier (Nr. 22) birgt Räume der Prager Hochschule. Eine Madonnenstatue von Matthias Bernhard Braun (um 1730) ziert die barocke Fassade des Hauses U Schönfloku (Nr. 23). Das Palais Pachtovský (Nr. 31), Mitte des 18. Jh.s im Stil des Dientzenhoferbarocks umgebaut, dient heute als Verwaltungsgebäude, und in Nr. 36 war im 16. Jh. eine Münze in Betrieb: Das jetzige Haus U Mincovna ließ der Münzmeister František Josef Pachta von Rájov im 18. Jh. erbauen.

Immerhin: Die Teller sind rund im kubistischen Café.

Einen Besuch wert: das Grand Café Orient

U Černé Matky Bož

Ein beliebtes Fotomotiv ist das Hauszeichen der »Jungfrau hinter Gittern«, letztes Zeugnis der einstigen Barockfassade an dem 1911/1912 entstandenen kubistischen Haus **Zur schwarzen Muttergottes** (U Černé Matky Boží, Nr. 34). Das von Josef Gočár entworfene Haus mit zwei zurückspringenden Mansardetagen ist ein Zeugnis für den kubistischen Stil in Prag, der – anders als in Paris – auch vor der Architektur nicht Halt machte. Trotz der großen Fenster an der Vorderfront, die durch eine Stahlbetonkonstruktion möglich waren, steht es in architektonisch erstaunlichem Einklang mit den umliegenden Barockhäusern. Im ersten Stock wurde – nach beinahe 80 Jahren – der einstige Künstlertreff »Grand Café Orient« (▶ S. 278) wiedereröffnet.

Das **kubistische Café,** dessen Bar, Kronleuchter und Lampen, die ebenfalls von Josef Gočár entworfen wurden, ist unbedingt einen Besuch wert. Im vierten Stock ist eine sehenswerte Ausstellung zum Thema Kubismus eingerichtet.

Kubismus-Ausstellung: Di. 10 – 19, Mi. – So. 10 – 18 Uhr
Eintritt: 150 Kč | www.czkubismus.cz/en

ŽIŽKOV (STADTTEIL)

Lage: Praha 3, Žižkov | **Metro:** A, Jiřího z Poděbrad, Flora und Želivského, **Straßenbahn** 10, 11, 13, 15, 16

Wie Außerirdische krabbeln zehn gesichtslose Kinder den Fernsehturm hinauf und hinunter. Erst 2000 bekam der 1992 fertiggestellte TV-Tower seine Miminkas (Babys), die der Künstler David Černý installierte, um dem von einer Website zum »zweithässlichsten Gebäude der Welt« gewählten Turm etwas Freakiges zu geben. Ursprünglich sollten die »Miminkas« nur vorübergehend krabbeln, doch sie erreichten schnell eine solche Beliebtheit, dass sie bleiben durften.

Übrigens: Als hässlichstes Gebäude der Welt gilt der oben angesprochenen Website das Morris A. Mechanic Theater in Baltimore. Wobei natürlich auch hier die alte Weisheit stimmt: Die Schönheit – oder wie in diesem Fall die Hässlichkeit – liegt im Auge des Betrachters. Als reine Augenweide würde den **Prager Fernsehturm** (Žižkovská Televizní věž) vielleicht niemand bezeichnen, dafür ist er fast von überall in Prag zu sehen, kein Wunder bei einer Höhe von 216 m. Drei der außen installierten Babys kann man übrigens aus nächster Nähe auf

STADT DER 100 TÜRME ...

... ist nur einer der vielen Beinamen Prags, von denen »Goldene Stadt« sicher der bekannteste ist. Die Grafik zeigt die markantesten der aus der Stadtsilhouette herausragenden Bauten, ob alt oder neu, Turm oder Denkmal.

1) TV-Turm Žižkov
Höhe: 216 m

2) Petřín (Aussichtsturm)
Höhe: 60 m

3) City Tower Pankrác
Höhe: 109 m

4) City Empiria Pankrác
Höhe: 104 m

5) St.-Veits-Dom
Höhe: 96,5 m

6) Panorama Hotel
Höhe: 79 m

7) Petřín (Laurenziberg)
Höhe: 327 m

▶ TV-Turm Žižkov	
Baujahr	1985 – 1992
Aussichtsplattform	97 m
Funktion	Aussichtsturm
Material	Stahl, Beton
Gewicht	11 800 t

▶ Pulverturm	
Baubeginn	1475
Dachaufbau	1886
Funktion (ehemals)	Lager für Schwarzpulver
Material	Sandstein, Ziegelstein
Auftraggeber	König Vladislav Jagiello

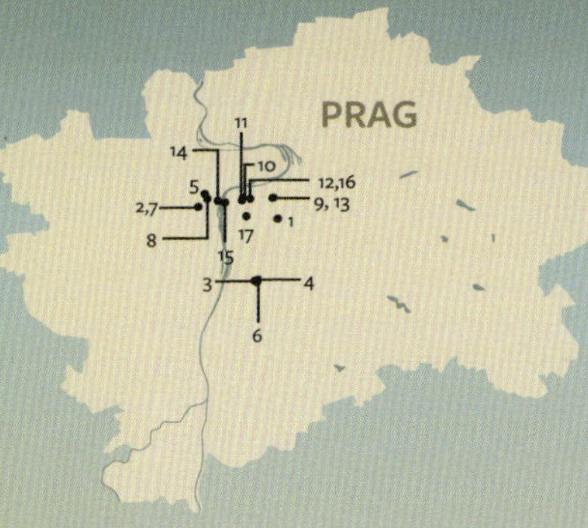

Höhe über NN: 450 m

400 m

8) St.-Niklas-Kirche
Höhe: 74 m

9) Mausoleum am Vítkov-Hügel
Höhe: 31,5 m

10) Teynkirche
Höhe: 80 m

11) Altstädter Rathaus
Höhe: 69,5 m

12) Pulverturm
Höhe: 65 m

13) Jan Žižka
Höhe mit Sockel: 22 m

14) Karlsbrückenturm (auf der Kleinseite)
Höhe: 45 m

350 m

15) Altstädter Karlsbrückenturm
Höhe: 47 m

16) Repräsentationshaus (Kuppel)
Höhe: 45 m

17) Heiliger Wenzel
Höhe mit Sockel: 15,6 m

300 m

▶ Reiterdenkmal Jan Žižka	
Baujahr	1930/1950
Höhe der Figur	9 m
Entwurf	Bohumil Kafka
Material	Bronze
Gewicht	16,5 t

▶ Reiterdenkmal Hl. Wenzel	
Baujahr	1912 – 1913
Höhe der Figur	7,2 m
Entwurf	Josef Václav Myslbek
Material	Bronze (?)
Gewicht	5,5 t

der Insel ▶ Kampa sehen, allerdings sind sie dort aus Bronze. Der Fernsehturm ist das Wahrzeichen des östlich des Zentrums gelegenen Stadtteils Žižkov, der sich vom ehemaligen Arbeiterviertel zum Wohngebiet der Prager Mittelschicht entwickelt hat: mit noch einigermaßen bezahlbarem Wohnraum und netten Kneipen.
Touristen kommen aus drei Gründen nach Žižkov: Der sicherlich Größte im Wortsinn ist der Fernsehturm, der die Prager Stadtsilhouette dominant prägt. In 66 m Höhe befindet sich ein Aussichtsrestaurant, einen Stock darüber das sehr und zu teure "Sky Suite Hotel". Von diesem einen Zimmer mit Bad und bodentiefen Fenstern hat man zwar eine schöne Aussicht, allerdings nicht auf die Altstadt von Prag (was auf der Website suggeriert wird!). Die sieht man jedoch bestens vom **Observatorium auf 93 m Höhe** mit 360-Grad-Rundumblick. Fallen beide Aufzüge aus, bleiben nur noch 736 Stufen. Seit der Komplettrenovierung von 2012 heißt Tschechiens höchstes Gebäude offiziell Tower Park Praha.
Metro A, Jiřího z Poděbrad | tgl. 9 - 22.30 Uhr | Eintritt Observatorium: 300 Kč | www.towerpark.cz

Ruhig und grün

Nový židovský hřbitov

Östlich des Turms und des riesigen, baumbestandenen Olšany-Friedhofs liegt der **Neue Jüdische Friedhof** (Nový židovský hřbitov), der 1680 wegen der Pest angelegt wurde, da auf dem eigentlichen Friedhof in der ▶ Josefstadt keine Pestopfer begraben werden durften. Ab 1787, als der Friedhof in der Josefstadt definitiv zu klein geworden war, wich man komplett auf diesen neuen aus. Ab 1890 musste auch er erweitert werden.
Die meisten Gräber stammen aus dem 19. und 20. Jahrhundert. Hier ist es ruhig und grün, ein fast grotesker Kontrast zum Alten Jüdischen Friedhof. Und weitaus weniger mit Einheimischen oder gar Touristen bevölkert. Letztere trifft man am ehesten noch am bekanntesten Grab, das die sterblichen Überreste von **Franz Kafka** birgt, vor allem an seinem Todestag, dem 3. Juni. Es liegt an der südlichen Mauer (Reihe 21), der Weg dorthin ist ausgeschildert.
Metro A, Želivského | Zugang über die Izraelská-Straße | April - Okt. So. - Do. 9 - 17, Nov. - März bis 16, Fr. immer nur bis 14 Uhr

Steinerne Warnung vor Totalitarismus

Národní památník na hoře Vítkově

Die **Nationale Gedenkstätte auf dem Veitsberg** (Národní památník na hoře Vítkově) erreicht man am besten über die nördlich des Hauptbahnhofs rechts abzweigende Husitská třída, dann geht es gleich nach der Einmündung der Trocnovská links den Berg hoch. Auf dem Veitsberg konnten 1420 die Hussiten die zahlenmäßig deutlich überlegenen Truppen von König Sigismund schlagen. Das Reiterdenkmal des siegreichen hussitischen Feldherrn Jan Žižka erinnert daran, auch der Stadtteil wurde nach ihm benannt. Bei dem Monument han-

delt es sich um das **größte bronzene Reiterstandbild der Welt,** 9 m hoch und 16,5 t schwer, 1930 von Bohumil Kafka konzipiert, jedoch erst 1950 gegossen.
Das 1929 bis 1932 errichtete Nationaldenkmal wurde 1948 vollendet. Der hohe, granitverkleidete Quader ist das **Grabmal des Unbekannten Soldaten.** Zudem diente die Gedenkstätte bis 1990 als Ehrenfriedhof für hohe Funktionäre der Kommunistischen Partei. Das anschließende Hickhack um die Eigentumsrechte dauerte fast zwei Jahrzehnte. Nach der Samtenen Revolution wurde das Mausoleum geschlossen. Erst als das Nationalmuseum zum neuen Eigentümer bestimmt wurde, erfolgte in Rekordzeit eine Renovierung. Seit 2009 ist der Koloss öffentlich zugänglich und dient als Warnung vor allem Totalitären. Das Nationalmuseum nutzt das historisch schwer belastete Objekt für Ausstellungen.
Tram 1, 5, 9, 11, Haltestelle Ohrada | Ausstellung April - Okt.
Mi. - So. 10 - 18 Uhr | Eintritt: 120 Kč

H

HINTER-GRUND

Direkt, erstaunlich, fundiert

Unsere Hintergrundinformationen beantworten (fast) alle Ihre Fragen zu Prag.

FOSSIL
FINDER

DIE STADT UND IHRE MENSCHEN

»Dies Mütterchen hat Krallen«, schrieb Franz Kafka über seine Heimatstadt, die er zeitlebens verlassen wollte, die ihn aber nie aus ihren Fängen ließ. Für Kafka war es das unheimliche Prag, die schaurige, die heimtückische Stadt, bevölkert von Schatten und einem Widerling von Vater, von Sonderlingen, Alchimisten und Scharlatanen, eingezwängt in lichtlose Gassen. Auch der rasende Reporter Egon Erwin Kisch, der Europa im Zweiten Weltkrieg den Rücken kehren und ins Exil musste, sagte: »Ich habe Prag nie verlassen, so intensiv ich mich davon entferne, so intensiv ich auch in allen fünf Weltteilen lebte.«

Touristenmagnet

Ein begehbares Museum – unter anderem: Jeder der rund sechs Millionen Touristen jährlich weiß, was ihn erwartet in diesem begehbaren Museum mit seinen vielen Bierstuben. Prag ist fast ein bisschen unwirklich, übersichtlich im Format, wunderschön zum Anschauen und geradezu anziehend in der Ausstrahlung. Manchmal kafkaesk-depressiv, manchmal heiter, leuchtend, optimistisch. Langeweile gibt's nicht. Die Highlights der Stadt findet man auf dem Königsweg zwischen Pulverturm und Burg wie von selbst. Andererseits ist ein Streifzug durch die Nebengassen mindestens ebenso empfehlenswert wie die Trampelpfade, wo sich die Touristenströme an den unzähligen Souvenirläden vorbeischieben. Keiner kann sich verlaufen. Jeder ist sicher – selbst abends in einer dunklen Gasse kafkaesker Vorstellungen!

Das Prag der Einheimischen

Kommunismus war gestern: »Dobrý den« – »guten Tag« –, brummt der Taxifahrer, der die Touristen schon mal übers Ohr hauen kann. Herzlichkeit geht anders. Die alte Marktfrau in der Havelská-Gasse, die kann Herzlichkeit und lacht, dass man ihre Zahnlücken sieht. Solche Menschen machen in diesem urbanen Zentrum den Alltag aus, auch wenn von den früher etwa hunderttausend Einwohnern der Altstadt nicht einmal ein Zehntel geblieben ist. Ein Schwätzchen von Tür zu Tür, aus dem Fenster schimpft eine Nachbarin und in der Havelská trifft man noch auf Läden wie früher, einen täglichen Markt und die lachende Marktfrau. Was wäre eine Stadt ohne ihre Bewohner und ihre Gepflogenheiten? Wie im Kaffeehaus »U Zavěšeného Kafe«, übersetzt »Zum hängenden Kaffee«: Dort bezahlt jeder zwei Kaffee, trinkt aber nur einen, um einem später kommenden, nicht so gut gestellten Mitbürger auch einen Kaffee zu gönnen. Beim letzten Besuch waren 118 Tassen Kaffee zu haben. Über dem Türbogen wird darüber genau Buch geführt. Ob Taxler,

Marktfrau oder Kellner, alle scheinen sich wohlzufühlen. Das gilt auch für die Jugend: Social-media-bedingt beinahe synchron geschaltet, huldigen sie der Musik und den Stars, dem Lifestyle und der Kleidung. Jede Art von Kommerz ist für die tschechische Jugend wichtig. Politik und Religion spielen in der Regel eine bedeutend kleinere Rolle. Die Jungen kennen nur die Freiheit. Was vor 1989 war, ist nichts anderes als voll uncool.

Westlich orientierte Hauptstadt

Metropole mit über tausendjähriger Geschichte: Tschechiens Hauptstadt gehört längst zu Westeuropa, empfindet sich näher an Deutschland als an Polen. Das Bruderland Slowakei werden als echter Osten belächelt – rückständig und rustikal. Prag liegt schließlich südlich von Berlin sowie nördlich von Wien. Es ist eine Stadt, die kulturelle Sicherheit gibt. 40 Jahre Kommunismus war ein prägendes, aber dennoch nur ein Intermezzo und fast nichts im Vergleich zu mehr als tausend Jahren Geschichte. Es gibt also auch historische Klammern. Welche, die sogar Jahrhunderte zusammenhalten können.

Der Prager Frühling ist schon lange her. Der Sozialismus ist museumsreif geworden.

Ein paar Tage Prag

»Wir kommen bestimmt mal wieder«: Anders als Kafka und die heutzutage rund 1,3 Millionen Prager, deren Heimat die Stadt an der Moldau war und ist, verlassen die vielen Touristen das begehbare Museum mit den Bierstuben bald wieder. Fast alle drängeln sich auf nur wenigen der insgesamt knapp 500 Quadratkilometer großen Fläche Prags. Einige rennen den in die Höhe gereckten, geschlossenen Regenschirmen der Fremdenführer hinterher, und alle sind am Ende des Tages müde vom Gehen auf dem holprigen Kopfsteinpflaster und froh, beispielsweise einen vollen Teller Gulasch und ein kühles Glas fein perlenden Biers vor sich zu haben. Nach wenigen Tagen heißt es: »Auf Wiedersehen« bzw. »Na shledanou«. Denn nicht wenige Besucher kommen gerne wieder.

Hauptstadt seit über 1000 Jahren

Bedeutung der Stadt

Als Ende des 9. Jh.s die Přemisliden auf dem Prager ► Hradschin eine hölzerne Burg mit Lehmwall errichteten, war das Prager Becken bereits seit etlichen Hundert Jahren vergleichsweise dicht besiedelt. Immerhin 40 000 Einwohner zählte Prag, als Kaiser Karl IV. es im 14. Jh. zur **Hauptstadt des Heiligen Römischen Reiches**

Die Nacht bricht herein, und Prag wird golden.

machte. Für damalige Verhältnisse war das nicht eben klein. Unter den Nachfolgern Karls sank die Bedeutung Böhmens für das Reich jedoch und nach den Verlusten im Dreißigjährigen Krieg lag die Einwohnerzahl noch immer bei 40 000. Doch von da an ging es aufwärts. 1890 zählte Prag bereits 193 000 Menschen. Dieser Aufschwung war vor allem auf die **Industrialisierung** zurückzuführen. Tausende kamen aus den böhmischen und mährischen Dörfern nach Prag, um ihr Glück zu machen. 1920 wurde man auf einen Schlag größer: Durch **Eingemeindungen** kam Groß-Prag nunmehr auf 677 000 Einwohner. Zu Beginn der 1960er-Jahre wurde die Millionengrenze überschritten. Derzeit hat Prag rund 1,3 Mio. Einwohner.

Zuwanderung im Lauf der Jahrhunderte

Stammesführer und Namensgeber

Ein gewisser **Čech** soll die slawischen Stämme ab dem 6. Jh. vereint und auf das heutige Territorium Tschechiens geführt haben. Im Lauf der Zeit verschmolzen sie zu einem Volk, sodass die Tschechen heutzutage 90 Prozent der Bevölkerung ausmachen. Hinzu kommen Mährer und Schlesier, Slowaken und diverse Minderheiten.

Migranten aus Franken Ibrahim Ibn Jacob, ein Gesandter des Kalifen von Córdoba, beschrieb Prag bereits im 10. Jh. als »eine Stadt aus vielen Steinen«, also als »steinreiche« Stadt. Im Mittelalter waren Häuser aus Stein ein Symbol für Reichtum, da nur vermögende Leute sich eine derartig solide Behausung leisten konnten. Der erste **Bauboom** setzte unter Kaiser Karl IV. ab 1346 ein und damit auch die erste Zuwanderungswelle. Gezielt ließ der Landesvater Bronzegießer, Steinmetze und andere Handwerker in Franken anwerben. Auch der bayerische Adel schickte seine Sprösslinge. Die Deutschen siedelten sich in der Altstadt an, für die Tschechen gründete Karl IV. die Neustadt mit einem eigenen Rathaus.

Dort vertrieben, hier willkommen 1492 vertrieb Ferdinand der Katholische mithilfe seiner noch katholischeren Gattin Isabella die **Juden aus Spanien.** Innerhalb von drei Monaten musste jeder Jude, der nicht bereit war, zum Christentum zu konvertieren, das Land verlassen. Der daraufhin einsetzende Exodus führte viele Juden nach Prag, das als »europäisches Jerusalem« aufblühte. Auch aus **Italien** kamen viele Zuwanderer – darunter Baumeister, Zimmerer und Stuckateure. Sie quartierten sich auf der Kleinseite ein, wovon bis heute der Straßenname Vlašská (Welsche) kündet, die Bezeichnung für die »Römer«. Mit dem Hussitenkönig Georg von Podiebrad (1420 – 1471) saß der letzte tschechische Monarch auf dem Thron. Alle folgenden Herrscher waren Ausländer, zunächst aus der Dynastie der polnisch-litauischen Jagiellonen, ab 1526 waren die **Habsburger** da und blieben bis 1918 bis zur Gründung der Republik.

Ein schwieriges Verhältnis Als nach dem Dreißigjährigen Krieg (1618 – 1648) die Gegenreformation die aufständischen Hussiten in die Knie zwang, wuchs die **politische Bedeutung der Deutschen** in Prag, denn sie wurden massiv unterstützt von den katholischen Habsburgern. Erst Mitte des 19. Jh.s verloren sie die Mehrheit im Stadtrat, parallel dazu war das tschechische Nationalbewusstsein stark im Kommen. Zu Beginn des 20. Jh.s waren unter den 400 000 Einwohnern Prags etwa 30 000 Deutsche, darunter auch zahlreiche **Juden.** Nach der Gründung der Tschechoslowakei 1918 verließen viele die Stadt, 1945 nach dem Zweiten Weltkrieg wurden die noch Ansässigen vertrieben. Von den Prager Juden überlebten nur 7540 den Holocaust. Heute zählt die jüdische Gemeinde rund 1600 Mitglieder. Mit etwa 18 000 Einwohnern bilden die auch im Sozialismus diskriminierten und noch lange nach der Wende als »Zigeuner« beschimpften **Roma** die größte Minderheit der Stadt, gefolgt von rund 15 000 **Vietnamesen,** von denen viele zu kommunistischen Zeiten ins Land kamen.

Zuwanderung aus Ost und West Nach der Wende siedelten sich gut 50 000 **Ukrainer** als Arbeitsmigranten an, sie bilden inzwischen deren größte Gruppe. Eine Prager Besonderheit ist die starke Gemeinde der **US-Amerikaner.** Angelockt von der Samtenen Revolution und dem »Dichterpräsidenten« Václav Havel, kamen nach 1989 rund 20 000 junge Leute aus den USA in die Moldaustadt; mehrere Tausend leben bis heute hier.

Politisches System nach US-Vorbild

Volksvertretung

Vorbild für das heutige System der Tschechischen Republik war das US-amerikanische politische System. Der Republikgründer Tomáš Garrigue Masaryk (1850 – 1937), verheiratet mit einer amerikanischen Pianistin, war ein glühender Verehrer der USA und die damals eingeführten Grundsätze gelten – mit kommunistischer Unterbrechung – nach wie vor. Das tschechische Parlament besteht aus zwei Kammern, dem **Abgeordnetenhaus** (Sněmova) und dem **Senat** (Senát), beide werden direkt vom Volk gewählt. Für das Abgeordnetenhaus gilt eine Sperrklausel von fünf Prozent, um einer Zersplitterung des Parlaments in viele kleine Parteien entgegenzuwirken. Das letzte Wort hat in vielen Fällen der **Staatspräsident,** der ein Veto mit aufschiebender Wirkung einlegen kann und, wie sein US-amerikanischer Amtskollege, mit einer Fülle weiterer Machtbefugnisse ausgestattet ist. Dazu gehören die Ernennung des vom Parlament gewählten Ministerpräsidenten und der von diesem vorgeschlagenen Minister sowie die Ernennung der obersten Richter des Landes als Vertreter der von Legislative (Parlament) und Exekutive (Staatspräsident) getrennten Judikative.
Treibende Kraft der Samtenen Revolution war das 1989 gebildete **»Bürgerforum«.** An dessen Spitze stand **Václav Havel** als Symbolfigur und erster Staatspräsident nach der Wende. Seit der Verfassungsänderung 2012 wird der Staatspräsident direkt vom Volk gewählt. Erster direkt gewählter Staatspräsident wurde 2013 **Miloš Zeman.**

Tschechien und die EU – ein gespaltenes Verhältnis

EU-Beitritt

Die Teilung der Tschechoslowakei in Tschechien und die Slowakei zum 1. Januar 1993 brachte Tschechien mehr Vor- als Nachteile. Als wirtschaftlich stärkere Republik von Ausgleichszahlungen an die ungeliebte Schwesterregion befreit, konnte Tschechien den Weg in die EU beschleunigen. Am 1. Mai 2004 erfolgte der EU-Beitritt im Rahmen der Osterweiterung, 2007 trat Tschechien auch dem Schengen-Raum bei. Am 1. Januar 2009 bekam Tschechien turnusmäßig die EU-Ratspräsidentschaft übertragen. Vier Monate später stürzte die Regierung in Prag allerdings über ein Misstrauensvotum. Europa verlor die Führung, und die Tschechen fühlten sich blamiert.

Die Angst vor Fremdbestimmung

Tschechiens Haltung zur EU und Themen wie der Flüchtlingspolitik ist traditionell sehr gespalten. Als **EU-Skeptiker** wurde Präsident Václav Klaus 2003 bis 2013 sogar zum Quertreiber in der europäischen Politik.

Tschechisch

Praha

14° 27′ 17″ östlicher Länge

50° 05′ 19″ nördlicher Breite

BERLIN 280 km

PRAG

OSTRAVA 278 km

BRNO 187 km

Lage:
Prag liegt zentral im westlichen Tschechien an der Moldau.

Fläche:
496 km²

Einwohner: **1,35 Mio.** (2023)
Im Vergleich:
Tschechische Republik
10,5 Mio.
Berlin **3,8 Mio.**
Budapest **1,7 Mio.**

Religion

Anteil	Religion
0,05	Juden
1	Hussiten
14,65	Sonstige
26	Katholiken
58,3	Konfessionslose

Wappen

Das Wappen zeigt auf rotem Grund drei goldene Türme auf einer goldenen Stadtmauer und im geöffneten Tor einen geharnischten silbernen Arm mit Schwert.

Verwaltung

Die 70-köpfige Stadtvertretung wählt aus ihren Reihen für 5 Jahre den Oberbürgermeister (Primátor), der an der Spitze des 11-köpfigen Stadtrates (Rada) steht.

22 Verwaltungsbezirke und **57 Stadtteile** (gestrichelt).

Der Bezirk **Prag 1** besteht aus den früheren Stadtvierteln Altstadt **(Staré Město)**, Neustadt **(Nové Město)**, Kleinseite **(Malá Strana)**, Hradschin **(Hrad čany)** und Josefstadt **(Josefov)**

Wirtschaft

6 Mio. Touristen (2022)

mit durchschnittlich
3 Übernachtungen

Durchschnittslohn (2023)
1750 €
Arbeitslosenquote (2023)
Prag **3,0 %**, Tschechien **4,5 %**

Beschäftigungsstruktur:

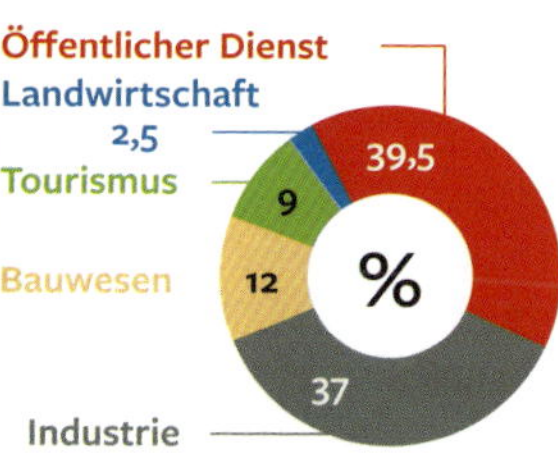

Haupthandelspartner:
Deutschland (**ca. 65 %** des Gesamtaufkommens)

▶ Klimastation Prag

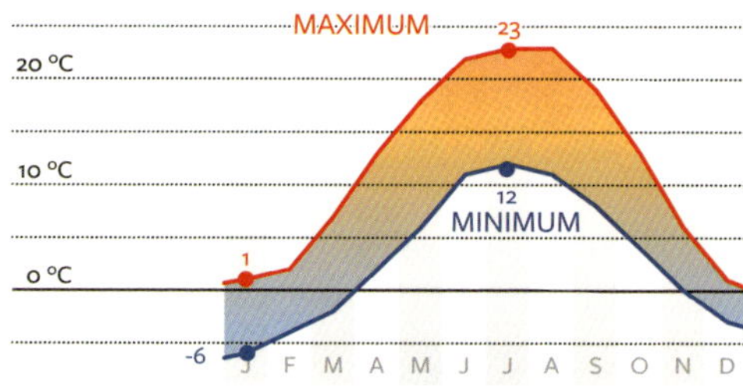

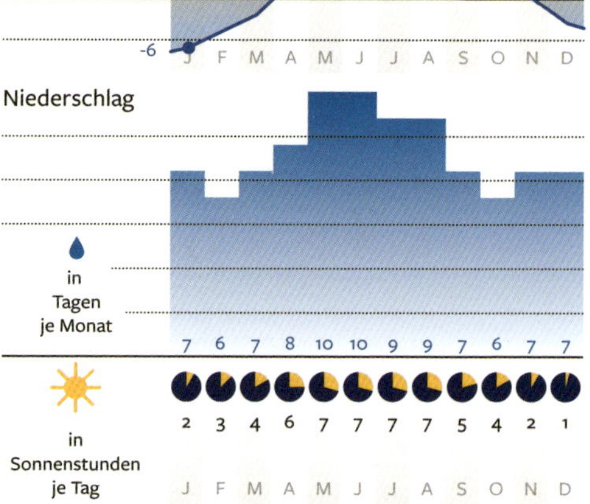

Prags Städtepartnerschaften

Nicht auf der Karte
Chicago, USA (1990)
Phoenix, USA (1992)
Taipeh, Taiwan (2001)
Kyoto, Japan (1996)

Brüssel (2003)
Hamburg (1990)
Drancy (1995)
Bamberg (1991)
Berlin (1995)
Prag
Paris (1997)
Frankfurt (1990)
Nürnberg (1990)
Tirana (1995)
Jerusalem

Der Stadtbezirk **Prag 6** unterhält seit 2008 eine Städtepartnerschaft mit **Bayreuth**.

Er blockierte den Lissabonner Vertrag und während seiner Amtszeit flatterte keine EU-Fahne auf der Burg. Für den Anschluss an die Eurozone gibt es immer noch keinen Termin. Dabei profitiert das Land von der **EU-Unterstützung:** beim Ausbau der Infrastruktur, bei der Unterstützung wirtschaftlich schwacher Regionen. Die EU-Skepsis vieler Tschechen geht auch auf das Münchner Abkommen von 1938 zurück. Damals wurde über die staatliche Souveränität der Tschechen entschieden – ohne die Tschechen. **»Nie mehr über uns ohne uns«,** heißt es deshalb bis heute: Die Angst vor Fremdbestimmung sitzt noch tief in vielen Köpfen (▶ S. 10).

Wirtschaft nach der Wende

Heftiges Auf und Ab

In der ersten Hälfte der 1990er-Jahre galt die Wirtschaftspolitik Tschechiens als **vorbildlich für ganz Osteuropa.** Die Arbeitslosigkeit lag bei gerade mal 3,5 Prozent, es gab Exportüberschüsse und der Staatshaushalt verzeichnete ein Plus. In Prag, wo sich mehr als 10 Prozent der Industrieproduktion konzentrieren, gab es sogar Arbeitskräftemangel. Trotzdem verlief der wirtschaftliche Aufstieg nicht problemlos: Die großen Staatsbetriebe waren zwar in Aktiengesellschaften umgewandelt worden, aber der Staat oder die von ihm kontrollierten Banken hielten große Aktienpakete. Auch die Löhne stiegen stärker als die Produktivität, dadurch ging der Preisvorteil tschechischer Produkte im Ausland rasch verloren. Bis zum Ende der 1990er-Jahre stieg die Arbeitslosigkeit bis auf 10 Prozent. Die Sozialdemokraten, die 1998 die Parlamentswahlen für sich entscheiden konnten, setzten den **Privatisierungsprozess** wieder in Gang. Erst die globale Wirtschaftskrise 2008/2009 bremste den erneuten Boom. Unter der Regierung aus Sozialdemokraten, Wirtschaftsliberalen und Konservativen, die seit 2014 in wechselnden Konstellationen im Amt sind, gingen die Arbeitslosenzahlen wieder zurück und lagen 2023 bei 4,3 Prozent.

Blühende Branchen

Das »schwarze Prag« der rauchenden Schornsteine – einst das Industrieherz der Tschechoslowakei, die in den 1930ern zu den zehn führenden Industriestaaten der Welt gehörte – ist längst Geschichte. Besonders die **IT-Branche** floriert in den letzten Jahren. Auf dem Gebiet der Computersoftware und Sicherheitssysteme nimmt Tschechien einen Spitzenplatz in Europa ein. Aber auch die **Finanzwirtschaft** und **Logistikzentren** sorgen für positive Bilanzen.

Tourismus

Rund 6 Mio. **Touristen** besuchen Tschechien jährlich. 2016 waren es 9,3 Mio., davon übernachteten rund 8 Mio. in Prag. 87 Prozent von ihnen kamen aus dem Ausland und blieben drei Tage in der tschechischen Hauptstadt. Die mit Abstand **größte Besuchergruppe** kommt aus **Deutschland** (ca. 2 Mio.), gefolgt von den USA und Italien. Mitverantwortlich für die Anziehungskraft der Stadt sind neben dem UNESCO-Welterbestatus nicht zuletzt die vielen gedrehten Filme.

Hollywood des Ostens

Das »Hollywood des Ostens« (▶ Baedeker Wissen, S. 286) verfügt nicht nur über grandiose Locations, sondern mit den von der Familie Václav Havels gegründeten **Barrandov-Studios** über eines der ältesten, größten und nach Meinung von Roman Polanski sogar weltbesten Filmstudios. Dass die Produktionskosten (noch) etwa 30 Prozent günstiger sind als im Westen, steigert die Attraktivität. Auch an qualifizierten Fachkräften mangelt es nicht: Prags 1941 gegründete Film- und Fernsehfakultät der Akademie der Musischen Künste genießt weltweites Renommee.

Wirtschaftsbeziehungen mit Deutschland

Mehr als 300 ausländische Firmen gingen ein tschechisches Joint Venture ein. Große deutsche Unternehmen wie Siemens, Bosch, Hochtief sind vertreten, mehr als 1400 Firmen weisen eine deutsche Beteiligung auf. Damit haben die deutschen Investoren das größte Volumen und sind für rund ein **Viertel der Gesamtinvestitionen** seit 1993 verantwortlich. Außerdem exportiert Tschechien für rund 75 Milliarden Euro (2022) nach Deutschland, das damit der wichtigste Außenhandelspartner des Landes ist.

Für Touristen lässt man sich in Prag schon was einfallen.

GESCHICHTE

Vier Attentate, drei Fensterstürze – was in Prag geschah, hatte häufig Auswirkungen auf das Schicksal Europas. In der Geschichte der Moldaumetropole spiegelt sich das Bild einer kleinen Nation, die sich zwischen den benachbarten Großmächten erfolgreich durchsetzen konnte, mit neuen, ja revolutionären Ideen.

Erste Siedlungen und Legendenbildung

Das Gebiet der heutigen Stadt Prag war vermutlich schon seit der Altsteinzeit (Paläolithikum) besiedelt; die ältesten bekannten Siedlungsspuren sinde etliche hunderttausend Jahre alt. Ab 4000 v. Chr. avancierte das Gebiet an der Moldaufurt zur Kaufmannssiedlung; hier kreuzten sich die **Bernsteinstraße** und die **Salzstraße.** Mit Beginn der Jüngeren Eisenzeit ab 400 v. Chr. (La-Tène-Kultur) fielen die keltischen Bojer (daher die Bezeichnung Böhmen) ein; im 6. Jh. besiedelten Westslawen das Gebiet.

Der Legende nach wurde Prag, das um 800 lediglich aus mehreren befestigten Höfen bestand, von der **Fürstin Libussa** (Libuše) gegründet. Gemäß ihrer Vision von einer Stadt, deren Ruhm einst bis zu den Sternen reichen sollte, suchten und fanden ihre Leute an der Moldau den Gründungsort von Prag, dort, wo ein Mann gerade die Schwelle (práh) seines Hauses zimmerte. Später heiratete Libuše einen jungen Pflüger (Přemysl Oráč)und begründete damit die Přemysliden-Dynastie. 921 schloss sich der christliche **Herzog Wenzel** (Václav) der Heilige eng an die sächsische Hausmacht König Heinrichs I. an. Nach seiner Ermordung durch seinen Bruder und der anschließenden Heiligsprechung als Schutzpatron Böhmens verehrt, wurde er zum Symbol der Einheit und Unabhängigkeit des Landes.

Handelsmetropole

Im 10. Jh. entstanden das Bistum Prag und erste Klöster. Jüdische und deutsche, italienische und französische Kaufleute ließen sich in Prag nieder. Mit dem Bau der **ersten steinernen Moldaubrücke** (Judithbrücke; später durch die Karlsbrücke ersetzt) sicherte sich Prag auf lange Zeit seine Vorrangstellung als Handelsmetropole. Im Jahr 1178 wurde verfügt, dass deutsche Kaufleute diverse Privilegien erhielten; so sollten sie in Prag gehalten werden. Von 1289 bis 1806 trug der böhmische König zusätzlich noch den Titel eines Kurfürsten des Heiligen Römischen Reichs Deutscher Nation. 1230 wurde Prag befestigt und erhielt das **Stadtrecht.** König Přemysl Ottokar II. gründete 1257 für deutsche Kolonisten die nach Magdeburger Recht verwaltete Kleinstadt (**Kleinseite**). Um 1300 wurden die ersten **Prager Groschen** geprägt. Sie waren auch in Deutschland als Zahlungsmittel weit verbreitet und Vorbild für den deutschen Groschen.

STADTGESCHICHTE

DIE ANFÄNGE

um 800	Gründung Prags durch die Fürstin Libuše
921	Wenzel (Václav) der Heilige übernimmt die Regierung.
1230	Prag erhält das Stadtrecht.

AUFSTIEG UND NIEDERGANG

1344	Errichtung des St.-Veits-Doms
1346	Karl IV. wird König von Böhmen
1348	Gründung der Karlsuniversität
1355	Karl IV. wird Kaiser des Heiligen Römischen Reiches.
1419	Erster Prager Fenstersturz; Hussitenkriege
1458	Bedeutungsverlust unter Georg von Podiebrad

HABSBURGERDYNASTIE

1526	Prag fällt an die Habsburger.
1618	Zweiter Prager Fenstersturz; Dreißigjähriger Krieg
1784	Hradschin, Kleinseite, Altstadt und Neustadt werden zu einer Verwaltungseinheit zusammengefasst.

DIE TSCHECHOSLOWAKISCHE REPUBLIK

1918	Gründung der Tschechoslowakischen Republik (ČSR) Tomáš Garrigue Masaryk wird Präsident.
1939	Deutsche Truppen marschieren in Prag ein. Böhmen und Mähren werden Reichsprotektorat.
1942	SS-Führer Reinhard Heydrich stirbt nach einem Anschlag; die Dörfer Lidice und Ležáky werden ausgelöscht, die Bewohner ermordet oder ins KZ verschleppt.
1948	Machtergreifung der Kommunisten; Dritter Prager Fenstersturz
1968	Prager Frühling
1990	»Samtene Revolution«, Václav Havel wird Staatsoberhaupt.
1992	Trennung in Tschechische und Slowakische Republik. Prags historisches Zentrum wird UNESCO-Welterbe.

DIE TSCHECHISCHE REPUBLIK

1993	Prag wird Hauptstadt der Tschechischen Republik, Václav Havel erneut zum Staatspräsidenten gewählt.
2004	Beitritt Tschechiens zur EU
2007	Beitritt Tschechiens zum Schengener Abkommen
2009	Erste EU-Ratspräsidentschaft Tschechiens
2011	Der Tod von Dichterpräsident Václav Havel am 18. Dezember löst weltweite Betroffenheit aus.
2014	Adriana Krnáčová wird erste Oberbürgermeisterin Prags
2023	Bohuslav Svoboda wird wieder Oberbürgermeister.

Karl IV.

Der deutsche König Heinrich VII. aus dem Haus Luxemburg verheiratete 1310 seinen Sohn Johann mit der Přemyslidenerbin Elisabeth und sicherte den Luxemburgern die Wenzelskrone. Sein Enkel Karl IV. (1316 – 1378) war eine der wichtigsten Persönlichkeiten der Prager Stadtgeschichte. Er fasste Böhmen, Mähren und Schlesien als Länder der böhmischen Krone zusammen. Gebildet, kunstsinnig und sehr fromm, initiierte er den Bau des St.-Veits-Doms auf dem Hradschin und, ebenfalls unter Mitwirkung des aus Schwäbisch Gmünd stammenden **Peter Parler** (▶ Interessante Menschen), weitere gotische Bauwerke wie die Kirche Maria Schnee und die Burg Karlstein. Als Metropole des Heiligen Römischen Reichs (Deutscher Nation) avancierte Prag zum **»Rom des Nordens«** und zog Gelehrte und Künstler aus ganz Europa an. 1348 entstand die **Karlsuniversität** als erste Universität in Mitteleuropa.
Die Neustadt wurde großzügig angelegt mit Plätzen wie dem Wenzels- und dem Karlsplatz, breiten Straßen, Kirchen- und Klosteranlagen und umfangreichen Befestigungen. So konnte das Siedlungsgebiet die wachsende Bevölkerung, v. a. Handwerker und Gewerbetreibende, jahrhundertelang ohne Erweiterungen aufnehmen, und Prag wurde der Fläche und der Einwohnerzahl nach die größte Stadt Mitteleuropas. 1355 wurde Karl IV. Kaiser des Heiligen Römischen Reiches (Deutscher Nation), 1357 begann er den Bau der **Karlsbrücke.**

Soziale, politische und religiöse Spannungen

Nach dem Tod Karls IV. entstanden starke soziale, politische und religiöse Spannungen. Auf Betreiben des Magisters Jan Hus beschnitt Wenzel IV. 1409 die Rechte der Deutschen an den Universitäten zugunsten der Tschechen, weshalb rund 2000 deutsche Studenten und viele Professoren außer Landes gingen und u. a. die Universität Leipzig gründen. Aus den maßvollen Bestrebungen des **Reformators Jan Hus** (1370 – 1415) und seiner Anhänger, die Missstände in der Kirche abschaffen wollten, entwickelte sich eine religiöse, soziale und nationale Erhebung. Hus wurde entgegen der Zusicherung des Königs Sigismund auf freies Geleit in Konstanz auf dem Scheiterhaufen öffentlich verbrannt. Sein Tod löste in Böhmen eine antikirchliche nationale Bewegung aus. Am 30. Juli 1419 befreite eine von Jan Želivský geführte Volksmenge im Neustädter Rathaus gefangene Hussiten und warf zwei katholische Ratsherren aus dem Fenster. Der **Erste Prager Fenstersturz** war das Signal für die bis 1436 dauernden **Hussitenkriege.** Das Hussitenheer unter Jan Žižka schlug am 14. Juli 1420 das zahlenmäßig weit überlegene Heer König Sigismunds in der Schlacht am Veitsberg (▶ Žižkov). Den anschließenden Krieg verloren die Hussiten letztlich aber.

Bedeutungsverlust

1458 wurde der hussitisch gesinnte böhmische Adlige **Georg von Podiebrad** König von Böhmen. Er setzte die Bautätigkeit in Prag fort

(Teynkirche). Die durch die Enteignung des Kirchenbesitzes reich gewordenen Fürsten gewannen auf Kosten der Städte an Einfluss, die Vormachtstellung Prags als Wirtschaftszentrum ging zurück. 1490 wurden die Länder der böhmischen Krone mit Polen und Ungarn vereinigt. König **Vladislav Jagiello** (Vladislav II.) verlegte die Residenz von Prag nach Budapest.

Habsburg tritt an

Nach dem Tod von Vladislavs II. Sohn Ludwig 1526 in der Türkenschlacht bei Mohács fiel das Land durch die Wahl von dessen Schwager **Ferdinand I.** zum König von Böhmen an die Habsburger. Dabei erhielten das Land und besonders die Stadt Prag (Wiederherstellung des Erzbistums, Wahl zur Residenzstadt) umfangreiche Rechte. Als diese Rechte wieder eingeschränkt werden sollten, brach 1547 unter der Führung Prags ein **Städte- und Ständeaufstand** gegen den König aus, nach dessen Niederwerfung die Hauptstadt und viele andere böhmische Städte durch den Verlust ihrer Privilegien, Befugnisse und Einkünfte empfindlich bestraft wurden. Ab 1549 wanderten lutherisch gesinnte Deutsche ein und verstärkten die Opposition gegen die unter den katholischen Habsburgern einsetzende **Gegenreformation.** Ferdinand I., ab 1556 deutscher Kaiser, rief die Jesuiten zur

Zwei kaiserliche Gesandte werden unsanft aus dem Fenster der Prager Burg befördert. Sie überleben zwar, doch diese Aktion löst den Dreißigjährigen Krieg aus.

Etablierung der Gegenreformation nach Prag, die u. a. eine rege Bautätigkeit entfalteten und eine Generation von streng katholischen Adligen und Bürgern heranbildeten. **Rudolf II.** sammelte allerdings lieber Kunst und betrieb naturwissenschaftliche und astronomische Studien mithilfe der Gelehrten **Tycho Brahe** und **Johannes Kepler.**

Dreißigjähriger Krieg

Streitigkeiten über Religionsfreiheit, städtische und ständische Freiheiten führten am 23. Mai 1618 zum **Zweiten Prager Fenstersturz,** Signal für eine Revolution radikal-protestantischer Adelskreise gegen die katholischen Habsburger. Er gilt als Auslöser für den Dreißigjährigen Krieg. Die böhmischen Stände setzten den Habsburger Ferdinand II. ab und wählten Kurfürst Friedrich V. von der Pfalz zum König. Ferdinand II. besiegte den nur ein Jahr amtierenden Friedrich (»Winterkönig«) am 8. November 1620 in der **Schlacht am Weißen Berg.** Die 27 Anführer der Adelsrevolte wurden auf dem Altstädter Ring hingerichtet, die Protestanten entmachtet oder vertrieben.
Ferdinand II. verlegte 1624 die böhmische Hofkanzlei nach Wien. Im Dreißigjährige Krieg verlor Böhmen fast die Hälfte seiner Einwohner und wurde in den folgenden Kriegen des Hauses Habsburg mit drückenden Steuern belegt. Prag verlor seine kulturelle und wirtschaftliche Bedeutung. Der aufgeklärte Habsburger Joseph II., Sohn von Maria Theresia, gewährte 1781 Glaubensfreiheit und sorgte für die Einführung der deutschen Volksschule. Die vier bisher selbstständigen Stadtgemeinden Hradschin, Kleinseite, Altstadt und Neustadt wurden 1784 **verwaltungstechnisch vereinheitlicht.**

Nationaltschechische Bewegung

Die seit Ende des 18. Jh.s einsetzende nationaltschechische Bewegung führte zur Schwächung der starken Stellung der Deutschen. Eine erste Revolution der Nationaltschechen mit Zentrum in Prag schlug 1848 fehl. Die Spannungen zwischen Deutschen und Tschechen verschärften sich. 1891 fand in Prag eine große Industrieausstellung statt, die das Potenzial der Region zeigen sollte. Durch die **Industrialisierung** v. a. in deutsch besiedelten Gebieten entwickelte sich Böhmen zum industriellen Kernland der Donaumonarchie.

ČSR und Besetzung durch die Nationalsozialisten

Die Tschechoslowakische Republik (ČSR) wurde am 28. Oktober 1918 als slawischer Nachfolgestaat der österreichisch-ungarischen Monarchie mit **Tomáš Garrigue Masaryk** als Präsident gegründet. Allerdings bedrohten ständige Spannungen zwischen den nationalen Gruppen den Vielvölkerstaat.
Mit dem **Münchener Abkommen** von 1938 gingen die deutsch besiedelten Randgebiete Böhmens und Mährens (Sudetenland) an das nationalsozialistische Deutsche Reich. Das tschechische Restgebiet wurde 1939 als »Protektorat Böhmen und Mähren« Hitlers »Großdeutschland« angegliedert. Bei einem Attentat am 26. Mai 1942 auf den stellvertretenden Reichsprotektor Reinhard Heydrich wurde dieser tödlich

Theresienstadt steht für den Naziterror in der Tschechoslowakei.

verletzt. Die Nationalsozialisten antworteten mit der Auslöschung der Dörfer **Lidice** und **Ležáky** sowie mit brutaler Niederschlagung jeglichen Widerstands in der »Tschechei«.

Sozialistischer Staat

Mit dem Ende des Zweiten Weltkriegs begann die Vertreibung der Sudetendeutschen, **Edvard Beneš** wurde Präsident. 1948 übernahm die Kommunistische Partei (KPČ) die Macht: Die Tschechoslowakei wurde »Volksrepublik«. Beim **Dritten Prager Fenstersturz** wurde der letzte Nicht-Kommunist im Kabinett, Jan Masaryk, von Unbekannten aus einem Fenster des Außenministeriums geworfen. Präsident Klement Gottwald ordnete radikale »Säuberungen« an. 1960 erfolgte die Gründung der Tschechoslowakischen Sozialistischen Republik (ČSSR).
1968 bemühte sich im sog. **Prager Frühling** die tschechoslowakische KP unter Alexander Dubček um einen **»Sozialismus mit menschlichem Antlitz«** mit Liberalisierungs- und Demokratisierungsprogrammen. Am 21. August 1968 beendete der Einmarsch von Truppen der UdSSR und vier weiterer Warschauer-Pakt-Staaten gewaltsam den Prager Frühling. Aus Protest gegen die tschechische Akzeptanz der Situation verbrannte sich am 16. Januar 1969 der Student **Jan Palach** auf dem ► Wenzelsplatz, sechs Wochen später der 18-jährige Schüler **Jan Zajíc.** Eine **neue Verfassung** legte die Föderation aus dem tschechischen Bundesstaat (ČSR) und dem slowakischen (SSR) mit einem Gesamtparlament am Sitz der Bundesregierung in Prag fest.

SOZIALISMUS MIT MENSCHLICHEM ANTLITZ ...

... war die Idee der tschechoslowakischen Reformer des Prager Frühlings. Sie planten tiefgreifende Liberalisierungen in Wirtschaft und Gesellschaft, von denen auch die Kommunistische Partei nicht ausgeschlossen sein sollte. Doch die Sowjetunion sah ihre Hegemonie bedroht.

Ludvik Svoboda
(1895–1979)
Präsident der ČSSR von 1968 bis 1975. Wird zwiespältig beurteilt: Ermöglichte die Teilnahme von Reformern an den Verhandlungen mit den Sowjets, zwang sie aber, das Moskauer Protokoll zu unterzeichnen.

▶ **Abfolge der Ereignisse**

- **1967** – **Juni:** Schriftsteller kritisieren Novotný-Regime **Oktober:** Studentenproteste
- **1968**
- **06.01.** – Rücktritt Novotný, Dubček wird sein Nachfolger
- **23.04.** – Dresdner Konferenz: Bildung der Anti-Reform-Allianz (Sowjetunion, Polen, DDR, Ungarn, Bulgarien)
- **27.06.** – »Manifest der 2000 Worte«: Intellektuelle fordern die unbedingte Fortsetzung der Reformen.
- **29.06.** – Abschaffung der Zensur

Alexander Dubček
(1921–1992)
Generalsekretär der KPČ und führender Kopf der Reformer. Verlor seinen Posten im April 1969 und wurde 1970 aus der Partei ausgeschlossen.

Jan Palach
(1948–1969)
Der Student setzte mit seiner Selbstverbrennung auf dem Wenzelplatz am 16. Januar 1969 ein Fanal. Sein Tod am 19. Januar löste landesweite Massendemonstrationen aus.

Leonid Breschnew
(1907–1982)
Der Generalsekretär der KPdSU schickte die Panzer. Am 12. November 1968 verkündete er die nach ihm benannte Doktrin von »der beschränkten Souveränität der sozialistischen Staaten«.

Ca. 200 000 Soldaten mit 2000 Panzern marschierten in der Nacht vom 20. auf den 21. August 1968 in die Tschechoslowakei ein. Innerhalb weniger Stunden waren alle wichtigen Positionen besetzt.

▶ **Invasionstruppen**
Albanien und Rumänien verweigerten die Stellung von Truppen. Die DDR leistete logistische Hilfe und hielt zwei Divisionen in Bereitschaft.

▶ **Opfer**

Invasionstruppen:	über 100 Tote
Tschechoslowakische Zivilpersonen:	über 100 Tote

26.07. – »Aufruf der Bürger an das Präsidium« mit ca. 1 Mio. Unterschriften

Besetzung Prags durch Truppen des Warschauer Pakts

20.08. – **23.30 Uhr** Einmarsch der »Anti-Reform-Allianz«, Beginn des Proteststreiks

24.08. – »Moskauer Protokoll«, Ende des Reformprozesses

30.08. – Wiedereinführung der Pressezensur

ab ca. Sept 1968 – Ca. 100 000 Menschen emigrieren nach der Niederschlagung des Prager Frühlings.

DIE WAHRHEIT UND DIE LIEBE ...

... »siegen über Lüge und Hass«: So formulierte es Václav Havel im November 1989. Da war der Zerfall des Ostblocks schon nicht mehr aufzuhalten.

Michail Gorbatschow warb mit Glasnost für die Perestroika, Moskaus totalitäre Macht bekam die ersten Risse. Den Stein ins Rollen brachten die DDR-Bürger: Sie begehrten Reisefreiheit, vesammelten sich zu Tausenden an der ungarisch-österreichischen Grenze. Im Sommer 1989 gab dort der Eiserne Vorhang nach. Im Oktober durften über 4000 Ostdeutsche in die Freiheit ausreisen, die vorher in den Garten der bundesdeutschen Botschaft in Prag geflüchtet waren. In Polen löste die Gewerkschaft Solidarność die Kommunisten ab, in Bulgarien wurde am 12. November der seit 1954 amtierende KP-Chef Todor Schiwkow gestürzt. In Prag dauerte der gewaltlose Systemübergang knapp 6 Wochen: vom 17. November bis zum 29. Dezember 1989. Danach sprach man von einer »Samtenen Revolution«, weil es gelungen war, ohne Blutvergießen von der Diktatur zur Demokratie zu wechseln. »Velvet Revolution«: Auf Englisch klang das wie ein Pop-Song. Und es war auch eine couragierte Sängerin, die bei den Massendemonstrationen in Prag mit **Václav Havel** die Initialzündung lieferte: **Marta Kubišova,** seit 20 Jahren mit einem Auftritts- und Berufsverbot bestraft, sang »Ein Gebet für Marta«, das Symbollied gegen den Einmarsch der Sowjets von 1968. Dazu klapperten die Demonstranten mit ihrem Schlüsselbund – ein Symbol für die Forderung: Aufmachen! Der Weg für die ersten freien Wahlen seit 1948, seit der Einführung der »Diktatur des Proletariats«, war bereitet.

Zum 20-jährigen Jubiläum der »Samtenen Revolution« wurde am 17. November 2009 auf Prags Národnì tŕída ein symbolischer »Eisener Vorhang« verbrannt.

Charta 77 und »Samtene Revolution«

Eine Bürgerrechtsgruppe unter Führung auch des Dramatikers **Václav Havel** veröffentlichte 1977 die »Charta 77«, die u. a. das in der Verfassung gewährte Recht auf Meinungs- und Bekenntnisfreiheit einforderte. Tausende von Demonstranten kamen zur Protestkundgebung am 21. August 1988, dem 20. Jahrestag der Okkupation durch Truppen des Warschauer Paktes. Demonstrationen am 28. Oktober auf dem Wenzelsplatz zum Gedenken an die erste tschechoslowakische Republik 1918 beendete die Polizei, wie auch Demonstrationen Anfang 1989 zur Erinnerung an die Selbstverbrennung von Jan Palach. Protestkundgebungen der »Charta 77« wurden verboten. Die wachsende Unzufriedenheit der Bevölkerung beantwortete die Staatsmacht mit noch härteren Repressalien; sie gipfelten im rücksichtslosen Vorgehen der Staatssicherheit gegen einen Protestzug von Hochschülern. Dies war der letzte Anstoß für die **»Samtene Revolution«** 1989, die zum gewaltlosen Sturz der Kommunisten führte. Aus den freien Parlamentswahlen am 8. Juni 1990 gingen die Bürgerrechtsbewegungen als Gewinner hervor. **Václav Havel** wurde zum Staatsoberhaupt gewählt.

Trennung und Neubeginn

Am 27. August 1992 vereinbarten der tschechische Ministerpräsident und sein slowakischer Amtskollege die Auflösung der tschechoslowakischen Föderation in die Tschechische Republik (Tschechien) und Slowakische Republik (Slowakei) zum 1. Januar 1993. Am 26. Januar 1993 wurde **Václav Havel** zum ersten Präsidenten der Tschechischen Republik gewählt und 1998 im Amt bestätigt. 1999 trat Tschechien zusammen mit Ungarn und Polen der **NATO** bei.
Im August 2002 setzte die Moldau mit einer »Jahrhunderthöhe« u. a. die Metro unter Wasser, die Altstadt blieb praktisch verschont. 2003 konnte der EU-Gegner Václav Klaus eine knappe Mehrheit für sich als Staatspräsident organisieren. Trotzdem erfolgte der lange vereinbarte **Beitritt Tschechiens zur EU** im Mai 2004 als eines der zehn Länder der Osterweiterung. Im Dezember 2007 trat Tschechien dem **Schengener Abkommen** bei, wodurch die Grenzkontrollen abgeschafft wurden. »Danke, Václav« stand auf einem Transparent, als Zehntausende Menschen dem im Dezember 2011 gestorbenen »Dichterpräsidenten« bei einem Trauerzug durch die Prager Innenstadt die letzte Ehre erwiesen.

Der Alte und die Neuen

Bei der Wahl um die Nachfolge von Václav Klaus 2013 setzte sich der früherer Regierungschef **Miloš Zeman** für das linke Lager knapp gegen den amtierenden konservativen Außenminister **Karel Schwarzenberg** durch. Bei den Kommunalwahlen im Oktober 2014 ging die 2011 gegründete ANO (▶ S. 20) als stärkste Partei hervor. Ihre Spitzenkandidatin **Adriana Krnáčová** wurde als erste Frau Prager Oberbürgermeisterin. Die derzeitige Führungsspitze – Petr Pavel (Staatspräsident seit 2023) und Petr Fiala (Ministerpräsident seit 2021) – sind pro-europäisch, wollen aber (noch) keinen Euro als Währung.

KUNST- UND ARCHITEKTURGESCHICHTE

Unter Karl IV. stieg Böhmen zu einer bedeutenden Kunstregion auf, u. a. mithilfe des Dombaumeisters Peter Parler. Bemerkenswert war im Barock der Einfluss der oberbayerischen Familie Dientzenhofer. Ebenso unübersehbar ist das Erbe des Prager Jugendstils, aus dem sich die kubistische Architektur entwickelte. Ein »tanzendes« Haus an der Moldau zu errichten, blieb allerdings dem modernen Architekten Frank Gehry vorbehalten.

Gotik für alle

Eine neue Bauweise

Von der **Romanik** ist nicht mehr viel zu sehen. Die **St.-Georgs-Basilika,** 912 auf dem Hradschin gegründet, ist auch nach dem Umbau 1142 bis 1150 (Türme, Ost- und Westchor, Krypta) das besterhaltene Denkmal der Romanik in Prag. Ihr folgten für die Region charakteristische **Rundbauten** (»böhmische Rotunden«) wie die Hl.-Kreuz-Rotunde (um 1100), die Rotunde St. Martin auf dem Vyšehrad (Mitte 11. Jh.) und die Rotunde des Hl. Longinus (12. Jh.) in der Neustadt. Die **Gotik** wurde im 13. Jh. zunächst von Zisterziensern und Bettelorden in Böhmen verbreitet. Die neue Bauweise übertrug man auf profane Bauwerke wie den gotischen Palast auf dem Hradschin (um 1250 – 1400). Ebenfalls gotisch ist die Altneusynagoge in der Josefstadt (1273). Das aufstrebende Bürgertum benutzte den neuen Stil für seine Repräsentationsbauten, z. B. das Altstädter Rathaus (ab 1338).
Unter dem kunstsinnigen Herrscher Karl IV. (reg. 1346 – 1378) hatte die **Spätgotik** einen Höhepunkt. Zunächst stand sie noch unter französischem Einfluss: Der Umbau des Prager Königspalasts erfolgte nach dem Vorbild des Palasts der französischen Könige in Paris, wo Karl aufgewachsen war. Den Neubau des Veitsdoms ab 1344 legte Matthias von Arras nach dem Muster der französischen Kathedralen (Chor mit Kapellenkranz) an. Nach Matthias' Tod 1352 führte **Peter Parler** (1330 – 1399) mit seinen Söhnen den Bau nach neuen Gesichtspunkten (Betonung der Südseite mit Wenzelskapelle, Querhausportal und Turm) weiter. Seine Ideen wurden als »Parlergotik« zum europaweiten Vorbild für Architektur und Plastik. Der Altstädter Brückenturm (Karlsbrücke) stammt ebenfalls von ihm. Neues gab es auch in der Plastik: das erste freiplastische Reiterstandbild nördlich der Alpen, die des hl. Georg (1373; St.-Georgs-Kloster, Hradschin). Die **Planer- und Stiftertätigkeit Karls IV.** ist bis heute in Prag deutlich sichtbar: die Neustadt, die Karlsbrücke, die Kirche Maria Schnee, der St.-Veits-Dom oder die Teynkirche.

Im 15. Jh. nahm die Bedeutung Prags als Vorreiterin in Sachen Architektur ab. Der damals bedeutendste tschechische Architekt, Matthias Rejsek, baute den Pulverturm (1475). Immerhin entstand nach Entwürfen von Benedikt Ried der Vladislavsaal im Königspalast (1493 – 1502), einer der großartigsten Profanräume jener Zeit.

Malerei

In der Malerei bildete sich aus einer Synthese von v. a. italienischen und böhmischen Zügen ein selbstständiger Charakter aus, sichtbar in der Hauptsache bei Altartafelbildern wie im Agneskloster. Bedeutende Wandmalereien besitzt das 1357 gegründete Emmauskloster. Außerdem entstanden kostbare, bebilderte Handschriften, oft im Auftrag des schlesischen Humanisten Johannes von Neumarkt, unter dem sich in der Prager Reichskanzlei die deutsche Schriftsprache auszubreiten begann. Ende des 14. Jh.s bildete sich der »Schöne« bzw. **»Weiche« Stil** heraus, eine raffiniert verfeinerte Malweise, in der vornehmlich Madonnenbilder entstanden. Nach den Hussitenkriegen war der Charakter der böhmischen – nunmehr fast rein tschechischen – Kunst bis zum Ende des 15. Jh.s konservativ und eklektisch. Bemerkenswert ist der Meister des Altars von Leitmeritz im Agneskloster, der auch an der Ausmalung der Wenzelskapelle im Veitsdom beteiligt war und wichtige Bilder der Wenzellegende schuf.

Vom Meister von Leitmeritz stammen die spätgotischen Malereien im Veitsdom.

Renaissance

Architektur

Die Kunst der italienischen Renaissance setzte sich in Prag wahrscheinlich früher durch als sonst in Mitteleuropa. Bereits 1538 bis 1555 entstand das **Belvedere** am Königsgarten des Hradschin, eines der reinsten Beispiele der Renaissance-Architektur nördlich der Alpen. Die originelle Sommerresidenz **Stern** wurde nach einer Idee Erzherzog Ferdinands 1555 bis 1558 auf sternförmigem Grundriss errichtet. Der führende Architekt Böhmens in der 2. Hälfte des 16. Jh.s war Bonifaz Wohlmut aus Überlingen am Bodensee: Orgelempore im St.-Veits-Dom, 1557 bis 1561; Ballhaus im Königsgarten der Burg, 1568 und Netzgewölbe im Landtagssaal der Burg, 1559 bis 1563. Der neue Stil nahm nun spezifische Prager Formen an. Nach dem großen Brand von 1541, der weite Teile der Burg und der Kleinseite zerstörte, entstanden Adelsresidenzen wie das **Palais Martinitz** (Ende 16. Jh.) und das **Palais Schwarzenberg** am Hradschiner Platz im böhmischen Renaissancestil, oft mit Sgraffitoschmuck an den Fassaden. Solche Sgraffiti zieren häufig auch bürgerliche Renaissancebauten wie z. B. das Haus Zu den drei Straußen (1585) an der Karlsbrücke oder das Haus Zur Minute (Ende 16. Jh.s) neben dem Altstädter Rathaus, meist mit Szenen aus der Antike und der Bibel sowie Allegorien der Tugenden.

Malerei

Unter Rudolf II. (1576 – 1611), einem eifrigen Kunstsammler, war Prag wieder Kaiserresidenz und Mittelpunkt der Kunst des **Manierismus.** Der Kaiser zog Bildhauer, Erzgießer und Maler verschiedenster Herkunft an seinen Hof, etwa Jan Brueghel, den »Sammet-Brueghel«, Guiseppe Arcimboldo und Ägidius Sadeler, der eine aus neun Stichen bestehende Stadtansicht vom Prag des Jahres 1606 und damit eine Übersicht der Architektur jener Zeit schuf. Ein Beispiel für die bis in die Spätrenaissance reichenden gotischen Einflüsse liefert die **Rochuskapelle** (heute Galerie) im Kloster Strahov.

Triumph des Barocks

Kunst der Gegenreformation

Die durch den Sieg der katholischen Partei in der Schlacht am Weißen Berg 1620 endgültig triumphierende Gegenreformation brachte den anfangs überwiegend italienischen Barock nach Prag. Die genossenschaftlich organisierten, meist aus der Gegend von Como stammenden Handwerker beherrschten etwa ein halbes Jahrhundert lang fast das gesamte Bauwesen. Der Schwerpunkt lag zunächst auf dem Palast- und Schlossbau. Die bedeutendsten Bauherren waren **Albrecht von Waldstein** (Wallenstein), für dessen Palais Waldstein ein ganzes Stadtviertel weichen wurde, und Humprecht Graf von Čzernín (Palais Čzernín am Loretoplatz). Der Sakralbau stand zunächst in der

Der Barock feiert in Prag Triumphe.

Nachfolge der römischen Jesuitenkirche »Il Gesù«, nach deren Vorbild 1611 bis 1616 die zuvor protestantische Kirche St. Maria de Victoria umgestaltet wurde. Der fruchtbarste Vertreter des Jesuitenstils war Carlo Lurago (St. Ignatius).

Malerei und Bildhauerei

Anders als die Architektur wurden Plastik und Malerei von einheimischen oder aus angrenzenden Ländern zugewanderten Künstlern beherrscht. Zu den bedeutendsten gehörten Johann Georg Bendl (um 1630 – 1680; Fassadenplastik von St. Salvator und Winzersäule am Kreuzherrenplatz, hl. Wenzel an der Alten Propstei im Hradschin) und Hieronymus Kohl (1632 – 1709; Fassadenplastiken an der Thomaskirche; Brunnen im Zweiten Burghof auf dem Hradschin); bei den Malern etwa der einer böhmischen Adelsfamilie entstammende Karel Škréta (1610 – 1674), Begründer der böhmischen Barockmalerei, der aus Glaubensgründen emigrierte und als Konvertit wieder zurückkehrte (Teynkirche).

Der **Spätbarock** erreichte seinen Höhepunkt in Prag im 18. Jh. u. a. mit Jean Baptiste Mathey (um 1630 – 1695). Er schuf den Zentralbau der Kreuzherrenkirche St. Franziskus und Schloss Troja. Der Wiener Hofbaumeister Johann Bernhard Fischer von Erlach baute seit 1707 das Palais Clam-Gallas. Den größten Einfluss hatte aber wohl die aus einer weit verzweigten bayerischen Architektenfamilie stammenden **Christoph Dientzenhofer** (1655 – 1722) und sein genialer Sohn **Ki-**

lian Ignaz Dientzenhofer (1689 – 1751), die dem sog. Dientzenhoferbarock den Namen gaben. Zu ihren Schöpfungen gehören u. a. Kloster Břevnov, die Kirche Christi Geburt und ganz besonders St. Niklas auf der Kleinseite, einer der entwicklungsgeschichtlich und städtebaulich bedeutendsten Kirchenbauten des Spätbarocks in Mitteleuropa. Weitere Bauten von Kilian Ignaz Dientzenhofers sind die Villa Amerika, die Kirche Mariä Himmelfahrt und Karl der Große (Umgestaltung) und die Kirche St. Johann am Felsen und St. Thomas (Umgestaltung). Auch die Pläne für die Palais Goltz-Kinsky und Sylva-Taroucca stammen von ihm. Wichtige Architekten jener Periode waren außerdem Giovanni Santini-Aichl (1667 – 1742), der die Palais Morzin, Thun-Hohenstein und Schönborn entwarf, und František Maximilian Kaňka (1674 – 1766), der sich u. a. um das Palais Černin und einige Bauabschnitte des Clementinums verdient machte.
Zu den vielen um 1700 in Prag tätigen **Bildhauern** gehört Matthias Wenzel Jäckel (1655 – 1738), der u. a. Statuen für die Karlsbrücke und St. Franziskus schuf. Auch von Ferdinand Maximilian Brokoff (1688 – 1731) stammen mehrere Figurengruppen für die Karlsbrücke, ebenso wie von Matthias Bernhard Braun (1684–1738), der außerdem für Statuen im Vrtbagarten und am Portal des Palais Thun-Hohenstein verantwortlich zeichnet. Das **Rokoko** ist eher spärlich vertreten: Dem Kavalierarchitekten Graf von Künigl verdankt Prag den Entwurf des Ständetheaters (1781 – 1783), wo 1787 Mozarts »Don Giovanni« uraufgeführt wurde.

19. Jahrhundert

Klassizismus

In Prag hielt man länger als anderswo am Barock fest. So war der **Klassizismus** selten ein Thema. Ein Beispiel für diesen Stil ist das ehemalige Zollamt, heute »Hibernerhaus«, das 1808 bis 1811 seine Empirefassade erhielt.

Tschechische Kunst

Erst die **Romantik** zündete in Böhmen – im Zuge der nationalen Bewusstwerdung der Tschechen. Dies führte allerdings auch zum Untergang der übernationalen »böhmischen Kunst«, die ab der Mitte des 19. Jh.s immer entschiedener in eine tschechische und eine deutsche Komponente auseinanderdriftete. Von den romantischen und postromantischen **Malern** bedeutend sind an erster Stelle Josef Mánes (1820 – 1871; u. a. Astronomische Uhr, Hl.-Kreuz-Rotunde) und Mikoláš Aleš (1852 – 1913, Nationaltheater), ferner Václav Brožík (Haus »Zum Hahn« am Altstädter Ring). Vertreter der Neugotik waren Joseph Kranner (Hochaltar im St.-Veits-Dom, Bau: 1868 – 1873) und Joseph Mocker (Ausbau des St.-Veits-Doms: 1859 – 1929). Auch in der **Architektur** kam das neue tschechische Bewusstsein zum Tragen: Der tschechische Semperschüler Josef Zítek entwarf im repräsentativen Stil der tschechischen Neurenaissance den Prunkbau des Nationaltheaters (1868 – 1881), das nach einem Großbrand von Josef Schulz (1840 – 1917) bis 1883 neu errichtet werden musste. Unter dessen Leitung entstand auch das Rudolfinum. In der **Plastik** begründete Josef Václav Myslbek (1848 – 1922; Reiterbild des hl. Wenzel) eine Schule, aus der z. B. Otto Gutfreund (1889 – 1927; Messepalast in Holešovice) hervorging.

20. und 21. Jahrhundert

Architektur

Prag hat wie kaum eine andere Stadt eine **Vielzahl von Jugendstilbauten** zu bieten. Den prachtvollsten Ausdruck für den **»Sezessionsstil«** liefert das Repräsentationshaus der Hauptstadt, das von 1906 bis 1911 nach Plänen von Osvald Polívka und Antonín Balšánek erbaut wurde. Andere schöne Beispiele für den Jugendstil sind der Palác Koruna und die Jerusalemsynagoge (beide Am Graben), der Industriepalast in Holešovice, die Jugendstilbrücke Čechův most, das Neue Rathaus und das Hotel »Evropa« am Wenzelsplatz (jetzt ein »W«-Hotel).

Die **kubistische Architektur** von Josef Chochol, eine Prager Besonderheit, kann als Gegentendenz zum Funktionalismus gelesen wer-

Der böhmische Kubismus schlug sich nicht nur in der Architektur nieder, sondern auch im Entwurf von Gebrauchsgegenständen.

den. Die Villa Kovařovič in der Libušina 3 oder das Wohnhaus in der Neklanova 30 auf dem Vyšehrad übertragen die Plastizität der Bilder Picassos auf die Architektur. Bereits 1991/1912 hatte Josef Gočár (1880 – 1945) das kubistische »Haus zur schwarzen Mutter Gottes« in der Zeltnergasse gebaut. Der funktionalistische Messepalast in Holešovice von Oldřich Tyl und Josef Fuchs gefiel auch Le Corbusier.

Gegenwart

Der umstrittene futuristische Fernsehturm (1987 – 1990) prägt heute das Bild des Prager Stadtteils Žižkov. Ein architektonisches Highlight der Gegenwart ist das 1996 fertiggestellte »Tanzende Haus« der Architekten **Frank Gehry und Vlado Milunič,** das an der Ecke Jirásekplatz und Rašínkai am Moldau-Ufer steht. Der exzentrische Bürobau aus Glas und Beton, auch »Ginger & Fred« genannt nach dem Traumpaar des frühen amerikanischen Musicalfilms, füllt eine Baulücke am Moldauufer aus dem Zweiten Weltkrieg. Der Franzose Jean Nouvel verwirklichte ebenfalls ein Projekt in Prag: das Büro- und Geschäftsgebäude »Zlatý Anděl« in Smíchov. Auch Zaha Hadid trug sich mit dem Masayrk-Gebäudekomplex (2024) in die hochkarätige Architektenliste ein. Zu den bekanntesten Prager bildenden **Künstlern** der Gegenwart zählt David Černý (▶ Interessante Menschen), zweifellos seit vielen Jahren das Enfant terrible der hiesigen Kunstszene, der immer wieder mit ebenso skurrilen wie pfiffigen Ideen überrascht. Jaroslav Rónas Kafka-Denkmal vor der Spanischen Synagoge stieß anfangs auf erhebliche Vorbehalte. Wer sich einen Überblick über das aktuelle Kunstgeschehen verschaffen will, geht ins Center for Contemporary Art Futura, ins Kulturzentrum »MeetFactory« und in Černýs »Musoleum« in Smíchov oder ins Dox-Museum für zeitgenössische Kunst in Holešovice.

INTERESSANTE MENSCHEN

Vollblutpolitikerin: Madeleine Albright

1937 – 2022
Erste Außenministerin der USA

Von Prag nach Washington, D. C.: Die am 15. Mai 1937 im Prager Arbeiterviertel Smíchov geborene **Marie Jana Korbelová**, Tochter eines tschechoslowakischen Diplomaten und späteren Politikprofessors in den USA, war von 1997 bis 2001 Außenministerin den USA – als erste Frau in diesem Amt. In »Winter in Prag« beschreibt sie ihre 2012 als Buch erschienenen Kindheitserinnerungen. Beispielsweise, dass sie bis

Die erste Außenminsterin der USA – eine gebürtige Pragerin. Hier zu sehen bei der Beerdigung des ehemaligen Präsidenten der Tschechischen Republik Vaclav Havel.

zu ihrem Amstantritt als US-Außenministerin nichts davon wusste, dass sie aus einer jüdischen Familie stammte, die mehr als 20 Mitglieder im Holocaust der Nationalsozialisten verloren hatte. Warum ihr Vater, den sie sehr verehrt – »Ich war die perfekte Tochter.« –, nie mit ihr über dieses dunkelste Kapitel ihrer Familiengeschichte sprach? Sie weiß es nicht. 1939 floh die Familie nach London und kehrte nach dem Kriegsende 1945 nach Prag zurück. Nach dem kommunistischen Staatsstreich 1948 musste ihre Familie erneut fliehen, diesmal in die USA, wo die junge Emigrantin Politikwissenschaft, Rechts- und Staatswissenschaft studierte. 1957 erhielt sie die US-amerikanische Staatsbürgerschaft, zwei Jahre später heiratete sie den Journalisten Joseph Albright. Ihre Karriere führte sie 1978 bis 1981 in den Stab des Nationalen Sicherheitsrates; unter Präsident Bill Clinton war sie 1993 bis 1997 Botschafterin ihres Landes bei der UNO, dann bis 2001 Außenministerin der USA. Sie verstarb am 23. März 2022 in Washington.

Den Sternen auf der Spur: Tycho Brahe

1546 – 1601
Astronom

Der Däne Tycho Brahe kam 1597 – da war er schon ein berühmter Mann – nach Prag und diente Kaiser Rudolf II. ab 1599 als Hofastronom. Bereits in Dänemark hatte er eine Sternwarte gebaut. Seine astronomischen Instrumente waren die größten der damaligen Zeit, denn das Fernrohr war noch nicht erfunden. Mit seinen Beobachtungen lieferte er die empirischen Grundlagen für die Kepler'schen Gesetze der Planetenbewegung, er blieb jedoch immer ein Gegner des heliozentrischen Weltbilds. Lange Zeit konkurrierte sein tychonisches Weltsystem – das die Erde weiterhin in den Mittelpunkt des Alls stellte – mit dem kopernikanischen. Begraben ist der offenbar recht lebenslustige Wissenschaftler in der ▶ Teynkirche.

Unbeugsam: Věra Čáslavská

1942 – 2016 Kunstturnerin und Widerständlerin

Im Widerstand gegen den Kommunismus gab es natürlich nicht nur Männer, sondern auch Frauen. Eine davon war Věra Čáslavská, die Kunstturnerin. Bei den Olympischen Spielen in Tokio 1964 gewann sie drei Goldmedaillen. Vier Jahre später kamen in Mexiko noch vier goldene und zwei silberne hinzu. Ihren Triumph nutzte sie zur politischen Demonstration. Aus Protest gegen den Einmarsch der Warschauer-Pakt-Staaten 1968 in ihre Heimat widmete sie ihr olympisches Edelmetall dem tragischen Helden des Prager Frühlings, Alexander Dubček, der einen »Sozialismus mit menschlichem Gesicht« wollte (▶ Baedeker Wissen S. 232) und von Moskau zum Rücktritt gezwungen wurde. Ihren Mut musste die Olympiakönigin teuer bezahlen. Aus dem Turnverband ausgeschlossen, erhielt sie auch als Trainerin Berufsverbot. Offiziell rehabilitiert wurde sie erst nach der Samtenen Revolution. Präsident Václav Havel berief die »Ballerina auf dem Schwebebalken« und Weltsportlerin des Jahres 1968 als Sportberaterin in sein Team. Sie verstarb am 30. August 2016 in Prag.

Lässt seine Kunst sprechen: David Černý

geb. 1967 Künstler und Provokateur

In Prag geboren, aus einer Künstlerfamilie stammend, sorgen David Černýs Werke für Gesprächsstoff, Verstörung und Skandale. So 2009 anlässlich der tschechischen EU-Ratspräsidentschaft: Černý sollte mit 26 Künstlern aus den EU-Staaten eine allegorische, 16 mal 16 m große und 8 t schwere Landkarte Europas entwickeln. Er dachte sich jedoch alles alleine aus – und zwar jenseits aller staatstragenden Political correctness. Die Installation »Entropa« zeigte z. B. Deutschland als Autobahnnetz, dessen Umrisse an ein Hakenkreuz erinnerten, und Bulgarien als Collage aus Stehtoiletten. Das Fabrikmuseum Techmania, Pilsen , erwarb das Kunstwerk für 400 000 Euro. Dort ist es auch zu sehen. Černý, den man häufig im Prager **»Mühlen-Café«** antrifft (»mein zweites Zuhause«; ▶ Kampa), liebt alles zwischen Pop und Provokation, ohne ein Wort zu seinen Werken zu sagen: »Die sprechen alle für sich.« Bekannt wurde er mit dem »Pink Panzer«. Über Nacht übermalte »der böse Bube der tschechischen Kunst« jenen russischen Panzer pinkfarben, der an die nationale Befreiung durch die Rote Armee 1945

Porträt des Künstlers als fröhlicher Provokateur: David Černý

erinnerte. Deswegen kam er kurzzeitig ins Gefängnis. Černýs bronzener Trabi auf vier Beinen, inspiriert durch die Flucht von DDR-Bürgern in die bundesdeutsche Botschaft in Prag, etablierte ihn als internationale Kunstgröße. »Quo vadis« ist immer noch im Garten der Deutschen Botschaft (▶ Palais Lobkowitz) zu sehen, das Original steht im neuen »Musoleum« (> Smíchov). Weitere Werke sind: die »Miminkas« (Prager Fernsehturm, ▶ Žižkov; ▶ Kampa), der »Wenzelsritt« (Lucerna-Passage, ▶ Wenzelsplatz), »Proudy« (▶ Franz-Kafka-Museum) oder »Brownnosers« (▶ Smíchov). 2014 kam der monumentale »Kafka Head: K on sun« hinzu (Jungmannplatz, ▶ Wenzelsplatz). Sein letztes Werk von 2024: Aus einer Schmetterlingslarve entpuppt sich ein Kampfflugzeug (siehe S. 207). Černý betreibt auch das Kunstzentrum »MeetFactory« (▶ Smíchov).

Schillernde Kunstfigur: Jára Cimrman

geb. 1966
»Der größte Tscheche aller Zeiten«

»Jára Cimrman überlebt uns alle«, schrieb Václav Havel auf einen Zettel. Der liegt im Cimrman-Museum im Aussichtsturm Petřin. Die Sammlung ist dem »größten Tschechen aller Zeiten« gewidmet, »einem Genius, der nicht berühmt wurde«. Die Schweizer haben ihren Wilhelm Tell, die Deutschen Till Eulenspiegel, die Tschechen Jára

Cimrman: Er ist ein Geist voller Ideen und Tatendrang – und ein Phantom. In die Welt setzte ihn 1966 eine Radiosendung namens »Weinstube im Spinnennetz«. Das Autorenduo Ladislav Smoljak und Zdeněk Svěrák erfand die Kunstfigur und fütterte sie 40 Jahre lang mit neuen Geschichten: Wer empfahl der US-Regierung, den Panamakanal zu bauen? – Der Tscheche Cimrman! Wer gab Gustav Eiffel den Tipp, in Paris einen Aussichtturm zu errichten? – Der Allrounder Cimrman! – Wer erfand den Joghurt und den Bikini? – Cimrman natürlich! Ihren Höhepunkt erreichte die »Cimrmanie« 2006. Während die Deutschen in einem TV-Historienspiel um die bedeutendste Person ihrer Geschichte für Konrad Adenauer votierten und die Engländer für Winston Churchill, drohten die Tschechen ernsthaft damit, für Jára Cimrman zu stimmen, der als Scherz auf die Liste geraten war. Die Fernsehbosse bestanden jedoch auf historischen Fakten – nur deshalb musste sich Cimrman Karl IV. geschlagen geben.

Musik des Volkes im Konzertsaal: Antonín Dvořák

1841 – 1904
Komponist

Er ist bis heute einer der meistgespielten Komponisten in den Konzertsälen der Welt und gilt mit seinen kammermusikalischen Werken und Sinfonien als Wegbereiter einer eigenständigen slawischen Musik. Der in Nelahozeves bei Prag geborene Komponist erhielt 1875, unter anderem auf Empfehlung von Johannes Brahms, ein österreichisches Staatsstipendium. Ab 1884 unternahm Dvořák mehrere Gastspielreisen nach England, ab 1891 lehrte er dann als Professor am Konservatorium von Prag. Während seines Amerika-Aufenthalts als Leiter des National Conservatory in New York (1892 – 1895) beeinflusste er viele junge amerikanische Komponisten. Eindrücke aus dieser Zeit prägen seine berühmteste **Sinfonie »Aus der Neuen Welt«** (1893), in der er böhmische und mährische Volksmusik mit Elementen amerikanischer Folklore verbindet.

Die »Goldene Stimme« aus Prag: Karel Gott

1939 – 2019
Sänger

1968 war das Tanzcafé Vltava stets brechend voll, wenn der Strahlemann im engen Sakko die westliche Botschaft in Prag verkündete: »Rock around the Clock.« Mit der Band von Karl Krautgartner traute sich Karel Gott, sich eine Schmalzlocke wie Bill Haley auf die Stirn zu pappen und den Hüftschwung von Elvis zu imitieren: eine heiße Erscheinung in den Zeiten des Kalten Kriegs. Was der gebürtige Pilsener und am Prager Konservatorium ausgebildete Operntenor sonst noch so alles konnte, erstaunte jahrzehntelang: Jazz, Chanson, Schnulze, Swing, Balladen, Volks- und Weihnachtslieder. Und die »Biene Maja« natürlich. **»Sinatra des Ostens«** nannten ihn findige US-Eventmanager, als sie ihn nach Las Vegas holten. In Deutschland brachte ihm 1968 eine Kulenkampff-Show den Durchbruch. Was vierzig Jahre später den Berliner Rapper Bushido dazu bewog, mit dem Prager Schlager- und Tenorkönig im Duett zu singen, lässt sich vielleicht mit der heimlichen Sehnsucht nach der heilen Welt erklären. Bei dem gemeinsamen Song »Für immer jung«, vor dem Brandenburger Tor live geschmettert, bekamen sogar die Hells Angels feuchte Augen. Karel Gott vertarb am 1. Oktober 2019 in Prag.

Der Erfinder des »Schwejk«: Jaroslav Hašek

1883 – 1923
Schriftsteller

Mit **Josef Schwejk** schuf Hašek eine unsterbliche Figur, die mit ihrer entwaffnenden Naivität die Dummheit der Welt entlarvt: eine antimilitaristische Satire auf die österreichisch-ungarische Monarchie, die in Zeiten der kommunstischen Diktatur verstecktes Aufbegehren symbolisierte und heute noch für die tschechische Art und Weise der Betrachtung der Welt steht.

Hašek betrieb seinerzeit im Gasthaus »Zum Kuhstall« im Stadtteil Vinohrady ein Kabarett, bei dem sich jeder am Nachmittag die Rollen selbst schrieb, die er am Abend zu spielen gedachte. Sein Improvisationstalent kam vor allem zur Geltung, wenn er als Vorsitzender,

In Schweijks Stammkneipe »Zum Kelch« erinnert man sich heute noch gern an Jaroslav Hašeks Anti-Helden.

Kandidat und Hauptredner der von ihm gegründeten »Partei des gemäßigten Fortschritts im Rahmen der gesetzlichen Möglichkeiten« auftrat. Das dabei gesammelte Geld versoff er meist noch am selben Abend – verbürgt sind bis zu 35 Halbe Bier am Tag! 1915 zog man ihn zur Armee ein, noch im selben Jahr lief er zur russischen Seite über. Unter falschem Namen kehrte er 1921 nach Prag zurück, und schon im März desselben Jahres erschien das erste Heft der **»Abenteuer des guten Soldaten Schwejk«,** in denen er seine Erfahrungen im Krieg verarbeitete. Zunächst fand er keinen Verleger und publizierte seinen »Schwejk« im Eigenverlag. Als er im Januar 1923 an den Folgen seiner Alkoholisucht starb, war der »Schwejk« nicht vollendet; berühmt wurde er erst nach Hašeks Tod.

Der Dichterpräsident: Václav Havel

1936 – 2011
Schriftsteller und Staatspräsident

Zwei Stifte trug er immer bei sich: Den grünen benützte er für die Autogramme, mit dem roten malte er Herzen dazu. Vom politisch verfolgten Schriftsteller und Regimekritiker zum ersten Repräsentanten Tschechiens – der Werdegang des gebürtigen Pragers Václav Havel liest sich wie ein modernes Märchen. Havel war während des Prager Frühlings Vorsitzender des »Clubs unabhängiger Schriftsteller« und wurde zum prominenten Wortführer der regimekritischen Intellektuellen. Nach der Niederschlagung der Reformbestrebungen in seiner Heimat mit Publikationsverbot belegt, feierten seine Theaterstücke und Hörspiele im europäischen Ausland Erfolge. Seine Aktivitäten als Sprecher und **Mitbegründer der »Charta 77«** führten zu Schikanen, Hausarrest und insgesamt 50 Monaten Gefängnis. Doch trotz gesundheitlicher Probleme blieb Havel unbeugsam. 1989 wurde er zum Vorsitzenden des neu gegründeten Bürgerforums und 40 Tage später einstimmig zum Staatspräsidenten der Tschechoslowakischen Republik bestimmt. In den Novembertagen 1989 hatte er den Begriff von der »Samtenen Revolution« geprägt (▶ Baedeker Wissen, S. 234). Nach der Wende ähnelte er einer Figur aus Bohumil Hrabals komischen Romanen. Welcher Präsident erledigt die Staatsgeschäfte in seiner Privatwohnung? Havel tat es anfangs, fuhr statt einer dicken Luxuslimousine einen schlichten Renault 21 in Flaschengrün. Er empfing den Papst und Popstars und trommelte im Prager Jazzclub Reduta auf dem Schlagzeug, während sein Staatsgast Bill Clinton ins Saxofon blies. Dass er den Zerfall der Tschechoslowakischen Republik nicht verhindern konnte, machte aus ihm einen tragischen Helden. Seine dritte Amtszeit verdankte er, der zunehmend in politische Isolation geriet, einer hauchdünnen Zwei-Stimmen-Mehrheit. 2003 endete die Präsidentschaft, am 18. Dezember 2011 starb Havel zu Hause im Alter von 75 Jahren. Einen Staatsakt wie den zu seinem Abschied hatte man in Prag noch nicht erlebt.

Einer der wichtigsten Autoren: Bohumil Hrabal

1914 – 1997
Schriftsteller

»Altpapier. Fünfunddreißig Jahre lang steckte ich Altpapier in die Presse«, schreibt Bohumil Hrabal. Wer mehr über den Sozialismus erfahren will, sollte seine Erzählung »Die allzu laute Einsamkeit« lesen. Zusammen mit Jaroslav Hašek (»Schwejk«) und Karel Čapek (»R.U.R.«) ist Bohumil Hrabal einer der wichtigsten tschechischen Autoren des 20. Jahrhunderts. Berühmt machte ihn sein Roman »Reise nach Sondervorschrift. Zuglauf überwacht«. Die Verfilmung unter dem Titel »Liebe nach Fahrplan« wurde 1968 in Hollywood mit einem Oscar ausgezeichnet. Auch sein größter Erfolg, der Schelmenroman »Ich habe den englischen König bedient«, kam – allerdings erst 2006 – in die Kinos.
Hrabals Tod gibt Rätsel auf: Unfall oder Selbstmord? Er fiel aus dem oberen Stockwerk eines Prager Krankenhauses, als er Tauben füttern wollte. Am Stammtisch seiner Altprager Lieblingskneipe »Zum goldenen Tiger« kommentierte man das Ereignis so: »Er hatte das Leben satt.« Gemunkelt wurde auch von einem »Vierten Prager Fenstersturz«, glücklicherweise ohne die üblichen militärischen Folgen. Beerdigt wurde der heimliche Millionär, der stets mit Plastiktüten statt Aktenkoffer unterwegs war, auf eigenen Wunsch in einem schlichten Sarg mit der Aufschrift »Brauerei Polná«. Sein Stiefvater war dort mal Buchhalter gewesen.

Eine Kirche für das Volk: Jan Hus

Um
1370 – 1415
Reformator

Als Bauernsohn in Husinec zur Welt gekommen, wurde der tschechische Kirchenreformer zunächst Priester (ab 1400), lehrte dann an der Karlsuniversität, predigte in der Bethlehemskapelle gegen die Autorität des Papstes, kritisierte den weltlichen Kirchenbesitz und forderte eine böhmische Nationalkirche. Umzusetzen versuchte er seine Reformideen, indem er an der Tschechisierung des ▶ Carolinums, der Prager Universität, mitwirkte, deren Rektor er 1409/1410 war. Dafür fand der Reformator sowohl im Volk als auch bei König Wenzel Unterstützung. Der Papst hingegen exkommunizierte ihn 1411. In seiner Streitschrift **»De ecclesia«** (»Über die Kirche«) stellte Hus 1413 die Kirche als unhierarchische Versammlung der Gläubigen dar, die nur Christus als Haupt anerkenne, nicht aber den Papst. Das war für den Inhaber des Throns Petri natürlich nicht tragbar. Scheinbar abgesichert durch einen Schutzspruch des deutschen Königs Sigismund, stellte sich Hus 1414 dem Konstanzer Konzil, das ihm Ketzerei vorwarf. Als Hus seine Ansichten nicht widerrief, wurde er 1415 in Konstanz auf dem Scheiterhaufen verbrannt. Hus' Tod löste in Böhmen heftige Streitigkeiten zwischen den Hussiten und den katholischen Bewohnern des Landes aus, die auf der Seite des Königs standen, und führte 1420 nach dem Ersten Prager Fenstersturz schließlich zu den blutigen Hussitenkriegen.

Streiterin für die Emanzipation: Milena Jesenská

1896 – 1944
Journalistin

Milena Jesenskás Name fällt zumeist im Zusammenhang mit dem von Franz Kafka, dabei war sie zu ihrer Zeit deutlich bekannter als er. Die streitbare Journalistin engagierte sich für die Gleichstellung der Frau und die Schicksale der deutschen Immigranten. Milena wuchs in Prag auf. Ihr Vater, jähzornig und streng nationalistisch eingestellt, scheiterte an ihrer Erziehung. Ihre Mutter starb, als Milena 17 Jahre alt war. Um die Beziehung zu dem Literaten Ernst Polak zu unterbinden, ließ ihr Vater Milena in eine Nervenheilanstalt einweisen. Trotzdem heiratete sie Polak – allerdings hielt die Ehe nicht lange – und ging mit ihm nach Wien. 1919 begann sie mit dem Schreiben. Sie übersetzte Kafkas Erzählung »Der Heizer« ins Tschechische und fing einen Briefwechsel mit ihm an. Nach ihrer Rückkehr nach Prag 1925 wurde sie von der renommierten Prager Zeitung »Národní listy« mit der Betreuung der Frauenseite beauftragt. Sie trat in die KP ein und heiratete 1926 den Bauhausarchitekten Jaromír Krejcar. Während einer Schwangerschaft wurde sie krank und in der Folge morphiumsüchtig. 1939 wurde sie als Fluchthelferin von der Gestapo verhaftet, 1944 starb sie im Konzentrationslager Ravensbrück. In einem ihrer letzten Artikel schrieb sie: »Selbstverständlich bin ich eine Tschechin, aber vor allem versuche ich, ein anständiger Mensch zu sein.«

Fromm und geschäftstüchtig: Karl IV.

1316 – 1378
König und Kaiser

Landesvater, Lichtgestalt, Schutzpatron – Sieger der TV-Historienwahl zum »größten Tschechen aller Zeiten«: Die Ironie dieser Erfolgsgeschichte besteht darin, dass Karl IV. zur Hälfte ein Ausländer war, nämlich ein Luxemburger. Seine Mutter Elisabeth war die Tochter des böhmischen Königs Wenzel II. und wurde quasi als Mitgift samt Landeskrone dem kriegswütigen König Johann von Luxemburg vermacht. Doch Karl glaubte, von Gott als König auserwählt zu sein. Als Erstes ließ er 1348 in Prag eine Bildungsstätte errichten, die seinen Namen trug: **das Carolinum** – die älteste Universität Mitteleuropas. In Karls 32 Herrschaftsjahren entstanden neben der Karlsbrücke die St.-Veits-Kathedrale, das Franziskanerkloster St. Maria Schnee, die Prager Neustadt und mittendrin das Emmauskloster als eine Art slawischer Vatikan. Die Altstadt, ebenfalls nach Karls Plänen umgebaut, ist heute UNESCO-Welterbe.

Doch bei aller Geschäftigkeit vergaß der kleinwüchsige Monarch nicht das Wichtigste: dem Papst die Treue zu halten. Im Gegenzug

Karl IV. von Böhmen (in der Mitte) besucht seinen Namensvetter Karl V. von Frankreich.

dafür als römisch-katholischer »Gegenkönig« des Deutschen Reichs aufgestellt, krönte ihn Papst Clemens VI. 1355 zum deutsch-römischen Kaiser. Von der Ost- und Nordsee bis zum Mittelmeer und der Adria: Nie wieder verwaltete Prags Hausmacht eine derart riesige Fläche wie unter Karl IV. Deshalb, so mutmaßen Historiker, lieben die Tschechen ihren Landesvater auch so sehr: Mit ihm waren sie eine Großmacht. Karls Prag stieg neben Rom und Konstantinopel zur drittgrößten Metropole Europas auf und ging als »Goldene Stadt« in die Geschichte ein.

Sie schrieb Nationalliteratur: Božena Němcová

1820 – 1842
Schriftstellerin

Bevor Sie den rosigen Fünfhunderter in Prag ausgeben, lohnt es sich, ihn genauer anzuschauen: Božena Němcová ist darauf abgebildet. Geboren in Wien als Tochter eines herrschaftlichen Kutschers, arbeitete sie schon in jungen Jahren als Dienstmagd in einem ostböhmisches Schloss. Die fortschrittliche Herzogin entdeckte ihr Talent und unterrichtete sie. Ihre unfreiwillige Ehe mit einem Finanzbeamten verlief unglücklich. Als ihr Mann wegen patriotischer Gesinnung in die Slowakei strafversetzt wurde, ernährte sie in Prag ihre vier Kinder mühsam alleine. Němcová schloss sich dem Kreis der nationalen Erweckungsbewegung an. Den wachsenden Existenznöten versuchte sie mit dem Schreiben von Kurzgeschichten abzuhelfen. Einige davon wurden abgedruckt. Bereits schwer erkrankt, erinnerte sie sich an ihre glückliche Jugend. Ihr Heimatroman »Babička«, »Die Großmutter«, den auch Madeleine Albright in ihren Erinnerungen erwähnt, geriet zur idyllischen Schwärmerei über das Landleben. Der Erfolg kam jedoch zu spät, die Autorin starb, knapp 42 Jahre alt. »Babička« ist in Tschechien in etwa 350 Auflagen erschienen und wurde in fast 30 Sprachen übersetzt.

Dem Volk aufs Maul geschaut: Jan Neruda

1834 – 1891
Feuilletonist und Dichter

Die Nerudagasse auf der Prager Kleinseite erinnert bis heute an den Begründer der tschechischen Feuilletonistik. Seine 1853 begonnenen Studien der Rechtswissenschaft und Philosophie gab er bald zugunsten einer literarischen Laufbahn auf und wurde als 22-Jähriger Redakteur des Feuilleton der Zeitung »Národní listy«. 1866 gründete er die Zeitschrift »Květy«, 1873 auch den lange Zeit führenden »Lumír«. Neruda veröffentlichte mehrere Bände mit Gedichten, Dramen und Reiseskizzen. Von kleinen Leuten und großen Schicksalen unter dem Hradschin handeln seine **»Kleinseitner Geschichten«.**

Verliebt in Prag: Lenka Reinerová

1916 – 2008
Grande Dame der deutschen Literatur in Prag

Niemand kannte die »Goldene Stadt« besser als sie. In ihrem Buch »Das Traumcafé einer Pragerin« hat sie für alle ihre Freunde einen Tisch reserviert: Kafka, Brod, Werfel, Rilke, Kisch, Torberg. Sie selbst wurde im gleichen Atemzug mit ihnen genannt, als letzte Vertreterin der deutschsprachigen Literatur in Prag. Eine Grande Dame des Goldenen Zeitalters, als sich in Prag fast alles um die Literatur und Intellekt, um Kunst und Fantasie drehte. Man kennt Kafkas Prag, auch Mozarts, Smetanas und Havels Prag; ein Prag des Kaisers Karl IV., des Rabbi Löw und des heiligen Wenzel. Das alles zusammen ergab das Prag der Lenka Reinerová. In ihren Erinnerungen **»Mandelduft«** erfährt man ihren Lebenslauf. Geboren 1916 in einer deutsch-tschechisch-jüdischen Familie, arbeitete sie ab 1936 als Journalistin für die »Arbeiter-Illustrierte-Zeitung«. Ihre ganze Familie wurde von den Nazis umgebracht; sie entkam nach Mexiko. Mit ihrem Mann, dem Schriftsteller und Arzt Theodor Balk, kehrte sie nach dem Kriegsende nach Europa zurück und wurde überzeugte Kommunistin, ehe sie selbst ein Opfer der stalinistischen Säuberungen wurde, 15 Monate in einem fensterlosen Raum in Untersuchungshaft saß und dann mit ihrer Familie in die Provinz abgeschoben wurde. Bis zur Wende arbeitete sie vornehmlich als Simultandolmetscherin. Zu ihrem Vermächtnis gehören Erzählungen und Erinnerungen wie »Das Traumcafé einer Pragerin« oder »Närrisches Prag«. In ihrem Todesjahr sprach sie, 92-jährig, noch im Deutschen Bundestag und erinnerte an die Besetzung ihrer Heimat durch die deutsche Wehrmacht.

Lyrisches Genie: Rainer Maria Rilke

1875 – 1926
Dichter

Rilkes Geburtshaus steht in der Jindřišská 17. Nach einer aus gesundheitlichen Gründen abgebrochenen Offizierslaufbahn studierte er Kunst, Philosophie und Literaturgeschichte in Prag, München und Berlin. Zwei längere Reisen führten den Dichter 1899/1900 nach Italien und Russland. 1900 ließ sich Rilke in Worpswede nieder und heiratete die Bildhauerin Clara Westhoff. Die Ehe scheiterte bereits ein Jahr später. In Paris vollzog der Lyriker 1905 unter dem Einfluss von Auguste Rodin, als dessen Sekretär er arbeitete, die Wendung vom träumerisch-gefühlvollen zum objektiven »Dinggedicht«. Nach dem Bruch mit Rodin reiste er durch Europa und Nordafrika. 1911/1912 lebte er als Gast der Fürstin Thurn und Taxis auf Schloss Duino bei Triest, wo seine ersten **»Duineser Elegien«** entstanden, die er 1923 im schweizerischen Muzot vollendete. Dort starb der Wahlwalliser 1926. Erinnerungen an die politisch bewegte Zeit um die vorige Jahrhundertwende, den tschechisch-deutschen Zwiespalt und das Prag der untergehenden Donaumonarchie enthalten Rilkes »Zwei Prager Geschichten« von 1899.

Die Moldau in Noten: Bedřich Smetana

1824 – 1884
Komponist

Konzertpianist, Gründer einer eigenen Musikschule und ab 1866 Dirigent am Nationaltheater: Bedřich (Friedrich) Smetana zeigte schon immer, was in ihm steckt. Er gilt als Begründer und profiliertester Repräsentant eines eigenständigen tschechischen Nationalstils auf den Gebieten der Oper und der sinfonischen Dichtung. Am bekanntesten ist sein Zyklus »Mein Vaterland« (»Má Vlast«, Uraufführung 1882). Obwohl er zunehmend taub wurde, gab Smetana das Komponieren nicht auf. Ab dem Jahr 1882 zeigten sich bei ihm Symptome einer Geisteskrankheit. Er starb in völliger geistiger Umnachtung.

Kannte seine Pappenheimer: Albrecht von Waldstein

1583 – 1634
Feldherr

Albrecht Wenzel Eusebius von Waldstein wurde auch Wallenstein genannt und ging als solcher als Titelheld in Friedrich Schillers

Dramentrilogie ein. Er wurde am 24. September 1583 in Ostböhmen geboren und von den Böhmischen Brüdern, einer am Urchristentum orientierten religiösen Gemeinschaft erzogen. Ab 1599 studierte er im protestantischen Altdorf bei Nürnberg für kurze Zeit Theologie und ging dann auf eine zweijährige Grand Tour durch Europa, ehe er 1604 Fähnrich in einem Regiment kaiserlich-böhmischer Fußknechte wurde und wenige Jahre später **zum Katholizismus konvertierte.** Obwohl im Kampf schwer verwundet, zeichnete er sich durch Tapferkeit aus und wurde zum Feldhauptmann befördert: So begann der märchenhaft anmutende Aufstieg vom niederen böhmischen Landadeligen zu einem der berühmtesten Feldherren und reichsten Männer seiner Zeit – auch dank seines ausgeprägten Geschäftssinns und gleich zweier vorteilhafter Heiraten. Am Ende wurde er das Opfer einer kaiserlichen Intrige und von kaisertreuen Offizieren ermordet, wodurch sich der bei Wallenstein hoch verschuldete Kaiser praktischerweise gleich sanierte.

Literarischer Expressionist: Franz Werfel

1890 – 1945
Schriftsteller

»Es brodelt und kafkat und werfelt und kischt«, meinte der österreichische Satiriker Karl Kraus über die deutsche Literaturszene in Prag, wo Franz Werfel im Café Arco (heute eine Beamtenkantine in der Hybernská/Ecke Dlážděná) Anschluss an **den Kreis der »Arconauten«** gefunden hatte, den späteren Berühmtheiten Max Brod, Franz Kafka und Egon Erwin Kisch. Werfel stammte aus einer wohlhabenden jüdischen Kaufmannsfamilie und begann seine literarische Laufbahn mit expressionistischer Lyrik und symbolistischen Ideendramen; später ging er zu historisch-politischem Realismus über. Zu Werfels bekanntesten Werken zählen die Romane »Der veruntreute Himmel« (1939) und »Stern der Ungeborenen« (1945). 1938 zunächst nach Frankreich und dann in die USA emigriert, starb Werfel 1945 im kalifornischen Exil.

Der Erfinder des Reiseführers: Karl Baedeker

1801 – 1859
Verleger

Als Buchhändler kam Karl Baedeker viel herum, und überall ärgerte er sich über die »Lohnbedienten«, die die Neuankömmlinge gegen Trinkgeld in den erstbesten Gasthof schleppten. Nur: Wie sollte man sonst wissen, wo man übernachten könnte und was es anzuschauen gäbe? In seiner Buchhandlung hatte er zwar Fahrpläne, Reiseberichte und gelehrte Abhandlungen über Kunstsammlungen. Aber wollte man das mit sich herumschleppen? Wie wäre es denn, wenn man all das zusammenfasste?

Gedacht, getan: Zwar hatte er sein erstes Reisebuch, die 1832 erschienene »Rheinreise«, noch nicht einmal selbst geschrieben, aber er entwickelte es von Auflage zu Auflage weiter. Mit der Einteilung in »Allgemein Wissenswertes«, »Praktisches« und »Beschreibung der Merk-(Sehens-)würdigkeiten« fand er die klassische Gliederung des Reiseführers, die bis heute ihre Gültigkeit hat. Bald waren immer mehr Menschen unterwegs mit seinen **»Handbüchlein für Reisende, die sich selbst leicht und schnell zurechtfinden wollen«**. Die Reisenden hatten sich befreit, und sie verdanken es bis heute Karl Baedeker. Prag beschreibt er erstmals im 1842 erschienenen Band »Deutschland und der Österreichische Kaiserstaat«.

»

Die thurmreiche königl. Hauptstadt von Böhmen ist unstreitig von allen Städten Deutschlands diejenige, welche sowohl durch ihre alterthümliche Bauart, ihre Lage, als ihre eigenthümliche Gestaltung den majestätischsten Anblick gewährt.

»

Baedekers »Reisehandbuch für Deutschland und den Österreichischen Kaiserstaat«, 1. Auflage 1842

E

ERLEBEN & GENIESSEN

Überraschend, stimulierend, bereichernd

Mit unseren Ideen erleben und genießen Sie Prag.

AUSGEHEN

Folge den Schatten! Wenn sie länger werden, leuchten unter den Arkaden die Lichter auf. Jazz und Rock erklingen in mittelalterlichen Katakomben, Klassik in Jugendstiltempeln der Belle Epoque. Wo die Philharmoniker spielen, debattierte dereinst das Parlament. In der Oper schwangen schon Dvořák, Mozart und Smetana den Taktstock. Auch Richard Wagner dirigierte einst in der Moldaumetropole, die heute für Nachtschwärmer in Clubs und jeder Menge Kneipen beste Unterhaltung bietet.

Kunterbunter Stilmix

Mozarts »Kleine Nachtmusik« ist die Hymne der Stadt. An jeder Ecke hört man diese Serenade: von CDs, aus dem Lautsprecher oder live, auch von Straßenmusikern flott aufs Pflaster gefiedelt. Irgendwann kracht es fürchterlich, weil auf der Schützeninsel, mitten in der Moldau, beim Open-Air-Konzert eine Hardrockband die Verstärker bis zum Anschlag aufdreht. Zentren für Barockmusik sind die Kirchen und Kathedralen. Die St.-Niklas-Kirche (► Kleinseitner Ring) auf der Kleinseite wird während der Hochsaison praktisch allabendlich konzertant bespielt. Die Salvatorkirche, die Kirche des hl. Franziskus, die St.-Georg-Basilika auf dem Hradschin – sie alle bereichern mit sakralem Geist die zu Gehör gebrachten Kompositionen. Bei Bach klingen die Streicher wie das Flü-

Stimmungsvoll beginnt der Abend am Moldau-Ufer.

gelrauschen der Engel, in Händels Oratorien rufen die Trompeten zum letzten Gericht: Gänsehautfeeling unter dem Kruzifix. Hier und in den Konzertsälen hört man junge Talente, was sich ausgesprochen lohnt, denn in Prag werden sie am Konservatorium ebenso wie an der Musikakademie auf internationales Niveau gebracht. Experimentelles findet freilich außerhalb des Zentrums statt. Die neue Szene etablierte sich in den ehemaligen Industrievierteln. In ▶ Holešovice rumort am ehemaligen Schlachthof die Disco-Landschaft SaSaZu. In Werkshallen stößt der Sound auf das nackte Blech der Belüftungsrohre, New Beat und Techno wabern, während das Publikum auf Plüsch lümmelt.

Tickets

Tickets für alle Arten von Veranstaltungen sind zu bekommen bei Ticketagenturen, von denen es viele in der Stadt gibt, aber auch in großen Hotels oder beim Städtischen Informationszentrum im Altstädter Rathaus, im Internet unter anderem über www.ticketpro.cz.

BARS, MUSICCLUBS, JAZZSZENE

❶ etc. ▶ Plan S. 274 / 275

❶ AGHARTA JAZZ CENTRUM

Die Liste der gastierenden Jazzgrößen ist schier endlos und jedes Jahr kommen neue Highlights dazu.
Altstadt, Železná 16
Tel. 22 22 11 275
tgl. 19 – 1, Auftritte ab 21 Uhr
www.agharta.cz

❷ BAR AND BOOKS OLD TOWN

Ledersessel, Mahagoni, rote Tapeten: eine feine Cocktailbar mit warmer, britischer Atmosphäre und Live-Acts. Seit 2004 eine echte Hausnummer.
Altstadt, Týnská 19
Tel. 22 48 15 122
So. – Mi. 17 – 2,
Do. – Sa. 17 – 3 Uhr
www.barandbooks.cz

❸ BLACK ANGEL'S

Bar im Stil der 1930er-Jahre mit den wohl besten Cocktails der Stadt. Falls Sie Gin mögen, probieren Sie den Angel's Monastery.
Altstadt, Staroměstské náměstí 29
Tel. 22 14 16 401, tgl. 17 – 3 Uhr
www.blackangelsbar.cz

❹ CLOUD 9 SKY BAR & LOUNGE

Glitzernde Bar auf der Dachterrasse des Hotels Hilton. Das tolle Panorama dupliziert sich in den Spiegelwänden, das Interieur ist bis zur Toilette edel durchgestylt.
Karlín, Pobřežní 1
Tel. 22 48 42 999, www.cloud9.cz
Mo. – Sa. 18 – 1 Uhr

❺ DOUBLE TROUBLE

Der Club gehört zu den wildesten in Prag. Im historischen Keller aus dem 13. Jahrhundert wird schon mal auf den Tischen und auf dem Tresen getanzt!
Altstadt, Melantrichova 17
Tel. 7 34 76 79 38
Mo. – Do. und So. 20 – 4, Fr./Sa. bis 5 Uhr, www.doubletrouble.cz

❻ DUPLEX

Auf dem Dach einer Bausünde der 1970er speist man edel, tanzt auf verschiedenen Ebenen und flirtet in Kuschelzonen. Mick Jagger feierte dort seinen 60. Geburtstag.
Neustadt, Václavské náměstí 21
Tel. 73 22 21 111
tgl. 22 – 5 Uhr, www.duplex.cz

❼ JAZZ DOCK BAR & LOUNGE

Gläserner Jazzpavillon auf schwimmendem Ponton. Die Transparenz passt zum Sound: klirrend, experimentell, elektronisch. Wer dort auftritt, hat Kultstatus.
Smíchov, Janáčkovo nábřeží 2
Tel. 77 40 58 838
tgl. 17 – 2, Do. – Sa. bis 3, Auftritte ab 22 Uhr,
www.jazzdock.cz

❽ JAZZBOAT KOTVA

Jazz, Blues und Funk auf dem Schiff, dazu Cocktails und Fingerfood oder Dreigängemenü, je nach Wahl.
Terminal 18, Náplavka Na Františku, an der Štefánikův-BrückeTel. 7 31 18 31 80
www.jazzboat.cz
Abfahrten um 16.30 und 20.30 Uhr, Dauer jeweils 2,5 Std.

❾ LITTLE GLENN (U MALÉHO GLENA)

Bar, Restaurant und Jazzclub in einem renovierten Barockgebäude. Es gibt Texmex und Böhmisch sowie Jazz, Blues, Ethno und Fusion.
Kleinseite, Karmelitská 23
Tel. 2 57 53 17 17
tgl. 10 – 2, Auftritte ab 21.30 Uhr
www.malyglen.cz

❿ MONKEY BAR

Neuester Hotspot in Town: Dschungelatmosphäre mit Kronleuchtern, Affenbilder an den Wänden und Gin in den Gläsern. Mit Restaurant
Neustadt, Opletalova 21
Tel. 22 62 16 599
Mo. – Di. 16 – 0, Fr.-Sa. bis 1 (DJ ab 21), So. bis 22 Uhr
www.meetfactory.cz

⓫ MEETFACTORY

David Černý (▶ Interessante Menschen) leitet diese Kulturfabrik und mixt Bar und Kneipe, Ausstellungen, Theater und Musik zu einem Gesamtkunstevent.
Smíchov, Ke Sklárně 15
Tel. 2 51 55 17 96
tgl. ab 13 Uhr bis spät
www.meetfactory.cz

⓬ RADOSTFX

Seit Langem einer der besten Musikclubs in Prag, Treffpunkt für alle, mit Lounge und Restaurant.
Vinorady, Bělehradská 120
Tel. 776 406 400
Mi. – So. 22 – 2 Uhr
www.radostfx.cz

⓭ REDUTA

Seit 1958 etablierte Jazzinstitution und berühmt für Bill Clintons Saxofonsolo 1994, begleitet von Václav Havel am Schlagzeug. Die Live-CD dazu gibt's an der Kasse.
Neustadt, Národní 20
Tel. 737 773 343
www.redutajazzclub.cz
Tgl. ab 21 Uhr bis spät

⓮ ROCK CAFÉ

Guter Platz, um mal tschechische Rockbands zu hören, zuweilen sogar ohne Eintritt.
Neustadt, Národní 20
Tel. 77 52 07 205
Mo. – Do. 13 – 3, Fr. 13 – 4, Sa. 17 – 4, So. 17 – 1 Uhr
www.rockcafe.cz

⓯ SASAZU

Trendiger Dance-Club im ehemaligen Schlachthof, asiatisches Design, exotische asiatische Gerichte, Schauplatz der angesagten Partys.
Holešovice
Bubenské nábřeží 306
Tel. 2 84 09 74 55 (Restaurant), 7 78 05 40 54 (Club)
Lounge ab 12, Dancefloor ab 22 Uhr (open end)
www.sasazu.com

Treffpunkt für alle: RadostFX

VÁCLAV UND BILL ON STAGE

An der Moldau für Jazz zu schwärmen war lange gleichbedeutend mit Opposition: gegen die Nazis, aber auch gegen die Kommunisten. Deren Kulturfunktionäre deuteten die blauen Töne als »imperialistische Unterwanderung der sozialistischen Moral«. Doch sie konnten den Sound der Zeit nicht unterbinden.

»Jazz ist die Musik der unterdrückten Schwarzen«, argumentierten Anhänger in bester Schwejk'scher Manier, »wir wollen nichts anderes,
als uns mit den Sklaven Amerikas solidarisieren.« Inzwischen fand ein Generationswechsel statt. Die Söhne berühmter Väter sind die neuen Stars der Prager Jazzszene.
Diese Namen sollte man sich merken: **Jiří Stivín Junior**. Mindestens 20 Instrumente bringt er zum Auftritt mit. In seinen Flöten, Klarinetten, Pfeifen steckt ein ganzer Urwald voller Töne: Vögel, Frösche, Zikaden, Affengebrüll, das Rauschen der Wasserfälle – alle Naturstimmen schwirren über dem Podium. Kultstatus erspielt hat sich auch **Jan Konopásek Jr.,** wie sein Vater ein Saxofon-Guru. Und nach dem Keyboardkönig Karel Růžička kommt nun sein Filius **»Kája« Růžička** und bläst nicht minder gefühlvoll ins Tenorsaxofon.

Kehraus der Monarchie

Die Tradition von Blues, Boogie und Dixieland in Prag reicht bis in die Gründungsgeschichte der Tschechoslowakei. Der Einfluss der USA nach dem Ersten Weltkrieg war enorm und bedeutete den geistigen Kehraus der Monarchie: Blues & Swing statt Wiener Walzer, Ragtime statt Radetzky-Marsch. Von diesen Wurzeln nährte sich die Prager Jazzszene über Jahrzehnte. In den 1940er-Jahren hörte man –nicht nur, aber auch politisch motiviert – Bebop oder Glenn Miller aus dem Londoner Rundfunkhaus der BBC. Der **»Chattanooga Choo Choo«** wurde zur heimlichen Hymne des Widerstands. In den 1950er-Jahren kosteten Platten von Benny Goodman, auf den Prager Schwarzmarkt geschmuggelt, ein Monatsgehalt. Auch in den Sechzigern transportierten kantige Synkopen die Freiheitsbotschaft. Karel Růžička (Sax und Keyboards), Miroslav Vitouš (Bass), Karel Velebný (Vibrafon) und Jan Konopásek am Baritonsaxofon wurden wie Nationalhelden verehrt.

Exil und Neubeginn

Nach '68 gingen einige der Protagonisten ins Exil. **George Mráz** wurde zu einem der besten Jazzbassisten der Welt. Der Keyboarder **Jan Hammer** war Gründungsmitglied im John McLaughlins Mahavishnu Orchestra und schrieb die berühmte Erkennungsmelodie zur 1980er-Jahre-Kultserie »Miami Vice«. Auch nach der Wende erneuerte sich die Szene rasch. 1991 etablierte sich der Jazzclub **AghaRTA** als wichtige Institution. Prag wurde zur Brücke zwischen Ost und West, auf der ein reger Austausch stattfand: Chick Corea und viele andere der internationalen Jazzwelt gaben sich hier ein Stelldichein. Die berühmteste Jamsession gaben aber Amateure: US-Präsident Bill Clinton mit seinem Kollegen Václav Havel 1994 im Reduta (▶ S. 260).
www.agharta.cz, www.redutajazzclub.cz

OPER, KONZERT, THEATER

KARTENVORVERKAUF

TICKETMASTER
Für Konzerte, Aufführungen, Sportveranstaltungen; nur online
www.ticketmaster.cz

OPER, BALLETT, KLASSISCHE KONZERTE

NATIONALTHEATER (NÁRODNÍ DIVADLO)
1883 wurde das Haus mit Smetanas patriotischer Heldenoper »Libuše« eröffnet (▶ Nationaltheater). Opern- und Ballettaufführungen wechseln sich ab.
Neustadt, Národní třída 2
Tel. 2 24 90 14 48
Karten: Mo. – Fr. 9 – 18, Sa.-So. 10 – 18 Uhr
www.radostfx.cz

STAATSOPER (STÁTNÍ OPERA)
Zwischen Hauptbahnhof und Nationalmuseum gelegen. Elegantes Publikum. Es gibt Opern, Bälle und das Verdi-Festival.
Neustadt, Wilsonova 4
Tel. 2 24 90 17 80
Karten: tgl. 10 – 18 Uhr
www.opera.cz

STÄNDETHEATER (STAVOVSKÉ DIVADLO)
Die historische Spielstätte für Oper, Schauspiel und Ballett verbirgt sich hinter einer klassizistischen Fassade (▶ Ständetheater). Für Mozartfans: Der Meister dirigierte hier mehrmals.
Altstadt, Ovocný trh 1
Tel. 2 24 90 14 48
Karten: tgl. 10 – 18 Uhr
www.narodni-divadlo.cz/en/stages/the-estates-theatre

REPRÄSENTATIONSHAUS (OBECNÍ DŮM)
Der prachtvolle Jugendstilpalast ist Stammsitz der Prager Symphoniker: Sie bespielen den Smetanasaal mit 1200 Plätzen (▶ Repräsentationshaus). Zur Einstimmung empfiehlt sich ein Besuch des Cafés.
Altstadt, Náměstí Republiky 5
Tel. 2 22 00 23 36
Karten: tgl. 10 – 19 Uhr
www.narodni-divadlo.cz/en/stages/the-estates-theatre

RUDOLFINUM (DVOŘÁK- UND SUKSAAL)
Das imposante Bauwerk ist die Heimat der Tschechischen Philharmonie, die zur europäischen Spitze gehört (▶ Josefstadt). Gerühmt wird die exzellente Akustik.
Altstadt
Alšovo nábřeží 12
Tel. 2 27 05 92 27
Karten: Mo. – Fr. 10 – 18, Juli – Aug. bis 15 Uhr
www.narodni-divadlo.cz/en/stages/the-estates-theatre

SPANISCHE SYNAGOGE (ŠPANĚLSKÁ SYNAGOGA)
Ob »Bolero« oder »Carmina Burana«, Gershwin oder Klezmergruppen in atemberaubendem Ambiente: Was rundherum schimmert, ist alles echtes Gold (▶ Josefstadt).
Altstadt, Vězeňská 1
Tel. 2 22 74 92 11
Karten: www.classictic.de
www.jewishmuseum.cz/en/e-shop-en/tickets/jewish-town-of-prague

ST. NIKLAS AUF DER KLEINSEITE (KOSTEL SVATÉHO MIKULÁŠE)
Orgelkonzerte auf einer historischen Orgel aus dem 18. Jh. mit mehr als

4000 Pfeifen, das ist etwas Besonderes. Auf diesem Instrument hat Wolfgang Amadeus Mozart schon gespielt (▶ Kleinseitner Ring).

Kleinseite, Malostranské náměstí 1
Tel. 2 57 53 42 15
Karten: tgl. 9 – 17.30 Uhr
www.stnicholas.cz

MUSICAL, KABARETT, SCHWARZLICHTTHEATER

HYBERNIA-THEATER (DIVADLO HYBERNIA)

Der klassizistische Palast wird als freie Bühne variabel bespielt. Musicals wie »Mefisto« oder »Tarzan« dominieren den Spielplan.
Altstadt, Náměstí Republiky 4
Tel. 73 11 05 130
Karten: Mo. – Sa. 9 – 19,
So. 10 – 15 Uhr, www.hybernia.eu

LA FABRIKA

Theater, Konzerte, Filme und Ausstellungen in einer ehemaligen Fabrik.
Holešovice, Komunardů 30
Tel. 6 04 10 46 00
Karten: Vorbestellung nur telefonisch oder unter rezervace@lafabrika.cz, www.lafabrika.cz

LATERNA MAGIKA

Multivision aus Laser, schwarzem Theater, Video, Pantomime, Ballett und Tanz (▶ S. 164).
Neustadt, Národní 4
Tel. 2 24 93 14 82
Karten: Mo.-Fr. 9 – 18, Sa. – So. 10 – 18 Uhr
www.narodni-divadlo.cz/en/ensembles/laterna-magika?t=1736225

ROKOKO-THEATER (DIVADLO ROKOKO)

Das Städtische Theater bringt pro Jahr rund 30 Stücke auf die Bühne, häufig moderne Klassiker wie »Who's afraid of Virginia Woolf?« von Edward Albee.
Neustadt, Václavské náměstí 38, Passage Rokoko
Tel. 22 42 12 837
Karten: Mo. – Fr. 9 – 17.30 Uhr
www.mestskadivadlaprazska.cz

KARLÍN MUSICAL THEATRE (HUDEBNÍ DIVADLO KARLÍN)

Musicals wie »Jesus Christ Superstar« oder CZ-Superstar Lucie Bílá als »Carmen« bestimmen das Programm.
Karlín, Křižíkova 10
Tel. 2 21 86 86 66
Karten: Mo. – Fr. 9 – 13.30 und 14 – 19 , im Sommer nur bis 16.30 Uhr, Sa./So. nur 2 Std. vor Vorstellungsbeginn
www.hdk.cz

LUCERNA-KINO

Der Kinosaal ist die Hauptattraktion im 1908 vom Großvater des Präsidenten Havel erbauten Jugendstilpalasts. Da wird der Film (fast) zur Nebensache.
Neustadt, Vodičkova 36
Passage Lucerna
Tel. 7 36 43 15 03,
Karten: tgl. 12 – 20.30 Uhr
www.kinolucerna.cz

ROCKOPERA PRAHA

In der ehemaligen Fabrikhalle mutieren griechische Tragödien zu modernen Rockopern: Ödipus und Antigone baden als Vampire im Blut.
Holešovice, Komunardů 1
Tel. 7 30 51 50 55
Karten: Mo. – Fr. 14 – 18 Uhr
www.rockopera.cz

ESSEN UND TRINKEN

»Dobrou chut'«, heißt »Guten Appetit« auf Tschechisch und in Prag sollten Sie wirklich reichlich Appetit mitbringen: Die klassische böhmische Küche gibt es in den verschiedensten Variationen. Großmutters Rezepte werden neu aufgelegt. Beim Ambiente wetteifern Designer um Originalität. Kunst meets Kitsch, hypermodernes Ambiente versus nostalgisches Interieur, Luxus und Pracht in der gehobeneren Klasse. Und zuguterletzt krönt das Prager Panorama die kulinarischen Arrangements wie ein Sahnehäubchen.

Selbstmord mit Messer und Gabel?

Traditionell ist die böhmische Küche für ihre deftigen, schmackhaften Gerichte und die vielen Mehlspeisen bekannt. Auf Gemüse und Salate wurde lange Zeit deutlich weniger Wert gelegt, weshalb Josef Lada, der Illustrator der »Schwejk«-Bücher, sich schon vor 100 Jahren um die Volksgesundheit sorgte: Berge von Knödeln, das Fleisch zu fett, dazu Sahnesoße satt. Auf einer seiner Karikaturen rennt ein Schwein aus der Küche, aus dem Topf flattern die Enten und Gänse davon, doch gnadenlos rennt ihnen der Koch mit dem Schlachtmesser hinterher.Der Schriftsteller **Karel Čapek** gab literarisch seinen Senf dazu: »Herrlich« sei die böhmische, Küche, aber auch »Selbstmord mit Messer und Gabel.« Immerhin ist das Rauchen in tschechischen Gaststätten und Bars längst grundsätzlich verboten.

Massenabfertigung und Alternativen

Einige Altstadtgassen und Laubengänge entlang des Königswegs haben sich in touristische Fressmeilen mit Billig-Menüs verwandelt. Wer hier mal schnell einkehren will, weil das Gewölbe so einladend wirkt, kann mitunter ein kulinarisches Desaster erleben. Doch die typische Traditionsküche gibt es auch neu und gut: **Potrefená Husa** (Die getroffene Gans) heißt etwa eine moderne Restaurantkette der Prager Brauerei **Staropramen,** auf deren Lokale man in der Innenstadt an vielen Ecken stößt. Die Einkehr lohnt sich, denn es mundet echt landestypisch. Biertheken, Lederbänke und grobe Ziegelwände ergeben eine trendige, aber auch gemütliche Standardeinrichtung. Als Konkurrenz dazu geht **Kolkovna** (Stempelstelle) ins Rennen: vielleicht sogar mit einem kleinen Vorsprung. In ihren Lokalen wird nicht nur Pilsner Urquell ausgeschenkt, sondern auch ein naturtrübes Bier, im eigenen Kessel gebraut. Zur tollen Traditionsküche gesellt sich ein nostalgisches Ambiente mit Messing, Chrom und Werbeplakaten der Gründerzeit.

Gehobene Küche

Auch kulinarische Highlights gibt es. Prags ambitionierte Küchenchefs greifen nach Hauben und zwei nach dem Michelinstern (2024). Junge Köche kreieren aus frischen regionalen Zutaten leckere Ge-

Oben: Unter Bäumen genießt man an schönen Sonnentagen den Biergarten der U Fleku Brauerei.
Unten: Besonders schmeckt dort ein Pilsner Urquell mit Knödel und Schweinebraten.

richte »böhmisch light«, und viele Restaurants hätten allein für ihr romantisches Panorama eine Auszeichnung verdient. Ob beim deftigen Schweinbraten mit Knödeln und Kraut oder beim zehngängigen Degustationsmenü, bei Kerzenschein serviert, von Mozarts Musik dezent begleitet: In Prag ist auch ambitionierte und gehobene Küche tatsächlich oft noch bezahlbar.

Böhmische Klassiker

Viel Fleisch, wenig Fisch

Die bevorzugte Fleischart ist Schweinefleisch, das auf unterschiedliche Weise zubereitet wird. Ein Nationalgericht ist **Vepřová pečeně,** der mit Kraut und Knödeln servierte Schweinebraten (kurz: Vepřo knedlo zelo). Bei feierlichen Anlässen ersetzt eine knusprig gebratene Gans oder Ente den Schweinebraten, die Beilagen bleiben gleich. Vorzüglich sind die Wildgerichte, seien es nun Rehkeule oder Hase. Zu den wichtigsten Spezialitäten gehören ferner gedünstetes Rindfleisch, **Svíčková** (= Sauerbraten aus Filet, das andere Nationalgericht) und diverse **Würstchen** (Brat- und Speckwürste, Prager Würstchen, Selch- und Knackwürste). Zu Recht weltberühmt ist der gekochte Prager Schinken. Seltener auf dem Speisezettel sind Fischgerichte. Allerdings verzichtet kaum eine Familie zu Weihnachten auf den traditionellen Karpfen (▸ Baedeker Wissen, S. 270).

Deftige Soßen

Bei allen Hauptspeisen haben Soßen ein **hohen Stellenwert.** Manchmal ist es gewürzter Bratensaft, der mitunter zu einer Rahmsoße verfeinert wird. Sowohl zu Fleisch als auch zu Gemüse gibt es häufig eine weiße Soße, der Majoran und Kümmel einen ganz besonderen Geschmack verleihen.

Knödel & Co.

Aus der böhmischen Küche nicht wegzudenken sind die **Knedlíky.** Es gibt sie in den verschiedensten Variationen. Neben den böhmischen Hefe- sind Kartoffel- oder Semmelknödel die wichtigste Beilage zu Hauptgerichten. Speckknödel, ähnlich den Thüringer Klößen, mit Kraut oder Spinat und gerösteten Zwiebeln gefüllt, werden gern als Hauptmahlzeit gegessen. Ansonsten sind Kartoffeln beliebt, v. a. der hausgemachte Kartoffelbrei, während Nudeln und Reis in der traditionellen Küche als Beilage kaum eine Rolle spielen.

Die süßen Varianten

Ein Höhepunkt der böhmischen Knödelspezialitäten sind zweifelsohne die aus einem Hefeteig zubereiteten Obstknödel, denen Franz Werfel in seinem Roman »Barbara oder die Frömmigkeit« mehr als 1000 Worte gewidmet hat. Sie werden mit Kirschen, Aprikosen (Marillen), Äpfeln, Heidelbeeren und v. a. mit Pflaumen (**Švestkový knedlíky**) gefüllt. Man bestreut die Knödel mit geriebenem, hartem Quark oder mit Mohn und übergießt sie mit zerlassener Butter.

Überhaupt die **Mehlspeisen!** Wirken schon der Apfelstrudel, der in Tschechien kalt gegessen wird, und die diversen kleinen Kuchen und Krapfen ausgesprochen verführerisch, gibt es doch noch eine Steigerung: Die **Palatschinken** (palačinky) übertreffen sie alle. Diese mit Quark, Marmelade oder Schokolade gefüllten Eierpfannkuchen sind nicht so hauchdünn wie ihre französischen Vettern namens Crêpe, aber mindestens genauso lecker. Übrigens: Wen der Heißhunger mitten auf der Straße überfällt, der hält Ausschau nach einem der **Trdelník**-Stände: Teig wird in einer langen Schlange um einen Metallstab gewickelt und geröstet, anschließend in Stücke geschnitten und in Zucker und nach Geschmack in Nusssplittern u. Ä. gewälzt. Lecker!

Traditionelle Getränke

Viel Bier, weniger Wein

»Wo es eine Brauerei gibt, braucht man keinen Bäcker«, weiß ein Prager Trinkspruch. Doch obgleich die Tschechen eine große Biernation sind (► S. 14), haben sie doch auch die drittälteste Weinkultur Europas. Landesvater Kaiser Karl IV. ließ Mitte des 14. Jh.s Rebstöcke aus Burgund im Land anbauen. Unter den Habsburgern produzierten die **böhmischen Weingüter** der Lobkowiczer die edelsten Tropfen für die Tafel der Kaiser in Wien. Berühmt wurden die Anbaugebiete in Mělník, Litoměřice und Žernoseky, ebenso die südmährischen Regionen von Valtice, LedStaronice und Mikulov. Gute Ergebnisse wurden jedoch erst in den letzten Jahren erreicht. Wer in die **Villa Richter** unterhalb vom Hradschin einkehrt, kann jenen Riesling oder Pinot Noir kosten, der seit 2008 unmittelbar vor der Haustür kultiviert wird (► Palais Waldstein). Der weiße »hl. Wenzel« wird sogar in den Vatikan geliefert. Sehr passend, denn die Gründung des Weinbergs schreibt die Legende dem Landespatron zu. Der weiße »hl. Ludmila« aus Mělník und der süße Muskateller aus dem südmährischen Bzenec sind ebenfalls eine Probe wert. Was dem Italiener sein Chianti, ist dem Prager sein **Frankovka,** der Blaufränkische: dunkelrot-erdig, manchmal noch vom Fass ausgeschenkt.

Slivovice und Becherovka

Zu den hochprozentigen tschechischen **Spirituosen** zählen Slivovice (Pflaumenschnaps) aus der Mährischen Slowakei, Meruňkovice (Marillengeist), Žitná oder Režná (Korn) und Jalovcová bzw. Borovička (Wacholderschnaps). Nach einem üppigen Essen schwören viele auf den Kräuterbitter Becherovka, auch Karlsbads 13. Quelle genannt. Erfunden wurde die Spirituose, deren Rezeptur geheim ist, von dem Apotheker Josef Vitus Becher (1769 – 1860). Ehrlich gesagt, schmeckt das Ganze auch ein bisschen nach Hustensaft, aber wenn man sich das gesegnete Alter anschaut, das Becher erreicht hat, scheint doch was dran zu sein. Gegebenenfalls einfach »on the rocks« trinken.

TYPISCHE GERICHTE

BAEDEKER WISSEN

Herzhaft muss es sein, damit es so richtig schmeckt und »der Bauch sich freut«. Die Soßen sind köstlich, die Obstknödel unschlagbar, und vom Prager Schinken schwärmen sogar die Italiener.

Česnečka (Knoblauchsuppe): Die starke Knolle weckt alle Lebensgeister. Deshalb löffelt der Prager den starken Eintopf am Morgen gern gegen den Kater. Verdickt mit Käse, Kartoffeln und Zwiebeln, dringt später das Aroma aus allen Poren. Knoblauch ist in Tschechien sehr beliebt: Mancher Koch gart die Zehen in feinem Olivenöl und serviert sie als Appetizer – knusprig und rösch.
Prager Schinken: Er wird drei Wochen an der Luft getrocknet, fünf Wochen in Salzlake gepökelt und mit Pfeffer, Koriander sowie einigen Lorbeerblättern gewürzt, dann einen Tag geräuchert und schließlich gekocht. So erhält diese Spezialität ihren milden Geschmack nebst rauchigem Aroma. Traditionell wird er kalt mit Meerrettich und sauren Gurkenschnitten serviert.
Utopenci: Als »Ertrunkene« werden dicke, in einer Tunke aus Öl, Essig und Zwiebeln eingelegte Speckwürste bezeichnet. Man findet sie in jeder Kneipe, jedem Vorstadtlokal, meist gleich an der Theke in einem großen Einmachglas aufgestellt. Reichlich mit Zwiebeln bedeckt, dazu eine Scheibe Brot, schätzen die Bierfreunde sie als beste Grundlage für den Durst.
Svíčková: Der Name dieses Nationalgerichts leitet sich davon ab, wie das Rinderfilet geschnitten wird, nämlich

kerzengerade. In der Konsistenz butterweich wie ein Tafelspitz, wird es traditionell von luftigen Serviettenknödeln flankiert, die in süßsaurer Sahnesoße schwimmen: Nicht zu schwer, nicht zu wässrig, nicht fett und nie fad – darin liegt das Geheimnis.

Vepřo, knedlo, zelo: »Schweinefleisch, Knödel, Kraut«, so wird der Schweinebraten, das tschechische Nationalgericht, häufig genannt. Das Fleisch muss eine Schwarte haben. Dazu gibt's böhmische Knödel und gekochtes Weißkraut.

Gulasch: Das klassische Thema »Rindfleisch in Würfeln« kommt in der tschechischen Küche in vielen Variationen vor. In einer schweren Soße – aber bitte mit Sahne! – wird daraus ein echtes Karlsbader Gulasch. Bei der Znaimer Version werden die berühmten süßsauren Gürklein hineingeschnitten. Gulasch auf Pilsener Art mit Bier aufgekocht hinterlässt einen würzigen Geschmack auf der Zunge. Lecker ist auch die Variante mit scharfen Paprika, Speck und Zwiebeln.

Karpfen: Über das ganze Jahr begehrt seien »Ente, Schwein und Hase«, weiß der Volksmund, doch als »König in der Küche« regiere »der Karpfen mit Anmut«. Ob paniert oder blau, auf Müllerin Art oder »auf Schwarz«, also mit dunklem Bier – am besten schmeckt der Karpfen nach altem Fischerrezept: Zunächst in Schlamm und Blätter gepackt, dann unter die Feuerglut gelegt, wird die Kruste aufgebrochen und das weiße Karpfenfleisch mit den Fingern gegessen.

Mehlspeisen: Nur Prag (von dort gelangten sie nach Wien) kann sie in dieser Vielfalt bieten: Buchteln, Cremerollen, Golatschen, Liwanzen, Palatschinken, Strudel, Windbeutel. Es geht weiter mit Tortentürmen, Blechkuchen und Schnitten, gefüllt mit Quark, Nuss und Mohn. Doch die (kalorienreiche) Krönung kommt erst noch: Die warmen Powidltascherln – Teigtaschen mit Zwetschgenmus – sind einfach köstlich.

Obstknödel: Als die Völker von Gott ihre Nationalspeisen erhielten, blieb für die Tschechen nur eine Teigrolle übrig. »Aber da ist ja nichts drin«, jammerten sie, worauf sich Gott erbarmte und ihnen noch einen Obstgarten dazu schenkte. Seitdem füllen die Tschechen ihre Knödelkugel aus Kartoffel- oder Quarkteig mit Marillen, Zwetschgen oder Erdbeeren. Mit zerlassener Butter beträufelt und mit Zucker, Zimt oder Mohn bestreut, setzt der Streusel aus leicht salzigem Hirtenquark dem Ganzen das i-Tüpfelchen auf.

Kaffee immer gerne, Tee seltener

Mag sein, dass die ganz große Kaffeehauskultur in Prag vorbei ist – allgegenwärtig sind inzwischen auch an der Moldau die Pappbecher der globalen Coffee-to-go-Ketten. Aber die Kaffeemania schäumt noch immer in der Stadt. Latte, Latte macchiato, Cappuccino überall. Als Espresso bekommt man einen starken Schwarzen, meist recht bitter. Die früher geläufige Zubereitung auf türkische Art, also mit Kaffeesatz in der Tasse, ist verschwunden. Dabei war dieser »Turek« einst nach dem Bier das zweite Nationalgetränk. Die Zeiten ändern sich halt. Tee (čaj) wird wenig getrunken, was auch an den eher unaromatischen Staubteebeuteln liegen mag, die allenthalben angeboten werden.

AUSGESUCHTE RESTAURANTS

❶ **etc. ▸ Plan S. 274/275**
Preiskategorien
für ein Hauptgericht
€€€€ über 600 Kč
€€€ 400 – 600 Kč
€€ 250 – 400 Kč
€ bis 250 Kč

GOURMETTEMPEL

❶ FIELD €€€€
Das neue Michelin-Stern-Restaurant am Rand der Josefstadt bringt böhmische Küche modern interpretiert auf die Teller. Zum Ausprobieren ist das dreigängige Lunch-Menü für 1500 Kč zu empfehlen. Das große Zehn-Gang-Degustationsmenü am Abend kommt auf 4000 Kč.
U Milosrdných 12
Tel. 725 170 583
tgl. 12 – 15, 18 – 22 Uhr
www.fieldrestaurant.cz

❷ LA DEGUSTATION BOHÊME BOURGEOISE €€€€
2023 erhielt Oldřich Sahajdák wieder einen Michelinstern. Dabei lässt sich der Starkoch von K.-u.-k.-Kochbüchern des 19. Jh.s inspirieren. Serviert werden ausschließlich Drei- oder Fünf-Gang-Menüs, die deutlich teurer sind als beim Sterne-Konkurrenten Field (siehe S. 272). Keine À-la-carte-Bestellung möglich.
Altstadt, Haštalská 18
Tel. 733332771,
tgl. 11.30 – 13.30 und 18 – 24 Uhr
www.ladegustation.cz

❸ U ZLATÉ STUDNĚ (ZUM GOLDENEN BRUNNEN) €€€€
Das teuerste Gericht (von ganz Prag) kostet 14.200 Kč (50 g schwarzer Beluga Kaviar). Ansonsten pendeln sich die Hauptgerichte zwischen 1100 und 3750 Kč. Alles sehr gut, aber einen Stern hätte nur der Panoramablick verdient: Der verzauberte schon Barack und Michelle Obama.
Kleinseite
U Zlaté studně 4
Tel. 2 57 53 33 22
tgl. 12 – 16 und 18– 23 Uhr
www.terasauzlatestudne.cz

GEHOBENE KÜCHE

❹ COTTO CRUDO €€€€
Prags bester Italiener überzeugt mit hausgemachter Pasta mit King Prawns, feinem Fisch und Fleisch sowie Mille Feuille und anderen Dolci. Empfehlenswert ist der Afternoon Tea! Schöne Terrasse mit Kleinseite-Blick.
Altstadt, Veleslavínova 2a
Tel. 2 21 42 68 80
tgl. 7 (Frühstück) – 22 Uhr
www.fourseasons.com/prague/dining/restaurants/cottocrudo

5 BOCKEM €€€€
Degustationsmenüs mit Schnecken aber auch ganz traditionell mit Wildschwein. Vom Hinterhof mit Graffities nicht abschrecken lassen ...
Smíchov, Elišky Peškové 5
Tel. 77 01 01 223, www.bockem.cz
Do. - Sa. 9 - 13 und 18 - 23 Uhr

6 ZVONICE €€€€
Im 9. Stock des alten Glockenturms, mit der 1518 gegossenen hl. Maria als Blickfang, gibt es böhmische Küche nach Urgroßmutters Rezepten: etwa Sauerkrautsuppe als Vorspeise, Kalbswangen mit Kartoffelstampf als Hauptgang und Liwanzen mit Waldbeeren zum Finale - sowie immer einen prächtigen Blick über Prag dazu.
Neustadt, Jindřišská věž 33
Tel. 2 24 22 00 09, tgl. 11.30 - 24 Uhr
www.restaurantzvonice.cz

INTERNATIONALE KÜCHE

7 SPICES€€€
Wer eine authentische kulinarische Reise durch Asien machen möchte, vielleicht von Indien über Thailand bis Japan oder von Malaysia und Indonesien bis China und Korea, der sitzt hier in ehemaligen klösterlichen Gewölberäumen am rechten Platz. Es gibt Dim Sum und Tofu, Veganes und Butter Chicken, Seebrasse und Steak mit Kimchi. Mit Innenhofterrasse.
Kleinseite, Nebovidská 1
Tel. 23 30 88 750, tgl. 11.30 - 23 Uhr
www.mandarinoriental.com/de/prague/mala-strana/dine/spices-bar-and-lounge

8 BRASSERIE PARISIENNE FELICE €€
Internationale Küche mit französischem Einschlag, aber auch Diätküche wird angeboten. Wintergartenatmosphäre und Sitzplätze im Freien.
Neustadt, Na Poříčí 7
Tel. 22 18 00 800
tgl. 12 - 14.30 und 18 - 22.30 Uhr
https://all.accor.com/hotel/3440/index.de.shtml#section-facilities

9 BRASILEIRO €€€€
Rodizio, wie es sich gehört: Unterschiedliche Fleischstücke am Spieß kommen frisch auf den Teller. Aber Vorsicht: Gehen Sie es langsam an, denn die besten Filetstückchen kommen am Ende! Auf jeden Fall viel Hunger mitbringen, denn auch das Vorspeisenbüffet lässt keine Wünsche offen. Ein Preis und alles außer den Getränken ist drin (rund 1900 Kč).
Neustadt, Na Přikopě 22
Tel. 734 760 734, tgl. 12 - 23 Uhr
http://brasileiro-slovanskydum.ambi.cz

10 THE DUBLINER €€
Tolle Fish & Chips mit gutem tschechischen Bier und das Ganze vielleicht an einem Champions-League-Abend mit fußballlauter Stimmung: Die Spiele werden auf zwölf Monitoren übertragen. Wenn das Ergebnis gepasst hat, bestellt man sich noch einen Käsekuchen. Der lohnt sich!
Altstadt, Týn 1
Mo. - Do. 10.30 - 2, Fr. - So. 10 - 3 Uhr, Tel. 777770230
www.aulddubliner.cz

11 INDIAN JEWEL €€€
Besonders die Gerichte aus dem Tandoor-Ofen können aus dieser sehr guten indischen Auswahl an Speisen hervorgehoben werden, Murgh Tikka z. B., scharfes Huhn in Joghurt und Safran mariniert, am besten mit Naan-Brot bestellen.
Altstadt, Rybna 9
Tel. 72 51 07 059
tgl. 11 - 23 Uhr
www.indianjewel.cz

12 KING SOLOMON €€€€
Das erste koschere Restaurant in Tschechien setzt immer noch Maßstäbe. Versuchen Sie doch ein Huhn sous vide! Aber selbstverständlich

PRAG
HRADČANY
Schloss Belvedere
Hanauer Pavillon
Erzbischöfliches Palais
Veitsdom
Villa Richter
Palais Fürstenberg
Kapuzinerkloster
Loretoheiligtum
Palais Sternberg
Prager Burg
Palais Pálffy
Palais Černín
Palais Schwarzenberg
Palais Waldstein
Palais Thun-Hohenstein
Palais Liechtenstein
St. Niklas
Zu den drei Straußen
Kloster Strahov
Palais Vrtba
Kleinseitner Brückentürme
Karlsbrücke
Altstädter Brückenturm
St. Maria de Victoria
Kampa
Smetanamuseum
Laurenziberg
Palais Nostitz
Petřínwarte
Bethlehemskapelle
Stadion
Seilbahn Lanovka
Střelecký ostrov
Nationaltheater
Laterna Magika
MALÁ STRANA
Kinskygarten
Sophieninsel
U Fleků
Kinský-villa
Máneshaus
St. Kyrill und Method
Lustschloss Dietzenhofer
Tanzendes Haus
St. Wenzel am Zderaz
Villa Bertramka
Goldener Engel
Emmauskloster
Vltava
Karlovy Vary
Flughafen Ruzyně
Bílá Hora
Plzeň
Karlštejn, Křivoklát
Smichov, Karlštejn, Zbraslav, Slapy
©BAEDEKER

1 Zur schwarzen Mutter Gottes
2 Haus zur Minute
3 Husdenkmal
4 Palais Clam-Gallas
5 Karolinum
6 Repräsentationshaus (Obecní dům)

1 Field
2 La Degustation Bohême Bourgeoise
3 U zlaté studně (Zum Goldenen Brunnen)
4 Cotto Crudo
5 Bockem
6 Zvonice
7 Spices
8 Parisienne Felice
9 Brasileiro
10 The Dubliner
11 Indian Jewel
12 King Salomon
13 Noi
14 U Fleků
15 U medvídků (Zu den Bärchen)
16 Klášterní pivovar Strahov (Klosterbräu Strahov)
17 Kolkovna (Stempelstelle9)
18 Břevnovský klášterní pivovar (Břevnover Klosterbrauerei)
19 Lod' Pivovar
20 Nebozízek
21 Ovocny Světozor
22 Potrefená husa
23 Staroměstský pivovar U tří růží Alstädter Brauerei Zu den drei Rosen)

Bierkneipen

24 U zlatého tygra (Zum goldenen Tiger)
25 Kavárna Velryba (Café zum Wal)
26 Mlýnska kavárna (Mühlen-Café)
27 Dva Kohouti (Zwei Gockel)
28 Pivovarský dům (Brauhaus)

1 Alchymist Grand Hotel & Spa
2 Falkensteiner
3 Aria
4 Four Seasons
5 Mandarin Oriental
6 W
7 Le Palais
8 U Raka
9 Andel's
10 Diplomat
11 M Gallery
12 Sax
13 Novotel
14 Adalbert
15 Ibis
16 Mama Shelter
17 Meran
18 Purpur

1 Tony's Café & Bar
2 Grand Café Orient
3 Imperial
4 Kavárna Obecní dům (Repräsentationshaus)
5 Louvre
6 Montmartre
7 Savoy
8 Slavia

1 AghaRTA Jazz Centrum
2 Bar and Books Old Town
3 Black Angel's
4 Cloud 9 Sky Bar & Lounge
5 Double Trouble
6 Duplex
7 Jazz Dock Bar & Lounge
8 Jazzboat Kotva
9 Little Glen (U Malého Glena)
10 Monkey Bar (Velky sál Lucerny)
11 MeetFactory
12 RadostFX
13 Reduta
14 Rock Café
15 SaSaZu

gibt es auch den traditionellen Gefilten Fisch, das beliebte Sabbatgericht. Und zum Schluss ist der Apfelstrudel zu empfehlen, kalt, wie es sich gehört in Tschechien. 0,75 l Wasser mit Zitrone und MInze sind inklusive.
Josefstadt, Široká 8
Tel. 2 24 81 87 52,
So. - Fr. 11 - 22 Uhr
www.patactvrt.cz

⓭ NOI €€

Ein angenehmes, sehr gutes thailändisches Restaurant, in dem es nicht nur wie in Bangkok schmeckt, sondern beinahe auch nur so wenig kostet wie dort. Der Grüne-Papaya-Salat, Pad Thai und die gedünstete Seebrasse sind ebenso empfehlenswert wie das Noi-Menü für Zwei mit drei Vor- und drei Hauptspeisen plus Dessert.
Kleinseite, Újezd 19
Tel. 608322035, tgl. 11 - 1 Uhr
www.noirestaurant.cz

TRADITIONSLOKALE

⓮ U FLEKŮ €€

Eine Prager Institution: Seit 1499 wird ohne Unterbrechung das dunkle 13er (Flekovské pivo) gebraut und zu altböhmischen Spezialitäten und tschechischer Volksmusik serviert.
Neustadt, Křemencova 11
Tel. 2 24 93 40 19, tgl. 10 - 23 Uhr
http://de.ufleku.cz

⓯ U MEDVÍDKŮ (ZU DEN BÄRCHEN) €€

Schon mal was vom Bier-Eis gehört? Wer sich traut, kann außerdem das hausgemachte, stärkste Lagerbier der Welt testen, das goldbraune X33-Beer. Gutes böhmisches Restaurant und ein angeschlossenes Hotel – falls zu viel X33-Beer geflossen ist. Und es gibt sogar ein Bierbad im Bierspa!
Altstadt, Na Perštýně 7
Tel. 2 24 21 19 16
Mo. - Fr. 11 - 23, So. bis 22 Uhr
www.umedvidku.cz

⓰ KLÁŠTERNÍ PIVOVAR STRAHOV (KLOSTERBRÄU STRAHOV) €€

Naturtrüb, wie es die Benediktinermönche schon 1505 brauten, ist das hauseigene Kellerbier. Neben dem hl. Norbert als Lager- und Weizenbier werden auch sieben jahreszeitliche Biere ausgeschenkt. Und prima böhmische Küche gibt's natürlich dazu.
Hradschin, Strahovské nádvoří 301
Tel. 73 48 52 382, tgl. 10 - 22 Uhr
www.klasterni-pivovar.cz

⓱ KOLKOVNA (STEMPELSTELLE) €€

Retro-Brauerei und Knödelparadies in einem: Dazu gibt's Üppiges wie Schweinebraten oder Grillhaxe. Die Haxe wird aufgehängt serviert, weil sie sonst nicht auf den Teller passen würde. Pilsner Urquell ist der Hausherr. Es gibt mehrere Filialen in der Stadt.
Josefstadt, V Kolkovně 8
Tel. 2 24 81 97 01, tgl. 11 - 24 Uhr
https://vkolkovne.kolkovna.cz

⓲ BŘEVNOVSKÝ KLÁŠTERNÍ PIVOVAR (BŘEVNOVER KLOSTERBRAUEREI) €€

44 Sorten Bier kamen letztes Jahr aus dem Brauhaus von Kloster Břevnov. Und es gibt „Samp", gesprochen „Schamp", weil dem Lagerbier auch Weinhefe und Muskattrauben zugemischt werden. In der Klosterschenke kann man böhmische Küche genießen und im einfachen Hotel „adalbert" nächtigen.
Brevnov, Markétská 1 (gut zu erreichen mit der Tram 22 ab Národní bis Břevnovský klášter, ca. 15 Min.)
Tel. 607 038 304, tgl. 11.30 - 23 Uhr
www.klasternisenk.cz

⓳ LOĎ PIVOVAR (DAS BRAUEREISCHIFF) €€

Ist eines von nur drei Brauereischiffen in Europa Die 7 an Bord gemachten Biere passen alle zur guten böhmi-

schen Küche; im Sommer auch vom Sonnendeck mit Blick auf die Burg.
Neustadt, Dvořákovo nábřeží 19 (an der Štefánikův-Brücke)
Tel. 773 778 788, So. - Do. 11.30 - 22, Fr. - Sa. bis 23 Uhr
www.lodpivovar.cz

⑳ NEBOZÍZEK €€

Hirschgulasch oder lieber Kaninchenkeule mit Karlsbader Knödel? Leckere böhmische Küche mit Blick von der verglasten Terrasse an der Zwischenstation der Standseilbahn auf dem Petřín über das historische Prag.
Kleinseite, Petřínské sady 14
Tel. 602 312 739, tgl. 12 - 23 Uhr
www.nebozizek.cz

㉑ OVOCNÝ SVĚTOZOR €

Lunch-Adresse für den schnellen Snack und die besten Chlebičky (belegte Brote) der Stadt: traditionell mit Schinken, Käse, Ei und Gurke oder auch mit Krebsfleisch und weiteren Variationen. Zum Nachtisch gibt's Kuchen oder Eiscreme.
Neustadt, Vodičkova 39
Tel. 7 74 44 48 74
tgl. 8 - 20, Sa. ab 9, So. ab 10 Uhr
www.ovocnysvetozor.cz

㉒ POTREFENÁ HUSA €€

Gulaschsuppe und Gegrilltes, Würstchen und Chicken Wings, Svíčková und natürlich auch Süßes. Das in Smíchov gebraute Bier Staropramen wird ausgeschenkt. Helle, freundliche Atmosphäre.
Altstadt, Platnéřská 9
Tel. 266 311 497
Mo. - Fr. 11 - 23, Sa. - So. ab 12 Uhr
www.ovocnysvetozor.cz

㉓ STAROMĚSTSKÝ PIVOVAR U TŘÍ RŮŽÍ (ALTSTÄDTER BRAUEREI ZU DEN DREI ROSEN) €€

Es war eine der letzten Amtshandlungen des Altpräsidenten Václav Klaus, diese im Altprager Stil eingerichtete Wirtschaft zu eröffnen. Zum dunklen Bier passen die böhmischen Gerichte von Sterne-Koch Martin Procházka.
Altstadt, A
tgl. 11 - 23 Uhr
Tel. 6 01 58 82 81, www.u3r.cz

BIERKNEIPEN

㉔ U ZLATÉHO TYGRA (ZUM GOLDENEN TIGER) €

Einstige Stammkneipe der Dissidenten, Literaten, Filme- und Liedermacher, in die Václav Havel Bill Clinton mitnahm. Auf der Speisekarte stehen gegrillte Koteletts, Kartoffelpuffer und Bierkäse. Bohumil Hrabal hat die Kneipe in seinen Erzählungen unvergesslich gemacht
Altstadt, Husova 17
Tel. 2 22 22 11 11, tgl. 15 - 23 Uhr
www.uzlatehotygra.cz

㉕ KAVÁRNA VELRYBA (CAFÉ ZUM WAL) €

Mainstream gibt's hier nicht, vielmehr Studenten und Künstler, Filmschaffende und ein paar Anarchos. Für Gruppen ab vier Personen macht der Kellner keine getrennte Rechnung. Neben Bier stehen auch ein paar Kleinigkeiten zum Essen auf der Karte.
Neustadt, Opatovická 24
Tel. 2 24 93 14 44
Mo. - Sa. 11.30 - 23, Sa. ab 17 Uhr
www.kavarnavelryba.cz

㉖ MLÝNSKÁ KAVÁRNA (MÜHLEN-CAFÉ) €

Die Intellektuellen- und Künstlerkneipe in Prag, in die man zum Bier trinken und Plaudern kommt. Ein paar Sachen zum Essen gibt's aber auch. Sehr günstig, schlampiger Service, aber dafür ein Kunstwerk als Tresen, gemacht von David Černý. Sollte ein schwarzes Mountainbike im Raum stehen, ist der Meister selbst da.
Kleinseite, Všehrdova 14
Tel. 2 57 31 32 22, tgl. 10 - 24 Uhr
www.avantgarde-prague.de/cafe-mlynska

27 DVA KOHOUTI (ZWEI GOCKEL) €

180 Quadratmeter für Brauerei, Theke, Biertische und -bänke: Man setzt sich zusammen. 4 Sorten Bier werden gebraut, darunter Kirschbier. 150 Kilogramm Kirschen kommen auf tausend Liter. Und wer »Bier-Milch« mag: Das Bier wird dann so gezapft, dass ausschließlich Schaum im 0,5-Liter-Krug ist. Es wird sofort und ex getrunken. Der Geschmack ist sahnig-süßlich. Normales Helles und Dunkles gibt's natürlich auch.
Karlín, Sokolovská 81 (gut zu erreichen mit Tram 3 und 24 ab Wenzelsplatz bis Karlínské náměstí, knapp 10 Min.)
Tel. 60 46 11 001
Mo. - Fr. 15 - 1, Sa. 12 - 1, So. 12 - 22 Uhr, www.dvakohouti.cz

28 PIVOVARSKÝ DŮM (BRAUHAUS) €

Auf der Suche nach einem noch nie getrunkenen Bier überrascht diese Mikrobrauerei: Als Zutaten kommen Sauerkirschen, Banane, Brennnesseln, Schokolade oder Chili zum Gerstensaft. Die böhmische Küche wird aber ganz traditionell serviert. Einzigartig in Prag: 4 kleine Gerichte und 4 unterschiedliche Biere dazu, für 255 Kč.
Neustadt, Lipová 15
Tel. 2 96 21 66 66
Mo. - Sa. 11 - 23.30 Uhr, So. ab 12 Uhr, www.pivo-dum.cz

KAFFEEHÄUSER

1 TONY'S CAFÉ & BAR

In hohen Fenstern spiegelt sich das Jugendstil-Ambiente und weckt nostalgische Sehnsüchte: Pariser Belle Époque zum Träumen bei Apfelstrudel und Wiener Melange.
Altstadt, im Hotel Paříž, U Obecního domu 1
Tel. 2 22 19 51 95
tgl. 8.30 - 23.30 Uhr
www.tonyscafeandbar.cz

2 GRAND CAFÉ ORIENT

Tassen, Tische, Lüster, Lampen, Spiegel - alles
Kubismus pur. Das ganze Haus U Černé Matky Boží (Zur schwarzen Muttergottes) steht unter Denkmalschutz. Es ist vielleicht das einzige kubistische Café weltweit.
Altstadt, Ovocný trh 19
Tel. 2 24 22 42 40
Mo. - Fr. 9 - 22, Sa./So. 10 - 22 Uhr
www.grandcafeorient.cz

3 IMPERIAL

Das von Jaroslav Benedikt entworfene, originalgetreu restaurierte Kaffeehaus ist ein Paradebeispiel für den Prager Jugendstil, allerdings zu einem Restaurant mutiert. Nur einen Kaffee trinken geht nicht mehr ...
Neustadt, Na Poříčí 15
Tel. 2 46 01 14 40, tgl. 7 - 23 Uhr
www.cafeimperial.cz

4 KAVÁRNA OBECNÍ DŮM

Im Repräsentationshaus wartet »das« Juwel des Prager Jugendstils mit Marmorreliefs, Stuckdecken und funkelnden Kristallleuchtern. Ebenfalls unwiderstehlich: die hausgemachten Torten, besonders die Sacher, aber auch die Sandwiches. Im Sommer hat der Garten geöffnet.
Altstadt, Náměstí republiky 5
Tel. 2 22 00 27 63
tgl. 8 - 22 Uhr
www.kavarnaod.cz

5 LOUVRE

Brod, Werfel, Kisch und Kafka waren um 1900 Stammgäste, ebenso Einstein, als er an der Universität lehrte. Es gibt (ganz untypisch!) warmen Apfelstrudel oder Palatschinken mit cremiger Quarkfüllung und rumgetränkten Rosinen - auch ein Gedicht! Rote Tapeten, Billard, viel Atmosphäre.
Neustadt, Národní 22
Tel. 2 24 93 09 49
Mo. - Fr. 8 - 23.30, Sa./So. ab 9 Uhr
www.cafelouvre.cz

6 MONTMARTRE

In der ehemaligen Kabarettbühne saßen einst Kafka, Kisch, Werfel und Hašek zwischen Halbweltdamen mit Federboas. Abgesehen davon, scheint sich seit 1911 nicht viel verändert zu haben. Guter Kaffee, Kuchen, Snacks und günstige Preise.
Altstadt, Řetězová 7
Tel. 601 364 137
Mo. – Fr. 14 – 22, Sa. – So. ab 16 Uhr

7 SAVOY

Unter der Holzkasettendecke treffen sich Politiker zum Interview, schlürfen Künstler Kaffee ebenso wie Prominente, die von den Top-Yellows Pestrý svět und Rytmus života aufs Cover gehoben wurden. Junge Mütter machen ein Päuschen, Studenten tratschen und Touristen orientieren sich vorsichtig. Bester Kuchen und eine göttliche heiße Schokolade.
Smíchov, Vítězná 5, Tel. 73 11 36 144
Mo. – Fr. 8 – 22, Sa./So. ab 9 Uhr
https://cafesavoy.ambi.cz

8 SLAVIA

Ganz hinten weht noch der Geist der Literaten und Intellektuellen: Aus der Absinth-Flasche entweicht der grüne Geist, und der Trinker davor ist komplett benebelt ...
Man kann den ganzen Tag rumsitzen, auch ohne ständig was zu bestellen. Ab 17 Uhr gibt's Klaviermusik, der Nostalgiefaktor wächst ins Unermessliche (▶ Nationaltheater).
Altstadt, Smetanovo nábřeží 2 , Eingang Národní, Tel. 777 709 145
Mo. – Sa. 10 – 23, So. bis 22 Uhr
www.cafeslavia.cz

Kaffeehausatmosphäre gibt es im »Imperial« nur noch morgens zum Frühstück.

FEIERN

Mit einem Burgfest für Kaiser Karl IV. hat es begonnen. Heute ist der »Prager Frühling« das älteste Musikfestival Europas. So lange schon bedient Prag einen ungewöhnlichen Kulturfahrplan. Die historische Kulisse verleiht den Events eine ganz besondere Qualität. Und selbst jenseits des Atlantiks, in New York am Hudson River, weiß man, wo Europas Hauptstadt für Jazz liegt: nämlich an der Moldau.

Publikumsliebling Musik

Prag die Eventhauptstadt Europas? Das sicherlich nicht. Aber es ist durchaus was los in Prag. Das liegt sicher auch daran, dass die Stadtmütter und -väter großzügig sind, wenn es darum geht, den Wenzelsplatz für ein Volksfest freizugeben oder auf dem Altstädter Ring ein Public Viewing zu genehmigen. Kaum eine Idee, die im Rathaus nicht auf offene Ohren stößt, auch weil – und das weiß jeder in Prag – oft ein schönes Sümmchen vom Sponsorengeld in die Politikersäckel wandert.

Noch einmal stimmen, dann fängt das Konzert beim Musikfestival im Repräsentationshaus an.

Besonders Musikevents stehen in der Gunst des Publikums ganz oben, egal ob klassisch oder modern. Der **Prager Frühling** wird schon längst nicht mehr nur mit den politischen Ereignissen von 1968 assoziiert, sondern ist zugleich der Name des bekanntesten Musikfestivals Tschechiens im Mai. Unter Jazzfans bekannt: das **AghaRTA Prague Jazz Festival** im März. Für viele Musiker, gleich welcher Stilrichtung, gilt jedenfalls, was Kaspar Zehnder, 2005 bis 2008 Chefdirigent der Prager Philharmoniker und auf allen großen Bühnen der Welt zu Hause, meinte: »In Prag zu spielen ist eine Herzenssache.«

Filmfestival

Cineasten kommen in der Goldenen Stadt ebenfalls auf ihre Kosten: Das Internationale **Film Festival Prague,** das Febiofest im April, bringt Erstlingswerke, mutige Experimental- und sozialkritische Autorenfilme auf die Leinwand, die man in großen Multiplexkinos nie, im Fernsehen allenfalls mal auf Spartenkanälen nach Mitternacht sehen kann. Bis zu 125 Filme stellen sich alljährlich im Wettbewerb einer kompetenten Jury. Dabei kommen stets auch Überraschungssieger aufs Podium, etwa aus ansonsten eher weniger beachteten Filmländern wie Serbien oder Kasachstan. Individueller Charme statt Hollywood, das engagierte Prager Publikum weiß es zu schätzen.

Veranstaltungshinweise

Hinweise darauf, was aktuell los ist in der Stadt, liefern unter anderem das deutschsprachige Online-Portal Prager Zeitung (www.pragerzeitung.cz) und Prag aktuell (http://www.prag-aktuell.cz) sowie Timeout Prag (www.timeout.com/prague).

Sportveranstaltungen

Eishockey

Die Tschechen gehören zu den europäischen Pionieren bei der sportlichen Jagd nach dem schwarzen Puck. Bereits bei der **Olympiapremiere 1920** in Antwerpen wurde sie mit einer **Bronzemedaille** gekürt, zuletzt (Stand: 2023) stand die tschechische Mannschaft auf der Ewigenliste der erfolgreichsten Eishockeynationen auf dem achten Platz hinter Kanada, Finnland, Russland, USA, Deutschland, Schweden und der Schweiz. Wobei die Tschechen stolz behaupten, dass sie es gewesen seien, die den Russen beigebracht hätten, »wie man Eishockey spielt«. Was auch damit zu begründen wäre, dass die Sowjetunion 1956 mit einem tschechischen Trainer Weltmeister wurde. Während der bleiernen Zeit der kommunistischen Diktatur betrachtete man die Spiele gegen die Sowjets als **verkappten »Widerstand«.** Zweimal gelang es der damaligen ČSSR-Mannschaft, die russische »Zbornaja kommanda« zu besiegen und damit sowohl die WM 1972 in Prag als auch 1985 in Moskau (!) zu gewinnen. Seit 1993 gibt es eine tschechische Nationalmannschaft, die gleich ihr erstes Spiel gegen das Team Russland mit 6:1 für sich entschied und damit eine höchst beeindruckende

Erfolgsserie begründete: 1996 holte man WM- und 1998 olympisches Gold. 1999, 2000 und 2001 wurde die Mannschaft dreimal in Folge Weltmeister. Zwei weitere Weltmeistertitel 2005 und 2010 sowie Olympiabronze 2006 stehen auf der Habenseite der Mannschaft, die sich zuletzt 2011 und 2012 mit zwei dritten WM-Plätzen zufriedengeben musste, ehe sogar Ränge unterhalb der Treppchen folgten. Erst 2022 sprang wieder einmal WM-Bronze heraus.

In der EHL (Extraliga ledního hokeje) kämpfen 14 Vereine um die tschechische Meisterschaft, darunter die Prager Klubs **Sparta,** der achtfache Meister, und **Slavia** mit zwei Titeln.

www.hcsparta.cz, www.hc-slavia.cz, www.o2arena.cz, www.tipsportarena-praha.cz

Fußball Welcher ältere Fußballfan hat nicht noch immer diese Szenen im Kopf: Uli Hoeneß schießt beim Elfmeterschießen in den Nachthimmel von Belgrad, und Antonín Panenka lupft den Ball beim letzten Elfmeter über Sepp Maier ins Tor: Die ČSSR war **Fußball-Europameister 1976** gegen Deutschland, den damals amtierenden Weltmeister. 20 Jahre später gewann dann Deutschland das EM-Finale 1996 in London gegen Tschechien. Neben den Vizeweltmeistertiteln von 1934 und 1962 sind das die besten Platzierungen, die die Nationalmannschaften der ČSSR bzw. Tschechiens jeweils erzielten.

Im Vereinsfußball konnten tschechische Clubs nie einen internationalen Pokal in die Höhe recken. Sparta Praha ist zwar das tschechische Gegenstück zum FC Bayern und fast alljährlich bei der Champions League dabei, aber meist nach der Vorrunde wieder draußen. Der ewige Rivale Slavia dümpelt im vorderen Mittelfeld der ersten Liga, die Bohemians, für die nach wie vor das Herz der Fußballfans in den Vorstädten schlägt, kämpfen sogar häufig gegen den Abstieg und der einstige Armeeklub Dukla ist inzwischen unterklassig.

www.sparta.cz, www.slavia.cz, www.bohemians.cz

Tennis Tschechien ist auch eine große Tennisnation. Wer bei gut dotierten Turnieren ein paar Jungstars spielen sehen und Altstars zuschauen will oder vielleicht mal selbst aufschlagen möchte, geht zu Sparta nach ► Holešovice.

www.tkspartapraha.cz

FEIERTAGE UND EVENTS

FEIERTAGE

1. Januar: Neujahr
März/April: Ostermontag
1. Mai: Tag der Arbeit
8. Mai: Tag der Befreiung 1945
5. Juli: Tag der Slawenapostel Kyrill und Method

6. Juli: Todestag von Jan Hus
28. September: Tag des böhmischen Landespatrons Wenzel
28. Oktober: Gründungstag der Tschechoslowakei
17. November: Tag des Kampfes für Freiheit und Demokratie
24. Dezember: Heiligabend
25. und 26. Dezember: Weihnachten

EVENTS IM JANUAR

NOVOROČNÍ KONCERT

Gleich zum Jahresauftakt gibt es einen ersten musikalischen Höhepunkt: Kenner schwärmen vom **Neujahrskonzert** (Novoroční Koncert) der Prager Symphoniker im Repräsentationshaus.

KARNEVAL

Jecken, Narren und Pappnasen ziehen durch Adelspaläste, Jugendstilsäle und Theaterbühnen. Klassischer Faschingsauftakt am 31. Januar ist eine Aufführung von Smetanas »Pražský karneval«. Im historischen Palais Clam-Gallas steigen während des Carnevale drei rauschende Themenfeste: Crystal Ball, Amoretto und Bellaria. Wer als Fürst, Herzog, Prinzessin oder Madame Pompadour auftreten möchte, lässt beim einst königlichen Hofschneider Franzis Wussin nach Maß nähen. Kostüme gibt's aber auch direkt im Palastverleih. (www.wussin.cz)

FEBRUAR/MÄRZ

MASOPUST

Als Masopust (wörtlich »fleischlos«) gelten nur die drei letzten **Karneval**-Tage vor dem Aschermittwoch. Nun erfasst der Indoor-Maskenreigen auch ein wenig die gesamte Altstadt.

MÄRZ

MATĚJSKÁ POUT

Es geht rund bei der **Matthäuskirmes** auf Prags ältestem Rummelplatz mit Karussells, Schießbuden und Geisterbahnen auf dem Výstaviště, dem Ausstellungsgelände (▶ Holešovice).
www.matejskapout.cz

AGHARTA PRAGUE JAZZ FESTIVAL

Weltstars undNewcomer gastieren auf verschiedenen Bühnen, veranstaltet vom Jazzclub »AghaRTA«.
www.agharta.cz

APRIL

½ MARATHON PRAGUE

Zum Vorwärmen für den großen Marathonlauf im Mai kann man im April schon mal auf der halben Strecke üben: 21 Kilometer,
Start und Ziel am Rudolfinum.
www.runczech.com

FEBIOFEST

Für den Oscar nicht nominiert? In Cannes nicht aufgeführt? Für Berlin zu schräg? Dann wird die Filmpremiere wohl bei den **Internationalen Filmtagen** in Prag sein. Mit Charme statt Starrummel, in verschiedenen Kinos.
www.febiofest.cz/en/

MAI

PRAŽSKÉ JARO

Zum **»Prager Frühling«** liegt Musik in der Luft: Zum Finale des weit über die Landesgrenzen hinaus bekannten Festivals wird traditionell Beethovens Neunte Sinfonie mit Schillers Ode an die Freude, »Alle Menschen werden Brüder«, vorgetragen – von der Tschechischen Philharmonie im Rudolfinum.
www.festival.cz

INTERNATIONAL MARATHON PRAGUE

Zu den Klängen von klassischer Musik gestartet, treiben schließlich Trommler das Tempo an, bestimmt

Dixie den Rhythmus. Start und Ziel am Altstädter Ring.
www.runczech.com

SVATOJÁNSKÉ NAVALIS
Beim **Navalisfest** zu Ehren des hl. Nepomuk, des Schutzpatrons der Karlsbrücke, gibt's eine festliche Regatta mit geschmückten Gondeln, allegorischen Drachenbooten und Schiffen der Barockzeit – des Nachts mit Laternen und Lampions magisch beleuchtet: ein Lichtermeer der besonderen Art.
www.navalis.cz

KHAMORO – GYPSYFESTIVAL
Dieses weltgrößte Festival der Roma und Sinti wurde 1999 von Václav Havel ins Leben gerufen: zu erleben sind Jazz, Flamenco, Sitar, Klezmer. Also praktischalles, was die Gypsykultur ausmacht.
www.khamoro.cz

SVĚT KNIHY PRAHA
Internationale Verleger präsentieren auf der **Prager Buchmesse** ihre neuesten Erzeugnisse. Zugleich findet das vom Goethe-Institut, dem Österreichischen Kulturforum und der Schweizerischen Botschaft veranstaltete literarische Programm »Das Buch« statt.
www.svetknihy.cz

JUNI

PRAGUE PROMS
Nach einem grandiosen Open-Air-Auftakt am Wenzelsplatz gibt's beim **Musikfest** einen Monat lang ein Superpaket aus Klassik, Pop und Jazz – im goldenen Saal des Žofín-Palais kann man es besonders eindrucksvoll anhören.
www.pragueproms.cz

UNITED ISLANDS
Schützeninsel, Insel Kampa und Jazz Dock: Das bedeutet Woodstock-Feeling an der Moldau. Auch ein Heimspiel für die tschechischen Beat-Veteranen.
www.unitedislands.cz.

JUL

PRAGUE DANCE FESTIVAL
Egal ob klassischer oder zeitgenössischer Tanz, Hip-Hop oder Experimentelles: Freunden, Liebhabern und Kennern des Tanzes wird beim jährlichen Tanzfestival eine ganze Menge geboten.
www.praguedancefestival.cz

PRAGUE FESTIVAL
Trachtler, Jodler, Dudler und Schuhplattler aus aller Welt, vereint euch bei den **Prager Folkloretagen!** Ein großes Straßenfest der Volksmusik unter freiem Himmel in der Prager Altstadt.
www.praguefestival.cz

AUGUST

OPERA BAROCCA
Wenn die Götter tanzen: Ein szenisches Musikprojekt mit prachtvollen Kostümen versetzt den Zuschauer in die Zeit des Sonnenkönigs. Angemessen verortet im pompösen Barockpalais Clam-Gallas.
https://pragueoperatickets.com

VERDI-FESTIVAL
Die Prager Staatsoper feiert den Belcanto. Junge Opernstars und Regisseure stellen sich vor. Angenehm unprätentiös für ein Publikum ganz ohne Smoking und Promi-Schaulauf.
www.narodni-divadlo.cz

SEPTEMBER

STRUNY PODZIMU
Herbstmusikfestival: Jazz und Klassik, Traditionelles und Experi-

mentelles in internationaler Besetzung. Verschiedene Konzertsäle, im Lichthof des Tschechischen Museums für Musik klingt es besonders reizvoll.
www.strunypodzimu.cz

DVOŘÁKOVA PRAHA
Als Komponist und Dirigent machte Dvořák die tschechische Musik weltberühmt. Das **Festival Dvořáks Prag** nutzt Prags großartige Architektur als Konzertpodium: Rudolfinum, St.-Veits Kathedrale, Spanischer Saal der Burg, Musiksalon im Pálffy-Palast.
www.dvorakovapraha.cz

OKTOBER

JAZZFESTIVALPRAHA
Avantgarde und Retro, Freestyle und Sinatra,swingend arrangiert: Diese Mischung geht seit mehr als 30 Jahren ins Ohr. Es ist das älteste Musikfestival Prags. Absoluter Kult im Club »Reduta« (▶ Ausgehen).
https://www.europejazz.net/festival/praha-international-jazz

NOVEMBER

PERLEN DER MUSIK
Konzerte an stimmungsvollen Orten: im Palais Lobkowicz, der St.-Niklas-Kirche wie der Jakobskirche oder in der Barockbibliothek des Clementinums.
www.pragueexperience.com

DEZEMBER

VÁNOČNÍ TRHY
Der Christbaum der Republik steht am ▶ Altstädter Ring: drumherum Budenzauber mit Glühwein, Zimt und Sternen auf dem **Weihnachtsmarkt.** Die Adventslieder singen meistens Kinderchöre. Weitere Weihnachtsmärkte gibt es in fast allen Stadtteilen.

SILVESTROVSKÁ GALA
In der wunderschönen Oper feiern mit der »Fledermaus«: Die Strauß-operette begleitet mit Austern, Kaviar, Champagner und livrierten Dienern ins neue Jahr.
www.eventsbohemia.cz

MUSEEN

Wo die ganze Altstadt einem (Freilicht-)Museum gleicht, da braucht man sich über die enorme Bandbreite der Kunstschätze nicht zu wundern – viele davon werden in den schönsten historischen Bauten der Stadt präsentiert.

Für jeden etwas

Ob **Alte Meister** oder **Avantgarde,** für alle hat Prag ein Plätzchen. Von den zahlreichen Dependancen des Nationalmuseums und der Nationalgalerie über das Jüdische Museum bis hin zu museal gestalteten Hommagen an bedeutende Künstler bietet Prag für jeden Geschmack etwas. Und nicht nur Kunst wird in Prag für ausstellungswürdig befunden.

Öffnungszeiten

Die **Prager Museen** haben Dienstag bis Sonntag von 10 bis 17 Uhr geöffnet. Das Jüdische Museum ist montags offen, dafür samstags geschlossen. Erwachsene zahlen den vollen Eintritt, Studenten und Senioren (ab 60) in der Regel die Hälfte. Für Familien gibt es oft einen Pa-

IN DER HAUPTROLLE: DIE »GOLDENE STADT«

Prag gilt als Hollywood des Ostens. Warum alle Filmwelt in die Stadt an der Moldau kommt, hat einen einfachen Grund: Prag ist eine Verwandlungskünstlerin, die mit ihrem gut erhaltenen historischen Altstadtkern auch vergangene Zeiten anschaulich machen kann.

Tom Cruise übernimmt die Drehortsuche gern selbst und er liebt Prag. So schlenderte er durch Prags Altstadt, als die vierte Forsetzung von »Mission: Impossible« (»Ghost Protocol«) anstand. Im Univiertel beim ▶ Karlsplatz fand er, wonach er für seinen Film suchte: die Straßen von Moskau – in Prag gedreht, doch im Film dem Moskauer Vorbild täuschend ähnlich. Beispiele solcher Verwandlungskünste Prags gibt es viele.

Hollywood des Ostens

Die tschechische Filmindustrie boomt nicht erst seit der Wende. Mit der Gründung der Barrandov-Studios entstand bereits in den 1930er-Jahren zu Füßen der Burg eine regelrechte Filmindustrie. Während der Besatzung durch die Nazis wurden vermehrt Propagandastreifen für das Dritte Reich in Prag produziert, nach dem Zweiten Weltkrieg folgten sowjetische Produktionen. Mitte der 1960er-Jahre entglitt den zensurfreudigen kommunistischen Kulturfunktionären die Kontrolle: Die »jungen Wilden« von der Prager Filmakademie hatten den Mut, das real existierende sozialistische Leben als oft sehr problembehafteten Alltag zu entlarven. **Forman, Chytilová, Juráček, Němec, Passer, Schorn** – so lauteten wichtige Namen der »Neuen Welle«, die mit regimekritischen Inhalten international Aufsehen erregte; auch in Hollywood: 1966 gewann dort Regisseur Jiří Menzel mit seiner Verfilmung von Bohumil Hrabals Roman »Liebe nach Fahrplan« einen Oscar. 1983 öffnete sich überraschend für **Barbra Streisand** der Eiserne Vorhang: Als erste US-Produktion im kommunistischen Ostblock konnte sie in Prag das Musical **»Yentl«** verfilmen. Ein Jahr nach ihr kam ein Exiltscheche aus New York, Absolvent der Prager Filmakademie, um in der Stadt den pragerischsten aller Prager Filme zu drehen: Miloš Forman fand für seinen mit gleich sieben Oscars prämierten Film **»Amadeus«** die authentischen Ecken, um das Prag der Mozartzeit wieder aufleben zu lassen.
Der erste US-amerikanische Film nach der Wende war 1991 Steven Soderberghs »Kafka«. Seitdem wurden mehr als 100 große internationale Produktionen in verwinkelten Gassen, auf den romantischen Plätzen und Burgstiegen.

Top 10: Prags Drehorte

1 Rudolfinum, Haus der Künstler: Den monumentalen Treppenaufgang, das Balkonportal, die gusseisernen Säulen mit Laternenkranz und Musenstaffage am Sims gab es u. a. zu sehen in »Mission: Impossible«, »Die Liga der außergewöhnlichen Gentlemen«, »Der Illusionist« und »Das Omen«.
2 Hradschiner Platz: Das Burgportal und der Eingang zur Präsidentenkanzlei waren Schauplätze in »Yentl«, »Ama-

deus«, »Les Misérables« und der Bollywood-Produktion »Rockstar«.

3 Kloster Strahov: Unter dem prächtigen Deckenfresko eines der Bibliotheksräume grübelten die Mönche in »Omen«. Johnny Depp als Inspektor Abberline agierte in »From Hell«, James Bond in »Casino Royale«.

4 Karlsbrücke: Die Steinheiligen akzentuieren die Dramaturgie für »Kafka«, »Omen«, »Van Helsing«, »Blade« und »Mission: Impossible«.

5 Moldau: Wellenschlag beim Countdown in »Triple XXX«, in »Shanghai Knights« stand Prag für die »Verbotene Stadt«.

6 Altstädter Ring: Tom Cruise sprengte hier für »Mission: Impossible« ein riesiges Hummeraquarium. Vor der Astronomischen Uhr tötete Nicolas Cage als Auftragskiller sein erstes Opfer in »Bangkok Dangerous«. Durch die mittelalterlichen Ringarkaden fegt Wesley Snipes als eine Art Vampir-Terminator in »Blade«.

7 Nationalmuseum: Diplomatenball in »Mission: Impossible«, Hotellobby für James Bond in »Casino Royale«, Opernfoyer für »Das Omen« und Londoner Medizinfakultät für »From Hell«.

8 Repräsentationshaus: Für »La vie en rose« wie für »Ich habe den englischen König bedient« verströmen die Kristallleuchter stilecht Pariser Charme.

9 Insel Kampa: Der Liechtensteiner Palast diente in »Mission: Impossible« als amerikanische, in »The Bourne Identity« als Züricher Botschaft in Prag.

10 Veitsberg: Das Prager Nationaldenkmal (▸ Žižkov) wird zum Tatort in »Casino Royale«, als 007 den Doppelspieler Dimitrios killt (im Film: Miami Museum). In den Touristeninformationen finden Sie in der Regel kostenlos die englischsprachige Broschüre und Karte »Lights! Camera! Action!« der Tschechischen Filmkommission, die knapp 50 Drehorte aufführt. Weitere Informationen unter www.filmcommission.cz und www.barrandov.cz.

Bei dieser Kulisse überrascht es nicht, dass sich Filmcrews in Prag die Klinke in die Hand geben.

ketpreis (zwei Erwachsene und zwei Kinder bis 15 Jahre). Für eine Fotografiererlaubnis werden bis zu 100 Kč , manchmal sogar mehr verlangt. Zuweilen ist das Fotografieren auch verboten, mit Blitzlicht sogar meistens.

Lange Nacht Mit Corona hat sich viel verändert. Auch die Lange Nacht der Museen ist leider verschwunden, obgleich doch bis zu 250.000 Interessierte rund 50 Museen kostenfrei von 18 bis 24 Uhr in einer Nacht im Juni über Jahre besuchten. Eine Nachfolgeveranstaltung ist zwar in Planung, aber es gibt noch nichts Konkretes über Zeitpunkt, Umfang und Details. Was es immer noch stattfindet, ist das deutlich kleinere Festival of Museum Nights im Mai und Juni. Weitere Informationen dazu kurz vor Festivalbeginn unter: www.cz-museums.cz/web/amg/czech-association-of-museums-and-galleries

PRAGS MUSEEN

KUNST

BURGGALERIE
▶ Hradschin

DOX. MUSEUM FÜR ZEITGENÖSSISCHE KUNST
▶Holešovice

GALERIE DER HAUPTSTADT PRAG
Verschiedene Ausstellungsorte: wechselnden Ausstellungen mit Schwerpunkt auf der tschechischen Kunst des 19. und 20. Jh.s; Ausstellungsorte sind u. a. ▶ Schloss Troja sowie das Haus »Zur steinernen Glocke« und das Altstädter Rathaus (▶ Altstädter Ring) oder das Palais Colloredo-Mansfeld in der ▶ Karlsgasse 2.
Di. – So. 10 – 18 Uhr
Eintritt: ab 120 Kč
www.ghmp.cz

GALERIE RUDOLFINUM
Zeitgenössische Kunst und Werke der klassischen Moderne in einem wunderbaren Neorenaissance-Gebäude. Ein echtes Kunstkonglomerat und deshalb auch Dům umělců, Haus der Künstler, genannt.
Josefstadt, Alšovo nábřeží 12
Di./Mi. und Fr. – So. 10 – 18,
Do. bis 17 Uhr
Eintritt: je nach Ausstellung unterschiedlich hoch
Metro: A, Staroměstska
www.galerierudolfinum.cz

KUBISMUS
▶ Zeltnergasse

KAMPA-MUSEUM
▶ Kampa

KUNSTGEWERBEMUSEUM
Schon 1884 gegründet, besitzt das Museum am Alten Jüdischen Friedhof eine weltberühmte Glas-, Porzellan- und Keramiksammlung, Möbel (16. – 19. Jh.) und Goldschmiedearbeiten (15. – 19. Jh.), Textilien, Messgeräte, Bucheinbände, Gebrauchsgrafiken, Kleinbronzen und Münzen.
Josefstadt, 17. listopadu 2
Di. 10 – 20, Mi. – So. 10 – 18 Uhr
Eintritt: 350 Kč, Metro A, Staroměstská, www.upm.cz

LAPIDARIUM
▶ Holešovice

MÁNES-AUSSTELLUNGSSAAL
▶ Tanzendes Haus

MUCHA-MUSEUM
▶ Wenzelsplatz

MUSOLEUM
▶ Smíchov

MUSEUM DER HAUPTSTADT PRAG
Verschiedene Ausstellungsorte präsentieren die Moldau-Metropole von prähistorischer Zeit bis zur Gegenwart. Beeindruckend ist das 20 m lange, dreidimensionale Modell der Stadt aus dem 19. Jh. aus Papier und Holz.
Hauptgebäude: Na Poříčí 52
Di. – So. 9 – 18 Uhr
Eintritt: 180 Kč
Metro: B/C, Florenc
www.muzeumprahy.cz

NATIONALGALERIE
1796 gegründet, seit 1804 öffentlich zugänglich, seit 1918 als »Nationalgalerie« in staatlichem Besitz: rund 14 000 Gemälde, 7600 Plastiken, 243 000 Grafiken, 61 000 Zeichnungen und 12 000 Exponate orientalischer Kunst, insgesamt sechs Ausstellungsorte:
▶ **Agneskloster** (▶ mittelalterliche Kunst aus Böhmen und Mitteleuropa)
Messepalast (▶ Holešovice, Kunst des 20. und 21. Jh.s)
Palais Schwarzenberg (▶ Hradschiner Platz, »Barock in Böhmen«)
Palais Sternberg (▶ Hradschiner Platz, europäische Kunst von der Antike bis zum Barock)
Palais Salm (▶ Hradschiner Platz, mitteleuropäische Kunst des 19. Jh.s)
Waldstein-Reitschule (▶ Palais Waldstein, Wechselausstellungen)
www.ngprague.cz
Di. – So. 10 – 18 Uhr, Eintritt: 250 Kč, für alle sechs Ausstellungsorte und 10 Tage Gültigkeit 680 Kč

NATIONALMUSEUM
▶ S. 159

STRAHOVER BILDERGALERIE
▶ Kloster Strahov

VILLA BÍLEK
Das Wohnhaus und Atelier (Bílkova vila) des Jugendstil- und Symbolismuskünstlers František Bílek, gebaut nach seinem Entwurf, ist selbst ein Kunstwerk. Gezeigt werden Arbeiten von Bílek.
Mickiewiczova 1, Di. – So. 10 – 18 Uhr, Eintritt: 150 Kč
Straßenbahn: 2, 12, 18, 20, Haltestelle Chotkovy sady
www.ghmp.cz

(KULTUR-)GESCHICHTE

JERUSALEM-SYNAGOGE
▶ Am Graben

JÜDISCHES MUSEUM
▶ Josefstadt

KEPLER-MUSEUM
▶ Karlsgasse

MUSAION
▶ Smíchov

MUSEUM DES KALTEN KRIEGES
▶ Wenzelsplatz

MUSEUM DES KOMMUNISMUS
▶ Am Graben

NÁPRSTEK-MUSEUM
Ethnologische Sammlung pazifischer, amerikanischer und afrikanischer Kulturen
Altstadt, Betlémské náměstí 1
www.nm.cz/navstivte-nas/objekty/naprstkovo-muzeum-asijskych-africkych-a-americkych-kultur

Di. – So. 10 – 18, Mi. ab 9 Uhr
Eintritt: 120 Kč
Metro: A/B, Můstek

NATIONALE GEDENKSTÄTTE FÜR DIE OPFER DER »HEYDRICHIADE«

▶ Karlsplatz

LITERATUR, THEATER UND MUSIK

BIBLIOTHEK VON VÁCLAV HAVEL

▶ Nationaltheater

DVOŘÁK-MUSEUM

▶ Karlsplatz, Villa Richter

FRANZ KAFKA MUSEUM

▶ S. 72

SMETANA-MUSEUM

▶ Kreuzherrenplatz

SOMMERRESIDENZ STERN

▶ Kloster Břevnov

TSCHECHISCHES MUSEUM FÜR MUSIK

Wer sich für historische Musikinstrumente interessiert, ist hier genau richtig: Die Instrumente werden präsentiert in der eindrucksvoll umgestalteten ehemaligen Barockkirche St. Magdalena.
Kleinseite, Karmelitská 4
Mi. – Mo. 10 – 18 Uhr
Eintritt: 120 Kč
Metro: A, Malostranská
www.nm.cz/navstivte-nas/objekty/ceske-muzeum-hudby

VILLA BERTRAMKA

▶ Smíchov

SONSTIGE MUSEEN

BIER-MUSEUM

Alles über die Zutaten und die Herstellung des in Tschechien so beliebten Gerstensafts erzählt dieses private Museum.
Altstadt, Husova 21
Mo. – Fr. 12 – 20.30, Sa. – So. ab 10.30 Uhr
Eintritt: mit Verkostung 360 Kč
Metro: A, Staroměstská
https://beermuseum.cz

EISENBAHN-MUSEUM

Für Modelleisenbahnfans, die Tschechien en miniature kennenlernen wollen, ein wahres Dorado. Zwei Stunden muss man dafür schon veranschlagen.
Smíchov, Stroupežnického 23
tgl. 9 – 19 Uhr, Eintritt: 300 Kč
Metro: B, Anděl
www.modelprahy.cz

ILLUSION ART MUSEUM

Ein Museum für Insta-Fans und solche, die ihre Fotos gerne posten. Da findet man schon das eine oder andere nette Motiv. Wer solche Fotos nicht braucht, kann sich den happigen Eintritt allerdings sparen ...
Da ist zu viel Banales dabei. Bestes Motiv: die Illusion mit dem stehenden großen und dem kleinen Menschen auf dem Stuhl auf einem Bild. Achtung: Es gibt noch ein ähnliches Museum, für das das Gleiche gilt, nur mit anderen Motiven, aber ebenso teuren Tickets (Museum der fantastischen Illusionen in der Vodičkova 31).
Altstadt, Melantrichova 2
tgl. 9 – 20 Uhr, Eintritt: 350 Kč
Metro: A, B, Můstek
www.iamprague.eu

KAREL-ZEMAN-MUSEUM

Karel Zeman war der tschechische Trickfilmkönig, ein Pionier der Animation. Er ließ den Baron Münchhausen auf einerKanonenkugel fliegen und verfilmte Jules Vernes Roman »20 000 Meilen unter dem Meer«. Wie das funktionierte, erlebt man im Museumsatelier. Zum Mit-

machen: im Sturm auf einem Unter-see-Boot.
Kleinseite, Saská 3 (neben der Karlsbrücke)
tgl. 10 – 19 Uhr
Eintritt: 250 Kč
Metro: A, Malostranská
www.muzeumkarlazemana.cz

LUFTFAHRTMUSEUM KBELY

Mit 275 ausgestellten Flugzeugen hauptsächlich tschechischer Bauart gehört das Letecké muzeum Kbely zu den größten Luftfahrtmuseen Europas. Darunter sind auch Unikate wie die Me 262 Schwalbe. Standort: der erste Militärflughafen der Tschechischen Republik.
Praha 9, Mladoboleslavská ulice
Mai – Sept. Di. – So. 10 – 18, Okt. Sa.-So. 10 – 18 Uhr, Eintritt frei
Metro: C, Letňany
www.vhu.cz

SCHOKOLADENMUSEUM

Das Muzeum čokolady hat nicht direkt etwas mit Prag zu tun, ist aber so recht etwas für Süßmäuler.
Altstadt, Celetná 10
tgl. 10 – 20 Uhr
Eintritt: 290 Kč
www.choco-story-praha.cz

TECHNISCHES NATIONALMUSEUM

Das Národní technické muzeum am Nordhang der Letnáhöhe (▶ Letnáanlagen) vermittelt ein anschauliches Bild von der Entwicklung der Kinematografie,sowie der Rundfunk- und Fernsehtechnik oder des Verkehrswesens und Bergbaus (Musterstollen). In der großen Halle sind Automobile, Flugzeuge und Lokomotiven ausgestellt sowie zwei Wagen des Hofzugs von Österreichs Kaiser Franz Joseph.
Holešovice, Kostelní 42
Di.-So. 9 – 18 Uhr
Eintritt: 280 Kč
Metro: C. Vltavská
www.ntm.cz

WACHSFIGURENMUSEUM

Persönlichkeiten wie die heimischen Smetana, Dvořák oder Mucha, aber auch Dalí oder Mozart, Diktatoren wie Stalin und natürlich Promis aus Sport, Musik und Showbiz hautnah: bei »Madame Tussauds«.
Altstadt, Celetná 6,
tgl. 10 – 20 Uhr
Eintritt: 290 Kč
Metro: A, Staroměstská
http://madametussaudsprague.cz

SHOPPEN

Böhmisches Kristall, Holzspielzeug und antiquarische Bücher – das waren einmal die beliebtesten Mitbringsel aus Prag. Heute weiß man vor lauter Einkaufsmöglichkeiten kaum noch, wo man zuerst hingehen soll: In eines der neuen Shoppingcenter? In eine Edelboutique am Prachtboulevard? Darf es auch ein Schnäppchen sein? Oder wollen Sie Ihr Glück mal auf einem Flohmarkt versuchen?

Shoppingmeilen

Jede Großstadt hat ihre berühmte Luxusmeile: In Prag heißt sie **Pařížská – Pariser Straße.** Angelegt wurde sie nach dem Vorbild der Haussmann'schen Grands Boulevards in Paris anlässlich der Sanierung des ehemaligen jüdischen Ghettos gegen Ende des 19.

Jahrhunderts. Heute findet man in den Prachtbauten zu beiden Seiten dieser Straße alles, was gut – und sündhaft teuer – ist. Objekte der Begierde sind die It-Bags, Booties, Pumps und Outfits sowie Accessoires globaler Nobelmarken wie Boss, Cartier, Dior, Gucci oder Prada. Eine Tasche, die kein Vermögen kostet und nicht in jeder Metropole verkauft wird, lässt sich eher in den Seitenstraßen finden: In den verschachtelten Gassen hinter der Teynkirche, wie der Týnská ulička beispielsweise, gibt es junge Boutiquen und kleine Vintageläden. Dort zu stöbern macht Spaß. Auch am ▸ Wenzelsplatz (Václavské náměstí) und ▸ Am Graben (Na Příkopě) reihen sich bekannte Modehäuser und Kettenläden. Attraktiv macht sie vor allem das Ambiente: Säulen in Art déco, Deckenstuck in Neorenaissance.

Einkaufspassagen

Typisch für Prag sind die verschachtelten Einkaufspassagen: Labyrinthe mit hohen Decken, Arkaden und großzügigen Treppenaufgängen. Einem Bazar nachempfunden, verzweigt sich die **Lucerna-Passage** im gleichnamigen Palais – einem 1907 bis 1921 nach Entwürfen von Václav Havels Großvater errichteten siebenstöckigen Mehrzweckbau an der Westseite des unteren Wenzelsplatzes. Er hat drei Eingänge: Štěpánská 61, Vodičkova 36 und Václavské náměstí 38 über Pasáž Rokoko. Keine zehn Minuten zu Fuß entfernt ist an der Na Příkopě 12 die **Schwarze-Rose-Passage** (Černá růže pasáž) eine Wundertüte mit Geschäften aller Art. Auf dem Weg dorthin kommt man am **Korunapalast** vorbei, dessen Atrium – nomen est omen – eine Krone (tschechisch: Koruna) aus bunten Glasmosaiken trägt (Václavské náměstí 1). Hier befindet sich »Betonland«, Tschechiens größtes Geschäft für Musik und Filme. Die **Spiegelpassage** des Adriapalasts zeigt sich schließlich im seltenen Stil des Rondokubismus (Národní 40). Im dortigen Kaffeehaus kann man sich ein wenig vom Shoppen erholen.

Made in CZ

Das berühmte böhmische **Kristallglas** mit kunstvollem Schliff und prächtigen Farben türmt sich in den Schaufenstern der Altstadtgassen und steht bis heute hoch im Kurs. Zudem gibt es immer mehr junge Glaskünstler, die dem flimmernden Bleiglas mit gewagten Formen und viel Fantasie neues Leben einhauchen. Auch das **Porzellan** ist im Wandel und bietet neben dem edlen traditionellen Tafelservice formschönes junges Design. Beliebte Souvenirs waren und sind die tschechischen Puppen und **Marionetten,** natürlich auch der Stupsnasen-**Maulwurf** Krteček, hochwertiges Holzspielzeug, regionale Spezialitäten wie die Karlsbader Oblaten und Kräuterliköre oder klassisches Kunsthandwerk wie handgeschöpftes Papier. Wer will, schaut noch bei »Swarovski« vorbei: Immerhin stammen die Vorfahren dieser heute für den patentierten Kristallschliff weltweit berühmten Familie aus Böhmen.

Oben: Eleganz pur im Jugendstilkaufhaus Am Graben (Na příkopě).

Unten: Ausgefeilter ist die Auswahl in der Nobelmeile Pariser Straße.

Flohmärkte Experten wissen, die wilden Zeiten nach der Wende sind längst vorbei: In Prag gibt es heute keine Art-déco-Lampe mehr für einen Appel, keinen Expressionisten mehr für ein Ei. Allenfalls lassen sich auf den Prager Flohmärkten noch Milieustudien betreiben, kann man dort doch nostalgische sozialistische »Held-der-Arbeit«-Auszeichnungen und Tellermützen der Rotarmisten erstehen. Was an wertbeständigen Antiquitäten übrig blieb, lassen sich professionelle Händler mit Gold aufwiegen.

Öffnungszeiten »Mein Geschäft ist mein Zuhause« – nach diesem alten jüdischen Sprichwort sind die Läden entlang der Touristenpfade im Sommer oft bis 22 Uhr geöffnet. Das Gleiche gilt für große Einkaufszentren, wo der Kunde auch sonntags König ist. In der Regel gelten folgende Öffnungszeiten: Mo. – Fr. 10 – 20 oder 22, Sa./So. 10 – 19 oder 20 Uhr. Die kleinen Lebensmittelläden (Potraviny), in denen es das Nötigste und Getränke gibt, sind oft bis Mitternacht, manche rund um die Uhr geöffnet.

SHOPPING-ADRESSEN

ANTIQUITÄTEN

DOROTHEUM

Seit 1707 werden im Auktionshaus edles Porzellan und hochwertiges Tafelsilber angeboten.
Neustadt. Václavské náměstí 19
Mo. – Do. 10 – 16 Uhr
www.dorotheum.com

ANTIQUES CINOLTER

Alter Schmuck, schöne Uhren, dekorative Gläser, aber auch Gemälde aus der Belle Époque.
Altstadt, Maiselova 9, Mo. – Fr. 10 – 19, Sa. – So. 10 – 18 Uhr
www.antiquesprague.cz

(FLOH-)MÄRKTE

BLEŠÍ TRHY PRAHA

Der größte Prager Flohmarkt bietet (fast) alles: von der Angeber-»Rolex« bis bis zum Lenin-Orden.
Vysočany, Ulice U Elektry 7
Sa./So. 6 – 14 Uhr, www.blesitrhy.cz

HAVELSKÝ TRH

Der einzige erhaltene Markt mitten in Prag wird schon seit 1232 besucht. Die Marktstände bieten Obst und Gemüse, aber auch viele Souvenirs. Durchschlendern macht Spaß.
Altstadt, Havelská
tgl. 6 – 18.30 Uhr

PRAŽSKÁ TRŽNICE

Wer die Vietnamesen-Märkte an den deutsch-tschechischen Grenzen links liegen ließ, kann im größten Prager Markt das Feilschen nachholen. Hier bieten hauptsächlich Vietnamesen sehr günstig Textilien, Schuhe, Taschen und Krimskrams aller Art an.
Holešovice, Bubenské Nábřeží 13
tgl. 8 – 20 Uhr
www.prazska-trznice.cz

KAUFHÄUSER

NOVY SMÍCHOV

Eines der größten Einkaufszentren Prags. Hippes Shoppen in rund 130

Läden, dazu eine verlockende Restaurant-Etage, Kino und Spa. Zum Erholen eigenet sich der angrenzende Park Sacre Coer.
Smíchov
Plzeňská 8
tgl. 9 – 21 Uhr
https://novy-smichov.klepierre.cz

KOTVA

Zentral gelegenes Kaufhaus, das sowohl bei Einheimischen als auch Touristen beliebt ist. Ging frisch renoviert und mit modernem Konzept ohne Ostalgie 2024 an den (Re-)Start.
Neustadt
Náměstí Republiky 8
tgl. 9 – 20 Uhr
www.od-kotva.cz

PALLADIUM

Fashion, Accessoires, Schuhe, Spielzeug, Beauty Shops, Lebensmittel, Restaurants – hinter der schmucken rosa Fassade warten 200 Geschäfte, allerdings inzwischen alle auf deutschem Preisniveau
Neustadt, Náměstí republiky 1
tgl. 9 – 21 Uhr
www.palladiumpraha.cz

KUNST

BEAUTY FREE SHOP

In David Černýs MeetFactory gibt's auch Kunst zu kaufen: Schrilles auf Papier und Leinwand
Smíchov
Ke Sklárně 15
tgl. 13 – 17 Uhr
www.meetfactory.cz

KUNSTKOMORA

Skurriles, Spleens und Exotisches wie Erotisches in allen Formen und Farben, als sei man im Gruselkabinett.
Kleinseite
Lázeňská 9
Di. – Sa. 11 – 19 Uhr
www.palladiumpraha.cz

KUNSTHANDWERK UND DESIGN

KUBISTA

Kubismus zum Mitnehmen: Postkarten, Bilder, Bücher, Geschenkpapier, Glas, Möbel, Plakate, Porzellan und Wohntextilien.
Altstadt, Ovocný trh 19
tgl. 10 – 19 Uhr
www.kubista.cz

DER MAULWURF

Können Sie sich an die hinreißenden Zeichentrickfilme mit dem kleinen Maulwurf (»Krteček«) in der »Sendung mit der Maus« erinnern? Der süße Kerl geht zurück auf die 1950er-Jahre, als er in der gleichnamigen tschechischen Zeichentrickserie das Licht der Welt erblickte. Disney war verboten und der rundliche Genosse der CZ-Ersatz. Man kann ihn mitnehmen: als Magnet oder Marionette, in Plüsch …

MANUFAKTURA
Holzspielzeug, handgeschöpftes Papier, formschöne Keramik oder Textilerzeugnisse aus Leinen – jedes Stück handgemacht.
Altstadt
Celetná 11 und Weitere
So. – Fr. 10 – 19, Sa. bis 20 Uhr
http://manufaktura.cz

MARIONETY TRUHLÁR
Alles Marionetten oder was? Spejbel & Hurvinek, Kater Mikesch und der kleine Maulwurf warten auf Käufer.
Allerdings mittlerweile nur noch online. Das Geschäft wurde nach 27 Jahren geschlossen ...
www.marionety.com

MODERNISTA
Bestes CZ-Design der letzten 100 Jahre: von Art-déco-Schmuck über kubistisches Porzellan bis zu funktionalistischen Möbeln. Diverse Filialen.
Vinohrady
Vinohradská 164
Mo. – Fr. 11 – 18, So. 10 – 15 Uhr
www.modernista.cz

MOSER
1893 gründete Ludwig Moser in Karlsbad seine berühmte Glasmanufaktur. Im Prager Shop gibt's edles Geschirr, Besteck, Gläser, Vasen ... Alles wird bleifrei hergestellt. Moser steht für die Verarbeitung von Luxuskristallen.
Altstadt
Na Příkopě 12
tgl. 10 – 19 Uhr
www.moser.com/en/contacts/stores/prague-na-prikope

PRAGTIQUE
Lenka, Jitka und Johana bieten in ihrer »Pragtique« originelle Souvenirs Prager Künstler an – von Kleinigkeiten bis zu Gemälde-Unikaten.
Allerdings leider ebenfalls nur noch im Online-Shop ...
www.pragtique.com

STUDIO ŠÍPEK
Und noch einer hat auf online umgestellt: formschöne Karaffen, Vasen und Designdekor, Gläser und Leuchter kann man nur noch von der Website bestellen.
www.sipekglass.com

MODE

BATA
Am Wenzelsplatz steht seit 1929 das Prager Stammhaus der weltweit verbreiteten Schuhgeschäfte – mit immer noch relativ preisgünstigen Angeboten.
Neustadt
Václavské náměstí 6
tgl. 10 – 20 Uhr
www.bata.cz

BLANKA MATRAGI
Die extravaganten Roben der tschechischen Modequeen fallen auf: in Form, Farbe – und Preis.
Altstadt
U Prasne brany 2
Mo. – Fr. 10 – 19 Uhr
www.blankamatragi.cz

HARD-DE-CORE
Der Showroom führt außergewöhnliche Mode von jungen Prager Designern. Darüber hinaus stößt man hier auf detaillierte Schmuckstücke, einzigartige Möbel oder herrliche Wohnaccessoires.
Altstadt
Senovážné náměstí 10
Mo. – Fr. 11 – 19, Sa. 11 – 17 Uhr
http://harddecore.com

HELENA FEJKOVÁ
Junge und klassische Kostüme aus edlen Stoffen. Es gibt auch eine Herrenkollektion.
Vinohrady
Vinohradská 156
Mo., Mi., Fr. 11 – 19 Uhr
http://helenafejkova.cz

Edle böhmische Kristallvasen gibt es bei Moser.

STADTBESICHTIGUNG

Am Altstädter Ring stehen Kutschen, Rikschas und Oldtimer bereit, auch vor dem Repräsentationshaus starten Rundfahrten. Trendbewusste wählen zwischen einer Tour mit dem Fahrrad oder dem Segway. Wer das Ganze vom Wasser aus genießen will: Auf der Moldau schippern auch Dampfer mit Musik an Bord.

Prag zu Fuß

Prag ist ein Paradies für Fußgänger, wenngleich einem schnell die Füße weh tun können. Das liegt an den oben leicht abgerundeten Katzenköpfen, wie hier das Kopfsteinpflaster genannt wird. Da empfiehlt es sich in jedem Fall, mit gutem Schuhwerk unterwegs zu sein.

Per Fahrrad

Prags berühmtester Radfahrer, der Radeln als Transportmöglichkeit und nicht als Sportart sieht, ist David Černý. »15 bis 20 km mache ich am Tag«, sagt der Künstler. Aber wenn man sich umsieht in Prag, sind Fahrradfahrer immer noch Exoten. Das liegt zum einen an den vielen

Schlaglöchern und den Kopfsteinpflasterstraßen, zum anderen an den Prager Autofahrern, die Radfahrer eher nicht als gleichberechtigte Verkehrsteilnehmer sehen. Doch langsam werden immer mehr Radwege und autofreie Zonen ausgewiesen. Auch Fahrradverleihstationen gibt's inzwischen.

Mit dem Segway Auf zwei ganz anderen Rädern brausen trendbewusste Touristen mit dem Segway durch Altstadt und Kleinseite der »Goldenen Stadt«. In den mittelalterlichen Gassen nehmen sich die behelmten Fahrer mitunter wie in der falschen Zeit gelandet aus. Leicht und elegant wirkt diese Art der Fortbewegung, trotzdem fragt sich so mancher: »Schaffe ich das auch?« Die Antwort kann nur lauten: »Yes, you can!« Das Gleichgewicht auf dem Stehroller zu halten, ist nicht schwer. Die Elektronik hat alles im Griff, man muss nicht einmal »Gas geben«. Kippt man den Körper nach vorne, fährt man schneller, kippt man ihn nach hinten, fährt man langsamer. Ein »Ruck zurück« bedeutet: »stopp!« Und siehe da: Der schicke Straßengleiter hält sogleich.

Beim Ausleihen weist einen der Instruktor in die Fahrkunst ein, dann geht es auch schon los: Mühelos geht es die steilen Gassen hinauf und über Parkwege wieder hinunter. Einer Cafépause steht nichts im Weg: Einen Segway klaut so schnell keiner. Wird der Info-Key-Controller herausgezogen, tut sich nämlich gar nichts mehr – eine perfekte Diebstahlsicherung. Der Antrieb ist umweltfreundlich. Die Akkus reichen immerhin für etwa 80 km Fahrt, beim Bremsen oder bei einer Bergabfahrt wird Energie gewonnen. Das Tempo ist auf 20 km/h begrenzt – schnell genug, um viel zu sehen, langsam genug, um sicher ans Ziel zu kommen.

Im Oldtimer Ledersitze, Teppichboden, Beinfreiheit wie in einem Teesalon: Es hat schon was, in einem automobilen Klassiker durch die Straßen von Prag zu rollen. Liebevoll restauriert und auf Hochglanz poliert, führt eine solche nostalgische Stadttour – inzwischen auch mit dem einen oder anderen Nachbau – ganz bequem zu den wichtigsten Sehenswürdigkeiten, und wenn der Fahrer merkt, dass man daran Interesse hat, erzählt er einem auch mehr als nur den üblichen Standardtext.

Per Schiff Die Anlegestellen der Moldaupersonenschiffe befinden sich an der Karls-, Čech- und Palackýbrücke. Von dort werden etwa jede halbe Stunde Schiffsrundfahrten angeboten, die einen guten Überblick über Prag vermitteln. Ferner fahren Schiffe zu den Naherholungsgebieten der Prager Umgebung, etwa zum landschaftlich reizvollen Slapy-Stausee oder nach Mělník. Für romantische Gemüter gibt's nächtliche Fahrten mit Dinner und Musik. Alternativ nimmt man sich ein Ruder- oder Tretboot, ob aus Holz oder wie ein Schwan gebaut, und entkommt auf dem Fluss den Touristenmassen.

AUSGEWÄHLTE ANGEBOTE

SPAZIERGÄNGE

PRAGUE WALKS

Sehr unterschiedliche Thementouren mit Prag-Experten, bei denen die wichtigsten Sehenswürdigkeiten bzw. Themen der Stadt vorgestellt werden. So erfährt man in der Josefstadt einiges über Golem & Co., bei der Fashiontour gibt es Einblicke in die lokale Szene. Bevor man sich auf die Spuren des Kommunismus macht, singt der Tourguide erst einmal die »Internationale«.

Praha 5, Na Bělidle 4
www.praguewalks.com
Buchungen über das Kontaktformular auf der Website
ab 500 Kč

FAHRRADTOUREN

CITYBIKE

Der Pionier der Fahrradvermietung in Prag: Die ersten zwei Stunden werden mit 350 Kč berechnet, danach kommen je weitere angefangene Stunde 50 Kč hinzu. Ein (12-Stunden-)Tag kostet 550 Kč, 24 Stunden 700 Kč, die geführte »Burgtour« 650 Kč, die GPS-Tour nach Karlstein 790 Kč. Sturzhelm, Schloss und Stadtkarte sind im Preis inbegriffen. MP3-Audioführer sind auf Deutsch zu bekommen.

Neustadt, Králodvorská 5
www.citybike-prague.com
April – Okt. tgl. 9 – 19 Uhr

SEGWAYTOUREN

PRAGUE SEGWAY TOURS

Der Malteserplatz ist ein guter Startort, um als Anfänger den Selbstbalance-Roller in den Griff zu bekommen. Man braucht nur eine lebhafte Straße zu überqueren und schon geht die Fahrt ins Grüne. Der Laurenziberg und der Weg zum Kloster Strahov sind ideale Anfängerstrecken.

Kleinseite, Maltézské náměstí 7
www.prague-segway-tours.com
tgl. 8 – 20 Uhr
Fahrten ab 39 € in der Gruppe

KUTSCHFAHRTEN

Abfahrt am Altstädter Rathaus, durch die Josefstadt, ab 850 Kč pro 20 Min. für 4 Personen. Im Winter hat der Kutscher auch warme Decken dabei.

TRAMRUNDFAHRTEN

Mit der Straßenbahnlinie 22 fährt man für 40 Kč mit den Pragern quer durch ihre Stadt an einigen Topspots vorbei (► Tour 3, S. 38).

Die nostalgische Tram 42 verkehrt April – Dez. tgl. 10 – 18, Jan. – März Sa. – So. 10 – 18 Uhr. Abfahrt z. B. ab Hradschin oder Malostranská, Fahrkarte 300 Kč.

OLDTIMERTOUREN

PRAGUE HISTORY TRIP

In geradezu fabrikneuem Glanz warten Oldtimer von Kultmarken wie Praga oder Škoda, Baujahr 1928 bis 1935, auf Fahrgäste. 60 Minuten kosten ab 580 Kč im fünfsitzigen Oldtimer-Cabrio. Es gibt auch Last-Minute-Zustiegsmöglichkeiten an der Rytířská ulice, Ecke Melantrichova.

www.historytrip.cz

MOLDAUFAHRTEN

Schiff ahoi! Es wimmelt von Raddampfern, Ausflugsbooten und nostalgischen Kähnen jeder Ausstattung und Kategorie auf der Moldau (ab ca. 320 Kč für eine Stunde , inkl. Getränke). Tagestouren, z. B. nach Mělník, kosten ab 990 Kč (inkl. Rückfahrt). Abends gibt es dreistündige Dinnercruises (ab 1450 Kč) oder Partys auf dem Deck mit Jazz, Dancefloor oder Volksmusik (ab 1000 Kč). Man kann sogar Silvester auf einem der Schiffe feiern.

CRUISE PRAG
Altstadt, Karlsbrücke
www.cruise-prague.cz

PRAGER DAMPFSCHIFFFAHRTS-GESELLSCHAFT
Neustadt, Palackého-Brücke
www.praguesteamboats.com

PRAGUE BOATS
Josefstadt
Anleger an der Čech-Brücke
www.evd.cz

SLOVANKA RUDER- UND TRETBOOTE
Ruder- oder Tretboote gibt es auf der iydllischen Insel Slovanský am Nationaltheater zu mieten, ab 250 Kč pro Stunde. April-Okt. bei gutem Wetter 11 – 22 Uhr.
www.slovanka.net

ÜBERNACHTEN

»Dobrou noc«, heißt »Gute Nacht« auf Tschechisch. Ob hinter Jugendstilfassaden oder mittelalterlichen Klostermauern: Die Prager Hotels haben meist eine langjährige Geschichte. Unter verwinkelten Dächern locken romantische Zimmer, warten herrliche Suiten mit Erkern und Türmchen. Hip, edel oder budget – es gibt genügend Unterkünfte für jeden Geldbeutel.

Hotels

Jedes Jahr kommen um die 6 Mio. Besucher nach Prag. Deshalb macht fast monatlich ein neues Hotel auf. Das ist gut so, denn durch die Konkurrenz muss nun so mancher alte Schuppen auch tatsächlich das bieten, was zuvor häufig versprochen, aber selten gehalten wurde. Noch immer ist die Klassifizierung nach Sternen in Prag stets mit einem halben bis ganzen Stern weniger einzuschätzen, wenn man internationale Vergleiche heranzieht, von Top-Häusern wie dem »Four Seasons« oder »Mandarin Oriental« einmal abgesehen. Aber die Situation ist besser geworden: angefangen beim Frühstücksbuffet über gute Matratzen bis zum kostenfreien WLAN. Was geblieben ist: Es gibt kaum Hotelpools, nur kleine Wellnessbereiche und die horrenden Preisunterschiede zwischen Hoch- und Nebensaison. Wer mit dem Auto anreist, sollte vorher klären, ob das Hotel bewachte Parkplätze hat, die in der Regel zudem recht teuer sind. Gute **Hotelportale**, neben den international bekannten, sind: www.prague.eu/en/objects/accommodation, gegliedert nach Kategorien wie »geschichtsträchtige Hotels« oder »LGBT-freundlich« und www.visitprague.cz.

Andere Unterkünfte

Privatzimmer

Die Auswahl an privaten Unterkünften in Prag ist längst noch nicht so riesig und auch qualitativ noch nicht so gut wie etwa in Berlin. Man sollte sich unbedingt über die Lage des Feriendomizils informieren, sonst kann es passieren, dass man in einer tristen Plattenbauvorortsiedlung landet.
Abgesehen von international aufgestellten Portalen hilft auch diese Seite weiter: www.pragunterkunft.de

Camping

Es gibt nur eine zentrumsnahe Anlage an der Moldau: Vom »River Camping Prague« sind es vier Kilometer in die Altstadt (https://rivercampingprague.com). Außerhalb der Stadt haben sich einige weitere am Fluss angesiedelt.
Einen guten Überblick bietet:
www.camping.info/de/land/tschechien?adults=2&flex=3

EMPFOHLENE HOTELS

❶ etc. ▸ Plan S. 274/275
Preiskategorien
für ein DZ mit Frühstück

€€€€ über 5000 Kč
€€€ 3500 – 5000 Kč
€€ 2500 – 3500 Kč
€ bis 2500 Kč

❶ ALCHYMIST GRAND HOTEL AND SPA €€€

Der perfekte Wohlfühlort: Jeder, der vorfährt, wird streng von der Polizei kontrolliert: Direkt beim Hotel liegen nämlich mehrere Botschaften, mit deren wunderschönen Gebäuden sich das kleine »Alchymist« durchaus messen kann. Es führt – obgleich nur 46 Zimmer und Suiten – stolz den Titel »Grand Hotel«. Überbordend barock ist seine Ausstattung. Auch die Zimmer sind pompös mit hohen Decken und Baldachin-Kingsize-Betten. Eintritt für Pool und Sauna 950 Kc für 2 Std. – auch für Hotelgäste!
Kleinseite,
Tržiště 19
Tel. 2 57 28 60 11
www.alchymisthotel.com

❷ FALKENSTEINER €€€

Farbenfrohes, modernes Hotel mit einem Schuss Erotik an den Wänden und Dschungelgrün in der Lobby. Super Matratzen, Kissenmenü, Holzfußböden und ein schickes Spa mit Sauna und Dampfbad. Ein Haus zum Wohlfühlen!
Neustadt, Opletalova 21
Tel. 222 211 229, www.falkensteiner.com/hotel-prague

❸ ARIA €€€€

Auf der Kleinseite gibt es einige kleine Boutiquehotels mit sehr unterschiedlicher Ausrichtung. Aber das »Aria« ist einzigartig: Es widmet seine 52 Zimmer und Suiten ganz der Musik, und die vier Etagen wurden mit Motiven aus Klassik, Oper, Jazz und Pop eingerichtet. Außerdem stehen 3000 CDs für Gäste zum Ausleihen zur Verfügung. Wunderbar: die Dachterrasse mit Blick auf die Burg und der Zugang zu Prags Vrtbovska, dem ältestem Barockgarten der Stadt (für Hotelgäste ohne Eintritt).
Kleinseite, Tržiště 9,
Tel. 2 25 33 41 11, www.ariahotel.net

4 FOUR SEASONS €€€€

Die Nummer eins hat ihren Logenplatz an der Moldau: Von vielen Zimmern geht der Postkartenblick über die nahe Karlsbrücke zum Petřín, zum Kloster Strahov, zur Niklaskirche und natürlich hoch zur Burg mit dem Dom. Die modernen, eleganten und geräumigen Zimmer genügen allen Ansprüche. Immer wieder eine Augenweide: die großartige Blumendekoration in der Lobby. Das AVA Spa sucht seinesgleichen in Prag. Kleiner Pool, super Afternoon Tea und Valet-Parking vom Doorman mit Zylinder.
Altstadt, Veleslavínova 2a
Tel. 2 21 42 70 00
www.fourseasons.com/prague

5 MANDARIN ORIENTAL €€€€

Das ehemalige Benediktinerkloster wurde unter Kaiser Joseph II. säkularisiert. Heute ist die Nobelherberge mit 99 Zimmern und Suiten einer der Treffpunkte unterhalb der Burg, wo Denker und Lenker zusammenkommen und moderner Stil und historisches Ambiente keinen Widerspruch bilden. Auch der Dalai Lama wohnte im »MO«, als er zu einer Diskussionsrunde zum Thema Menschenrechte an die Karlsuniversität kam. Ein wunderbares Haus! Und das Spa ist wohl das einzige weltweit, das in einer ehemaligen Kapelle untergebracht ist.
Kleinseite, Nebovidská 1
Tel. 2 33 08 88 88
www.mandarinoriental.com/de/prague/mala-strana

6 W €€€€

Jüngster Prager Hotelzuwachs: das trendige W im Jugendstilpalast des alten Hotel Evropa am Wenzelsplatz. Seit Herbst 2024 mischt das W in Prag die Szene auf – zumindest beim jungen Publikum, das es sich leisten kann …
Neustadt, Václavské náměstí 25
https://w-hotels.marriott.com

7 LE PALAIS €€€

Dieses Schmuckkästchen wurde 1897 im Stil der Belle Époque in ein Palais für Antonín Chmel, den berühmtesten Produzenten von Prager Schinken, umgebaut. Die bemerkenswerten Fresken in einigen Suiten stammen vom böhmischen Maler Ludek Marold, der auch im obersten Stockwerk des Hauses wohnte. Ruhig und doch zentral gelegen, wenig Laufpublikum, schöne Frühstücksterrasse und ein kleines Spa.
Vinohrady, U Zvonařky 1
Tel. 2 34 63 41 11
www.lepalaishotel.eu

8 U RAKA €€€

Wie auf einem kleinen Landgut fühlt man sich: mit Klinker und Holz, Oldtimer vor der Tür und offenem Kaminfeuer in der Lobby. Aber es gibt auch jede Menge Kunst an den Wänden. Inhaber des 6-Zimmer-Hotels mit Café ist die Künstlerfamilie Paulova. Toll ist das Superior Luxury Double mit eigenem Kamin und Wintergarten.
Kleinseite, Černínská 10
Tel. 2 20 51 11 00
www.hoteluraka.cz

9 ANDEL'S €€

Modernes Design und helle Farben sorgen in den 239 Zimmern für einen angenehmen Aufenthalt. Sauna, Dampfbad, ein Restaurant und die Lage an der Metro in Smíchov sind weitere Pluspunkte.
Smíchov, Stroupeznického 21
Tel. 2 96 88 96 88
www.wyndhamhotels.com/de-de/vienna-house/prague-czech-reblic/vienna-house-andels-prague

10 DIPLOMAT €€

Im Whirlpool im 9. Stock sitzen, auf die Burg schauen und entspannen nach einem langen Sightseeing-Tag.

Dieses Zimmer mit Aussicht im Four Seasons hat seinen Preis …

Dann auf der Dachterrasse nebenan einen Cocktail schlürfen und die Burg nicht aus den Augen lassen ...
Viele Zimmer haben einen Balkon, es gibt 3 Restaurants, darunter das »Bull & Bonito« mit 12 cm hohen Top-Burgern. Metro in der Nähe und die Tram hält vor dem Haus.
Hradčany, Evropská 15
Tel. 2 96 55 91 11
www.wyndhamhotels.com/de-de/vienna-house/prague-czech-republic/vienna-house-diplomat-prague/local-area

⑪ M GALLERY €€

Junges, modernes Hotel in einem alten Neobarock-Palast nahe Náměstí Republiky, in dem einst die Versicherungsanstalt ihr Domizil hatte, in dem Franz Kafka angestellt war. Die heutige Kafka-Suite war sein Arbeitszimmer. Sehr gutes Frühstück mit Cloudy Eggs wie in »Breakfast at Tiffany's« .
Neustadt, Na Porici 7
Tel. 221 800 800
www.all.accor.com

⑫ SAX €€

Die 22 Zimmer und die Lobby geben sich im Pop-Art-Vintage-Stil. Das Hotel wirkt fast wie eine Galerie, die sich Exponaten und Möbelstücken aus den 1950er-, 60er- und 70er-Jahren verschrieben hat.
Kleinseite, Jánský vršek 3
Tel. 7 75 85 96 94
www.hotelsax.cz

⑬ NOVOTEL €€

Eines der wenigen Hotels in Prag mit großem, beheiztem Pool in dieser Kategorie! Modernes, buntes 4-Sterne-Hotel mit sehr guten Preis-Leistungs-Verhältnis am Wenzelsplatz.
Neustadt
Katerinska 38
Tel. 221 104 999
www.all.accor.com

⑭ ADALBERT €

Das umweltfreundliche Hotel mit 23 geräumigen Zimmern und rustikalem Restaurant logiert im ehemaligen Benediktinerkloster Břevnov aus dem 10. Jahrhundert. Tolle Atmosphäre! Sehr günstig und mit der Tram ist man in 20 Min. im Zentrum.
Hradschin
Markétská 1
Tel. 2 20 40 61 70
www.hoteladalbert.cz

MASSAGE IN DER KAPELLE

Das Licht ist heruntergedimmt, alles ist auf Relaxen ausgerichtet, es duftet herrlich und sanft gleiten zwei Hände den Rücken entlang: Eine Massage ist ja per se schon etwas Wunderbares. Aber wenn die Örtlichkeit eine ehemalige Kapelle aus dem 14. Jh. ist, dann kommt durch die reduziert-strenge Architektur auch noch etwas geradezu Magisches dazu – wie im »Mandarin Oriental«.

⓯ IBIS €

Eine der günstigsten Adressen der Stadt, trotzdem ansprechend, sauber und die 225 Zimmer bieten eigentlich alles, was man wirklich braucht.
Smíchov, Plzenska 14
Tel. 221 701 700
https://all.accor.com

⓰ MAMA SHELTER €

Prima für Ausgehfans, die in Holešovice nächtigen möchten: hip und günstig, das Passende für Gen Z und Junggebliebene …
Holešovice, Veletržní 20
Tel. 225 117 111
https://mamashelter.com/prague

⓱ MERAN €

1895 bis 1906 entstanden, versteckt sich hinter der schmalen, nur 3 Fenster breiten Jugendstilfassade ein Hotel mit 20 einfachen, aber netten Zimmern mit Bad. Mit ihm wurde damals eine Baulücke gefüllt. Heute ist die Fassade, direkt neben dem »Evropa« (jetzt »W«), ein Schmuckstück am Wenzelsplatz.
Neustadt
Vaclavske náměstí 27
Tel. 2 24 23 84 40
www.hotelmeran.cz

⓲ PURPUR €

Purpurrot sind Bettwäsche, Vorhänge und Wände. In den ansonsten puristisch gestalteten 36 Zimmern ist die Dusche vom Bett nur durch eine Glaswand getrennt. Die Zimmer in der obersten Etage haben eine Küchenzeile und Balkon.
Neustadt, Řeznická 15
Tel. 7 31 11 81 13
www.purpurhotel.com

P
PRAKTISCHE INFOS

Wichtig, hilfreich präzise

Unsere Hintergrundinformationen beantworten (fast) alle Ihre Fragen zu Prag.

KURZ & BÜNDIG

ELEKTRIZITÄT
Die Netzspannung beträgt 220 Volt. Adapter werden nicht benötigt.

GELD

WÄHRUNG/WECHSELKURSE
100 Kč = 4 €,
1 € = 25 Kč

NOTRUFE

ALLGEMEINER NOTRUF
Tel. 112

ÄRZTLICHER RETTUNGSDIENST
Tel. 155

PANNENDIENST
Tel. 12 30

SPERRNOTRUF
Für Bank- und Kreditkarten, Handys und Krankenkassenkarten:
Tel. 0049 116 116
www.sperr-notruf.de

VORWAHL- UND SERVICENUMMERN
Ortsvorwahlen gibt es nicht. Telefonnummern beginnen mit einer 2 (Festnetz) bzw. meist 6 oder 7 (mobil).

Vorwahl für Tschechien:
Tel. 00420

Vorwahl von Prag
nach Deutschland: Tel. 0049
nach Österreich: Tel. 0043
in die Schweiz: Tel. 0041

Telefonauskunft:
Tel. 11 80

WAS KOSTET WIE VIEL?
Einfache Mahlzeit: ab 150 Kč
3-Gänge-Menü: ab 400 Kč
0,5 Liter Bier: ab 60 Kč
Straßenbahnfahrt: ab 40 Kč
Doppelzimmer: ab 1600 Kč

ZEIT
Mitteleuropäische Zeit (MEZ)
April – Okt. Sommerzeit: MEZ + 1 Std.

ANREISE · REISEPLANUNG

Anreisemöglichkeiten

Mit der Bahn Von Berlin kommt man in 4,5 Stunden nach Prag. Mit einem Sparpreis schon für 29 €, wie auch von Wien, von Hamburg und Salzburg ab ca. 50 €, ab Dresden für 20 €. Von Zürich ist die Fahrt nicht lohnenswert: Sie dauert mehr als 12 Stunden. Der Prager **Hauptbahnhof** (Wilsonovo nádraží) und der Bahnhof **Praha-Holešovice** sind mit der Metrolinie C verbunden. **Nicht vergessen:** Vor der Heimfahrt mit der Bahn immer auf die Fahrkarte schauen – nicht immer ist der Bahnhof, an dem man in Prag ankam, derselbe, von dem man wieder abreist!

Mit dem Bus

Eine preiswerte Alternative zur Fahrt im eigenen Auto sind die regelmäßigen Busverbindungen von allen großen deutschen Städten: Es gibt sie ab rund 20 €. Der Prager **Busbahnhof** liegt bei der Metrostation Florenc. Von dort ist man in wenigen Minuten im Zentrum.

Mit dem Auto

Das Autobahnnetz befindet sich noch im Ausbau. Gut 1700 km sind bereits befahrbar, geplant sind 2100 km. Lückenloser Anschluss an Deutschland besteht auf der D5 (Grenzübergang Rozvadov, Strecke Nürnberg, München) und auf der D8 (Grenzübergang Ústi nad Laben, Strecke Dresden, Berlin). In Richtung Österreich stockt der Verkehr auf Landstraßen. Die D1 nach Brünn (Brno) ist chronisch überlastet, die Fahrbahn befindet sich in ziemlich schlechtem Zustand. Aktuelle Infos zu Baustellen und Staus findet man unter www.dopravniinfo.cz. Alle Autobahnen und vierspurigen Schnellstraßen sind **mautpflichtig.** Vignetten sind online (https://edalnice.cz), an Selbstbedienungsautomaten, Grenzübergängen, Tankstellen und über den ADAC erhältlich. Die Vignette für Pkw kostet 1500 Kč für ein Jahr, 440 Kč für einen Monat, 310 Kč für zehn Tage.
Mit dem Auto kommt man schnell und bequem nach Prag, die Probleme beginnen erst in der Stadt. Das Zentrum ist für den Autoverkehr weitgehend gesperrt, die vielen Einbahnstraßen sorgen für Verwirrung und Staus sind Standard. **Parkplätze** sind für Anwohner lizensiert oder kosten wie Garagen ab 30 Kč pro Stunde, häufig mehr, sofern man überhaupt einen Platz findet. Wer glaubt, seinen Wagen ohne Probleme in einem Randbezirk abstellen zu können, irrt: Einbruch, das Ausschlachten von Autoteilen oder der Diebstahl des ganzen Wagens sind dort häufig. Das Ganze dann von der Polizei protokollieren zu lassen macht den Ärger nicht kleiner.

Mit dem Flugzeug

Wer seine Flugreise zu Billigangeboten terminieren kann, kommt mitunter für 150 € nach Prag und wieder zurück. Verbindungen gibt es von allen wichtigen deutschen Flughäfen sowie aus Wien und Zürich. Wer nach der Landung auf Nummer sicher gehen will, sollte sich an einem der Informationsschalter in der Ankunftshalle ein **Taxi** bestellen oder ein AAA-Taxi nehmen. Preis jeweils um 600 Kč, Fahrtzeit ca. 30–40 Min. ins Zentrum. Alternativ bietet sich der **Airport Express** ab Terminal 1 und 2 alle 30 Min. zum Hauptbahnhof und zum Bahnhof Holešovice an; Preis 100 Kč, Fahrtzeit ebenfalls 30–40 Min. Mit den öffentlichen Verkehrsmitteln fährt man zunächst mit den **Buslinien** 100 (zur Metro B) oder 119 (zur Metro A) ab Terminal 1 und 2. Beide Metrolinien fahren dann direkt ins Zentrum; Fahrpreis mit Umsteigen 40 Kč, Fahrtzeit 1 Stunde.

INFORMATIONEN

BAHN

ČESKÉ DRÁHY
(Tschechische Bahnen)
Tel. 221 111 122, www.cd.cz

DEUTSCHE BAHN
Tel. 030 2970, www.bahn.de

ÖSTERREICHISCHE BUNDESBAHNEN
Tel. 05 1717
www.oebb.at

SCHWEIZERISCHE BUNDESBAHNEN
Tel. 848 44 66 88, www.sbb.ch

BUSGESELLSCHAFTEN

ONLINESUCHE
www.busliniensuche.de

FLIXBUS
Tel. 030 3 00 13 73 00
www.flixbus.de

FLUGHAFEN

FLUGHAFEN VÁCLAV HAVEL
(Letište Václava havla)
Lage: ca. 20 km nordwestlich vom Zentrum, Stadtteil Rušyně
www.prg..aero/de/

FLUGGESELLSCHAFTEN

ONLINESUCHE
www.fluege.de

CZECH AIRLINES
Tel. 284 000 601, www.csa.cz

LUFTHANSA
Tel. 296 335 612 (Prag)
www.lufthansa.com

AUSTRIAN AIRLINES
Tel. 2 77 23 12 31 (Prag)
www.austrian.com

SWISS
Tel. 29 633 5613 (Prag)
www.swiss.com

Ein- und Ausreisebestimmungen

Reisedokumente

Tschechien gehört zum Schengen-Raum der Europäischen Union. Kontrollen an den Grenzen zu Deutschland, Österreich, Polen und der Slowakei werden in der Regel nicht durchgeführt. Zur Einreise und für einen Aufenthalt von bis zu 90 Tagen sollte man dennoch einen gültigen Personalausweis oder Reisepass dabeihaben. Auch Kinder benötigen ein eigenes Ausweisdokument mit Foto. Für Schweizer Staatsbürger ist eine gültige Identitätskarte erforderlich.

Bei Fahrten mit dem Pkw sind der Führerschein und der Fahrzeugschein mitzuführen. Die Internationale Grüne Versicherungskarte wird empfohlen. Kraftfahrzeuge müssen das ovale Nationalitätskennzeichen oder ein EU-Kennzeichen tragen.

Haustiere

Nach EU-Regelung benötigen Hunde und Katzen bei Reisen innerhalb der EU-Länder einen veterinäramtlichen Heimtierausweis. Er enthält u. a. ein amtstierärztliches Gesundheitszeugnis, das höchstens 30 Tage alt sein darf, ein mindestens 20 Tage und höchstens 11 Monate vor der Einreise ausgestelltes Tollwut-Impfzeugnis sowie ein Passbild. Außerdem muss das Tier einen Mikrochip oder eine Tätowierung tragen. Es besteht Leinen- und Maulkorbzwang in öffentlichen Verkehrsmitteln und öffentlich zugänglichen Plätzen. Das Mitnehmen von Hunden in öffentliche Gebäude, Geschäfte und Restaurants ist nicht gestattet. Schwierig kann auch die Unterbringung im Hotel werden: Viele Häuser lehnen Haustiere ab oder es wird teurer.

Zoll

Haben das Pilsner Urquell oder das Budweiser gut geschmeckt? 110 l Bier dürfen Sie mit nach Hause nehmen. Vom mährischen Sliwowitz (Zwetschgenbrand) oder dem Karlsbader Becherovka (Kräuterlikör) sind 10 l erlaubt. Bei Sekt gelten 60 l als Obergrenze, für Wein gibt es keine Mengenbegrenzung. Höchstmengen bei Tabakwaren: 800 Zigaretten oder 200 Zigarren. Andere Waren dürfen bis zu einem Wert von 300 € auf dem Landweg und 430 € bei Flugreisen mitgenommen werden. Bei Kindern (unter 15 Jahren) liegt die Wertgrenze für zollpflichtige Waren bei 175 €. Für Antiquitäten und Kunstwerke ist ein Zertifikat mit der Bestätigung erforderlich, dass es sich nicht um gestohlene Gegenstände handelt.

Reiseversicherungen

Versicherte deutscher Krankenkassen haben im Krankheitsfall in Tschechien einen Anspruch auf ärztliche Behandlung nach den in Tschechien gültigen Vorschriften. Innerhalb der EU gilt die Europäische Krankenversicherungskarte. Aber auch mit dieser Karte muss immer ein Teil der Kosten selbst bezahlt werden, sodass der Abschluss einer zusätzlichen Auslandskrankenversicherung zu empfehlen ist. Schweizer müssen die ärztliche Behandlung und Medikamente selbst bezahlen.

AUSKUNFT

ADRESSEN

TSCHECHISCHE ZENTRALE FÜR TOURISMUS
Zuständig für D
Sophienstraße 28, 10178 Berlin
Tel. 030 94 88 36 35
www.visitczechia.com

Zuständig für D
Penzinger Straße 11, 1140 Wien
Tel.: 0043 18 92 02 99
www.visitczechia.com

TOURISMUSBÜROS

ČEDOK
Anfragen aller Art, Reservierung von Bahn-, Bus- und Flugtickets, Wechselstube, Stadtrundfahrten,
Ausflüge und Eintrittskarten.
Na příkopě 18, Praha 1
Tel. 2 21 44 72 42, www.cedok.com

PRAGER INFORMATIONSDIENST (PIS)
Das offizielle touristische Informationszentrum der Stadt Prag. Es hat Filialen am Flughafen (Letiště Praha) in den Ankunftshallen von Terminal 1 und 2, an der Kreuzung Na Můstku und Rytířská sowie
an der Burg und am Petřín Tower.
Staroměstské náměstí 1
Tel. 2 24 86 15 87
www.praguecitytourism.cz

BOTSCHAFTEN

DEUTSCHLAND
Vlašská 19 (Palais Lobkowitz)
Praha 1, Tel. 2 57 11 31 11
www.prag.diplo.de

ÖSTERREICH
Viktora Huga 10, Praha 5, Smíchov
Tel. 2 57 09 05 11
www.bmeia.gv.at/oeb-prag

SCHWEIZ
Pevnostní 7, Praha 6, Dejvice
Tel. 2 20 40 06 11
www.eda.admin.ch

INTERNET

WWW.PRAGUE.EU
Beste Site für Prag und seine Sehenswürdigkeiten, aber auch für alle praktischen Infos zur Stadt.

WWW.CZECH-TOURIST.DE
Kultur, Sport, Shopping, Hotels, Ferienwohnungen und weitere
Infos.

WWW.INYOURPOCKET.COM
Infos, Adressen, Hinweise, Tipps.

WWW.HRADY.CZ
Gute Informationen zu Burgen, Schlösser, Ruinen.

WWW.MZV.CZ
Homepage des tschechischen Außenministeriums mit Basisinformationen zum Land.

ETIKETTE

Humor

Es gibt den feinen englischen, den schwarzen, den Galgenhumor und als Steigerung den Prager Humor. Der beginnt britisch fein, wird schwarz und dann recht ausgeprägt. Als Zuhörer sollte man nicht empfindlich sein, denn es heißt: »Der Tscheche ist nicht freundlich, aber menschlich.«

Darauf lässt ein Tscheche nichts kommen

Auch wenn es einem mal nicht so mundet wie erwartet, der sicherste Weg, einen Tschechen zu beleidigen, lautet: »Der Schweinebraten schmeckt in Deutschland besser.« Und natürlich ist das tschechische Bier das beste auf der Welt! Wer weiß, dass »Rosamunde«, die berühmteste Polka der Welt, aus Böhmen stammt, macht sich bei jedem Tschechen sofort beliebt. Denn auf ihre Volksmusik lassen die guten Landsleute nichts kommen. Die Blasmusik gehört zu Tschechien wie die Dudelsackpfeifer zu Schottland.

Geografie, Geschichte, Aktuelles

Geografisch sollte man auf die Lage achten: Die Tschechen sehen sich nicht als ein Volk des Ostens. Sie fühlen sich zu Mitteleuropa zugehörig und »Prag ist das Herz Mitteleuropas«. Wer darauf achtet, punktet. Man sollte auch vermeiden, bierselig auf der Karlsbrücke deutsche Lieder zu singen. Ein Schimpfwort aus Besatzungszeiten ist noch geblieben: Skopčáci – Schafschädel, die tschechische Version für »Krauts«. »Tschechei« ist altes Nazi-Deutsch. Tschechien ist richtig, Tschechische Republik korrekt. Kommunismus kein Thema mehr ist. Heute spricht man über Korruption, eine enttäuschende Politik und natürlich über Eishockey, Fußball ...

GELD

Starke Krone

Obwohl EU-Mitglied, haben es die Tschechen mit dem Beitritt zu Währungsunion nicht eilig. Bis es so weit ist, heißt die Landeswährung Koruna Česká: Tschechische Krone, Abkürzung: Kč. Sie ist frei konvertierbar und es gibt Geldscheine zu 50, 100, 200, 500, 1000, 2000 und 5000 Kč sowie Münzen zu 1, 2, 5, 10, 20 und 50 Kč.

Umtausch

Wechselstuben, Reisebüros und Hotelrezeptionen verlangen oft sehr hohe Gebühren. Da lohnt es sich, an den Geldautomaten (bankomat) zu gehen, wo mit Kredit- und Bankkarten problemlos rund um die Uhr Geld abgehoben werden kann. Informieren Sie sich aber vor der Reise, was eine Transaktion mit Ihrer Karte kostet; die wird nämlich erst zu Hause abgerechnet.

Kreditkarten

Die meisten internationalen Kreditkarten werden so gut wie überall akzeptiert.

GESUNDHEIT

Ausreichende Versorgung

Bei Erkrankungen sollte man sich zunächst an die Hotelrezeption oder an die Reiseleitung wenden. In schwereren Fällen wird der erkrankte ausländische Besucher in einer Ambulanz, in einem Kranken-

INFORMATIONEN

ÄRZTLICHER RETTUNGSDIENST
Tel. 155

NOTRUF
Tel. 112
Weitere Notrufe ► S. 308

KLINIK-BEREITSCHAFT FÜR TOURISTEN
Fakultní nemocnice v Motole (Universitätsklinikum im Stadtteil Motol)
V Úvalu 84, Praha 5
Tel. 224 433 681
www.fnmotol.cz
Mo. – Fr. 19 – 6.30 Uhr, an freien Tagen durchgehend geöffnet
Metro Linie B, Station Národní třída.

NOTAUFNAHMEKLINIKEN

Fremdsprachiger Erste-Hilfe-Dienst für den Notfall. Die Behandlung ist in der Regel kostenlos. Im Fall einer Erkrankung wird jeder Patient in jedem Krankenhaus behandelt, im Krankenhaus Na Homolce gibt es aber eine spezielle Abteilung für Ausländer mit entsprechender Privatpatientenbehandlung.

NA HOMOLCE
Roentgenova 2, Praha 5
Tel. 2 57 27 32 89
www.homolka.cz
Ab Metrostation Anděl (Linie B) mit Bus 167 bis zur Endstation

APOTHEKEN MIT 24-STUNDEN-DIENST

LÉKARNA PALACKÉHO
In jedem Stadtteil gibt es eine Apotheke, die einen 24-Stunden-Dienst bietet. Im Zentrum ist dies Na Františku
Na Františku 8, Praha 1
Tel. 222 801 397
www.nnfp.cz

haus (tschechisch = nemocnice) oder in einer Spezialklinik medizinisch versorgt. Das Niveau der medizinischen Versorgung ist in der Regel befriedigend bis ausreichend.

LESETIPPS

Romane, Reportagen, Biografien, Memoiren

Albright, Madeleine Korbel: Winter in Prag: Erinnerungen an meine Kindheit im Krieg, Siedler 2013. Die frühere US-Außenministerin (► Interessante Menschen) setzt sich in diesem Buch mit ihrer jüdisch-tschechischen Herkunft und dem Schicksal ihrer Familie auseinander.

Brod, Max: Tycho Brahes Weg zu Gott. Wallstein 2013. Im historischen Roman von 1916 werden Johannes Kepler und Tycho Brahe als Repräsentanten konträrer Weltbilder dargestellt.

Hašek, Jaroslav: Die Abenteuer des guten Soldaten Švejk. Reclam 2014. Der gute Soldat Švejk (Schwejk) bringt unter dem Deckmantel geistiger Minderbemitteltheit alles durcheinander und führt damit den Krieg ad absurdum – ein wunderbares Sinnbild des Widerstands gegen die Obrigkeit.

Havel, Václav: Fassen Sie sich bitte kurz: Gedanken und Erinnerungen. Rowohlt 2007. Havel zieht die politische und zugleich sehr persönliche Bilanz eines Dichters, der vom Dissidenten zum Präsidenten wurde und Weltgeschichte schrieb.

Hrabal, Bohumil: Ich habe den englischen König bedient. Suhrkamp 2007. Der Schelmenroman um das Leben eines tschechischen Kellners im Hotel »Goldenes Prag« zählt zu den großen europäischen Romanen der Gegenwart.

Hůlová, Petra: Dreizimmerwohnung aus Plastik. Kiepenheuer & Witsch 2013. Eine Prager Prostituierte macht sich recht ungeschminkt Gedanken über ihre Kunden und das Leben.

Kafka, Franz: Die Verwandlung. Reclam 2013. Die beste Erzählung Kafkas handelt von der Verwandlung eines Menschen in ein Insekt. Nach der Lektüre weiß man, was kafkaesk wirklich bedeutet.

Kisch, Egon Erwin: Das Lied von Jaburek: Prager Reportagen. Wagenbach 2015. Kisch kannte die Tagelöhner, Tagediebe und leichten Mädchen in den Spelunken rund um den Hradschin, wo die K.-u.-k-Soldaten gern ein Spottlied auf die Disziplin des Kanoniers Jaburek anstimmten.

Kundera, Milan: Die unerträgliche Leichtigkeit des Seins. Fischer 2007. Die Liebesgeschichte zwischen dem Prager Chirurgen Tomaš und der Kellnerin Teresa vor dem Hintergrund des Einmarschs der Warschauer-Pakt-Truppen.

Meyrink, Gustav: Der Golem. dtv 2012. Der Mythos des künstlich erschaffenen menschlichen Wesens wird bei Meyrink zu einem Symbol des jüdischen Volkes.

Neruda, Jan: Geschichten aus dem alten Prag. Reclam 1992. Der Prager Alltag auf der Kleinseite im 19. Jh. mit Klatsch und Tratsch, Glauben und Aberglauben.

Topol, Jáchym: Exit Engel. Volk und Welt 1997. Die Geschichte eines drogensüchtigen Aussteigers in den 1990er-Jahren ist im Arbeiterviertel Smíchov angesiedelt. Ausgezeichnet mit dem Jaroslav-Seifert-Preis, dem bedeutendsten Literaturpreis Tschechiens.

Werfel, Franz: Das Trauerhaus. Fischer Tb 1994. Das historische Prager Bordell »Gogo« bietet weit mehr als nur »leichte Mädchen« und Champagner, vielmehr ist es ein Abbild der bürgerlichen Prager Gesellschaft vor dem Ersten Weltkrieg.

Michael Zantovsky: Vaclav Havel: In der Wahrheit leben. Propyläen 2014. Zum 25. Jahrestag der Samtenen Revolution legte Zantovsky, enger Freund und Weggefährte Havels, die erste große Biografie des Schriftstellers, Dissidenten und gefeierten Staatsmanns vor, die einen neuen Blick auf die dramatischen Ereignisse des Herbsts 1989 wirft.

Bildband

DuMont Bildatlas Prag. 2024. Gelungenes Porträt der Moldaumetropole mit stimmungsvollen Bildern von Peter Hirth und atmosphärischen Reportagen von Jochen Müssig.

PREISE · VERGÜNSTIGUNGEN

Prague Visitor Pass

Den Prague Visitor Pass gibt es für **48** (2100 Kč), **72** (2800 Kč) und **120** Stunden (3600 Kč). Sie ermöglicht den Eintritt in rund 60 Sehenswürdigkeiten und Museen Prags sowie freien Transport im öffentlichen Nahverkehr. Der E-Pass fürs Smartphone (www.praguevisitorpass.eu/App) ist wegen Registrierung und Freischaltung etwas kompliziert. Ansonsten ist das Plastikkärtchen bei den Touristeninformationen erhältlich, übrigens auch schon am Flughafen (www.praguevisitorpass.eu/Buy-and-collect). Senioren erhalten gegen Nachweis Nachlässe, ebenso Studierende mit Internationalem Studentenausweis (ISIC) bei Eintritten in Museen und Theatern bzw. im öffentlichen Verkehr.

REISEZEIT

Ganzjahresziel

Im **Frühjahr,** etwa ab Ostern, bietet Prag mit den vielen blühenden Obstbäumen an den Hängen der Moldau einen besonderen Reiz. Eine zusätzliche Attraktion dieser Jahreszeit sind die traditionsreichen, alljährlich stattfindenden Musikfestwochen »Prager Frühling«. Die Temperaturen im **Sommer** entsprechen, wie auch in den anderen Jahreszeiten, deutschen Verhältnissen. Die höchsten Durchschnittswerte, wegen häufiger Gewitterneigung aber auch die stärksten Niederschläge sind im Juli zu verzeichnen. Der Temperaturdurchschnitt liegt bei 24 °C, wobei im Hochsommer häufig auch mehr als 30 °C gemessen werden (Niederschlagsmenge 70 mm). Der **Herbst** bietet mit einer ausgeglichenen Wetterlage ebenfalls günstige Voraussetzungen für einen Besuch der Goldenen Stadt. Der kälteste Monat im nicht sonderlich schneereichen Winter ist der Januar mit einem durchschnittlichen Temperaturminium von –4 °C. Im Dezember laden die stimmungsvollen Weihnachtsmärkte zu ausgiebigem Bummel ein.

SPRACHE

Ausspracheregeln

Die Betonung liegt im Tschechischen immer auf der **ersten Silbe,** wobei auch **l** und **r** als Halbvokale die Betonung tragen, selbst wenn Vokale folgen (z. B. Vltava/Moldau; Brno/Brünn). Bei vokallosen Wörtern liegt sie auf dem r (z. B. prst/Finger). Das Tschechische unterscheidet genau zwischen **langen** und **kurzen Vokalen.** Die langen haben einen Akzent (**á**, **é**, **í**) oder einen kleinen Kreis (**ů**). Y wird stets wie i gesprochen. Ein Haken auf dem Buchstaben **ě** erfordert die Aussprache »je«. Bei Diphthongen (aj, áj, ej, au, ou) werden die zweiten Bestandteile als Halbvokale deutlich gesprochen, mit der Betonung auf dem ersten Bestandteil (z. B. kraj/Land). Eine andere Aussprache als im Deutschen haben die Buchstaben **v** (immer wie w in Wort) und **z** (immer wie stimmhaftes s). Charakteristisch sind die diakritischen Zeichen: **č** (Aussprache tsch), **š** (wie sch), **ž** (wie g in Gelee) und **ř** (r + ž gleichzeitig gesprochen).

SPRACHFÜHRER

AUF EINEN BLICK

Sprechen Sie ...?	**mluvíte ...?**
... Deutsch? / Englisch?	**... německy? / anglicky?**
Ich verstehe nicht	**nerozumím**
Ja, jawohl	**ano**
Nein	**ne**
Bitte! / Danke!	**prosím! / děkuji!**
Entschuldigen Sie!	**promiňte!**
Können Sie mir bitte helfen?	**Prosím vás, můžete mi pomoci?**
Guten Morgen!	**dobré jitro!**
Guten Abend!	**dobrý večer!**
Gute Nacht!	**dobrou noc!**
Auf Wiedersehen!	**na shledanou!**
Herr / Frau	**pán / paní**

Wo kann ich meinen Akku aufladen?	**Kde mohu dobít baterii?**
Handy	**mobilní**
WLAN	**WiFi**

UNTERWEGS

Wo ist ...?	**kde je ...?**
Straße, Gasse	**třída/ulice**
Straße nach ...	**cesta do ...**
Bank	**banka**
Bahnhof	**nádraží**
Museum	**muzeum**
Wann?	**kdy?**
geöffnet / geschlossen	**otevřeno / zavřeno**

UNTERKUNFT

Hotel	**hotel**
Ich möchte ein ...	**chtěl bych/chtěla bych**
Einbettzimmer	**jednolůžkový pokoj**
Zweibettzimmer	**dvoulůžkový pokoj**
Schlüssel	**klič**
Toilette	**toaleta, záchod**
Bad	**koupelna**

KRANKHEIT

Arzt	**lékař**
Apotheke	**lékárna**
Ich habe Fieber.	**Mám horečku.**
Ich habe hier Schmerzen.	**Mám bolesti tady.**

VERKEHR

Durchfahrt verboten!	**průjezd zakázán!**
Einbahnstraße	**jednosměrná ulice**
Umleitung	**objížďka**
Es ist ein Unfall passiert!	**stala se nehoda!**
rechts	**napravo, vpravo**
links	**nalevo, vlevo**
geradeaus	**přímo**

WOCHENTAGE

Montag	**pondělí**
Dienstag	**úterý**
Mittwoch	**středa**
Donnerstag	**čtvrtek**
Freitag	**pátek**
Samstag	**sobota**
Sonntag	**neděle**
Feiertag	**svátek**

GRUNDZAHLEN

1	**jeden, jedna, jedno**	16	**šestnáct**
2	**dva, dvě, dvě**	17	**sedmnást**
3	**trí**	18	**osmnáct**
4	**čtyři**	19	**devatenáct**
5	**pět**	20	**dvacet**
6	**šest**	30	**třicet**
7	**sedm**	40	**čyřicet**
8	**osm**	50	**padesát**
9	**devět**	60	**šedesát**
10	**deset**	70	**sedmdesát**
11	**jedenáct**	80	**osmdesát**
12	**dvanáct**	90	**devadesát**
13	**třínáct**	100	**sto**
14	**čtrnáct**	1000	**tisíc**
15	**patnáct**	1 Mio.	**milión**

FRÜHSTÜCK (SNIDANĚ)

schwarzer Kaffee	**černá káva**
Kaffee mit Milch	**bílá káva**
Tee mit Milch	**čaj s mlékem**
Schokolade	**čokoláda**
Fruchtsaft	**džus**
Eier mit Speck	**vejce na slanině**
Brot	**chleba**
Butter	**máslo**
Wurst	**salám**
Marmelade	**džem**

SUPPEN (POLÉVKY)

Kartoffelsuppe	**bramborová polévka**
Weißkrautsuppe mit Wurst	**zelná s klobásou**
Zwiebelsuppe	**cibulová**

HAUPTGERICHTE

Schweinebraten	**vepřová**
gebratene Ente	**kachna pečená**
Wiener Schnitzel	**smažený řízek**
Karpfen paniert	**kapr smaženy**
Bratgans	**pečená husa**
Gulasch	**guláš**
Fisch	**ryby**
... Zigeunerart (mit Gemüse)	**... po cikánsku**
Forelle	**pstruh**

BEILAGEN

Sauerkraut	**zelí**
Rotkraut	**červené zelí**

Kartoffelknödel	**bramborové knedlíky**
Speckknödel	**špekové knedlíky**
Salzkartoffeln	**vařené brambory**
Pommes frites	**smažené hranolky**
Kartoffelsalat	**bramborový salát**
Weißkrautsalat	**zelný**
gemischter Salat	**míchaný**

SÜSSSPEISEN

Obstknödel	**ovocné knedlíky**
Palatschinken	**palačinky**
... mit Früchten und Sahne	**... s ovocem a se šlehačkou**
Windbeutel mit Sahne	**Větrník se šlehačkou**

TELEKOMMUNIKATION · POST

Mobilfunk Die Mobilfunknetze sind flächendeckend über die Betreiber T-Mobile CZ, Telefónica O2 und Vodafone ausgebaut. Unter **www.tariftip.de** kann man den günstigsten Anbieter ermitteln. Roaming-Gebühren fallen seit Mitte 2017 europaweit keine mehr an. Wer also eine Freikontingent an Telefonminuten, SMS oder Daten hat, kann dieses dann im EU-Ausland bis zu einer bestimmten Obergrenze nutzen wie zu Hause.

Telefon Anbieter für Telefonkarten sind Telefónica O2, Ditel und Smartcall. Karten mit unterschiedlicher Einheitenzahl (150 Kč – 1000 Kč) sind an Kiosken, in Postämtern, Hotels und Reisebüros erhältlich.

Briefmarken und Porto Briefmarken (známky) sind in Postämtern, Tabakläden und in Kiosken erhältlich. Das Porto in alle europäischen Länder beträgt für Briefe bis 50 g und Postkarten 39 Kč.

VERKEHR

Mit dem Auto

Einige Verkehrsregeln Für Tschechien gelten die gleichen Verkehrsregeln wie für die meisten anderen europäischen Länder. Die Nichtbeachtung der Fahrvorschriften wird mit empfindlichen **Geldbußen** geahndet. Die Höchstgrenze für den Blutalkoholgehalt beträgt 0,0 Promille. Die zulässige Höchstgeschwindigkeit liegt auf Autobahnen für Pkws, Motorräder und Wohnmobile bis 3,5 t bei 130 km/h (Wohnmobile über 3,5 t und Pkws mit Anhänger 80 km/h), auf Schnellstraßen wurde sie auf 110 km/h reduziert. Auf Landstraßen dürfen Pkws, Motorräder, Wohnmobile bis 3,5 t 90 km/h fahren (Pkws mit Anhänger und Wohnmobile über 3,5 t 80 km/h). Innerhalb geschlossener Ortschaften gelten, soweit nicht anders angezeigt, 50 km/h.

Fair place

Taxi-Standplätze mit einer roter Hand und nach oben gestrecktem Daumen markieren einen »Fair place«: Dort haben sich alle Fahrer verpflichtet, korrekt nach Tarif abzurechnen und den Taxameter nicht zu manipulieren. Der Fahrpreis setzt sich zusammen aus einer Grundgebühr von 60 Kč und der Kilometerpauschale von 36 Kč. Wartezeit wird mit 6 Kč pro Minute berechnet. Eine Quittung (účet) druckt das Taxameter automatisch aus. Wer ein Taxi an der Straße aufhält oder sich einen Wagen bestellen lässt, fährt am besten mit den gelb lackierten AAA-Taxis oder den in unterschiedlichen Farben gespritzten Halotaxis; diese Fahrzeuge sind etwas schmuddeliger als bei AAA, aber die Fahrer sind korrekt.

Öffentlicher Nahverkehr

Metro

Die Metro gibt es in Prag seit 1974. Das Streckennetz mit drei – als A, B und C bezeichneten – Linien umfasst bis heute ca. 60 km. Die Züge verkehren zwischen 5 und 24 Uhr, in der Stoßzeit hält alle drei Minuten ein Zug an einer Haltestelle. Die **grüne Linie A** führt zu vielen wichtigen Sehenswürdigkeiten, vom Nationalmuseum unter der Moldau hindurch zur Kleinseite. Die **gelbe Linie B** verläuft als Querverbindung durch die Stadt, kreuzt die Linie A an der Station Můstek, trifft an der Station Florenc (Busbahnhof) auf die Linie C und fährt nach Smíchov. Die **rote Linie C** verbindet die drei Prager Eisenbahnstationen Holešovice, Masaryk- und Hauptbahnhof (Hlavní nádraží) sowie die Stadtviertel Vyšehrad, Vinohrady und Holešovice; Umstieg in die Linie A am Muzeum.

Tram

Das Straßenbahn-Schienennetz ist so **dicht angelegt,** dass – abgesehen vom Altstädter Ring – beinahe an jeder Ecke der Innenstadt eine Tram hält: zwischen 5 und 0.30 Uhr im 5- bis 10-Minuten-Takt. In der Nacht verkehren nur wenige Linien im 20- bis 30-Minuten-Takt. Nachtlinien sind an der Haltstelle ausgeschrieben.

Bus

Für Pragbesucher sind die Buslinien wenig relevant, weil sie meist von den Endstationen der Metro und Tram in die Vororte führen.

INFORMATIONEN

PANNENHILFE

UAMK
(ein ADAC-Partner)
Tel. 12 34, www.uamk.cz

TAXI

AAA-TAXI
Tel. 2 22 33 32 22

HALOTAXI
Tel. 2 44 11 44 11

BUS UND BAHN

DPP
Homepage der Verkehrsbetriebe von Prag (auch in deutsch mit Fahrplänen und Abfahrtszeiten):

WWW.DPP.CZ

IDOS
Homepage der tschechischen Bahnen und Busbetriebe mit Fahrplan und Preisen für ganz Tschechien (auch in deutsch):
https://idos.idnes.cz

Standseilbahn 1891 zur Landesausstellung installiert, verkehrt die Standseilbahn tgl. von 8 bis 23 Uhr zwischen der Talstation Újezd auf der Kleinseite und der Bergstation Petřín (► Laurenziberg).

Fahrkarten In allen Metrostationen stehen **Automaten** bereit, die allerdings nur auf einen **genau abgezählten Münzbetrieb** eingestellt sind – bei Überzahlung spuckt der Automat die Münzen wieder aus. Fahrscheine gibt es aber auch bei den Kiosken und in Zeitungsläden, auch der Concierge im Hotel hat meistens welche vorrätig. Sie sind für Metro, Tram, Bus und Standseilbahn gültig.
Es gibt **zwei Grundtarife**. Die Fahrkarten für 40 Kč gelten 90 Min. lang für beliebig viele Umsteigemöglichkeiten. Kurzfahrten (max. 5 Stationen) sind 30 Min. gültig und kosten 30 Kč. **Tageskarten** gibt es für 120 Kč, 3 Tage (72 Stunden) für 330 Kč. Kinder und Senioren ab 60 Jahren zahlen generell die Hälfte Senioren ab 65 Jahren fahren kostenfrei, wenn sie das Alter mit ihrem Personalausweis belegen können. Besitzer des Prague Visitor Pass können die öffentlichen Verkehrsmittel frei nutzen Schwarzfahrer bezahlen 800 Kč, wenn man vor Ort bezahlt, ansonsten 1500 Kč. Die Kontrolleure müssen sich mit ihrer Dienstmarke oder Dienstausweis zu erkennen geben. Tun sie es nicht, so sind es Betrüger.

REGISTER

A

B

C

H

I

J

K

L

M

N

T

BILDNACHWEIS

AKG, Berlin 106 (oben), 137 (unten)
Barandov Studios a.s. 225
dpa - Report 18
Dumont Bildarchiv/Peter Hirth U 7, 2, 3 (2x), 4 (oben), 5, 9, 10, 14, 17, 22, 31, 43, 54, 56, 59, 80, 100, 113, 117 (oben), 127, 132, 137 (oben), 141, 149, 153, 160, 164, 168 (links/rechts), 169 (2x), 170, 177, 186, 189, 194, 198, 200, 203, 208, 215, 218, 231, 239, 241, 247, 257, 258, 261, 267 (2x), 279, 287, 293 (2x)
DuMont Bildarchiv/Martin Specht 263, 303
Robert Fischer 281
fotolia 106 (unten)
Getty/AFP/Joe Klamar 234
Getty/isifa 243
R. Holzbachova/P. Bénet 77, 91 (unten), 144
istockphoto 270, 271
Karl Baedeker Verlag U6
laif/Peter Hirth 172
laif/Christian Kerber 29
laif/Jean-Baptiste Rabouan 51
Hans Madej/Bilderberg 98
mauritius images / age fotostock / Frank Chmura 128
mauritius images / Alamy RF / scenicireland.com / Christopher Hill Photographic 61
mauritius images / Andrey Akimov / Alamy 49
mauritius images / Avalon / Marcin Klepacki 26
mauritius images / CTK / Alamy 18, 70
mauritius images / imageBROKER / Hermann Dobler 83, 91 (oben)
mauritius images / Michael Jenner / Alamy 158
mauritius images / Luciano Mortula / Alamy 4 (unten), 24
mauritius images / Radim Beznoska / Alamy 19, 28, 65
mauritius images / travelimages / Alamy 121
Jerzy Modrak/Bilderberg 117 (unten)
Christopher Mohr 5, 102
Jochen Müssig 74, 166, 206, 217
pa (akg-images) 229
pa/Erich Lessing 237
pa/Visioars 251
Reincke 374
transit-Archiv/Thomas Härtrich 168 (oben)
Thomas Veszelits 182, 245
VISUM creative/Andreas Grigoleit 12

Titelbild: Shen Weixin / Getty Images

VERZEICHNIS DER KARTEN UND GRAFIKEN

IMPRESSUM

Ausstattung:
109 Abbildungen, 21 Karten und Grafiken, eine große Reisekarte

Text:
Jochen Müssig, mit Beiträgen von Madeleine Reincke und Thomas Veszelits

Bearbeitung:
Baedeker-Redaktion (Christina Seibold, Lisa Spägele, Anja Schlatterer)

Kartografie:
Franz Huber, München,
Klaus-Peter Lawall, Unterensingen,
KOMPASS-Kar ten GmbH, A-6020 Innsbruck; MAIRDUMONT, D-73751 Ostfildern (Reisekarte)

3D-Illustrationen:
jangled nerves, Stuttgart

Infografiken:
Golden Section Graphics GmbH, Berlin

Gestalterisches Konzept:
RUPA GbR, München

20., aktualisierte Auflage 2025

Printed in China

Trotz aller Sorgfalt von Redaktion und Autoren zeigt die Erfahrung, dass Fehler und Änderungen nach Drucklegung nicht ausgeschlossen werden können. Dafür kann der Verlag leider keine Haftung übernehmen.
Kritik, Berichtigungen und Verbesserungsvorschläge sind jederzeit willkommen. Schreiben Sie uns, mailen Sie oder rufen Sie an:

Verlag Karl Baedeker / Redaktion
Postfach 3162
D-73751 Ostfildern
Tel. 0711 4502-262
info@baedeker.com
www.baedeker.com

BAEDEKER VERLAGSPROGRAMM

Viele Baedeker-Titel sind auch als E-Book erhältlich.

A
Ägypten
Algarve
Allgäu
Amsterdam
Andalusien
Australien

B
Bali
Baltikum
Barcelona
Belgien
Berlin · Potsdam
Bodensee
Böhmen

Bretagne
Brüssel
Budapest
Burgund

C
China

D
Dänemark
Deutsche Nordseeküste
Deutschland
Dresden
Dubai · VAE

E
Elba
Elsass · Vogesen
England

F
Finnland
Florenz
Florida
Frankreich
Fuerteventura

G
Gardasee

Golf von Neapel
Gomera
Gran Canaria
Griechenland

H
Hamburg
Harz
Hongkong · Macao

I
Irland
Island
Israel · Palästina
Istanbul
Istrien · Kvarner Bucht
Italien

J
Japan

K
Kalifornien
Kanada · Osten
Kanada · Westen

Kanalinseln
Kapstadt · Garden Route
Kopenhagen
Korfu · Ionische Inseln
Korsika
Kreta
Kroatische Adriaküste · Dalmatien
Kuba

L

La Palma
Lanzarote
Lissabon
London

M

Madeira
Madrid
Mallorca
Malta · Gozo · Comino
Marrokko
Mecklenburg-Vorpommern
Menorca
Mexiko
München

N

Namibia
Neuseeland
New York
Niederlande
Norwegen

O

Oberbayern
Österreich

P

Paris
Polen
Polnische Ostseeküste · Danzing · Masuren
Portugal
Prag
Provence · Côte d'Azur

R

Rhodos
Rom
Rügen · Hiddensee
Rumänien

S

Sachsen
Salzburger Land
Sankt Petersburg
Sardinien
Schottland
Schwarzwald
Schweden
Schweiz
Sizilien
Skandinavien
Slowenien
Spanien
Sri Lanka
Südafrika
Südengland
Südschweden · Stockholm
Südtirol
Sylt

T

Teneriffa
Thailand
Thüringen
Toskana

U

USA · Nordosten
USA · Südwesten
USA · Westküste
Usedom

V

Venedig
Vietnam

W

Wien

Z

Zypern

Meine persönlichen Notizen

Meine persönlichen Notizen

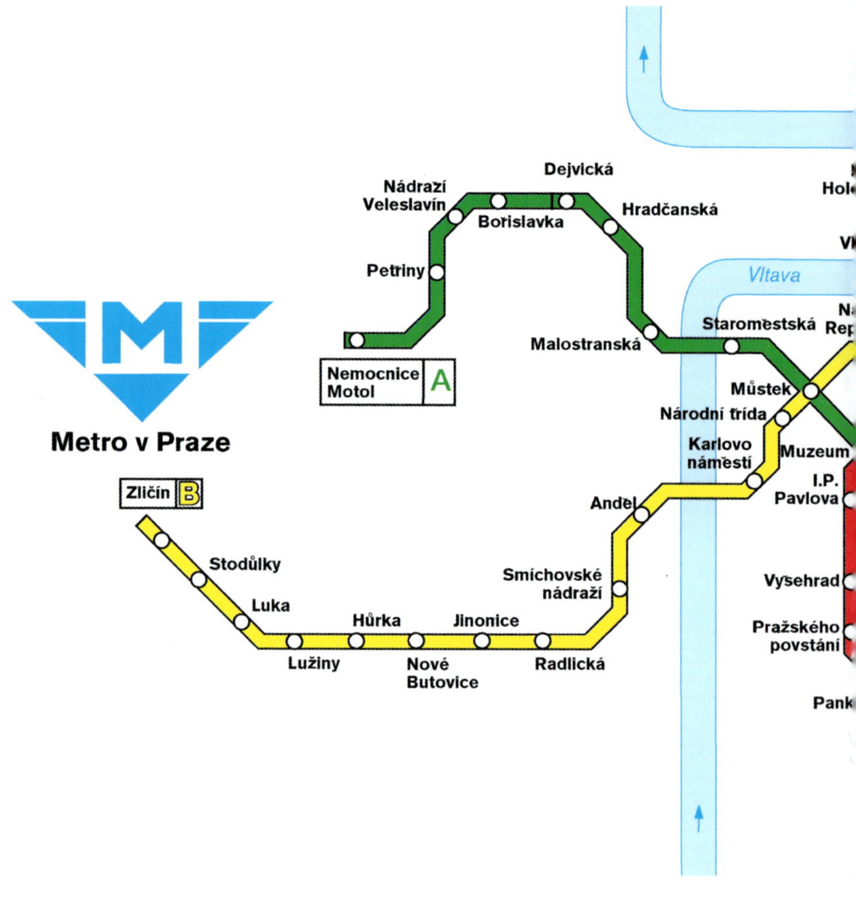

Metro v Praze
Zličín B
Stodůlky
Luka
Lužiny
Hůrka
Nové Butovice
Jinonice
Radlická
Smíchovské nádraží
Anděl
Karlovo náměstí
Národní třída
Můstek
Muzeum
Nemocnice Motol A
Petřiny
Nádraží Veleslavín
Bořislavka
Dejvická
Hradčanská
Malostranská
Staroměstská
Vltava
I.P. Pavlova
Vyšehrad
Pražského povstání